JN411781

東洋古典譯註叢書 143

譯註 管子 3

著者 管仲 編者 劉向 註 房玄齡

책임번역 李錫明 공동번역 金帝蘭

현토 吳圭根

전통문화연구회

飜譯委員

企劃編輯　東洋古典飜譯編輯委員會
飜譯硏究管理　南賢熙
責任飜譯　李錫明
共同飜譯　金帝蘭
懸　吐　吳圭根
潤　文　南賢熙
校　訂　李承俊 朴相水
出　版　白俊哲
裝　幀　김진디자인

圖書管理

事業管理　白漢基
企劃管理　金康潤
弘報管理　李和春
普　及　徐源英
古典情報化　安成守

東洋古典飜譯編輯委員會

委員長　宋載卲
委　員　金慶浩 柳浚弼 李東哲 張元泰 田好根 河元洙

任 員

顧　問　琴章泰 宋載卲 沈在箕 安炳周 李龍兌 李澤徽 鄭愚相 鄭太鉉 趙富英 崔大權
理事長　李啓晃
會　長　朴洪植
副會長　金千式 宋丙大 李戊澈 金 炫
管理理事　白漢基
理　事　金東柱 金炳愛 金昌辰 朴錫興 朴勝珠 徐形來 宋基采 沈慶昊 安秉杰 吳圭根 李建一 李光虎 李英姬 李仁皓 李忠九 張元泰 全廣鎭 田好根 趙源喆 河元洙 韓熙喆 咸明淑 許敬震 許鎬九
監　事　崔鍾文 元周用

東洋古典譯註叢書를 발간하면서

우리의 古典國譯事業은 민족문화 진흥의 기초사업으로 1960년대부터 政府 支援으로 古文獻 現代化 작업을 추진하여 많은 成果를 거두었다. 당시 이 사업 추진의 先行課題로 東洋古典이라 일컬어지는 중국의 基本古典을 먼저 飜譯하여야 한다는 學界의 주장이 있었음에도 불구하고 우리 고전이 아니라는 일부의 偏狹한 視角과 財政 事情 등으로 인하여 배제되어 왔다.

전통적으로 중국의 기본고전은 우리 歷史와 함께 숨쉬며 각종 교육기관의 教科書로 활용됨은 물론이고 지식인들의 必讀書가 되어 왔으며, 우리 文化의 基底에 자리잡고 거의 모든 방면의 體系와 根幹을 형성하여 왔다. 그래서 학문연구의 기본서 역할을 해 왔을 뿐만 아니라 오늘날에도 우리의 國學徒 및 東洋學 研究者들에게 같은 역할을 하고 있음은 주지의 사실이다. 그럼에도 불구하고 中國古典은 우리 것이 아니라 하여 專門機關의 飜譯對象에 포함하지 않음으로써, 대부분 原典에서의 직접 번역이 아닌 重譯이나 拔萃譯의 방식이 주를 이루면서 教養水準으로 出版되어 왔다.

오늘날 東洋 三國 중에서 우리의 東洋學 연구가 가장 부진한 이유는, 東洋基本古典에 대한 폭넓은 이해의 부족과 漢文古典 讀解力의 저하에 기인함을 우리는 솔직히 인정하여야 한다. 따라서 이들 중국고전에 대한 신뢰할 만한 國譯이 이루어지는 것이 한국학 연구를 촉진시키는 시급한 先行課題라 할 수 있다.

이에 韓國學 및 東洋學의 연구와 古典現代化의 基盤構築을 위해서는, 전문기관으로 하여금 동양고전을 단기간에 각 분야의 專門 研究者와 漢學者가 상호 협동하여 연구번역하여 飜譯의 傳統性과 效率性, 研究의 專門性을 높일 수 있도록 政策的 配慮가 있어야 한다.

이에 本會에서는 元老 및 中堅 漢學者와 斯界의 專攻者로 하여금 協同硏究飜譯하여 공부하는 사람들이 믿고 引用하거나 깊이 있는 註釋 등을 활용할 수 있게 하고, 知識人들의 教養을 증진시켜 줄 수 있는 東洋古典의 國譯書 간행을 지속적으로 추진해 왔다. 근래에 다행히 이 사업에 대하여 각계 지도층의 폭넓은 이해와 지원에 힘입어 2001년도부터 國庫補助를 받아 東洋古典譯註叢書를 간행하게 되었다. 이를 계기로 우리 先學의 註釋과 見解를 반영하는 등 국역사업의 內實을 기하게 되었음을 이 자리를 빌어 衷心으로 감사드리며, 아울러 國譯에 參與하신 관계자 여러분의 勞苦에 깊은 謝意를 표한다.

끝으로 우리의 이러한 작업은 오랜 역사 위에 축적된 先賢들의 業績과 現代學問을 이어주는 튼튼한 架橋와 礎石이 되어 진정한 韓國學과 東洋學 발전에 기여할 것을 굳게 믿으며, 21세기를 우리 文化의 世紀로 열어 가는 밑거름이 되도록 우리의 力量을 本 事業에 경주하고자 한다. 江湖諸賢의 부단한 관심과 지원을 기대해 마지않는다.

社團法人 傳統文化硏究會 理事長 李啓晃

凡 例

1. 본서는 ≪譯註 管子≫의 제3책이다.
2. 본서는 국립중앙도서관 소장(古古1-48-3) 二十二子本 ≪管子≫(房玄齡 註)를 저본으로 삼았다. 二十二子本 ≪管子≫는 趙用賢 ≪管韓合刻≫本을 飜刻하였고, 光緒 2년(1876) 浙江書局에서 출간되었다.
3. 본서는 원전의 傳統性과 번역의 現代性을 구현하기 위해 노력하였다.
4. 原文은 우리나라 전통 방식으로 懸吐하였다.
5. 原註인 房玄齡 註는 본문 아래 '①, ②……'의 형식으로 달았다.
6. 讀音이 특수하거나 僻字인 경우에는 ( ) 속에 한글로 音을 달아주었다.
7. 각 篇마다 간략한 해설을 달아 독자의 이해를 돕고자 하였다.
8. 飜譯은 原義에 충실하게 하되, 이해가 어려운 부분은 意譯 또는 補充譯을 하였다.
9. 飜譯文은 한글과 漢字를 混用하였으며, 맞춤법과 띄어쓰기는 한글 맞춤법과 표준어 규정을 따르는 것을 원칙으로 하였다.
10. 校勘은 원문의 衍字, 誤字, 脫字, 倒文 등을 대상으로 하였다.
11. 본서의 校勘에 사용된 符號는 다음과 같다.
    ( )〔 〕: (저본의 誤字)〔교감한 正字〕
    〔 〕: 저본의 脫字 보충
    ( ) : 저본의 衍字 삭제
12. 본서에 사용된 주요 符號는 다음과 같다.
    " " : 對話, 각종 引用
    ' ' : " " 안에서 再引用, 强調
    「 」: ' ' 안에서 再引用, 强調

(　) : 원문에서는 讀音이 다른 글자나 僻字의 音
번역문에서는 간단한 譯註

〔　〕: 번역문의 이해를 돕기 위한 原文의 漢字나 句節
譯註에서 인용한 原文
疏에서 설명 대상으로 제시한 經이나 傳의 단어나 구절

≪ ≫ : 書名이나 典據

〈　〉: 篇章名, 作品名, 補充譯

目 次

管子 14卷

管子 15卷

〔附 錄〕

譯註 管子 3

管子 10卷

明 吳郡 趙氏本
唐 司空 房玄齡 註

제30편 군신 상 君臣 上
단어 4 短語 四

이 편에서는 군주와 신하 사이의 관계 설정 및 군주와 신하가 갖추어야 할 도리에 대해 말하는데, 특히 군주의 역할과 도리에 중점을 두고 있다.

첫째, 군주는 국가정책의 전체를 총괄하고 방향만 제시할 뿐, 구체적인 일은 신하들에게 맡겨야 한다는 점을 강조한다.

둘째, 군주는 신하의 능력과 장점을 잘 파악하여 그에 합당한 직책을 맡기고, 일단 직책을 맡긴 이후에는 신하의 일에 간섭하지 말 것을 요구한다.

셋째, 법과 제도의 확립을 강조한다. 공정한 법과 제도를 통해 국가 질서를 바로 세우고, 아울러 도량형・문자 및 도구의 규격 등을 통일할 것을 주문한다.

넷째, 군주의 도덕성을 중시하여, 군주의 덕이 바르면 신하들과 백성들은 저절로 바르게 되고 다스려진다는 점을 역설한다.

다섯째, 민심에 순응할 것을 강조하면서, 국가 정책을 시행할 때는 백성의 마음이 모이는 지점에서 출발할 것을 요구한다.

그 외에 군주가 총애하는 여인을 경계할 것, 時令에 따라 정치를 시행할 것 등에 대해 언급하고 있다.

군주는 군주의 道를 닦을 뿐 관리들의 구체적인 일들에 대해서는 말하지 않고, 신하는 자신이 맡은 관직의 일을 자세히 살필 뿐 직책 외의 일에 대해서는 말하지 않는다. 군주의 도가 분명하지 않으면 명령을 받는 자들이 의심하게 되고, 표준이 일정하지 않으면 義를 위해 죽는 자가 의혹하게 된다. 백성에게 의혹하고 의심하며 주저하는 마음이 있는데 군주가 바로잡을 수 없다면 백성과 군주 사이에 막힘이 있게 되는 것이다. 이는 마치 푯대를 세워 널리 공지하고서, 그것을 중지하라고 명령하는 것과 같다.

爲人君者는 **修官上之道**[1]**而不言其中**①이요 **爲人臣者**는 **比官中之事而不言其外**②니 **君道不明則受令者疑**하고 **權度不一則殺義者惑**이라 **民有疑惑貳豫之心而上不能匡**이면 **則百姓之與間**③이니 **猶揭表而令之止也**④라

① 修官上之道而不言其中 : 군주는 뭇 관리들의 위에 있으니, 단지 군주의 도만 닦을 뿐이다. 관리들의 구체적인 일에 대해서는 담당 관리가 있으니 〈그들에게 맡기고〉 말하지 않는다.

君在衆官之上이니 但修此官上之道而已요 至於官中之事則有司存하니 非所言也라

② 比官中之事而不言其外 : '比'는 하나하나 차례로 살핀다는 말이다. 자신이 맡은 관직 밖의 일에 대해 말하면 월권이 된다.

比는 謂校次之也[2]라 若言官外則爲越職이라

③ 民有疑惑貳豫之心而上不能匡 則百姓之與間 : '間'은 장애가 있어 통하지 않는다는 말이다. 백성들의 마음에 의혹이 있는데 군주가 바로잡아 줄 수 없으니, 그러므로 백성과 군주가 함께 어울릴 적에 여러 장애가 있어 통하지 않게 된다.

間은 謂隔礙不通也라 人心有疑로되 君不能正이라 故其所與爲多礙而不通也라

④ 猶揭表而令之止也 : '揭'는 '들다'는 뜻이다. '表'는 나무를 푯대로 삼아 알린다는 말이다. 이미 푯대를 들어 알리고 또 이를 금지하는 명령을 내리는 것은, 이 또한 〈전후 행위가〉 일치하지 않는다. 그러므로 이것을 통해 민심의 의혹을 비유하였다.

揭는 擧也라 表는 謂以木爲標하여 有所告示也라 旣使擧於表하고 又令止之는 是亦不一也라 故以況人心之疑也라

그러므로 나라에서 도를 본받아 백성에게 제시하고 관직을 정비하고 백성을 교화할 수 있는 자는 明君이다. 위로는 군주에게 할 말을 다하고 아래로는 백성에게 최선을 다하며, 義를 닦고 명령을 따르는 자는 忠臣이다. 군주는 군주의 도를 잘 따르고 신하는 자신의 업무를 충실히 하여, 위아래가 서로 견주어 살피길 마치 參表(해

---

1) 官上之道 : 張佩綸(淸)은 ≪廣雅≫ 〈釋詁〉에 나오는 "官 君也(官은 군주이다.)"에 의거하여, '官上之道'를 '君道'로 풀이하였다.(≪管子學≫)

2) 比 謂校次之也 : '比에 대한 이러한 풀이는 이미 ≪周禮≫에 대한 鄭玄의 주에서 찾아볼 수 있다. 즉 ≪周禮≫ 〈天官 宰夫〉에 나오는 "贊小宰比官府之具(小宰를 돕고 官府의 도구들을 차례로 살핀다.)"라는 구절에 대해 정현은 "比 校次之"라고 풀이하고 있다.

의 그림자를 측정하는 푯대)를 바라보듯이 하면 바르지 않은 것을 파악해낼 수 있다.

是故能象其道於國家하여 **加之於百姓**하고 **而足以飾官化下者**는 **明君也**①요 **能上盡言於主**하고 **下致力於民**하여 **而足以修義從令者**는 **忠臣也**라 **上惠其道**[3]하고 **下敦其業**하여 **上下相希**②를 **若望參表**면 **則邪者可知也**③라

① 能象其道於國家……明君也 : '象'은 '본받다'는 의미이다. 도를 근본으로 삼아 법을 세울 수 있다는 말이다.
象은 法也라 謂能本道而立法이라

② 上下相希 : 서로 견주어 법으로 삼는다는 말이다.
言相希准以爲法也라

③ 若望參表 則邪者可知也 : '參表'는 푯대를 세워 옳고 그름을 검증하는 것을 말한다.
參表는 謂立表하여 所以參驗曲直이라

吏嗇夫는 〈관리를 감독하는〉 직무를 맡고, 人嗇夫는 〈백성을〉 가르치는 일을 맡는다. 백성을 가르침에 있어 벌을 줄 때에는 법을 왜곡하여 적용하지 않고, 상을 줄 때에는 신뢰와 진실에 기초하여 시행한다. 그리하여 군주와 신하가 한 몸이 되면, 그러한 성실함으로 〈안으로는〉 성을 지키고 〈밖으로는〉 외적과 싸운다. 이와 같이 하면 인색부의 일은 완수될 것이다.

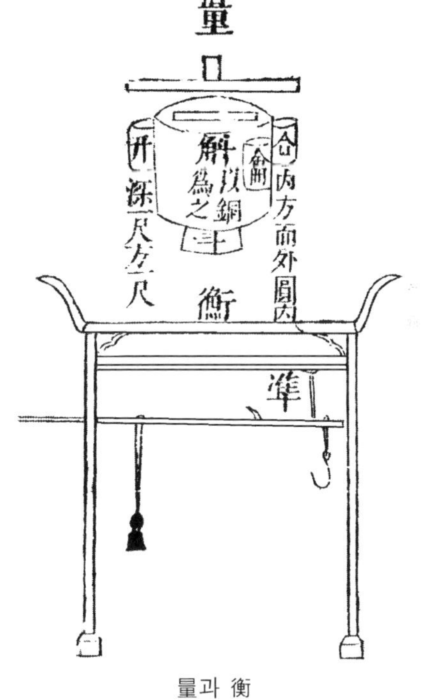

量과 衡

이색부는 모든 일을 규정에 따르고 법률에 근거해 일한다. 형법·저울·量器·탄핵을 논함에 있어 사적인 견해에 따르지 않고 실제에 근거하여 바르게 한다. 이와 같이 하면 이색부의 일은 완수될 것이다.

인색부가 가르침을 완성하고 이색부가 법률

3) 上惠其道 : 張佩綸(淸)에 의하면 '惠'는 '順'으로 풀이할 수 있다. ≪詩傳≫ 〈燕燕〉의 "終溫且惠 淑愼其身(끝내 온화하고 순종하여, 몸가짐 맑게 삼가네.)"에서 "惠는 順이다〔惠 順也〕"라고 풀이하였다는 것이다.(≪管子學≫)

을 완성하고 나면, 비록 돈독하고 성실하고 충성스럽고 미더운 자도 선하다는 평가를 얻을 수 없고, 놀기 좋아하고 안일하고 게으르고 교만한 자도 잘못을 저지를 수 없다. 이와 같으면 군주의 일이 완수될 것이다.

吏嗇夫任事①하고 **人嗇夫**[4)]**任敎**②니 **敎在百姓**에 **論在不撓**③하고 **賞在信誠**하여 **體之以君臣**이면 **其誠也以守戰**④이니 **如此則人嗇夫之事究矣**라 **吏嗇夫**는 **盡有訾程事律**⑤하고 **論法辟・衡權・斗斛・文劾**에 **不以私論而以事爲正**⑥이니 **如此則吏嗇夫之事究矣**라 **人嗇夫成敎**하고 **吏嗇夫成律之後**에 **則雖有敦慤忠信者不得善也**⑦요 **而戱豫怠傲者不得敗也**⑧니 **如此則人君之事究矣**라

① 吏嗇夫任事 : '吏嗇夫'는 뭇 관리들을 감독하는 관리로, 督郵[5)]와 같은 종류이다.
吏嗇夫는 謂檢束群吏之官也니 若督郵之比也라

② 人嗇夫任敎 : '人嗇夫' 또한 백성들을 감독하는 관리를 말한다.
人嗇夫는 亦謂檢束百姓之官이라

③ 敎在百姓 論在不撓 : 백성 가운데 가르침을 따르지 않는 자가 있으면 그 죄와 벌을 의론하되, 법을 왜곡하여 사적으로 행하지 않는다는 말이다.
謂百姓有不從敎면 論其罪罰하되 不撓法以行私라

④ 賞在信誠……其誠也以守戰 : 이미 〈선한 자에게〉 반드시 상을 주고 〈악한 자에게〉 반드시 벌을 주어, 군주와 신하가 한 몸이 되면 모두 성실함에 이르게 된다. 그러므로 안에 들어와서 성을 지킬 수 있고, 밖에 나가서 외적과 싸울 수 있다.
旣賞信罰必하고 君臣合體면 莫不致誠이라 故入可以守城이요 出可以野戰也라

⑤ 吏嗇夫 盡有訾程事律 : '訾'는 '한정하다'는 의미이다. '程'은 '규정'의 의미이다. '事律'은 매사를 법률에 의거하여 실행한다는 의미이다.
訾는 限也요 程은 准也라 事律은 謂每事據律而行也라

⑥ 論法辟……而以事爲正 : '辟'은 형벌이다, '文劾'은 문서에 근거하여 탄핵을 거행한다는 의미이다. 법을 시행하고 형벌을 주는 것 등은 모두 실제에 근거하여 바르게 하고, 사적인 감정에 따라 왜곡하지 않는다.
辟은 刑也라 文劾은 言據文而擧劾이라 謂論法刑已下는 皆據事以爲正하고 不曲從其私也라

⑦ 人嗇夫成敎……則雖有敦慤忠信者不得善也 : 인색부의 가르침이 이미 완성되면 백성들은 모두 충성스럽고 미덥게 된다. 그러므로 혼자서만 善하다는 평가를 얻는 자가 없다.

4) 人嗇夫 : 張佩綸(淸)은 '人'은 본래 '民'이었는데, 唐 台宗 李世民의 이름을 避諱하여 '人'이 되었다고 하였다.(≪管子學≫)

5) 督郵 : 漢代 이후 설치된 지방 관직으로, 郡 太守의 명을 받고 지방 관리들의 업무 수행 태도를 감독하였다.

人嗇夫之教旣成이면 則人皆忠信이라 故無有獨得善者也라

⑧ 戱豫怠傲者不得敗也 : 이색부의 일이 이미 완성되면 사람들이 모두 법을 두려워하여 감히 잘못을 저지르지 못한다. 비록 안일하고 게으른 자도 잘못을 저지르지 못한다.
吏嗇夫之事旣成이면 人皆懼法하여 不敢爲非니 雖有豫怠라도 不得爲敗也라

그러므로 군주는 인색부의 업무에 근거하고 이색부의 일을 이용하며, 법도로 〈이 둘을〉 고찰한다. 선행을 한 자에게 높은 벼슬과 후한 농토로 상을 주어도 백성들은 〈요행으로〉 상을 바라지 않고, 잘못한 자에게 내쫓는 모욕과 죽이는 형벌을 주어도 백성들은 분노하지 않는다. 죽이고 살림에 있어 이치를 어기지 않으면 백성들은 아무도 자기 부모를 버리지 않는다. 이는 오직 위로 군주가 밝은 법을 지니고 있고, 아래로 신하들이 일정한 업무를 지니고 있기 때문이다.

是故爲人君者 因其業①하고 **乘其事**②하고 **而稽之以度**③라 **有善者**를 **賞之以列爵之尊**과 **田地之厚**로되 **而民不慕也**④며 **有過者**를 **罰之以廢亡之辱**과 **僇死之刑**이로되 **而民不疾也**⑤라 **殺生不違**면 **而民莫遺其親者**⑥니 **此唯上有明法**하고 **而下有常事也**라

① 因其業 : 인색부의 업무에 근거한다는 말이다.
謂因人嗇夫之業也라

② 乘其事 : 이색부의 일을 이용한다는 말이다.
謂乘吏嗇夫之事라

③ 稽之以度 : 또한 나라의 법도로 이 둘을 살핀다.
又以國之法度로 考此二者라

④ 民不慕也 : 선한 자는 저절로 상을 받는다. 그러므로 불선한 자는 감히 요행으로 상을 바라지 않는다.
善自應賞이라 故不善者 不敢橫慕라

⑤ 民不疾也 : 잘못한 자는 저절로 벌을 받는다. 그러므로 사람들은 감히 분노하지 못한다.
過自應罰이라 故人不敢疾怒라

⑥ 民莫遺其親者 : 혹 벌을 주어 죽이고 혹 상을 주어 살림에 있어 이들 모두 이치에서 어긋나지 않으면, 사람들이 군주의 덕은 일정하여 함부로 상벌을 행하지 않는다는 것을 안다. 그러므로 사람들은 자기 부모를 버리지 않는다.
或罰而殺之하고 或賞而生之에 皆不違其理면 則人知主德之有常하여 不輕爲去就라 故人不遺其親也라

하늘에는 일정한 象이 있고 땅에는 일정한 형태가 있고 사람에게는 일정한 禮가 있다. 〈이들은〉 한번 정해지면 바뀌어지지 않으니, 이를 '三常'이라 한다.

天有常象①하고 **地有常形**②하고 **人有常禮**③하여 **一設而不更**이니 **此謂三常**이라

① 天有常象 : 天象이 밝게 드러내서 그 일정함을 바꾸지 않는다.
懸象著明하여 不改其貞이라
② 地有常形 : 산과 연못은 기운을 통하여 그 고요함을 바꾸지 않는다.
山澤通氣하여 不改其靜이라
③ 人有常禮 : 임금과 아비는 받들고 신하와 자식은 낮추니, 그 의례를 바꾸지 않는다.
尊君父하고 卑臣子하여 其儀不易이라

아울러 하나로 통일하는 것은 군주의 도이고, 나누어 각자의 직책을 맡는 것은 신하의 일이다. 군주가 군주의 도를 잃으면 나라를 보유할 수 없고, 신하가 신하의 일을 잃으면 자신의 지위를 유지할 수 없다.

그러므로 윗사람이 아랫사람 대하기를 함부로 하지 않으면, 아랫사람이 윗사람을 진심으로 섬기게 될 것이다. 윗사람이 아랫사람을 함부로 대하지 않으면 군주로부터 나오는 법령과 제도가 밝고, 아랫사람이 윗사람을 진심으로 섬기면 〈아랫사람들이〉 義를 좇고 명령을 따르는 것이 신중해진다.

兼而一之는 **人君之道也**①요 **分而職之**②는 **人臣之事也**니 **君失其道**면 **無以有其國**이요 **臣失其事**면 **無以有其位**라 **然則上之畜下不妄**이면 **而下之事上不虛矣**니 **上之畜下不妄**이면 **則所出法制度者明也**요 **下之事上不虛**면 **則循義從令者審也**라

① 兼而一之 人君之道也 : 임금은 관직이 없으나 뭇 관리들을 아울러 통솔한다. 그러므로 "아울러 하나로 통일한다"고 말한다.
人君無官이나 兼統衆官이라 故曰 兼而一之라
② 分而職之 : 각자 맡은 것이 있다.
各有司存이라

윗사람이 밝고 아랫사람이 신중하여 위아래가 德을 같이하면, 번갈아 서로 질서를 이루게 된다. 군주가 위엄을 잃지 않고 아랫사람이 자기 생업을 폐하지 않으면 아무도 서로를 고맙게 여기지 않게 된다. 그러므로 윗사람이 덕에 힘쓰고 아랫사람

이 본분을 지켜 예의가 위에서 형성되고 선한 덕이 아래로 백성에게 흐르게 되면, 백성은 위로는 군주에게 친근하게 귀의하고 아래로는 농사에 힘쓰게 될 것이다.

그러므로 "군주가 밝고 재상이 미덥고 五官[6]이 엄숙하고, 선비가 청렴하고 농부가 우직하고 상인과 공인이 진실하면, 위아래가 각자의 본분을 얻고 안과 밖이 구별된다."고 말한다. 民生은 이에 의지하고, 농부·상인·공인은 각사의 제도를 얻게 된다.

上明下審하여 **上下同德**이면 **代相序也**①요 **君不失其威**하고 **下不曠其産**이면 **而莫相德也**②라 **是以上之人務德**하고 **而下之人守節**하여 **義禮成形於上**하고 **而善下通於民**이면 **則百姓上歸親於主**하고 **而下盡力於農矣**라 **故曰 君明·相信·五官肅**하고 **士廉·農愚·商工愿**하면 **則上下體**③ **而外內別也**니 **民性因**[7]**而三族制也**④라

① 上明下審……代相序也 : '代'는 '번갈아'라는 의미이다. 윗사람이 밝고 아랫사람이 신중하면 번갈아 서로 질서를 이룬다는 말이다.
代는 更也라 謂上明下審이면 更相序라

② 君不失其威……而莫相德也 : 군주는 위엄으로 아랫사람을 덮어주고, 아랫사람들은 그들이 생산한 것으로 윗사람에게 제공한다. 〈이처럼〉 각자 맡은 바의 일이 있으므로 서로에게 고마움을 느끼지 못한다.
君以威覆(부)下하고 下以産供上하여 各有所恃라 故不相德이라

③ 上下體 : 위아래가 각자의 본분을 얻는다.
上下各得其體也라

④ 三族制也 : '三族'은 농부·상인·기술자를 말한다. 위아래가 각자의 본분을 얻고 안과 밖이 구별됨으로 인하여, 이들 삼족이 각자의 마땅한 제도를 얻게 된다는 의미이다.
三族은 謂農商工也라 言因上下有體하고 內外有別이라 故此三族이 各得其制也라

무릇 군주는 덕으로 사람들을 덮어주는 자이고, 신하는 군주를 우러러 따르며 사는 자이다. 군주는 공을 헤아려 먹고살게 하여 만족하게 하며, 신하는 직책을 받으면 이를 처리하여 가르침을 펼친다. 정책을 고르게 시행하여 백성이 〈각자의〉 생산물에 만족하면 나라가 풍요로울 것이고, 공로에 따라 봉록을 받으면 백성은 요행을

---

6) 五官 : 周나라의 주요 관직으로 司徒, 司馬, 司士, 司空, 司寇의 다섯 직책을 말한다. 그 지위는 三公의 아래에 머물지만 六卿과 대등하였다.

7) 民性因 : 豬飼彦博(日)에 의하면 여기서 '性'은 '生'과 통용된다.(≪管子補正≫)

바라며 구차하게 살지 않을 것이고, 형벌이 공정하면 아랫사람들에게 원망하는 마음이 없을 것이고, 명분이 바르고 직분이 명확하면 백성은 〈다스림의〉 도에 대해 의심하지 않을 것이다. '도'라는 것은 윗사람이 백성을 이끄는 것이다. 그러므로 도와 덕은 군주에게서 나오고, 제정된 명령은 재상에게 전해지고, 〈관리들이 행하는〉 일은 해당 관청에 규정되어 있으며, 백성의 힘은 명령을 살펴 움직인다.

夫爲人君者는 **廕德於人者也**①요 **爲人臣者**는 **仰生於上者也**②라 **爲人上者**는 **量功而食之以足**③하고 **爲人臣者**는 **受任而處之以教**④라 **布政有均**하여 **民足於産**이면 **則國家豐矣**요 **以勞受祿**이면 **則民不幸生**⑤이요 **刑罰不頗**면 **則下無怨心**이요 **名正分明**이면 **則民不惑於道**⑥니 **道也者**는 **上之所以導民也**라 **是故道德出於君**⑦하고 **制令傳於相**⑧하고 **事業程於官**⑨하고 **百姓之力也**는 **胥令而動者也**⑩라

① 夫爲人君者 廕德於人者也 : 군주는 덕으로 사람들을 덮어준다.
君者는 以德廕人이라

② 爲人臣者 仰生於上者也 : 신하는 군주를 우러러 따르며 산다.
臣者는 仰君而生이라

③ 量功而食之以足 : 功의 많고 적음을 헤아려 俸祿을 정하여 먹고살게 해서 각자 만족하게 한다.
量其功之多少하여 制祿以食之하여 各得足也라

④ 受任而處之以教 : 직책을 받은 자는 반드시 가르침을 편다.
受任者 必設教也라

⑤ 以勞受祿 則民不幸生 : 수고한 자가 반드시 봉록을 얻으면, 사람들은 죽을힘을 다해 공을 세울 뿐 요행을 바라며 구차하게 살아가지 않는다.
有勞者 必得祿하면 人則致死以立功이오 不僥倖而偷生也라

⑥ 名正分明 則民不惑於道 : 刑名과 직분이 명확하면, 사람들은 〈군주의 통치의〉 도에 대해 의심하지 않는다.
刑名職分明이면 則人於道不惑也라

⑦ 道德出於君 : 덕은 군주로부터 나온다.
德從君出이라

⑧ 制令傳於相 : 명령은 재상을 통해 전해진다.
令因相傳이라

⑨ 事業程於官 : 관리들은 각자 자신들의 업무를 군주에게 규정을 받는다.
官各以其事業程於君也라

⑩ 胥令而動者也 : '胥'는 '살피다'는 의미이다. 명령을 살피고 나서 움직이면 행하는 바가 잘못되지 않는다.
胥는 視也라 視令而動하면 則所擧不妄이라

그러므로 군주는 자신의 말보다 더 귀하게 여기는 것이 없고, 신하는 자신의 힘보다 더 중시하는 것이 없다. 군주는 신하에게 말을 겸손하게 낮추고 신하는 군주에게 힘을 다하면, 군주와 신하의 도리가 완수된다. 그러므로 군주가 일을 분별해주면 재상은 이를 준수하여 실행하고, 재상이 일을 분별해주면 관리가 이를 준수하여 실천하고, 관리가 일을 분별해주면 백성들이 이를 힘써 행한다. 또한 符節과 印璽[8)]와 典法과 筴籍[9)]으로 서로 살피니, 이들은 공적인 도를 밝히고 간교함을 없애는 방법들이다.

是故君人也者는 **無貴如其言**①이요 **人臣也者**는 **無愛如其力**②이니 **言下力上**③**而臣主之道畢矣**라 **是故主畫**(획)**之**에 **相守之**④하고 **相畫之**에 **官守之**하고 **官畫之**에 **民役之**⑤요 **則又有符節・印璽・典法・筴**(책)**籍以相揆也**⑥니 **此明公道而滅姦僞之術也**라

符節

① 君人也者 無貴如其言 : 군주는 말로 아랫사람들을 제어하니, 말이 없으면 아랫사람들은 명령을 받을 수가 없다. 그러므로 말을 가장 귀하게 여기는 것이다.
君以言制下니 無言이면 則下無所稟令이라 故言最貴也라

② 人臣也者 無愛如其力 : 신하의 경우는 힘을 다해 군주를 섬긴다. 그러므로 그 힘을 가장 중시한다.
臣則宣力事君이라 故其力最可愛也라

③ 言下力上 : 군주는 신하에 대해 말을 겸손하게 낮추고, 신하는 군주에 대해 힘을 다한다.
君言下於臣하고 臣力上於君也라

④ 主畫(획)之 相守之 : '畫'은 〈군주가〉 신하에게 부여하는 일을 분별해준다는 말이다. 군주가 이미 그 일을 분별해주면 재상은 이를 준수하여 실행한다.
畫은 謂分別其所授事라 君旣畫其事에 相則守而行之也라

---

8) 符節과 印璽 : 계약서와 도장 같은 것으로, 상호간의 신뢰와 약속을 표시하는 도구들이다.
9) 典法과 筴籍 : 법률과 제도 등을 글로 적어놓은 문서들이다.

⑤ 官畫之 民役之 : 관리가 이미 일을 분별해주면 백성들은 힘을 써서 그 일을 실행한다.
官旣畫之에 民則役力以行其事라

⑥ 符節……以相揆也 : 符節과 印璽는 믿음을 표시하는 것이고, 典法과 筴籍은 제도를 표시하는 것이다. 무릇 이들에 의해 참됨과 거짓됨을 살피고 옳고 그름을 정할 수 있다. 그러므로 "이들로 서로 살핀다."고 말하는 것이다.
符節印璽는 所以示其信也요 典法筴籍은 所以示之制也니 凡此可以考其眞僞하고 定其是非라 故曰以相揆也라

〈신하들의〉 재주를 논하고 능력을 헤아리며 덕을 살핀 후 등용하는 것이 군주의 도이다. 뜻을 한결같이 하고 마음을 하나로 모아 직무를 수행하되 이를 수고롭게 여기지 않는 것은 신하의 일이다. 군주가 아래로 관직의 세세한 일까지 관여하면 담당 관리들은 일을 맡으려 하지 않는다. 신하가 위로 군주의 권력을 공유하고 전횡하면 군주가 권위를 잃게 된다.[10)]

論材量能謀德而擧之①는 **上之道也**요 **專意一心**하여 **守職而不勞**②는 **下之事也**라 **爲人君者 下及官中之事**면 **則有司不任**③하고 **爲人臣者 上共專於上**이면 **則人主失威**④라

① 謀德而擧之 : 그 사람의 덕을 살펴 파악한 이후에 그를 등용한다.
謀知其德然後擧用之라

② 守職而不勞 : 일을 맡는 것을 노고로 여기지 않는다.
不以職事爲勞苦라

③ 爲人臣者……則有司不任 : 〈군주가〉 아래로 관리의 세세한 일까지 관여하면, 군주가 신하의 직무를 빼앗는 것이다. 그러므로 담당 관리들은 직무를 맡지 않는다.
下及官中之事면 則君奪臣職이라 故有司不任也라

④ 爲人臣者……則人主失威 : 신하는 위를 받들어 군주의 명령을 따라야 한다. 그런데 신하가 군주의 권력을 전횡하므로 군주가 권위를 잃는다.
臣當上供하여 從君之命令이나 乃專上之權이라 故主失威라

그러므로 도를 지닌 군주는 자신의 덕을 바르게 함으로써 백성을 다스릴 뿐, 지

10) 신하가……된다 : 이 구절의 해석은 原注를 따르지 않았다. 原注에서는 본문의 '共'을 '供'으로 파악하여, "爲人臣者上共 專於上則人主失威"라고 句를 끊어 신하는 위를 받들어 군주의 명령을 따라야 하는데, 신하가 오히려 군주의 권력을 전횡하므로 군주가 권위를 잃게 된다는 식으로 해석한 것으로 보인다. 그러나 문맥상으로 볼 때, '共'을 굳이 '供'으로 해석할 이유가 없다.

식과 능력, 귀밝음과 눈밝음을 추구하지 않는다. 지식과 능력, 귀밝음과 눈밝음은 아랫사람들의 몫이고, 이들을 잘 이용하는 것이 군주의 도이다. 윗사람은 그 도를 밝히고 아랫사람은 그 직무를 수행하는 것이니, 위아래의 직분이 서로 다르지만 다시 합하면 한 몸이 된다.

是故有道之君은 **正其德以蒞民**이요 **而不言智能聰明**이니 **智能聰明者**는 **下之職也**요 **所以用智能聰明者**는 **上之道也**①라 **上之人明其道**하고 **下之人守其職**하니 **上下之分不同任而復**(부)**合爲一體**②라

① 用智能聰明者 上之道也 : 아랫사람들의 지식과 능력, 귀밝음과 눈밝음을 사용한다는 말이다.
謂用下之智能聰明이라

② 上下之分不同任復(부)合爲一體 : 군주는 머리가 되고, 신하는 다리와 팔이 된다. 그러므로 '한 몸'이라고 말하는 것이다.
君爲元首하고 臣爲股肱이라 故曰一體라

그러므로 남의 잘난 점을 알면 군주가 되고, 자기 자신이 잘나면 남에게 부림을 당한다. 군주 자신이 잘나면 공정하지 않게 될 것이고, 군주가 공정하지 않아 항상 상을 헤프게 주고 형벌을 차마 집행하지 못하면 이는 나라에 법도가 없는 것이다. 나라를 다스림에 있어 법도가 없으면 백성들은 朋黨을 지어 아랫사람들끼리 결탁하여, 거짓을 꾸며 사사로운 이익을 챙긴다. 〈그러나〉 법률과 제도에 일정함이 있으면 백성이 흩어지지 않고 위로 하나가 되고, 진심을 다해 충성을 바친다.

그러므로 군주 자신이 지식과 능력을 추구하지 않아도 조정의 일이 잘 다스려지고 나라의 근심이 해소되는 것은 훌륭한 신하들을 임명했기 때문이고, 귀밝음과 눈밝음을 추구하지 않아도 좋은 사람이 천거되고 간사하고 거짓된 사람이 주살되는 것은 보고 듣는 사람이 많기 때문이다.

是故知善은 **人君也**①요 **身善**은 **人役也**②니 **君身善則不公矣**③요 **人君不公**하여 **常惠於賞而不忍於刑**④이면 **是國無法也**라 **治國無法**이면 **則民朋黨而下比**하고 **飾巧以成其私**요 **法制有常**이면 **則民不散而上合**하고 **竭情以納其忠**이라 **是以不言智能而**(順)〔**朝**〕[11]**事治**하고 **國患解**는 **大臣**

11) (順)〔朝〕 : 저본에는 '順'으로 되어 있으나, ≪管子集校≫에 의거하여 '朝'로 바로잡았다.

之任也요 **不言於聽明而善人擧**하고 **姦僞誅**는 **視聽者衆也**라

① 知善 人君也 : 남의 잘난 점을 알면 사려가 깊다. 그러므로 군주가 될 수 있다.
知善則謀慮深遠이라 故可以爲人君也라

② 身善 人役也 : 자기 자신이 잘나면 그 재주와 능력이 쓰일 수 있다. 그러므로 남의 부림을 당한다.
身善則材能可任이라 故爲人役也라

③ 君身善則不公矣 : 군주 자신이 잘났다고 여기면 그 지혜가 얕다. 그러므로 사람들에게 공정하지 못하게 된다.
君身善則智淺이라 故不公人也라

④ 人君不公 常惠於賞而不忍於刑 : 공정하지 못하면 바른 이치를 알지 못한다. 그러므로 상을 헤프게 주고 형벌은 차마 집행하지 못한다.
不公則不識理之正이라 故惠賞而不忍刑也라

이 때문에 군주는 만물의 근원을 장악하고 여러 선비에게 관직을 주는 자이니, 어진 자를 선발하고 재주 있는 자를 논하여 법에 따라 대우해야 한다. 인재 선발에서 마땅한 사람을 얻으면 앉아서도 그 복을 다 거둬들여 이루 다 거둬들일 수 없을 정도가 된다. 〈그러나〉 관리가 자기 임무를 감당하지 못하고 분주히 받들기만 하면, 잘못된 일을 다 구제할 수가 없게 된다. 이는 일찍이 나라에 책임을 감당할 만한 선비가 부족해서가 아니라, 군주가 마땅한 선비를 알아보는 밝은 안목이 부족하기 때문이다. 이 때문에 현명한 군주는 부여받은 임무를 잘 감당할 수 있는 신하를 잘 알아보는 자이다. 그러므로 "군주의 도를 얻으면 현명한 인재들이 등용되고 백성이 다스려지니, 다스려지느냐 어지러워지느냐는 군주에게 달려 있을 뿐이다."라고 말하는 것이다.

是以爲人君者는 **坐萬物之原**[12]**而官諸生之職者也**①니 **選賢論材而待之以法**이라 **擧而得其人**이면 **坐而收其福**하여 **不可勝收也**②요 **官不勝任**하고 **犇**(분)**走而奉**이면 **其敗事不可勝救也**③라 **而國未嘗乏於勝任之士**로되 **上之明適不足以知之**니 **是以明君**은 **審知勝任之臣者也**라 **故曰 主道得**이면 **賢材遂**하고 **百姓治**니 **治亂在主而已矣**라

12) 坐萬物之原 : 여기서 '坐'는 '守'의 의미를 지닌다. 黎翔鳳(中)은 그 근거로 ≪春秋左氏傳≫ 桓公 10년 條에 나오는 "楚人坐其北門" 구절에 대한 주에서 "坐 猶守也(坐는 守와 같다.)"라고 한 것을 들었다.(≪管子校注≫)

① 官諸生之職者也 : 여러 선비에게 관직을 주고 직책을 맡긴다는 말이다. '生'은 학문을 아는 선비를 가리킨다.
謂授諸生之官而任之以職也라 生은 謂知學之士也라
② 擧而得其人……不可勝收也 : 사람을 얻으면 복이 많다. 그러므로 〈그 복을〉 이루 다 거둬들일 수 없다.
得人則福多라 故不可勝收라
③ 官不勝任……其敗事不可勝救也 : 책무를 감당하지 못하면 그르쳐지는 일이 많아지니, 그러므로 그것들을 이루 다 구제할 수 없다.
不勝則敗廣이라 故不可勝救라

그러므로 "군주의 몸은 덕을 바르게 하는 근본이고, 관리들을 다스리는 것은 귀와 눈을 제어하는 것과 같다."라고 말한다. 군주 자신의 몸이 바르게 서면 백성이 교화되고, 군주의 덕이 바르게 되면 관리들이 다스려지니, 관리들을 다스리고 백성을 교화하는 핵심은 군주에게 있다. 그러므로 군자는 백성에게 〈바르게 될 것을〉 요구하지 않는다.

이 때문에 군주가 아랫사람들의 일에 간여하는 것을 '矯'[13]라 하고, 아랫사람이 군주의 일에 간여하는 것을 '勝'[14]이라 한다. 군주가 '矯'를 행하면 일이 어그러지고, 아랫사람이 '勝'을 행하면 〈군주의 권위에〉 거역하는 일이 벌어진다. 나라에 어그러지고 거역하며 배반하는 행위가 나타나는 것은, 영토를 보유하고 백성을 다스리는 군주가 나라를 다스리는 기강을 상실하였기 때문이다.

故曰 主身者는 **正德之本也**요 **官治者**는 **耳目之制也**①라 **身立而民化**하고 **德正而官治**니 **治官化民**은 **其要在上**이라 **是故君子不求於民**②이라 **是以上及下之事**를 **謂之矯**③요 **下及上之事**를 **謂之勝**④이라 **爲上而矯**는 **悖也**요 **爲下而勝**은 **逆也**니 **國家**에 **有悖逆反迕之行**⑤은 **有土主民者失其紀也**라

① 官治者 耳目之制也 : 관리들은 군주의 명령을 받은 이후 실행한다. 이는 마치 귀와 눈

13) 矯 : 原注에서는 '僞'로 풀이하였고, 王念孫(淸)은 '拂' 즉 '떨쳐내다'로 풀이하였다.(≪讀書雜志≫) 그러나 문맥상으로 볼 때, '矯'는 아랫사람이 한 일을 군주가 제멋대로 바꾸고 고치는 행위를 의미하는 것으로 보는 게 타당하다.
14) 勝 : 原注에서는 아랫사람 권세가 군주를 능가하다는 의미로 풀이하였다. 그러나 王念孫(淸)은 '陵' 즉 '능멸하다'로 풀이하였다.(≪讀書雜志≫) 原注보다는 왕염손의 견해가 타당해 보인다.

이 마음의 통제를 기다린 이후에 작용하는 것과 같다. 그러므로 "관리들을 다스리는 것은 귀와 눈을 제어하는 것과 같다"라고 말하는 것이다.
官稟君命而後行이 若耳目待心制而後用이라 故曰 官〔治〕[15]者耳目之制라

② 君子不求於民 : 〈군자 스스로〉 몸을 올바로 세우고 덕을 바르게 할 뿐이다.
立身正德而已라

③ 上及下之事 謂之矯 : '及'은 '간여하다'는 의미이다. '矯'는 '거짓되다'는 의미이다. 군주가 아랫사람들의 일에 간여하면 허위로 남는 것처럼 보이지만 실제로는 부족하다.
及은 猶預也요 矯는 僞也라 上預下事면 則僞有餘而實不足也라

④ 下及上之事 謂之勝 : 아랫사람이 군주의 일에 간여하면, 〈아랫사람의〉 권세와 위엄이 군주를 능가하게 된다.
下預上事면 則威權勝君也라

⑤ 國家 有悖逆反迕之行 : '忤'는 '배반하다'는 의미이다.
忤는 背也라

그러므로 〈상하의〉 관계를 구별하고 〈군신 간의〉 구분을 바르게 하는 것을 '理'라 하고, 理를 따르면서 그것을 잃지 않는 것을 '道'라고 하니, 도와 덕이 정해지면 백성에게 법도가 있게 될 것이다.

도를 지닌 군주는 법을 밝게 잘 설치하고 사적인 것으로 가로막지 않는 자이다. 그러나 도가 없는 군주는 이미 법이 설치되어 있는데도 법을 버리고 사적인 것을 행하는 자이다. 군주된 자가 법을 버려두고 사적인 것을 행하면 신하들이 사적인 것을 끌어들여 공적인 것으로 삼게 되니, 〈이때〉 '공적인 도를 어기지 않는다.'라고 하는 것은 곧 사적인 도를 어기지 않는 것을 말하게 된다. 공적인 도를 행하면서 사적인 것에 의탁하고 그것이 오래 유지되어 알아차리지 못할 정도가 되면, 간악한 마음이 쌓이지 않을 수 있겠는가.

是故別交正分之謂理①요 **順理而不失之謂道**니 **道德定而民有軌矣**라 **有道之君者**는 **善明設法而不以私防者也**요 **而無道之君**은 **旣已設法則舍法而行私者也**라 **爲人上者釋法而行私**면 **則爲人臣者援私以爲公**이니 **公道不違**는 **則是私道不違者也**②라 **行公道而託其私焉**하여 **寖久而不知**면 **姦心得無積乎**③아

① 別交正分之謂理 : 상하의 관계를 구별하고 군주와 신하의 구분을 바르게 하는 것이다.

---
15) 〔治〕 : 저본에는 '治'가 없으나, 본문에 의거하여 보충하였다.

別上下之交하고 正君臣之分이라

② 公道不違 則是私道不違者也 : 신하가 공적인 것으로 내세우는 것은 곧 사적인 것이다. 〈그러므로〉 '공적인 도를 어기지 않는다.'라고 하는 것은 곧 사적인 도를 어기지 않는 것이 된다.

臣之所以爲公者는 乃是私也라 名曰不違公道는 便(변)是不違私道也라

③ 行公道而託其私焉 …姦心得無積乎 : 이미 오랫동안 사적인 것을 행하면서 이를 알아차리지 못하면, 이는 곧 간악한 마음이 오래 쌓인 것이다. 그러므로 "간악한 마음이 어찌 다시 쌓이지 않겠는가."라고 말하는 것이다.

旣久行私而不知면 則是姦心之積也라 故言姦心豈復(부)無積乎아

간악한 마음이 쌓이면 크게는 윗사람을 침탈해 죽이는 재앙이 있게 되고, 작게는 무리를 지어 내분을 일으키는 혼란이 있게 된다. 이렇게 되는 이유는 군주의 덕이 올바로 서지 않고 나라에 일정한 법이 없기 때문이다.

군주의 덕이 바르게 서지 않으면 여인이 군주의 뜻을 먹어 치울 수 있고, 나라에 일정한 법이 없으면 대신이 감히 군주의 권세를 침탈하게 된다. 〈그러면〉 대신은 여인의 능력을 빌려 군주의 속마음을 살피고, 군주의 총애를 얻은 여인은 〈대신 같은〉 남자의 智謀를 빌려 외부 권세를 끌어들인다. 이에 夫人[16]을 도외시하고 대자를 위태롭게 하며, 안에서 병란이 일어나 외부의 도적을 불러들이게 된다. 이는 군주를 위태롭게 하는 징조들이다.

姦心之積也에 **其大者有侵偪(핍)殺上之禍**하고 **其小者有比周內爭之亂**이니 **此其所以然者**는 **由主德不立而國無常法也**라 **主德不立則婦人能食其意**①하고 **國無常法則大臣敢侵其勢**라 **大臣假於女之能**하여 **以規主情**②하고 **婦人嬖寵**하고 **假於男之知**하여 **以援外權**③이라 **於是乎外夫人而危太子**④하고 **兵亂內作**하여 **以召外寇**니 **此危君之徵也**라

① 主德不立則婦人能食其意 : 군주의 뜻이 왜곡되는 것은 여자의 속살거리는 말에 이끌려서이니, 이는 마치 음식이 입에 가득 차게 되는 것과 같다. 그러므로 "여인이 군주의 뜻을 먹어 치울 수 있다."고 말하는 것이다.

君意委曲이 隨於女謁이 若食之充口라 故曰 婦人能食其意라

② 大臣假於女之能 以規主情 : '假'는 '말미암는다'는 의미이다. 여인이 군주의 뜻을 먹어

16) 夫人 : 제후의 정실 부인을 의미한다. ≪禮記≫ 〈曲禮 下〉에 "公과 侯는 夫人, 世婦, 妻, 妾을 두었다.〔公侯有夫人 有世婦 有妻 有妾〕"라고 하였다.

치우는 것을 통해 군주의 속마음을 살핀다.

假는 因也라 因女之能食主意하여 以規度(탁)主之情也라

③ 婦人嬖寵……以援外權 : 여인이 이미 군주의 총애를 얻고, 또 대신의 智謀로 말미암아 외부의 권세를 끌어들이면, 무슨 일이든 이루지 못하겠는가?

婦人旣得君之嬖하고 又因大臣之智하여 以引其外權이면 則何爲而不成也리오

④ 外夫人而危太子 : 여인의 총애가 이미 극치를 이루고 또 대신의 협조를 끼고 있다. 그러므로 정실부인이 도외시되고 태자가 위태롭게 된다.

女寵旣隆하고 又挾大臣之助라 故夫人被外하고 太子見危라

그러므로 도가 있는 군주는 위로 五官을 두어 백성을 다스리면 대중이 감히 법도를 넘어 행동하지 못할 것이고, 아래로 五橫[17]을 두어 관리들을 감찰하면 담당 관리들이 감히 법을 벗어나 〈백성을〉 부리지 못할 것이다. 조정에는 일정한 제도와 공평한 법규를 두어 군주의 지위를 높이고, 의복·곤룡포·면류관에 모두 법도가 있으면 군주가 법도에 의거하여 바르게 서게 될 것이다.

군주는 법에 근거하여 명령을 내리고, 담당 관리들은 명령을 받들어 일을 시행하고, 백성은 윗사람에 순종하여 풍속을 이루도록 한다. 이런 것이 드러나고 오래되어 일상이 되고, 풍속을 범하고 가르침을 벗어나는 자를 대중이 모두 간악한 자로 여기면 군주가 편안하게 될 것이다.

是故有道之君은 **上有五官以牧其民則衆不敢踰軌而行矣**요 **下有五橫以揆其官則有司不敢離法而使矣**①라 **朝有定度衡儀**하여 **以尊主位**②하고 **衣服緷絻**(곤면)이 **盡有法度**③면 **則君體法而立矣**④라 **君據法而出令**하고 **有司奉命而行事**하고 **百姓順上而成俗**하여 **著久而爲常**⑤하고 **犯俗離敎者**를 **衆共姦之**⑥면 **則爲上者佚矣**라

① 下有五橫以揆其官則有司不敢離法而使矣 : '橫'은 감독하는 관원으로, 사람에게 형벌을 가할 수 있다. 오관에는 각자의 '橫'이 있으므로 '五橫'이라 말하는 것이다.

橫은 謂糺察之官이니 得入人罪者也라 五官은 各有其橫이라 曰五橫이라

② 朝有定度衡儀 以尊主位 : '衡'은 '올바르다'는 의미이다.

衡은 正이라

③ 衣服緷絻(곤면)盡有法度 : '緷絻'은 '袞冕'[18]의 옛 글자이다.

17) 五橫 : 原注에 근거할 때, 관리들을 감찰하는 기구로 보인다.

18) 袞冕 : 고대에 황제 및 上公이 祭禮를 행할 때 입었던 곤룡포와 면류관이다.

緷絻은 古袞冕字라

④ 君體法而立矣 : '體'는 '의거하다'는 의미이다.

體는 猶依也라

⑤ 著久而爲常 : 밝게 드러나고 오래 유지되면 관습이 쌓여 일상적 법도가 된다.

著明而且久면 積習而爲常也라

⑥ 犯俗離敎者 衆共姦之 : 대중이 가르침을 벗어나는 것을 간악하다고 여겨 죄를 주는 것이다.

衆以離敎爲姦而罪之也라

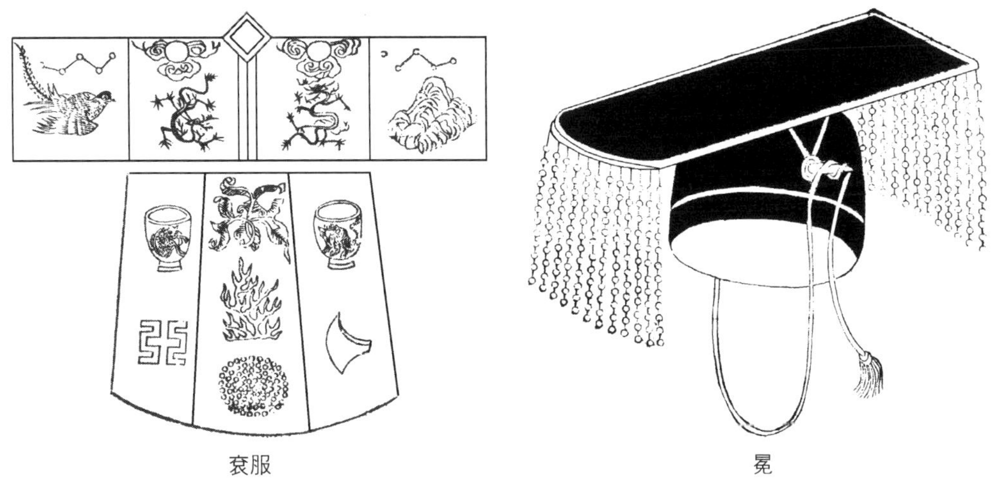

袞服　　冕

천자는 천하에 명령을 내리고, 제후는 천자에게 명령을 받고, 대부는 제후에게 명령을 받고, 자식은 부모에게 명령을 받고, 아랫사람은 윗사람의 말을 따르고, 동생은 형의 말을 따른다. 이러한 것은 지극한 순리이다.

저울의 단위를 통일하고, 용량의 단위를 통일하고, 길이의 단위를 통일하고, 병기의 규격을 통일하고, 문자를 같게 하고, 수레바퀴의 폭을 같게 한다. 이러한 것은 지극한 바름이다.

사람들은 순리를 따르는데 홀로 역행하고, 사람들은 바른 표준을 따르는데 홀로 치우치는 자들이 있는데, 그런 자들은 한밤중에 불을 들어 비추면 숨어 있는 것들이 드러나듯이 모두 드러나게 되어 있으니, 간악하고 거짓된 사람들은 숨을 곳이 없다.

이상의 것들은 先王이 民心을 하나로 통일한 방법들이었다.

天子出令於天下하고 **諸侯受令於天子**하고 **大夫受令於君**하고 **子受令於父母**하고 **下聽其上**하고 **弟聽其兄**은 **此至順矣**요 **衡石一稱**하고 **斗斛一量**하고 **丈尺一綧**(준)**制**①하고 **戈兵一度**하고 **書同名車同軌**는 **此至正也**라 **從順獨逆**하고 **從正獨辟**은 **此猶夜有求而得火也**②니 **姦僞之人**이 **無所伏矣**라 **此先王之所以一民心也**라

① 衡石一稱……丈尺一綧(준)制 : 이른바 律과 度(자)와 量(量器)과 衡(저울)을 통일했다는 것이다. '綧'은 '准'의 옛 글자이니 律과 度와 量을 맞게 조절한다는 것으로, 丈과 尺에 각자 표준이 있다는 말이다.
所謂同律度量衡[19]也라 綧은 古准字니 准節律度量也라 謂丈尺各有准限也라

② 從順獨逆……此猶夜有求而得火也 : 모두 순리를 따르는데 홀로 거역하는 자와 모두 바른 표준을 따르는데 홀로 치우치는 자는 반드시 순리와 바른 표준을 따르는 자에게 굴복하게 된다.
衆皆從順而有獨逆者와 衆皆從正而有獨僻者는 必爲順正者所伏也라

그러므로 천자에게 좋은 일이 있으면 그 덕을 하늘에 돌리고, 제후에게 좋은 일이 있으면 천자에게 돌려 축하하고, 대부에게 좋은 일이 있으면 군주에게 돌리고, 백성에게 좋은 일이 있으면 부모에게 그 근본을 찾으면서 동네 어른들에게 돌려 축하한다. 이는 곧 道法[20]이 나온 연원이고, 다스림의 근본이다. 그러므로 일 년에 한 번 政令을 내리는 자는 군주이고, 계절마다 살피는 자는 재상이고, 매월 보고하는 자는 관리이고, 四肢의 힘을 써 농사를 지으면서 명령을 기다리는 자는 일반 백성이다.

是故天子有善이면 **讓德於天**하고 **諸侯有善**이면 **慶之於天子**①하고 **大夫有善**이면 **納之於君**하고 **民有善**이면 **本於父**하고 **慶之於長老**니 **此道法之所從來**요 **是治本也**②라 **是故歲一言者**는 **君也**③요 **時省者**는 **相也**요 **月稽者**는 **官也**요 **務四支之力**하여 **修耕農之業**하여 **以待令者**는 **庶人也**라

---

19) 同律度量衡 : ≪書經≫ 〈虞書 舜典〉에 '同律度量衡'이란 표현이 보이는데, 孔安國의 傳에 의하면, "律은 法制이며 尺丈·斛斗·斤兩과 함께 모두 균일하게 통일시켰다.〔律 法制 及尺丈斛斗斤兩 皆均同〕" 하였고, 또 "同律에 대해 王肅은 '同은 가지런함이고, 律은 六律이다.' 하였으며, 馬融은 '律은 法이다.' 하였으며, 鄭玄은 '陰呂와 陽律이다.' 하였다.〔同律 王云 同齊也 律 六律也 馬云 律 法也 鄭云 陰呂陽律也〕" 하여, 律에 대한 해석이 다르다.(≪尙書正義≫)

20) 道法 : ≪管子≫의 주요 개념으로, '道'를 통해 자연과 세상의 근본 이치라는 점을 지시하면서, '法'을 통해 구체적인 인간 세상을 다스리는 治國의 道라는 점을 드러내고 있다. 본편 외에도 〈法法〉, 〈樞言〉 등에서도 찾아볼 수 있다.

① 諸侯有善 慶之於天子 : 제후에게 선한 일이 있으면, 그것을 천자에게 양보하고 이를 축하한다.

諸侯有善이면 讓於天子而慶也라

② 此道法之所從來 是治本也 : 道法은 양보를 중시한다.

道法은 以讓爲主라

③ 歲一言者 君也 : 정월 조회에서 冊曆을 반포한다는 말이다.

謂正歲之朝에 布之縣象이라

그러므로 백성은 父兄 사이에서 자신들의 힘을 헤아리고 군신 간의 의리에 대한 가르침을 듣고, 관리들은 자신들의 덕과 능력을 의론하면서 군주의 명령을 기다리고, 대부들은 자기들의 업무 내의 일에 대해서만 살필 뿐 그 밖의 일에 대해서는 언급하지 않으며, 재상은 항구적인 法制를 만들어 관리들에게 제공한다.

是故百姓은 **量其力於父兄之間**하고 **聽其言於君臣之義**요 **而官論其德能而待之**①하고 **大夫比官中之事**하고 **不言其外**요 **而相爲常具以給之**②라

① 官論其德能而待之 : 뭇 관리들은 각자 자신들의 덕과 능력을 의론하면서 군주의 명령을 기다린다는 말이다.

謂百吏之官은 各論其德能하여 以待君命이라

② 相爲常具以給之 : '具'는 뭇 관리들의 法制를 말한다.

具는 謂衆官之法制也라

재상은 〈백관을〉 통솔하는 자이다. 관리들은 업무를 수행하면서 실적을 헤아리며 아름다운 것을 평가하고, 의심스러운 것은 〈재상에게〉 질문하여 바로잡는다. 이에 군주는 관청에 비치한 법조문과 瑞를 꺼내 〈그것들과의 합일 여부를〉 살피고서, 궁궐의 正殿 위에 서서 南面한 채 〈관리들의〉 핵심적 보고를 받는다. 이 때문에 군주는 여유가 있고, 관리들은 각자의 임무를 감당할 수 있고, 時令[21]은 어지

21) 時令 : 고대에 한 해를 24절기로 나누어, 절기마다 그에 합당한 政令을 따르도록 한 것을 말한다. 이러한 사고는 기본적으로 法自然 사상에 바탕을 두고 있다. 즉 자연의 기운은 시시각각 변하므로, 통치자는 이러한 자연의 변화를 잘 관찰하고 그에 합당한 정치를 펼쳐야 한다는 것이다. 이같은 時令論은 《詩經》에서부터 출발하여 《逸周書》의 〈周月〉·〈時訓〉, 그리고 《大戴禮記》의 〈夏小正〉에서 단편적으로 보이다가, 전국 말기 《呂氏春秋》 〈十二紀紀首〉에서 완전한 체계를 갖추게 된다.

럽게 남발되지 않고, 백성은 공손한 태도로 〈공물을〉 바친다. 이렇게 되는 것은 위로는 法制가 있고 아래로는 〈신하들에게〉 각자의 직분이 있기 때문이다.

相은 **總要者**①요 **官**은 **謀士**에 **量實義**[22]**美**하여 **匡請所疑**②하고 **而君發其明府之法瑞以稽之**③하고 **立三階之上**하여 **南面而受要**④라 **是以上有餘日**⑤**而官勝其任**⑥하고 **時令不淫而百姓肅給**⑦이니 **唯此**는 **上有法制**하고 **下有分職也**라

① 相 總要者 : 재상에게 일정한 직무가 없는 것은 백관을 통솔하기 위한 것이다.
相無常官은 所以總統百吏之官이라

② 官……匡請所疑 : '士'는 '일'이다. 관리들은 각자 자신들의 업무를 수행한다. 또한 실적을 헤아리고 아름답고 선한 것을 평가하고, 의심스러운 것을 바로잡되 반드시 〈재상에게〉 진술하여 요청한다.
士는 事也라 官各謀其職事라 又當量實宜其有美善者하고 用匡於所疑하되 必陳而請之也라

③ 君發其明府之法瑞以稽之 : '府'는 관리들이 머무는 관청을 말한다. 관청을 세우면 반드시 명확한 법을 둔다. 그러므로 '明府之法'이라고 말하는 것이다. '瑞'는 군주가 신하들과 신뢰관계를 맺는 것으로 珪璧과 같은 종류이니, 또한 반드시 그 瑞를 합쳐서 〈합일 여부를〉 살핀다.
府는 謂百吏所居之官曹也라 立府에 必有明法이라 故曰明府之法이라 瑞는 君所與臣爲信者니 珪璧之屬也라 又必合其瑞以考之也라

④ 立三階之上 南面而受要 : 군주의 路寢[23]은 그 앞에 세 개의 계단이 있다. '要'는 백관의 보고서 목록을 말한다.
君之路寢은 前有三階라 要는 謂百吏之目也라

⑤ 上有餘日 : 군주는 오직 핵심만 보고받는다. 그러므로 여유가 있다.
上唯受要라 故有餘日이라

⑥ 官勝其任 : 각자 자기 직무를 수행한다. 그러므로 임무를 감당할 수 있는 것이다.
各理其職이라 故能勝任이라

⑦ 百姓肅給 : 공경하는 태도로 윗사람에게 바친다는 의미이다.
言其敬而供上이라

道는 진실로 사람이 살아가는 근본으로, 사람 자체에 있지 않다. 聖王과 明君은 이러한 도를 잘 알아 사람들에게 알려주는 사람이다. 그러므로 백성을 다스리는 데

22) 義 : 原注에서는 '義'를 '宜(마땅하다)'로 해석했으나, '義'는 '議'가 되어야 한다는 豬飼彦博(日)의 견해에 의거하여 번역하였다.(≪管子補正≫)

23) 路寢 : 천자나 제후가 정사를 보는 正殿을 말한다.

에는 일정한 도가 있고 재물을 생산해내는 데에는 일정한 법도가 있다. 〈따라서〉 도라는 것은 만물의 핵심이니, 군주가 그 핵심을 잡고 기다리면, 아랫사람 가운데 비록 간악하고 거짓된 마음을 지닌 자가 있어도 감히 군주를 시해하지 못한다.

道者는 **誠人之姓也**요 **非在人也**① 니 **而聖王明君**은 **善知而道之者也**② 라 **是故治民有常道**하고 **而生財有常法**이라 **道也者**는 **萬物之要也**니 **爲人君者 執要而待之**면 **則下雖有姦僞之心**이라도 **不敢殺**(시)**也**③ 라

① 道者……非在人也 : '姓'은 生이다. 도는 사람의 삶을 세워주는 것이고 사람이 생겨나는 원인이니, 그러므로 도는 사람 자체에 있지 않다는 말이다.
姓은 生也라 言道立人之生이요 人之所從出이라 故非在人이라

② 聖王明君 善知而道之者也 : '道'는 '말하다'는 의미이다. 聖王은 도리를 잘 안다. 그러므로 말하여 알려준다.
道는 猶言也라 聖王은 善知道理라 故言而相告也라

③ 不敢殺(시)也 : 감히 군주를 죽이지 못한다.
不敢殺君也라

무릇 道는 형체가 없으니, 마땅한 사람이 있으면 작용하고 마땅한 사람이 없으면 막힌다. 이 도가 없으면 사람을 다스릴 수 없고, 이 도가 없으면 재물을 생산해 낼 수 없다. 백성이 다스려지고 재물이 늘어나면 그 복은 윗사람에게 돌아간다. 이 때문에 현명한 군주는 道法을 중시하고 나라를 경시한다는 것을 안다.

夫道者는 **虛設**① 이니 **其人在則通**하고 **其人亡**(무)**則塞者也**라 **非茲是**면 **無以理人**요 **非茲是**면 **無以生財**② 라 **民治財育**이면 **其福歸於上**이니 **是以知明君之重道法而輕其國也**③ 라

① 夫道者 虛設 : 도는 형체가 없으나 잘 반응한다. 그러므로 '虛設'이라고 말한다.
道無形而善應이라 故曰虛設이라

② 非茲是……無以生財 : 앞의 '茲'와 '是'는 이 도를 가리킨다.
前茲是는 謂其道라

③ 是以知明君之重道法而輕其國也 : 참된 도를 얻으면 이것으로 몸을 다스리고, 그 나머지로 나라를 다스린다. 그러므로 도를 중시하고 나라를 경시하는 것이다.
得道之眞以理身하고 緖餘以理國家라 故重道輕國이라

그러므로 한 나라에서 군주 노릇 하는 자는 그 道가 군주가 되게 하는 것이고,

천하에서 왕 노릇 하는 자는 그 도가 왕이 되게 하는 것이다. 〈그러므로 도가〉 큰 자는 천하에서 왕이 되고 작은 자는 한 나라의 군주가 되니, 그 도가 그렇게 군림하게 하는 것이다.

이 때문에 군주가 원하는 것은 백성들에게서 얻을 수 있고, 군주가 싫어하는 것은 백성들에게서 제거할 수 있다. 원하는 것을 백성들에게서 얻을 수 있으므로 현명한 인재들이 뜻을 이루고, 싫어하는 바를 백성들에게서 제거할 수 있으므로 간악하고 거짓된 자들이 발각된다. 이는 마치 쇠를 불리고 흙을 빚어서 물건을 만드는 것이 장인에게 달려 있는 것과 같다.

故君一國者는 **其道君之也**①요 **王天下者**는 **其道王之也**②니 **大王天下**하고 **小君一國**이니 **其道臨之也**③라 **是以其所欲者**는 **能得諸民**④하고 **其所惡**(오)**者**는 **能除諸民**⑤이니 **所欲者能得諸民**이라 **故賢材遂**하고 **所惡者能除諸民**이라 **故姦僞省**이 **如冶之於金**과 **陶之於埴**에 **制在工也**⑥라

① 君一國者 其道君之也 : 그 도가 군주가 될 만하므로 한 나라에서 군주 노릇 하는 것이다.
道可爲君이라 故君一國이라
② 王天下者 其道王之也 : 그 도가 왕이 될 만하므로 천하에서 왕 노릇 하는 것이다.
道可王이라 故王天下라
③ 大王天下……其道臨之也 : 그 도가 한 나라와 천하에 군림할 만하다.
其道足以臨國與天下也라
④ 其所欲者 能得諸民 : 군주가 원하면 백성들이 순종하여 얻게 한다.
君之所欲을 人則順之令得이라
⑤ 其所惡(오)者 能除諸民 : 군주가 싫어하면 또한 백성들이 순종하여 제거한다.
君之所惡를 亦順之而除也라
⑥ 賢材遂……制在工也 : 〈현명한 인재들과 간악하고 거짓된 자들을〉 등용하거나 파직함이 군주로 말미암는 것이 마치 쇠나 흙으로 〈물건을 만드는 것이〉 장인의 손에 달려 있는 것과 같다.
廢置之由君이 若金埴之由工也라

그러므로 상을 주고자 하여도 〈실제 행한 功보다〉 너무 후한 상은 줄 수 없고, 사형을 가하려고 하여도 〈실제 범한 죄보다〉 너무 심한 벌은 가할 수 없다. 너무 심한 벌을 가할 수 없고 너무 두터운 상을 줄 수 없는 것은, 명목과 실질 사이에 거리가 있기 때문이다.

善行이 있으면 그에 합당한 상을 지체하지 않는다. 그러므로 백성은 군주가 주는 이익을 사사로이 취하려들지 않는다. 잘못이 있으면 그에 합당한 벌을 유예하지 않는다. 그러므로 백성은 군주의 위엄을 원망하지 않는다. 형벌을 가하는 제도가 민심을 벗어나지 않으면, 백성들은 윗사람에게 가까이 귀의하게 될 것이다. 이는 마치 하늘에서 비가 내려서 아래로 한 尺의 땅을 적셔주면, 〈땅에서 싹이〉 위로 한 尺의 길이로 자라나는 것과 같다.

是故將與之에 **惠厚不能供**①하고 **將殺之**에 **嚴威不能振**②이니 **嚴威不能振**하고 **惠厚不能供**은 **聲實有間也**③라 **有善者 不留其賞**이라 **故民不私其利**④하고 **有過者 不宿其罰**이라 **故民不疾其威**⑤라 **威罰之制 無踰於民**⑥이면 **則人歸親於上矣**니 **如天雨然**하여 **澤下尺**이면 **生上尺**⑦이라

① 將與之 惠厚不能供 : 사람에게 상을 주고자 하여 비록 두텁게 베풀고자 하는 뜻이 있다 할지라도, 〈실제 공로보다 많은〉 재물을 제공할 수 없다는 말이다.
謂欲與人에 雖有惠厚之意라도 財不能供이라

② 將殺之 嚴威不能振 : 사람을 죽여서 다스림을 확립하고자 하나, 〈실제의 죄보다 형벌이 과하면〉 위엄이 줄어들어 그 위엄을 떨쳐 일으킬 수 없다는 말이다.
謂欲殺人以致其理나 然而嚴威銷縮하여 不能振起也라

③ 嚴威不能振……聲實有間也 : 혹 명목이 있으나 실질이 없고, 혹 실질은 있으나 명목이 없다. 명목과 실질 사이에 장애가 있으므로, 〈실제의 공로보다 지나친〉 재물을 제공하지 못하고 〈실제의 죄보다 지나친〉 위엄을 부릴 수 없는 것이다.
或有聲無實하고 或有實無聲하여 聲實間礙라 故不供不振也라

④ 有善者…… 故民不私其利 : 선한 사람은 반드시 상을 얻으니, 어찌 이익을 사사로이 도모할 것인가.
善必得賞이니 私利何爲리오

⑤ 有過者……故民不疾其威 : '宿'은 '멈추다'는 의미이다. 받는 벌이 자신이 저지른 잘못에 합당하면, 사람들은 군주의 위엄을 원망하지 않는다. '疾'은 '원망하다'는 의미이다.
宿은 猶停也라 罰得其過면 則人不疾其威라 疾은 怨也라

⑥ 威罰之制 無踰於民 : 사람들이 벌 주길 바라는 마음에 근거하여 벌을 준다. 그러므로 사람들의 마음을 넘어서지 않는다.
因人所欲罰而罰之라 故不踰於人也라

⑦ 澤下尺 生上尺 : 비가 위에서 내려와 한 尺의 땅을 적시면, 모가 땅 밑으로부터 올라와 위로 한 尺 길이로 자란다. 비가 아래로 내려오고 모가 위로 자라는 것은, 군주의 은혜가 아래로 내려오고 민심이 위로 향하는 것과 같다.

澤從上降하여 潤有一尺이면 則苗從下生하여 上引一尺이니 澤下降하고 苗上引은 猶君恩下流하고 人心上就也라

그러므로 남에게 관직을 주지만 그 자신은 관직을 갖지 않고, 남에게 일을 시키지만 그 자신은 일을 하지 않고, 〈허물이 없는 자리에〉 홀로 우뚝 서서 〈신하들이 군주의 실정을〉 살필 수 없는 것이 군주의 지위다. 先王이 천하에 임하였을 때 백성들은 그를 神明의 덕에 견주었으니, 이는 선왕이 백성을 잘 길렀기 때문이다.

湯王

무릇 백성의 말은 개별적으로 들으면 어리석고, 종합적으로 들으면 지혜롭다. 비록 〈군주가〉 湯王과 武王의 덕을 지녔다 하더라도 저자 백성들의 말을 종합적으로 들어야 한다. 이 때문에 현명한 군주는 민심에 순응하고 백성의 性情을 편안히 하며, 〈일을 행할 때는〉 대중의 마음이 모이는 지점에서 출발한다. 이 때문에 명령이 나가면 즉시 시행되고, 형벌이 설치되어도 쓸 일이 없다.

武王

선왕은 백성과 일체가 잘 되었으니, 백성과 일체가 되면 나라로 나라를 지키고 백성으로 백성을 지킨다. 그러면 백성은 잘못을 저지르는 것을 불편하게 여기게 될 것이다.

是以官人不官하고 **事人不事**하고 **獨立而無稽者**는 **人主之位也**①라 **先王之在天下也**에 **民比之神明之德**하니 **先王善牧之於民者也**라 **夫民別而聽之則愚**②하고 **合而聽之則聖**③이니 **雖有湯武之德**이라도 **復**(복)**合於市人之言**이라 **是以明君順人心安情性**하고 **而發於衆心之所聚**④라 **是以令出而不稽**⑤하고 **刑設而不用**⑥이라 **先王**은 **善與民爲一體**⑦니 **與民爲一體**면 **則是以國守國**하고 **以民守民也**⑧니 **然則民不便爲非矣**⑨라

① 官人不官……人主之位也 : 군주는 남에게 관직을 주지만 스스로는 관직을 갖지 않고 남에게 일을 맡기지만 스스로는 일을 하지 않으며, 허물이 없는 자리에 홀로 우뚝 서 있으니, 신하들이 아무도 군주의 실정을 살필 수 없다. 이와 같은 것이 군주의 지위이다.
君者는 與人之官而不自官하고 授人之事而不自事하고 獨立於無過之地하니 臣下莫得而稽之니 如此者 人主之位也라

② 夫民別而聽之則愚 : 개별적으로 들으면 〈군주가〉 각각 한 방면의 견해만 믿게 되어 식견이 어두워지므로 어리석어지는 것이다.
別而聽之면 則各信其一方하여 暗莫之發이라 故愚라

③ 合而聽之則聖 : 종합해 들으면 得失을 서로 보충하고 可否를 서로 보완하여, 나무꾼의 말도 성현이 경시하지 못한다. 그러므로 〈군주가〉 지혜로워지는 것이다.
合而聽之면 則得失相輔하고 可否相濟하여 芻蕘之言도 賢聖不能易(이)라 故聖也라

④ 發於衆心之所聚 : '聚'는 같은 곳으로 모여드는 것을 말한다.
聚는 謂所同歸湊也라

⑤ 令出而不稽 : '稽'는 '머물다'는 의미이다.
稽는 留也라

⑥ 刑設而不用 : 사람들이 법을 범하지 않으므로 형벌을 쓸 곳이 없다.
人不犯法이라 故無所用刑이라

⑦ 先王 善與民爲一體 : 백성의 마음을 군주 자신의 마음으로 삼는다. 그러므로 '한 몸'이라고 말한다.
以百姓心爲心이라 故言一體라

⑧ 與民爲一體……以民守民也 : 한 나라 사람들이 뜻을 하나로 하고, 만 명의 사람들이 마음을 하나로 모은다는 것이다.
一國同一意하고 萬人同一心이라

⑨ 民不便爲非矣 : 잘못을 저지르면 이익을 놓친다. 그러므로 편하지 않다.
爲非則失利라 故不便이라

비록 현명한 군주라 하더라도 백 걸음 밖의 소리는 들으려 해도 듣지 못하고, 담장 너머는 엿보려 해도 볼 수 없다. 그럼에도 불구하고 현명한 군주로 불리는 것은, 군주는 신하들을 잘 쓰고 신하들은 충성을 다하기 때문이다.[24] 믿음으로 믿음을 이어가고 선함으로 선함을 전하니, 이 때문에 온 천하를 다스릴 수 있는 것이다.

24) 신하들은……때문이다 : 原注에 근거할 때 '충성을 다한다'는 것은, 신하들이 각자 보고 들은 것을 군주에게 잘 보고하는 행위를 의미한다.

그러므로 현명한 군주가 신하들을 등용할 때는, 그 사람의 장단점을 모두 알고 그 사람의 한계를 파악한 다음에 그에게 일을 맡긴다. 현명한 신하가 군주를 대할 때는, 군주의 장단점 및 자기 자신의 힘이 미치지 못하는 부분을 모두 파악하고 나서 자신이 감당할 수 있다고 생각되면 관직을 받는다. 군주는 이런 태도로 아랫사람을 기르고, 아랫사람도 이런 태도로 윗사람을 섬긴다. 위아래가 번갈아 바름을 지향하면 남녀 백성 모두 잘 다스려진다.

雖有明君이라도 **百步之外**는 **聽而不聞**①하고 **間之堵牆**이면 **窺而不見也**②라 **而名爲明君者**는 **君善用其臣**하고 **臣善納其忠也**③니 **信以繼信**하고 **善以傳善**④이라 **是以四海之內**를 **可得而治**라 **是以明君之擧其下也**에 **盡知其短長**하고 **知其所不能益**하고 **若任之以事**⑤요 **賢人之臣其主也**에 **盡知短長與身力之所不至**⑥하고 **若量能而授官**⑦이라 **上以此畜**(휵)**下**⑧하고 **下以此事上**⑨하여 **上下交期於正**⑩이면 **則百姓男女皆與治焉** ⑪이라

① 百步之外 聽而不聞 : 귀로 듣는 데에는 한계가 있다.
耳聽有所極이라

② 間之堵牆 窺而不見也 : 눈으로 보는 데에는 한계가 있다.
目視有所窮이라

③ 名爲明君者……臣善納其忠也 : 군주는 〈신하들을〉 잘 쓸 수 있고 신하들은 〈군주에게 충성을〉 잘 바칠 수 있으면, 무엇을 들으려 한들 듣지 못할 것이며 무엇을 보려 한들 보지 못하겠는가. 〈신하들의〉 귀와 눈이 막혀 있지 않으면 어찌 〈군주의 눈과 귀가〉 밝지 않겠는가.
君能善用하고 臣能善納이면 則何聽而不聞이며 何視而不見리오 耳目不壅이면 非明而何也오

④ 信以繼信 善以傳善 : 군주가 미더우면 신하들이 이를 잇고, 군주가 선하면 신하들이 이를 전한다.
君信而臣繼之하고 君善而臣傳之라

⑤ 明君之擧其下也……若任之以事 : 무릇 사람에게 일을 맡기는 자는, 반드시 그 사람이 그 일을 할 수 있는지 없는지를 고려하여 선택한다. 군주가 신하를 등용하는 것도 이와 같다.
夫任人以事者는 必擇其可否니 君之擧臣도 亦猶是也라

⑥ 盡知短長與身力之所不至 : 군주의 장단점 및 자기 자신의 힘이 미치지 못하는 부분을 파악한다는 말이다.
謂知君之短長及其身力所不至也라

⑦ 若量能而授官 : 무릇 사람에게 관직을 주는 자 또한 그 사람이 그 일을 할 수 있는지

없는지를 고려하여 선택한다. 신하가 일을 선택하는 것도 이와 같다.

夫授人官者는 亦擇其可否니 臣之擇事도 亦猶是也라

⑧ 上以此畜(휵)下 : 기를 만한 사람을 선택하여 기른다.

擇其可畜而畜之라

⑨ 下以此事上 : 섬길 만한 군주를 선택하여 섬긴다.

擇其可事而事之라

⑩ 上下交期於正 : 군주에게 현명한 신하가 있고 신하에게 영명한 군주가 있으면, 바르지 않고자 해도 그럴 수 있겠는가.

君有賢臣하고 臣有令主면 欲求不正이나 其可得乎아

⑪ 百姓男女皆與治焉 : 군주와 신하가 바르면, 백성은 스스로 음란하거나 치우친 일을 하지 않는다.

君臣正이면 則百姓無自爲淫僻也라

管子 11卷

明 吳郡 趙氏本
唐 司空 房玄齡 註

제31편 군신 하 君臣 下
단어 5 短語 五

이 편에서는 전편에 이어 군주와 신하 간의 마땅한 관계를 통해, 국가 경영에 필요한 전반적인 통치술에 대해 언급하고 있다. 우선 국가의 형성과정을 통해 군주의 필요성에 대해 언급하고 있고, 이어서 백성과 국가를 경영하는 방법, 인재를 선출하고 등용하는 법, 군주와 신하 간의 업무 분장 문제, 군주의 측근들에 의해 발생할 수 있는 폐해들, 적장자를 존중하고 그 권위를 세울 것 등에 대해 언급하고 있다. 특히 주목할 점은 군주 주변 문제 즉 妻妾 사이의 시기와 질투, 嫡庶 사이의 암투, 측근의 발호 등에 대해 철저히 경계하고 관리할 것을 강조하고 있다는 점이다.

옛날에 아직 군주와 신하 사이의 구별이 없고 부부나 배필의 결합도 없이 짐승처럼 무리 지어 거처할 때는 사람들이 힘으로 서로 공격하였다. 이에 꾀 있는 자는 우둔한 자를 속였고, 강한 자는 약한 자를 능멸하였고, 늙은이·어린아이·고아 홀아비는 편히 살 수 없었다.

古者未有君臣上下之別하고 **未有夫婦妃匹之合**하여 **獸處群居**에 **以力相征**①이라 **於是智者詐愚**하고 **強者凌弱**하고 **老幼孤獨不得其所**라

① 獸處群居 以力相征 : 마치 짐승처럼 무리 지어 거처하여, 힘이 강한 자가 약한 자를 공격하였다.
若野獸之處하여 以群而居하여 力強者征於弱也라

그러므로 지혜로운 자가 대중의 힘을 빌려 강하고 사나운 자들을 제어하니 포악한 사람들이 그치게 되었고, 백성을 위해 이로운 일을 일으켜주고 해로움을 제거하고 백성의 덕을 바르게 하니 백성들이 그를 지도자로 삼게 되었다.[1)]

그러므로 道術과 德行이 賢人에게서 나오고, 義와 理를 따르는 조짐이 백성들의 마음에서 형성되면 백성들이 道로 돌아가게 된다. 사물의 善惡을 바로 잡고 이치에 어긋나는 것을 처리하여 是非가 분명해지면 賞罰이 제대로 행해진다. 위아래의 체계가 세워지면 백성은 禮를 생성하고 나라의 도읍이 세워진다. 그러므로 국가가 국가의 모습을 갖추게 된 것은 백성이 예를 행함으로써 나라를 이루었기 때문이고, 군주가 군주답게 된 것은 상벌을 행함으로써 군주가 되었기 때문이다.

故智者가 **假衆力以禁強虐**하니 **而暴人止**①하고 **爲民興利除害**하고 **正民之德**②하니 **而民師之**③라 **是故道術德行**이 **出於賢人**④하고 **其從義理兆形於民心**이면 **則民反道矣**⑤요 **名物處違**하여 **是非之分**이면 **則賞罰行矣**⑥요 **上下設**이면 **民生(體)〔禮〕**[2)]하고 **而國都立矣**⑦라 **是故國之所以爲國者**는 **民(體)〔禮〕以爲國**⑧이요 **君之所以爲君者**는 **賞罰以爲君**⑨이라

① 智者……而暴人止 : '智者'는 곧 聖王이다.
智者는 卽聖王也라

② 正民之德 : 사람들의 치우친 덕을 바르게 하였다.
正人之邪德이라

③ 民師之 : '師'는 지혜로운 자이다.
師는 智者也라

④ 出於賢人 : '賢人'은 道術과 德行을 아는 자이다.
賢人은 知道術德行者也라

⑤ 其從義理兆形於民心 則民反道矣 : 道術이 이미 출현하였으므로 모두 다 義를 좇고 理를 따르는 것이다. 理가 지극해지면 간악하고 편벽된 일이 없어지니, 그러한 것이 사람들의 마음에 드러나기 시작하면 道에 귀의하지 않는 사람이 없게 될 것이다.
道術旣出하니 故莫不從義而順理라 理之極則無姦辟之事하니 始見(현)於人心이면 則無人不道矣라

---

1) 백성들이……되었다 : 原注에서는 원문의 '師'를 '智者'로 풀이하고 있는데, 이를 따를 경우 문맥이 자연스럽지 않다. 이미 앞에서 '智者'를 주어로 내세우고 있는데 여기서 다시 '智者'를 언급하는 것은 어색하기 때문이다. 따라서 본서에서는 '師'를 본래 의미대로 해석하였다.

2) (體)〔禮〕 : 저본에는 '體'로 되어 있으나, 原注에 의거하여 '禮'로 바로잡았다. 아래도 같다.

⑥ 名物處違……則賞罰行矣 : 사람들이 이미 道에 복귀하였으므로, 이로써 사물의 선과 악을 바로잡고, 이치에 어긋나는 것을 처리한다. 그러면 옳고 그름을 행하는 것이 저절로 구분될 것이다. 옳고 그름이 이미 구분되었으니 賞罰을 행하여 이로써 각자의 功過에 합당하게 한다.
人旣反道하니 故以正其善惡之物하고 處其背理之違면 則爲是非者自分矣라 是非旣分하니 故行賞罰以當其功過也라

⑦ 上下設……而國都立矣 : 위아래의 체계가 이미 세워지면 사람들은 貴賤의 예를 생성한다. 그러므로 나라의 도읍이 세워지게 되는 것이다.
上下旣設이면 人則生其貴賤之禮라 故國都立也라

⑧ 國之所以爲國者 民(體)〔禮〕以爲國 : 귀천의 예가 완성되어야 비로소 국가가 된다.
貴賤成禮라야 方乃爲國이라

⑨ 君之所以爲君者 賞罰以爲君 : 상벌이 없으면 군주는 귀한 존재가 되기에 부족하다.
無賞罰이면 則君不足貴라

지나치게 상을 주면 재물이 소진되고, 지나치게 벌을 주면 가혹하게 된다. 재물이 소진되고 명령이 가혹하면 백성을 잃게 된다. 그러므로 현명한 군주는 평상시의 가르침을 잘 살펴 백성을 부릴 수 있게 하고, 평상시에 잘 다스려서 전쟁하면 승리하고 지키면 견고하게 하는 자이다.

致賞則匱하고 **致罰則虐**[①]이니 **財匱而令虐**은 **所以失其民也**라 **是故明君審居處之敎**하여 **而民可使**[②]하고 **居治**하여 **戰勝守固者也**[③]라

① 致罰則虐 : 벌을 주는 데 있어 절제가 없으면 가혹하게 된다.
罰而無節則虐이라

② 明君審居處之敎 而民可使 : 사람들이 가르침을 따르므로 부릴 수 있다.
人從敎니 故可使라

③ 居治 戰勝守固者也 : 평상시에 이미 잘 다스려져 있으니 전쟁하면 승리하고 지키면 견고하다.
居處旣治하니 戰則勝하고 守則固라

무릇 상이 무거우면 윗사람이 이를 넉넉히 공급하지 못하고, 벌이 가혹하면 아랫사람들이 군주를 불신하게 된다. 그러므로 현명한 군주는 잔치하고 장사 지내는 禮를 정돈하여 백성들이 따르게 하는 자이다. 그러므로 八政[3)]으로 민생에 힘쓰고,

衣服으로 귀천을 밝히고, 국가 재정을 비축함으로써 백성을 부유하게 하고, 왕의 禁令으로 백성을 모이게 한다. 그러면 백성들은 군주를 친근하게 여기게 되어 그들을 부릴 수 있으니, 백성을 부리면 천하 사람들을 귀의시킬 수 있다.

夫賞重이면 **則上不給也**①요 **罰虐**이면 **則下不信也**②라 **是故明君**은 **飾食飲弔傷之禮**③하여 **而物屬之者也**④라 **是故厲之以八政**⑤하고 **旌之以衣服**⑥하고 **富之以國裹**(과)⑦하고 (貴)〔**會**〕[4]**之以王禁**⑧하면 **則民親君可用也**니 **民用**이면 **則天下可致也**라

① 大賞重 則上不給也 : 상이 무거우면 비용이 많으므로 넉넉히 공급하지 못한다.
賞重則費用多니 故不給也라

② 罰虐 則下不信也 : 명령이 가혹하면 사람들이 손발을 둘 곳이 없다. 그러므로 군주를 불신하게 된다.
令虐이면 則人無所措手足이라 故不信也라

③ 明君飾食飲弔傷之禮 : '飮食'은 잔치를 즐기는 것을 말한다. '傷'은 장례·제사를 말한다.
飮食은 謂享燕이라 傷은 謂喪祭也라

④ 物屬之者也 : 禮가 행해지면 사람들이 친근하게 다가온다.
禮行이면 則物親也라

⑤ 厲之以八政 : '八政'은 ≪書經≫ 〈周書 洪範〉의 八政을 말한다.
八政은 謂洪範之八政이라

⑥ 旌之以衣服 : 의복은 귀천의 구분을 표시하는 것이다.
衣服은 所以表貴賤也라

⑦ 富之以國裹(과) : '裹'는 재물을 싸서 간직하는 것을 말한다.
裹는 謂財物所包裹而藏也라

⑧ (貴)〔會〕之以王禁 : 禁令이 행해진 이후에 정상적인 것의 귀함을 알게 된다.
禁令行然後에 知常者之可貴也라

천하 사람들은 〈군주가〉 바른 도를 따르면 〈그 나라로〉 오고, 바른 도를 따르지 않으면 오지 않는다. 무릇 물은 솟구쳐 올랐다가 요동치는 힘이 다하면 다시 내려

3) 八政 : 箕子가 周 武王에게 전달했다는 洪範 九疇 중 첫 번째인 八政을 말한다. 팔정의 구체적 항목은 食, 貨, 祀, 司空, 司徒, 司寇, 賓, 師의 8가지이다.

4) (貴)〔會〕 : 저본에는 '貴'로 되어 있으나, ≪諸子平議≫에 의거하여 '會'로 바로잡았다. 兪樾은 '貴'를 '會'로 읽어야 하고, 尹知章의 주 즉 原注는 틀렸다고 하였다.(≪諸子平議≫) 原注에서는 "禁令行然後 知常者之可貴也"라고 풀이하고 있는데, 아마도 금령으로 비정상적인 상황을 정상화시킨 뒤에 정상적인 것의 소중함을 알게 된다는 의미로 해석한 듯하다.

오니, 이는 그 형세가 본래 그러한 것이다. 그러므로 덕으로 회유하고 위엄으로 敬畏하게 하면 천하 사람들이 귀의하게 될 것이다.

天下道其道則至①하고 **不道其道則不至也**라 **夫水波而上**이라가 **盡其搖而復**(부)**下**니 **其勢固然者也**②라 **故德之以懷也**하고 **威之以畏也**면 **則天下歸之矣**라

① 天下道其道則至 : 군주가 바른 도를 얻으면 천하 사람들이 온다.
君得(名)〔其〕[5]道면 則天下至라

② 夫水波而上……其勢固然者也 : 물이 위로 솟구쳐 올랐다가 그 형세가 다하면 요동치면서 다시 아래로 내려와 멈추게 되는 것은 자연의 형세라는 말이다. 이는 사람들이 덕을 사모하여 찾아오고 위엄을 두려워하여 떠나는 것을 비유한다.
言水波湧而上이라가 旣盡其勢면 還復搖動歸下而止는 此自然之勢라 喩人懷德而來하고 畏威而去者也라

道가 있는 나라에서는 명령을 내리면 사내와 아녀자들이 모두 군주에게 친근하게 귀의하고, 법령을 반포하면 賢人과 列士들이 모두 각자의 능력을 군주에게 드러낸다.

〈그러면 군주는〉 천리 안의 일들 즉 비단이나 돈으로 代贖하는 가벼운 형벌이나 땅 1畝에 부과되는 세금까지 모두 알 수 있게 된다. 〈또한〉 형벌을 관장하는 자는 감히 마음대로 형벌을 덜어내지 못하고, 상을 관리하는 자는 감히 마음대로 상을 줄이지 못한다. 〈이처럼 백성들이 군주에게〉 순종하는 모습이 한 아비의 자식 같고 한 가정의 실상과 같은 것은 義와 禮가 밝기 때문이다.

有道之國은 **發號出令**이면 **而夫婦盡歸親於上矣**요 **布法出憲**이면 **而賢人列士盡功能於上矣**라 **千里之內**의 **束布之罰**①과 **一畝之賦**도 **盡可知也**②라 **治斧鉞者**는 **不敢讓刑**③하고 **治軒冕者**는 **不敢讓賞**④[6]이라 **墳然若一父之子**하고 **若一家之實**은 **義禮明也**⑤라

---

5) (名)〔其〕: 저본에는 '名'으로 되어 있으나, 劉績(明)의 ≪管子補注≫에 의거하여 '其'로 바로잡았다.

6) 治斧鉞者……不敢讓賞 : 原注에서는 '治斧鉞者'를 형벌을 받는 사람으로, '治軒冕者'를 상을 받는 사람으로 풀이하고, '讓'을 '拒'로 풀이하고 있다. 그러나 兪樾(淸)이 주장하듯이 이러한 풀이는 본문의 내용에 합당하지 않다.(≪諸子平議≫) 본서에서는 유월의 견해에 따라 '治斧鉞者'는 형벌을 주관하는 사람으로, '治軒冕者'는 포상을 주관하는 사람으로, 그리고 '讓'은 '攘'의 의미로 해석하였다.

① 束布之罰 : '束'은 비단을 말한다. '布'는 돈을 말한다. 고대에 형벌을 받게 되면 간혹 돈이나 비단을 내게 하였다.
束은 謂帛也라 布는 謂錢也라 古者罰刑에 或令出錢帛也라

② 盡可知也 : 賢人이 군주를 위하여 보고 들으므로 〈군주가〉 알지 못하는 게 없다.
賢人爲之視聽하니 故無不知라

③ 治斧鉞者 不敢讓刑 : '讓'은 '거부하다'와 같다. 〈형벌이〉 그 죄에 합당하므로 감히 형벌을 거부하지 못한다.
讓은 猶拒也라 當其罪니 不敢讓刑也라

④ 治軒冕者 不敢讓賞 : 상이 그 공에 합당하므로 거부하지 않는다.
賞當其功하니 故不讓也라

⑤ 墳然若一父之子……義禮明也 : '墳'은 순종하는 모습이다. 혹 형벌이나 상을 받게 되면 아무도 감히 거역하지 못한다. 이는 마치 자식이 아버지를 따르고 집안사람들이 가장을 따르는 것과 같다. 이같이 되는 것은 禮와 義가 밝기 때문이다.
墳은 順貌라 或刑賞之에 莫敢違逆이니 若子之從父하고 家之從長이라 如此者는 禮義明故也라

무릇 아랫사람이 윗사람을 받들지 않고 신하가 군주를 섬기지 않으면 賢人이 오지 않는다. 현인이 오지 않으면 백성을 쓸 수 없고, 백성을 쓸 수 없으면 천하 사람들이 이르지 않는다.

그러므로 "덕이 침해되면 군주가 위태로워지고, 〈論功行賞에 대한〉 의론이 침해되면 공 있는 자가 위태로워지고, 명령이 침해되면 관리가 위태로워지고, 형벌이 침해되면 백성이 위태로워진다."라고 말한다. 그러므로 현명한 군주는 지나치게 침해하는지를 살펴 금지한다. 위에서 지나치게 침해하는 의론이 없으면 아래에서도 요행을 바라는 마음이 없게 될 것이다.

夫下不戴其上하고 **臣不戴其君**하면 **則賢人不來**① 요 **賢人不來**면 **則百姓不用**②이요 **百姓不用**이면 **則天下不至**③라 **故曰 德侵則君危**④하고 **論侵則有功者危**⑤하고 **令侵則官危**⑥하고 **刑侵則百姓危**⑦니라 **而明君者**는 **審禁淫侵者也**니 **上無淫侵之論**이면 **則下無異幸**[7]**之心矣**라

① 下不戴其上……則賢人不來 : 위아래가 교류하지 않으면 賢人이 숨는다.
上下不交면 則賢人隱이라

7) 異幸 : '異'는 '冀'로 읽는다. 宋本에는 '冀行'으로 되어 있다.

② 賢人不來 則百姓不用 : 백성에게 賢人이 없으면 귀의할 곳을 알지 못한다. 그러므로 백성을 쓰지 못하게 되는 것이다.

百姓無賢人이면 則不知所歸라 故百姓不用也라

③ 百姓不用 則天下不至 : 백성을 쓰지 못하면 천하에 나라가 없게 될 것이니, 장차 어디로 이르겠는가.

百姓不用이면 則天下無邦이니 將何至哉오

④ 德侵則君危 : 군주의 덕이 침해되면 위태롭지 않기를 어찌 기대할 수 있는가.

君德見侵이면 不危何待리오

⑤ 論侵則有功者危 : 〈論功行賞에 대한〉 의론이 바른 이치를 침해하면 功過가 밝게 드러나지 않는다. 그러므로 공이 있는 자가 위태롭게 된다.

論議侵理면 則功過不明이라 故有功者危라

⑥ 令侵則官危 : 명령이 침해되면 법이 시행되지 않는다. 그러므로 관리가 위태롭게 된다.

令侵이면 則法不行이라 故官危也라

⑦ 刑侵則百姓危 : 형벌이 침해되면 죄 없는 자가 죽임을 당한다. 그러므로 백성이 위태롭게 되는 것이다.

刑侵이면 則無辜受戮이라 故百姓危也라

군주가 道를 등지고 法을 저버린 채 사적인 것을 행하기를 좋아하는 것을 '어지러움〔亂〕'이라 하고, 신하가 옛것을 변화시키고 일상적인 것을 바꾸며 교묘한 말로 윗사람에게 아첨하는 것을 '분수를 넘어섬〔騰〕'이라 한다. 군주가 어지러워지면 포악해지고, 신하가 분수를 넘어서게 되면 배반한다. 이 네 가지 중 하나라도 나타나면 패망하고 적이 도모한다.

爲人君者가 **倍道棄法**하고 **而好行私**를 **謂之亂**이요 **爲人臣者**가 **變故易常**하고 **而巧**(官)〔**言**〕[8] **以諂上**을 **謂之騰**①이라 **亂至則虐**하고 **騰至則北**(배)②[9]라 **四者有一至**면 **敗**하고 **敵人謀之**③라

---

8) (官)〔言〕 : 저본에는 '官'으로 되어 있으나, 王引之(淸)의 ≪讀書雜志≫에 의거하여 '言'으로 바로잡았다. 참고로, 張文虎(淸)는 '巧官'을 '巧宦'과 같은 글자로 보았다.(≪舒藝室隨筆≫)

9) 騰至則北 : 王念孫(淸)은 '北'은 곧 '背'와 같다고 보았다. 그는 그 근거로 ≪說文解字≫에 "北은 乖이다. 두 사람이 서로 등지는 것을 따른다.〔北 乖也 從二人相背〕"를 들고 있다.(≪讀書雜志≫) 原注에서는 '北'을 '敗北'로 풀이하고 있으나, 이 경우 다음에 이어지는 "四者有一至 敗"의 '敗'와 중복된다. 따라서 본서에서는 原注를 따르지 않고 왕염손의 견해를 따라 해석하였다.

① 謂之騰 : '騰'은 군주의 권세를 넘어서는 것을 말한다.
騰은 謂凌駕於君이라

② 騰至則北(배) : 〈신하가〉 분수를 넘어서는 현상이 나타나면 〈신하가 군주를〉 꺾어 누른다. 그러므로 패망하게 된다.
騰至則摧降이니 故敗北라

③ 四者有一至……敵人謀之 : '四者'는 곧 위에서 말한 네 가지 위험[10)]이다.
四者는 卽上之四危也라

그러므로 군주가 은혜를 베풀고 죄를 용서하는 것이 넉넉하면 그것만으로도 어지러움을 구제하니, 〈그렇게 되면〉 백성이 기뻐한다. 賢人을 선발하고 인재를 영달하게 하며 효성스럽고 공손한 사람을 禮로 대하면, 간사하고 거짓된 행위가 그치게 된다. 음란함과 방탕함을 막고 남녀를 구별하면 남녀 간의 문란함이 멈추게 된다. 귀한 자와 미천한 자 사이에 구분을 두고 등급질서를 뛰어넘지 않게 하면 공을 세운 자가 장려된다. 나라에 일정한 법식이 있고 옛 법이 폐기되지 않으면 아랫사람들에게 원망하는 마음이 없어진다. 이 다섯 가지는 덕을 일으키고, 허물을 바로잡고, 나라를 보존하고, 백성을 안정시키는 방도이다.

(則)[11)]**故施舍優**면 **猶以濟亂**이니 **則百姓悅**①이요 **選賢遂材**하고 **而禮孝弟**면 **則姦僞止**②요 **要淫佚**하고 **別男女**하면 **則通亂隔**③이요 **貴賤有義**하고 **倫等不踰**하면 **則有功者勸**이요 **國有常式**하고 **故法不隱**이면 **則下無怨心**④이라 **此五者**는 **興德·匡過·存國·定民之道也**라

① 施舍優……則百姓悅 : 두터운 은혜를 베풀고 죄와 벌을 용서하여, 이 두 가지가 넉넉하면 비록 법을 사용하지 않아도 어지러움을 구제할 수 있으므로 백성들이 기뻐한다는 의미이다.
言施恩厚하고 舍罪罰하여 二者優厚면 雖非用法이라도 猶能濟亂하니 故百姓悅之也라

② 選賢遂材……則姦僞止 : '遂'는 '達'의 의미이다.
遂는 達이라

③ 要淫佚……則通亂隔 : '要'는 '막아 멈추게 하다'는 의미이다. 음란함과 방탕함을 그치게 하고 남녀를 구별할 수 있으면, 이전에 비록 남녀 간에 문란했더라도 지금 막을 수 있

10) 네 가지 위험 : '어지러움'·'분수를 넘어섬'·'포악함'·'배반함'의 네 가지를 말한다.
11) (則) : 저본에는 '則'이 있으나, 安井衡(日)의 ≪管子纂詁≫에 의거하여 衍文으로 처리하였다. 참고로, 黎翔鳳(中)은 ≪廣雅≫ 〈釋詁〉에 의거하여 '則故'는 곧 '是故'와 같다고 보았다.(≪管子校注≫)

다는 의미이다.

要는 謂遮(차)止之라 言能止淫佚하고 別男女면 則先雖通亂이라도 今能隔阸也라

④ 故法不隱……則下無怨心 : '隱'은 숨어서 움직이지 않는 것을 말한다.

隱은 謂伏而不行이라

무릇 군주에게 큰 잘못이 있을 수 있고, 신하에게 큰 죄가 있을 수 있다.

군주는 나라를 소유하고 백성을 다스린다. 나라를 소유하고 백성을 다스리면서, 군주가 자신들을 다스리는 것을 백성이 싫어하게 만드는 것은 군주의 첫 번째 잘못이다. 백성은 봄·여름·가을의 농사에 힘써야 하는데, 백성에게 농사지을 시기를 반포하지 않으면 군주 자신의 백성이 아니게 된다. 백성이 자기 백성이 아니면 나라를 지키거나 외적과 싸울 수 없다. 이렇게 되는 것은 군주의 두 번째 잘못이다.

무릇 신하가 군주로부터 높은 벼슬과 두터운 俸祿을 받고 큰 관직을 맡았는데, 자기 관직을 저버리고 업무를 방치한 채 군주의 안색이나 기쁘게 하면서 군주의 욕망을 좇으면서 굽신거리다가 〈결국에는〉 군주를 압도하게 되는 것은 신하의 큰 죄이다.

夫君人者有大過하고 **臣人者有大罪**라 **國所有也**①하고 **民所君也**②라 **有國君民而使民所惡**(오) **制之**는 **此一過也**③라 **民有三務**어늘 **不布其民**[12)]이면 **非其民也**④라 **民非其民**이면 **則不可以守戰**이니 **此君人者二過也**라 **夫臣人者**가 **受君高爵重祿**하고 **治大官**하되 **倍其官**하고 **遺其事**하여 **穆君之色**⑤하고 **從其欲**하여 **阿而勝之**⑥는 **此臣人之大罪也**라

① 國所有也 : 나라를 소유한다.

國之所有也라

② 民所君也 : 백성은 '내'가 다스리는 대상이다.

民者는 己之所君이라

③ 有國君民而使民所惡(오)制之 此一過也 : 군주가 자신들을 다스리는 것을 백성이 싫어하는 것은 이 또한 군주의 잘못이라는 의미이다.

言民惡君之制己는 此亦君之過라

---

12) 不布其民 : 王引之(淸)는 '布'를 '務'로 고쳐야 한다고 보았다. '務'자가 훼손되어 왼쪽의 일부만 남으면서 '布'자로 오인되었다는 것이다.(≪讀書雜志≫) 이에 대해 張佩綸(淸)은 ≪說苑≫의 〈辨物〉에 의거하여, '布'는 곧 농사를 주관하는 자가 사계절의 절기에 따라 백성들에게 농사지을 시기를 반포하는 행위로 보았다. 따라서 '布'자는 잘못되지 않았다는 것이다.(≪管子學≫)

④ 民有三務……非其民也 : '三務'는 봄·여름·가을에 농사에 힘쓰는 것을 말한다. 백성들이 세 계절의 농사에 힘쓰지 않으면 굶주려서 변고를 일으키게 된다. 그러므로 백성이 자기 백성이 아니게 된다.

三務는 謂春夏秋務農이라 人不務三이면 則餒餓成變이라 故民非其民也라

⑤ 穆君之色 : '穆'은 '기쁘게 하다'는 의미이다.

穆은 猶悅也라

⑥ 阿而勝之 : '阿'는 '굽신거리다'는 의미이다. 巧言令色하면서 굽신거리며 군주를 좇아 군주의 마음을 움직이는 데까지 이른다. 〈그 권세가〉 강해지면서 점차 군주를 압도하게 되니, 결국에는 군주를 내쫓거나 시해하는 지경까지 이른다. 그러므로 "굽신거리다가 군주를 압도하게 된다."고 말하는 것이다.

阿는 曲也라 巧言令色하고 委曲從君하여 至於動也라 剛漸以勝之하니 其終或至於簒弑라 故曰 阿而勝之也라

군주에게 잘못이 있어도 고치지 않는 것을 '거꾸러짐〔倒〕'이라 하고, 죄를 주어야 할 신하가 있어도 주벌하지 않는 것을 '어지러움〔亂〕'이라 한다. 군주가 도리를 거스르는 군주가 되고 신하가 나라를 어지럽히는 신하가 되면, 그 국가는 머지않아 쇠퇴하게 된다.

그러므로 도를 지닌 군주는 근본을 붙잡고, 재상은 핵심을 붙잡고, 대부는 법을 붙잡음으로써 뭇 신하들을 다스리고, 뭇 신하들은 지혜를 다하고 힘을 다하여 윗사람을 섬긴다. 이 네 가지를 잘 지키면 나라가 다스려질 것이고, 어기면 나라가 어지러워질 것이다. 그러므로 〈위의 네 가지를〉 명확히 설정하여 굳게 지키지 않을 수 없다.

君有過而不改를 **謂之倒**하고 **臣當罪而不誅**를 **謂之亂**이라 **君爲倒君**하고 **臣爲亂臣**하면 **國家之衰也**를 **可坐而待之**라 **是故有道之君者執本**하고 **相執要**하고 **大夫執法**하여 **以牧其群臣**하고 **群臣盡智竭力**하여 **以役其上**①이라 **四守者**를 **得則治**하고 **易**(역)**則亂**이라 **故不可不明設而守固**②라

① 以役其上 : 윗사람에게 노역을 제공한다는 말이다.

謂給上之役也라

② 不可不明設而守固 : 위의 네 가지 방법을 명확히 설정하여 굳게 지킨다.

明設上四法하여 固而守之라

옛날의 聖王은 백성의 삶을 넉넉하게 하는 데 근본을 두고, 禍와 福이 생겨나는 곳을 잘 살펴 알았다. 그러므로 작고 하찮은 일도 신중히 처리하였고, 이치에 어긋나는 잘못된 것은 잘 분별하여 그 근본을 찾아 다스렸다. 그 결과 경박하고 간악하고 속임수를 쓰는 자들이 감히 군주를 시험하지 못하였다. 이러한 禮法이 백성을 바르게 하는 방도이다.

昔者에 **聖王**은 **本厚民生**하여 **審知禍福之所生**이라 **是故愼小事微**하고 **違非索辯以根之**①라 **然則躁作・姦邪・僞詐之人不敢試也**②니 **此禮正民之道也**③라

① 違非索辯以根之 : 이치에 어긋나는 잘못된 것이 있으면 반드시 〈그 원인을〉 탐구하고 분별하여, 그 근본을 찾아서 그치게 하였다는 말이다.
謂有違非면 必尋索分辯하여 得其根而止之也라
② 不敢試也 : 감히 잘못을 행함으로써 군주를 시험하지 못한다.
不敢爲非以嘗君이라
③ 此禮正民之道也 : 禮를 제정하는 자는 이러한 방도를 써서 백성을 바르게 한다.
制禮者는 用此道以正人也라

옛날에 다음과 같은 두 마디 격언이 있다. "담장에 귀가 있고, 숨은 도적이 가까이 있다."

담장에 귀가 있다는 말은 은밀히 도모한 것이 밖으로 누설된다는 의미이다. 숨은 도적이 가까이 있다는 말은 숨어 있는 간특한 자가 백성의 마음을 얻는다는 말이다. 은밀히 도모한 것이 밖으로 누설된다는 것은 교활한 첩이 군주의 동향에 관한 정보를 은밀히 취하여 유세하면서 간특한 짓들을 하는 자에게 알려준다는 말이다. 숨어 있는 간특한 자가 백성의 마음을 얻는다는 말은 이전에 〈총애를 받아〉 귀한 위치에 있다가 나중에 〈총애를 잃어〉 미천하게 된 자가 〈나라에 해를 끼치고 화를 불러오도록〉 民心을 몰아간다는 말이다.

古者有二言하니 **牆有耳**하고 **伏寇在側**이라 **牆有耳者**는 **微謀外泄之謂也**요 **伏寇在側者**는 **沈疑**[13]**得民之道也**라 **微謀之泄也**는 **狡婦襲主之請**[14]하여 **而資游慝也**①요 **沈疑之得民也者**는

13) 沈疑 : 丁士涵(淸)은 '沈'은 '伏'과 같고, '疑'는 '姦慝하다'는 의미라고 하였다.(≪管子校本≫)
14) 請 : 陶鴻慶(淸)의 견해에 따라 '情'의 의미로 읽었다. 고대에 '請'과 '情'은 서로 통용되었다.(≪讀管子札記≫)

前貴而後賤者가 **爲之驅也**②라

① 狡婦襲主之請 而資游慝也 : '襲'은 '잠입하다'는 의미이다. 교활한 첩이 군주의 마음을 요사스럽게 호려서 끝내 청한 바를 행한다는 말이다. 청한 것 자체가 이미 유세하며 간특한 짓을 하는 자를 밖에서 돕는 것이다.
襲은 入也라 謂狡婦妖蠱人主하여 遂行請謁이라 所請은 旣從外資遊說(세)爲姦慝者也라

② 前貴而後賤者 爲之驅也 : 〈민심을〉 몰아가는 사람은 이전에는 총애를 얻었으나 지금은 미천한 상태에 빠진 것을 원망한다. 그러나 미천한 자는 반드시 귀해지길 바라므로 항상 군주의 실정을 엿보면서 재앙을 일으킨다. 그러므로 그런 자를 가리켜 '숨은 도적'이라 말하는 것이다.
所驅役之人은 前得貴寵이나 今怨淪賤이라 然賤者必思貴니 常伺君以興禍라 故謂之伏寇也라

현명한 군주가 임금 자리에 있으면, 편벽된 자들은 군주의 뜻을 잠식할 수 없으니 형벌이 近臣에게 자주 행해지기 때문이고, 대신들은 군주의 권세를 침범할 수 없으니, 패거리 짓는 자들은 잡아 죽이기 때문이다. 이는 군주가 현명하기 때문이다.

군주 된 자는 참소하고 아첨하는 자를 멀리하고, 패거리 짓는 자들을 없애고, 사악하여 도리를 어기고 놀고먹는 자들을 조정에서 벼슬하지 못하도록 할 수 있어야 하니, 이렇게 하는 것이 속임수를 그치게 하고 간사한 행위를 억누르고 나라를 넉넉하게 하고 자신을 보존하는 길이다.

明君在上이면 **便僻不能食其意**①는 **刑罰亟**(기)**近也**②요 **大臣不能侵其勢**③는 **比黨者誅**니 **明也**④일새라 **爲人君者**는 **能遠讒諂**하고 **廢比黨**하고 **淫悖**[15]**行食之徒**⑤를 **無爵列於朝者**니 **此**는 **止詐・拘姦・厚國・存身之道也**라

① 便僻不能食其意 : 총애받는 측근들이 군주에게 아첨하여 그 뜻을 이룰 수 없다. 그러므로 "군주의 뜻을 얻을 수 없다."고 말한다.
便僻者는 不能詔君以得意라 故曰 不能食其意也라

② 刑罰亟近也 : 이미 군주의 뜻을 얻을 수 없으므로 형벌이 잦다.
旣不能得君意니 故刑罰數(삭)也라

③ 大臣不能侵其勢 : 〈대신은〉 군주의 권세를 침범할 수 없다.
不能侵君之勢라

15) 淫悖 : '사악하고 도리를 어기다.'는 의미이다.

④ 比黨者誅 明也 : 군주가 현명하므로 패거리를 짓는 자들을 잡아 죽인다.
君이 明하니 故比黨者誅之라

⑤ 行食之徒 : '行食'은 '놀고먹는다'는 의미이다.
行食은 遊食이라

군주는 뭇 신하들과 백성을 제어함에 있어 좌우 측근들과 의견 조율을 한다. 이 때문에 좌우 측근들은 군주와 신하들 사이에 간여하며, 제도와 법령을 백성에게 반포할 때는 반드시 좌우 측근들을 통한다.

〈그런데〉 좌우 측근들은 천천히 해도 될 일을 급한 것으로 만들기도 하니, 급하게 하게 함으로써 자신들의 위엄을 취할 수 있다. 〈또한〉 급하게 해야 할 일을 천천히 해도 될 일로 만들기도 하니, 천천히 하게 함으로써 백성에게 은혜를 베풀 수 있다. 〈이처럼〉 위엄을 취하고 은혜를 베푸는 일이 아랫사람에게로 옮겨지면 군주가 위태로워진다.

爲人上者는 **制群臣百姓**에 **通中央之人和**①라 **是以中央之人**은 **臣主之參**②이요 **制令之布於民也**에 **必由中央之人**이라 **中央之人**은 **以緩爲急**하니 **急可以取威**③요 **以急爲緩**하니 **緩可以惠民**④이라 **威惠遷於下**면 **則爲人上者危矣**라

① 通中央之人和 : '中央之人'은 군주의 좌우 측근들을 말한다. 좌우 측근들은 군주와 〈국정에 대해〉 의견을 조율한다.
中央之人은 謂君之左右也라 左右與君和之也라

② 中央之人 臣主之參 : 좌우의 측근들은 군주와 신하들 사이에서 국정을 검토하고 종합하는 자들이다.
左右之人은 在臣主之間에 參會其事者也라

③ 以緩爲急 急可以取威 : 군주가 비록 천천히 해도 된다고 말해도, 좌우 측근들이 이를 급하게 행해야 하는 것으로 만든다. 그러므로 〈측근들이〉 위엄을 취할 수 있다.
君雖曰緩이라도 左右行之乃爲急이라 故能取威也라

④ 以急爲緩 緩可以惠民 : 군주가 비록 급하다고 말해도, 좌우 측근들이 이를 천천히 행해도 되는 것으로 만든다. 그러므로 〈측근들이〉 백성들에게 은혜를 베풀 수 있다.
君雖曰急이라도 左右行之爲緩이라 故能惠人이라

〈관리들의〉 현명함과 어리석음이 군주에게 알려지는 것은 반드시 좌우 측근들을

통해서이며, 재물과 노동력이 군주에게 바쳐지는 것은 반드시 좌우 측근들을 통해서이다. 〈그런데 측근들은〉 현명한 사람과 어리석은 사람을 바꿔치기하여 위엄을 세울 수 있어 아랫사람들에게 패거리를 이룰 수 있고, 또한 백성의 재물과 노동력을 사용하여 위로 군주에게 아첨함으로써 아랫사람들에게 수고로움을 끼칠 수도 있다. 〈이처럼 측근들이〉 위아래로 두루 이용하여 모든 면에서 사적인 이익을 차지하여, 작위와 제도가 제약하지 못하면 군주가 위태로워질 것이다.

賢不肖之知於上이 **必由中央之人**이요 **財力之貢於上**이 **必由中央之人**이라 **能易賢不肖**하여 **而可威**①하여 **黨於下**하고 **有**[16]**能以民之財力**하여 **上(陷)〔諂〕**[17]**其主**하여 **而可以爲勞於下**②하니 **兼上下以環其私**③하여 **爵制而不可加**면 **則爲人上者危矣**④라

① 易賢不肖 而可威 : 실제는 현명한 사람인데 그 사람을 어리석다 말하고, 실제는 어리석은 사람인데 그 사람을 현명하다고 말한다. 그러므로 "현명한 사람과 어리석은 사람을 바꾼다."고 말하는 것이다.
實賢謂之不肖하고 實不肖謂之賢이라 故曰 易賢不肖也라

② 以民之財力……而可以爲勞於下 : 백성의 재물과 노동력을 사용하여 위로 군주에게 아첨하면, 그것은 아래 백성들에게 수고로움이 된다.
用人財力하여 上以陷主면 卽於下以爲勞라

③ 兼上下以環其私 : 위에서는 군주의 권력을 멋대로 휘두르고 아래에서는 백성의 재물과 노동력을 사용하여, 위아래의 이익으로 모두 자기 자신을 감싸고 있다. 그러므로 "모든 면에서 사적인 이익을 차지한다."고 말하는 것이다.
上則擅君之柄하고 下則用人財力하여 上下之利로 皆用遶身이라 故曰 環其私也라

④ 爵制而不可加 則爲人上者危矣 : 〈측근들의〉 세력이 이미 군주를 능가한다. 그러므로 작위와 제도가 그들을 제약하지 못한다.
勢既淩君하니 故爵制不能加也라

군주에 앞서 '善'[18]을 행하는 자는 군주의 상 주는 권한을 침범하고 군주의 실질적 권력을 빼앗는 자이다.[19] 군주에 앞서 '惡'[20]을 행하는 자는, 군주의 형벌권을

16) 有 : 劉績(明)은 '又'와 같은 의미로 보았다.(≪管子補注≫)
17) (陷)〔諂〕: 저본에는 '陷'으로 되어 있으나, 王引之(淸)의 ≪讀書雜志≫에 의거하여 '諂'으로 바로잡았다.
18) 善 : 포상하거나 은혜를 베푸는 행위를 말한다.
19) 군주의……자이다 : 原注에서는 원문의 '實'을 '富實'로 풀이하고 있다. 이러한 풀이는 문맥에 어울리지 않으므로 본서에서는 따르지 않았다.

침해하고 군주의 위엄을 빼앗는 자이다. 거짓된 말을 밖으로 퍼뜨리는 자는 군주를 위협하는 자이다. 군주의 명령을 막고 시행하지 않는 자는 군주를 유폐하는 자이다. 이들 네 가지 중 하나라도 나타나고, 이를 위아래가 알지 못하면, 머지않아 나라가 위태로워지게 된다.

先其君以善者는 **侵其賞而奪之實者也**①요 **先其君以惡者**는 **侵其刑而奪之威者也**요 **訛言於外者**는 **脅其君者也**②요 **鬱令而不出者**는 **幽其君者也**③라 **四者一作**하고 **而上下不知也**면 **則國之危**를 **可坐而待也**라

① 先其君以善者 侵其賞而奪之實者也 : 군주에 앞서 선을 행하면, 이는 군주의 상 주는 권한을 침범하고 군주의 풍부한 재물을 빼앗는 행위이다.
先君行善하면 則是侵君之賞하고 奪君之富實也라
② 訛言於外者 脅其君者也 : 요망한 말을 꾸며내어 대중을 미혹시킨다. 이같이 하는 것은 군주를 협박하기 위해서이다.
假說妖妄之言하여 以惑衆이라 如此者는 欲脅君也라
③ 鬱令而不出者 幽其君者也 : '鬱'은 '틀어막다'는 의미이다. 군주가 명령을 내렸는데도 시행하지 않는 것은 장차 군주를 유폐하기 위해서이다.
鬱은 塞也라 君之令而不出行者는 將欲幽君也라

신묘하고 성스러운 자는 왕이 되고, 어질고 지혜로운 자는 제후가 되며, 무예가 뛰어나고 용감한 자는 우두머리가 된다. 이것이 天道이고 人情이다. 천도와 인정에 통한 자는 군주가 되고 천도와 인정을 좋아하는 자는 신하가 되는 것이니, 〈군주가 되는냐 신하가 되느냐는〉 이러한 이치에 말미암는다.

그러므로 처음 일을 기획할 때 근심하는 자는 그 일에 직접 관여하지 않고, 그 일을 직접 행하는 자는 그 일의 원리를 살피지 않는다. 이 때문에 군주는 근심만 할 뿐 직접 수고하지 않고, 백성들은 몸으로 수고할 뿐 근심하지 않는다. 군주와 신하 간의 상하 직분이 확정되면 禮制가 확립될 것이다. 그러므로 신하는 군주를 위해 힘쓰고, 힘쓰는 자는 지혜로운 자를 위해 힘쓰며, 육신은 마음을 위해 힘쓴다. 이것이 사물의 이치이다.

神聖者는 **王**이요 **仁智者**는 **君**이요 **武勇者**는 **長**이니 **此**는 **天之道**요 **人之情也**라 **天道人情**을 **通**

---

20) 惡 : 형벌을 주는 행위를 말한다.

者는 **質**이요 **寵者**는 **從**이니 **此數之因也**①라 **是故始於患者**는 **不與其事**하고 **親其事者**는 **不規其道**②라 **是以爲人上者**는 **患而不勞也**요 **百姓**은 **勞而不患也**라 **君臣上下之分素**면 **則禮制立矣**라 **是故以人役上**③하고 **以力役明**④하고 **以刑役心**⑤[21]이니 **此物之理也**라

① 天道人情……此數之因也 : '質'은 군주이다. 天道와 人情에 통할 수 있는 자는 군주가 될 수 있다. 〈천도와 인정에〉 통할 수 없고 단지 그것들을 좋아하고 귀하게 여기기만 하는 자는 '從'이 될 수 있다. '從'은 신하를 말한다. 군주가 되느냐 신하가 되느냐 하는 이치는, 이 천도와 인정에 통하느냐 아니냐에 따라서 세워진다는 의미이다.
質은 主也라 能通於天道人情者는 可以爲主요 其不能通하고 但寵貴之者는 可以爲從이라 從은 謂臣也라 言臣主數는 因此通而立也라

② 始御患者……不規其道 : 일의 초기에 그것에 대해 깊이 생각하고 걱정하는 자는, 그 일을 행할 때는 사람을 시켜서 하게 하고 그 자신은 관여하지 않는다는 의미이다. 이는 군주를 말한다.
言初始謀慮而憂患者는 乃行其事에 令人爲之하고 而不自預라 此謂君也라

③ 以人役上 : '人'은 백성을 말한다. 백성은 자기 몸을 수고롭게 함으로써 군주에게 노역을 제공한다.
人은 謂百姓이라 百姓은 勞其身하여 以供上之役也라

④ 以力役明 : 신하는 힘을 쓰고 지혜를 사용하여 자신의 직무를 수행한다는 말이다.
謂臣勤力役하고 用其明하여 而理其職位라

⑤ 以刑役心 : '刑'은 법이다. 군주는 마음을 수고롭게 하여 법과 제도를 만들어낸다.
刑은 法也라 君則役心以出法制也라

마음은 進退를 주관하고 육신은 屈伸을 주관하니, 진퇴를 주관하는 자(군주)는 제어하는 일을 맡고, 굴신을 주관하는 자(신하)는 수고하는 일을 맡는다. 수고하는 일을 맡은 자의 일은 '네모'에 해당하고, 제어하는 일을 맡은 자의 일은 '원'에 해당한다. '원'은 구르고, 구르면 통하고, 통하면 조화한다. '네모'는 한곳에 붙박여 있고, 붙박여 있으면 견고하고, 견고하면 신뢰할 수 있다.

---

21) 以人役上……以刑役心 : 劉績(明)은 "以人役上"은 군신간의 관계에서 말한 것이고, "以力役明"은 일반 사람의 관계에서 말한 것이며, "以刑役心"은 일신상의 관계에서 말한 것이라고 보았다. 여기서 '刑'은 곧 '形'의 오자로 보았다. 따라서 原注는 잘못되었다는 것이다.(≪管子補注≫) 王念孫(淸) 또한 "以力役明"은 이른바 "君子勞心 小人勞力(군자는 마음을 수고롭게 하고, 소인은 몸을 수고롭게 한다.)"과 같은 의미이고, '刑'과 '形'은 고대에 통용되었다고 보았다.(≪讀書雜志≫) 이에 본서에서는 原注를 따르지 않고, 유적 및 왕염손의 견해를 절충하여 해석하였다.

군주가 이익으로 조화를 이루고 신하가 절개를 지킴으로써 믿음을 이루면, 상하 관계에 잘못됨이 없다. 그러므로 "군주는 어짊을 행하고 신하는 믿음을 지킨다."라고 말하니, 이는 상하의 禮法을 말한 것이다.

心道進退①하고 **而刑道滔赶**(도간)②[22)]하니 **進退者**는 **主制**③하고 **滔赶者**는 **主勞**라 **主勞者**는 **方**이고 **主制者**는 **圓**④이라 **圓者**은 **運**하고 **運者**는 **通**하고 **通則和**⑤라 **方者**는 **執**하고 **執者**는 **固**하고 **固則信**⑥이라 **君以利和**⑦하고 **臣以節信**⑧하면 **則上下無邪矣**라 **故曰 君人者**는 **制仁**하고 **臣人者**는 **守信**하니 **此言上下之禮也**니이라

① 心道進退 : 마음은 可否를 헤아린다. 그러므로 나아가기도 하고 물러나기도 한다.
心則度(탁)量可否니 故進退也라

② 刑道滔赶(도간) : '滔'는 '가득 차다'는 의미이다. '赶'은 '머뭇거리며 굽힌다'는 의미이다. 법을 설치함에 있어 합당한 경우와 그렇지 않은 경우가 있게 된다. 그러므로 합하여 이룸이 있다.
滔는 謂充也라 赶은 謂逡巡曲也라 設法有當否니 故有合成也라

③ 進退者 主制 : 군주의 마음은 〈可否를 헤아리면서〉 나아가기도 하고 물러나기도 한다. 이 때문에 군주는 법령을 만들게 되는 것이다.
君心進退니 所以主爲制令이라

④ 主制者 圓 : 君臣의 도에서 군주는 제어하는 자이나, 〈국가의〉 일에는 반드시 '네모'가 있고 '원'이 있다.
君臣之道에 主得制者나 其事必有方有圓也라

⑤ 圓者運……通則和 : '원'은 군주의 도를 말한다. 둥근 것은 응체되지 않으니 반드시 〈이리저리 자유롭게〉 굴러서 막힘이 없다. 통하는 것은 반드시 널리 퍼지므로 〈다른 것들을〉 조화하게 한다.
圓은 謂君道也라 圓而不滯니 必運而無礙라 通者는 必暢하니 故和之也라

⑥ 方者執……固則信 : '네모'는 신하의 도를 말한다. 네모난 것은 일정함이 있다. 그러므로 잡아서 놓지 않으면 견고하고, 견고하면서 망령되지 않으면 신뢰할 수 있다.
方은 謂臣道也라 方而有常이라 故執而不舍則固하고 固而不妄則信也라

⑦ 君以利和 : 군주의 도가 조화를 이루면 이롭다.
君道和면 則利也라

⑧ 臣以節信 : 신하는 절개를 지킨다.

---

22) 刑道滔赶(도간) : 앞에서와 마찬가지로 '刑'은 '形'으로 읽는다. '滔赶'은 劉師培(中)에 의하면 '滔迂'의 잘못이고, '滔迂'는 곧 '屈伸'의 의미가 된다고 보았다.(≪管子斠補≫)

臣則守節이라

군주가 한 나라의 수도에 있는 것은 마음이 신체에 자리잡고 있는 것과 같다. 위에서 군주가 道와 德을 안정적으로 지니고 있으면 아래에서 백성들이 교화될 것이고, 경계하는 마음이 肉身 안에서 형성되면 그러한 모습이 밖으로 드러날 것이다. 〈따라서 마음을〉 바르게 하는 것은 덕을 밝히는 것이다.

자기 자신에게 덕을 얻을 줄을 알게 되면 백성에게 덕을 얻을 줄도 알게 되니, 이는 이치를 따르기 때문이다. 백성에게 덕을 잃은 것을 알게 되면 물러나 자기 자신의 덕을 닦을 뿐이니, 근본으로 돌아가기 위해서이다. 자기 자신에게 요구하는 것이 많으므로 덕행이 확립되고, 백성에게 요구하는 것이 적으므로 백성이 〈군주가 요구하는 것을〉 손쉽게 공급한다.

君之在國都也는 **若心之在身體也**니 **道德定於上**이면 **則百姓化於下矣**요 **戒心形於內**①면 **則容貌動於外矣**라 **正也者**는 **所以明其德**②이라 **知得諸己**면 **知得諸民**이니 **從其理也**③요 **知失諸民**이면 **退而修諸己**니 **反其本也**④라 **所求於己者多**니 **故德行立**⑤하고 **所求於人者少**니 **故民輕給之**⑥라

① 戒心形於內 : 경계하고 조심하는 마음이 육신 안에서 형성된다.
戒愼之心이 成形於內라

② 正也者 所以明其德 : 반드시 〈마음이〉 바르게 된 이후에 덕이 밝아진다.
必正然後德明이라

③ 知得諸己……從其理也 : 자기 자신에게 실수하지 않으면 반드시 남에게 함부로 하지 않는다. 이와 같이 되는 것은 이치를 따르기 때문이다.
於己旣不失이면 於人必不妄이니 如此者는 從理故也라

④ 知失諸民……反其本也 : 남에게 실수하면 반드시 자기 자신을 반성하고 스스로 자책한다. 이와 같이 하는 자는 그 근본으로 돌아간다.
有失於人이면 必修己自責이라 如此者는 反其本也라

⑤ 所求於己者多 故德行立 : 자기 자신에게 구하는 것이 많은 자는 반드시 덕을 닦고 학업을 발전시킨다. 그러므로 덕행이 확립된다.
求己多者는 必修德進業이라 故德行立也라

⑥ 所求於人者少 故民輕給之 : 백성에게 요구하는 것이 적은 자는 반드시 세금을 적게 거둬들인다. 그러므로 백성은 〈군주의 요구를〉 공급하기 용이하다.
求人少者는 必薄賦斂이라 故人輕於給也라

그러므로 군주는 하늘에 관심을 가지고 신하는 땅에 관심을 가진다. 하늘에 관심을 가지는 자는 天時를 기록하여 백성의 힘을 〈온전히 사용하는 데〉 힘쓰고, 땅에 관심을 가지는 자는 땅이 주는 이로움을 개발하여 財用을 풍족하게 한다. 그러므로 大義를 바로잡고 時節을 자세히 살펴, 위로는 禮로 神明을 대하고 아래로는 義로 보좌하는 자들을 대하는 것은 현명한 군주의 도이다. 법에 근거할 뿐 아첨하지 않고, 위로는 군주의 잘못을 바로잡고 아래로는 백성의 고통을 구제해주는 것은 忠臣의 행위이다.

故君人者는 **上注**하고 **臣人者**는 **下注**라 **上注者**는 **紀天時**하여 **務民力**①하고 **下注者**는 **發地利**하여 **足財用也**②라 **故能飾大義**하고 **審時節**하여 **上以禮神明**하고 **下以義輔佐者**③는 **明君之道**요 **能據法而不阿**하여 **上以匡主之過**하고 **下以振民之病者**는 **忠臣之所行也**라

① 上注者……務民力 : '上注'는 하늘에 관심을 가진다는 말이다. 그러므로 天時의 요점을 기록하여 백성의 힘을 온전히 사용하는 데 힘쓴다.
上注는 謂注意於上天이라 故紀要天時하여 務全人力也라

② 下注者……足財用也 : '下注'는 땅에 관심을 가진다는 말이다. 그러므로 〈신하는〉 땅의 이익을 개발하고 일으켜 財用을 풍족하게 한다.
下注는 謂注意於下地라 故發興地利하여 足於財用也라

③ 下以義輔佐者 : 등용한 보좌가 모두 적절한 자리를 얻는다.
所用輔佐가 皆得其宜라

현명한 군주가 위에 있고 충성스러운 신하가 보좌하면, 政教와 형벌로 백성을 가지런히 하고 衣食의 이로움에 끌리게 한다. 그러므로 〈백성이〉 질박하면 부리기 쉽고 우둔하면 통제하기 쉽다. 군자는 道로 먹고살고 소인은 힘으로 먹고산다. 이는 각자의 직분이다. 위엄은 세력이 없으면 세워지지 못하고, 일은 행위가 없으면 생겨나지 못한다. 이와 같으면 나라가 평안해지고 간악한 자들이 줄어들 것이다.

明君在上하고 **忠臣佐之**면 **則齊民以政刑**하고 **牽於衣食之利**①라 **故愿而易**(이)**使**하고 **愚而易**(이)**塞**②이라 **君子食於道**하고 **小人食於力**하니 **分**(民)〔**也**〕③[23]라 **威無勢也無所立**④하고 **事無爲也無所生**⑤이니 **若此則國平而姦省**(생)**矣**⑥라

---

23) (民)〔也〕: 저본에는 '民'으로 되어 있으나, 李哲明(中)의 ≪管子校義≫에 의거하여 '也'로 바로잡았다.

① 明君在上……牽於衣食之利 : 군주가 현명하고 신하가 충성스러우면 나라가 다스려진다. 나라가 다스려지면 백성이 삶을 중시하게 된다. 그러므로 사람들이 모두 〈삶을 중시하여〉 자신의 육신을 기르고, 衣食의 이로움에 이끌리게 된다.
君明臣忠이면 則國理하고 國理면 則人重生이라 故人皆以其養形하고 而牽係於衣食之利也라

② 愚而易(이)塞 : '塞'은 멈추게 하다는 의미이다. 법을 사용하여 제지하는 것이 쉽다.
塞은 止也라 易用法止也라

③ 君子食於道……分(民)〔也〕 : 〈군자와 소인은〉 道로 먹고살고 힘으로 먹고사는 것이 서로 다르다. 그러므로 '分民'[24]이라고 말하는 것이다.
食道力不同하니 故曰 分民也라

④ 威無勢也無所立 : 반드시 세력이 있은 다음에 세워지는 바가 있다.
必有勢然後有所立이라

⑤ 事無爲也無所生 : 반드시 행함이 있은 다음에 생성되는 바가 있다.
必有爲然後有所生이라

⑥ 若此則國平而姦省(생)矣 : 군자와 소인이 〈각자〉 이미 道와 힘으로 먹고살면, 사악한 사람은 더 이상 세워지거나 생성되지 못한다. 그러므로 나라는 평안해지고 간악한 일이 줄어든다.
君子小人이 旣食於道力이면 邪惡之人은 復無所立生이라 故國平而姦省이라

군자가 道로 먹고살면 義가 살펴지고 禮가 밝혀진다. 의가 살펴지고 예가 밝혀지면 사람들이 윤리 질서를 뛰어넘지 않으니, 비록 편벽되고 졸렬한 마음을 지닌 대부가 있더라도 감히 요행으로 〈난리를 일으키려는〉 마음을 갖지 않게 된다. 그러면 군주는 위태롭지 않을 것이다.

백성들이 힘으로 먹고살면 근본인 농업에 종사하게 되고, 농업에 종사하는 자들이 많아지면 〈백성들은〉 농사에 힘쓰면서 군주의 명령을 따르게 된다.

君子食於道면 **則義審而禮明**①하고 **義審而禮明**이면 **則倫等不踰**이니 **雖有偏卒之大夫**라도 **不敢有幸心**이니 **則上無危矣**②라 **齊民食於力則作本**하고 **作本者衆**이면 **農以聽命**이라

① 君子食於道 則義審而禮明 : 義가 살펴지지 않으면 먹고살 바가 없다.
義不審이면 則無所食也라

② 義審而禮明……則上無危矣 : 나라에서 이미 禮와 義를 밝혀 사람들이 윤리 질서를 뛰어넘지 않으면, 비록 매우 특출한 대부가 있어 은밀히 죄를 짓고 원망하고 있더라도

---

24) 分民 : 李哲明(中)은 '民'자는 正文의 '民'자로 인해 잘못 들어갔다고 보았다.(≪管子校義≫)

감히 요행으로 난리를 일으키려는 마음을 갖지 못한다.

國旣明禮義하여 倫等不踰면 雖有大夫偏獨出하여 伏罪而怨이라도 不敢有幸亂心이라

이 때문에 현명한 군주가 세상에 서면, 백성이 군주에게 제어되는 것이 마치 초목이 時節에 제어되는 것과 같다. 그러므로 백성들이 머뭇거리고 있으면 활발하게 움직이게 하고, 백성들이 활발하게 움직이면 기세를 꺾어준다. 〈이렇게 하여 백성들은〉 터놓으면 행하고 막으면 멈추게 된다. 모름지기 현명한 군주라야 터놓기도 하고 막기도 할 수 있다. 터놓으면 군자는 禮를 행하고, 막으면 소인은 농사에 전념한다. 군자가 예를 행하면 윗사람이 존중되고 백성이 순종한다. 소인이 농사에 전념하면 재물이 넉넉하고 필요한 물자가 풍족해진다. 윗사람이 존중되고 백성이 순종하고 재물이 넉넉하고 필요한 물자가 풍족하여, 이 네 가지가 빠짐없이 갖추어지면 머지않아 천하에서 왕노릇 하는 것이 어렵지 않을 것이다.

是以明君立世면 **民之制於上**이 **猶草木之制於時也**①라 **故民迂則流之**②하고 **民流通則迂之**③하니 **決之則行**하고 **塞之則止**라 **雖有明君能決之**하고 **又能塞之**라 **決之則君子行於禮**하고 **塞之則小人篤於農**이라 **君子行於禮**면 **則上尊而民順**하고 **小民篤於農**하면 **則財厚而備足**이라 **上尊而民順**하고 **財厚而備足**하여 **四者備體**면 **頃時而王不難矣**라

① 草木之制於時也 : 초목은 반드시 때가 되어야만 생겨난다.
草木必得時然後生이라
② 民迂則流之 : 사람들이 지나치게 머뭇거리며 나아가지 않으면 활발하게 소통시킨다.
人太迂曲不行이면 則流通之라
③ 民流通則迂之 : 사람들이 너무 활발하게 움직이면 기세를 꺾어 억제한다.
人太流蕩하면 則迂屈之라

四肢와 六道[25]는 몸의 중요한 기관이듯이, 四正과 五官은 나라의 중요한 부분이다. 사지가 통하지 않고 육도가 막히면 〈건강을〉 잃듯이, 사정이 바르지 않고 오관이 관리로서의 제 역할을 하지 못하면 〈나라가〉 어지러워진다.

그러므로 군주가 다른 姓에서 아내를 맞아들이고, 姪娣[26]·命婦[27]·宮女를 들

25) 六道 : 原注에 근거할 때, 눈·코·입·귀, 그리고 항문과 尿道(요도)를 의미한다.
26) 姪娣 : 고대에 제후나 귀족의 딸이 출가할 때 함께 딸려 보내는 조카나 자매를 말한다.
27) 命婦 : 封號를 받은 부녀를 뜻하는 말로, 妃嬪과 같은 말이다.

일 때 모두 법도에 맞게 하니, 이는 궁궐 내의 질서를 바로잡기 위해서이다. 남녀의 구별을 명확히 하고, 禁忌하는 節目을 밝히는 것은 간악한 일을 막기 위해서이다. 이 때문에 궁궐의 안팎이 사적으로 통하지 않게 하고, 남을 중상하는 사특한 일이 생기지 않게 하고, 아녀자의 말이 궁중의 일에 영향을 미치지 못하게 하고, 신하의 자제들이 궁중에서 교제하는 일이 없게 한다. 이는 先王이 덕을 밝히고 간특함을 제어하며, 공적인 것을 명백히 하고 사적인 것을 억제하기 위해서였다.

四肢六道는 **身之體也**①요 **四正五官**은 **國之體也**②라 **四肢不通**과 **六道不達**을 **曰失**이요 **四正不正**과 **五官不官**을 **曰亂**이라 **是故國君聘妻於異姓**하고 **設爲姪娣・命婦・宮女**에 **盡有法制**하니 **所以治其內也**요 **明男女之別**하고 **昭嫌疑之節**하니 **所以防其姦也**라 **是以中外不通**하고 **讒慝不生**하고 **婦言不及官中之事**하고 **而諸臣子弟無宮中之交**하니 **此**는 **先王所以明德圉姦**하고 **昭公威私也**라

① 四肢六道 身之體也 : '四肢'는 손과 발을 말한다. '六道'는 상체에 있는 네 개의 구멍과 하체에 있는 두 개의 구멍을 말한다.
四肢는 謂手足也라 六道는 謂上有四竅下有二竅也라

② 四正五官 國之體也 : '四正은 군주와 신하, 아비와 자식을 말한다. '五官'은 五行 각각에 해당하는 관리들을 말한다.
四正은 謂君臣父子라 五官은 謂五行之官也라

〈적장자를〉 분명히 세우고도 총애하는 자식을 두어, 적장자를 쫓아냄으로써 義를 상하게 하지 않는다. 〈적장자는〉 예법상 사사로이 사랑하고 좋아할 수 있고, 〈나머지 자식들의〉 위세는 적장자와 같은 지위에 놓일 수 없다. 〈적장자의〉 爵位가 비록 존귀하기는 하지만 禮를 행하지 않을 수 없다. 선택된 적장자는 고상하고 아름다운 자이니, 화려한 의복으로 치장하고 무늬가 있는 깃발로 그 특별함을 드러낸다. 이렇게 하는 것은 적장자의 위엄을 높이기 위해서이다. 이렇게 하면 형제 사이에 틈이 없게 되고, 헐뜯는 자가 감히 중상모략할 수 없게 될 것이다.

明立寵設하여 **不以逐子傷義**①라 **禮私愛驩**하고 **勢不竝倫**②하며 **爵位雖尊**이나 **禮無不行**③이라 **選爲都佼**니 **冒之以衣服**하고 **旌之以章旗**니 **所以重其威也**④라 **然則兄弟無間郄**(극)하고 **讒人不敢作矣**⑤라

① 明立寵設 不以逐子傷義 : 적장자를 분명하게 세우고 총애하는 자식을 두어서, 적장자를 좇아내 폐하지 못하게 한다. 그러므로 義를 상하지 않는다.
明立正嫡하고 設其貴寵子하여 不令逐而廢之라 故不傷義也라

② 禮私愛驩 勢不竝倫 : 적장자는 〈祭祀나 宗廟와 같은〉 重任을 전하는 자이다. 그러므로 예법상 사적인 사랑을 허용하는 것이니, 비록 유별나게 적장자를 이뻐하여도 된다. 나머지 자식들의 위세는 결코 적장자와 같은 지위에 놓일 수 없다.
嫡子者는 所以傳重也라 故禮許私愛니 雖驩之超異라도 可也라 餘子之勢는 終不得與之竝倫也라

③ 爵位雖尊 禮無不行 : 적장자의 작위가 비록 높고 특별하더라도 반드시 예로써 행해야 한다는 의미이다.
言嫡子爵位가 雖復尊異라도 必須行之以禮也라

④ 選爲都佼……所以重其威也 : 적장자로 세운 이는 반드시 고상하고 아름다운 자를 뽑은 것이니, 아름답고 화려한 의복을 입히고 무늬가 있는 깃발로 특별히 드러낸다. 무릇 이들은 모두 적장자의 위엄을 높이기 위한 것이다.
所立之嫡은 必(運)〔選〕[28]其都雅佼好者이니 又以美衣麗服覆冒之하고 章表旗幟旌異之라 凡此皆所以重嫡子之威也라

⑤ 然則兄弟無閒郄(극) 讒人不敢作矣 : 적장자의 위엄이 무거우면 형제들이 화합한다. 그러므로 헐뜯는 자가 중상모략할 여지가 없다.
嫡威重이면 則兄弟和라 故讒人無所作其讒矣라

그러므로 나라에서 재상을 세울 때는 그의 功을 나열하고 아울러 그의 덕행을 살피며, 그의 노고를 의론하고 법에 비추어 합당한지를 고려한다. 〈그리고 이들 네 가지를〉 비교 검증하여 모두 적합해서 두루 갖추어졌으면 등용하며, 〈등용한 이후에는〉 그의 권위를 존중하고 분명하게 신뢰한다. 그러면 아랫사람들은 諫言하다 죽지 않을까 하는 경계심이 없게 되고, 천하 사람이 모여도 억울해하고 원망하는 마음이 없게 된다. 이와 같으면 나라가 평안하고 백성들 가운데는 간악한 자가 없게 된다.

군주가 賢才를 선발할 때는 덕 있는 사람을 등용하여 벼슬자리에 나아가게 하고 덕 없는 사람을 그와 같은 반열에 서지 않게 하며, 능력 있는 사람을 등용하여 관직에 나아가게 하고 능력 없는 사람을 그와 같은 반열에 있지 않게 한다. 〈이때〉

28) (運)〔選〕: 저본에는 '運'으로 되어 있으나, 劉績(明)의 ≪管子補注≫에 의거하여 '選'으로 바로잡았다.

덕행을 공로의 앞에 두고, 나이가 어리다고 문제 삼지 않는다. 이와 같으면 군주는 곤경에 처하지 않고 백성은 요행으로 살아갈 생각을 하지 않을 것이다.

故其立相也에 **陳功而加之以德**하고 **論勞而昭之以法**하여 **參伍相德**[29] **而周**에 **擧之**하고 **尊勢而明信之**①라 **是以下之人無諫死之諱**②하고 **而聚立者無鬱怨之心**③이라 **如此則國平而民無慝矣**④라 **其選賢遂材也**에 **擧德以就列**하고 **不類無德**⑤하고 **擧能以就官**하고 **不類無能**하고 **以德弇**(엄)**勞**하고 **不以傷年**⑥이라 **如此則上無困**하고 **而民不幸生矣**⑦라

① 其立相也……尊勢而明信之 : '其'는 나라를 말한다. 재상은 공과 덕을 겸하고, 노고와 법에서 좋은 평가를 얻어야 한다. 이 네 가지를 비교 검증하고 대조하여 모두 적합해야 하니, 그 일들이 이미 두루 갖추어진 이후에 임용하고, 임용하고 나서는 그의 권위를 존중하고 분명하게 신뢰한다.

其는 謂國이라 相則功德兩兼하고 勞法獲美라 於此四者에 參驗伍偶하여 相與俱得이니 其事旣周然後擧用之요 旣用之면 尊勢而明信之也라

② 無諫死之諱 : 군주가 현명하고 재상이 어질면 〈신하들이 올린〉 諫言을 따르는 것이 반드시 물이 흐르는 것처럼 순조롭다. 그러므로 〈신하들에게는〉 간언하다가 죽지 않을까 하는 경계심이 없다.

君明相賢이면 必從說如流라 故無諫死之忌也라

③ 聚立者無鬱怨之心 : '聚立'은 천하 사람들이 모인 것을 말한다. 각자 자신이 있을 곳을 얻었으므로 원망이 없다.

聚立은 謂天下會同也라 各得其所니 故無怨望也라

④ 民無慝矣 : '慝'은 '간악한 자'라는 의미이다.

慝은 姦惡者也

⑤ 擧德以就列 不類無德 : 덕이 있는 사람을 등용하여 벼슬자리에 나아가게 하고, 덕이 없는 사람을 그와 같은 반열에 서지 않게 한다.

擧有德者하여 以就列位하고 不以無德之人爲類라

⑥ 以德弇(엄)勞 不以傷年 : 덕을 지닌 자는 서열을 뛰어넘어 공로가 있는 사람의 앞에 둔다. 그러므로 "덕이 있는 자가 공로자를 덮는다."라고 말하는 것이다. 진실로 덕이 있으면 비록 나이가 미치지 못하여도 그 사람을 등용하니, 나이가 적다고 하여 단점으로 여기지 않는다.

有德者는 超於上列하여 使在有功勞者之前이라 故曰 有德掩勞라 苟有德이면 雖年未至라도 而亦將用之니 不以年少爲之傷也라

---

29) 參伍相德 : 李哲明(中)은 原注에서 "參驗伍偶 相與俱得"이라고 말했다는 점에 의거하여, '德'은 곧 '得'으로 읽어야 한다고 보았다.(≪管子校義≫)

⑦ 如此則上無困 而民不幸生矣 : 공과 능력이 있으면 반드시 포상하고 등용한다. 그러므로 사람들이 구차하게 사는 것을 요행으로 여기지 않는다.
有功能이면 必賞用之라 故人不以苟生爲幸也라

나라가 어지러워지는 원인이 넷이고, 망하게 되는 원인이 둘이다. 안으로 본처를 흉내 내는 첩이 있으면 궁궐이 어지러워지고, 서자 가운데 적자를 흉내 내는 자식이 있으면 집안이 어지러워지고, 조정에 재상을 흉내 내는 신하가 있으면 나라가 어지러워지고, 무능한 자를 관리로 임명하면 百官이 어지러워진다. 이 네 가지[30]에 분별이 없으면 군주는 통치의 근간을 잃게 된다. 뭇 관리들이 朋黨을 지어 사익을 추구할 생각을 품고 있으면 군주는 종친의 지지를 잃게 된다. 나라의 중심이 되는 신하가 은밀히 조직을 만들고 음모를 숨긴 채 서로 기다리고 있으면 백성의 지원을 잃게 된다. 안으로 종친의 지지를 잃고 밖으로 백성의 지원을 잃는 것은 나라가 망하게 되는 두 가지 원인이다.

國之所以亂者가 **四**요 **其所以亡者**가 **二**라 **內有疑妻之妾**[31]이면 **此宮亂也**요 **庶有疑適之子**면 **此家亂也**요 **朝有疑相之臣**이면 **此國亂也**요 **任官無能**이면 **此衆亂也**라 **四者無別**①하면 **主失其體**라 **群官朋黨**하여 **以懷其私**면 **則失族矣**②요 **國之幾臣**이 **陰約閉謀以相待也**면 **則失援矣**③라 **失族於內**하고 **失援於外**는 **此二亡也**라

① 四者無別 : '無別'은 처와 첩, 적자와 서자 등이 분별되지 않는 것을 말한다.
無別은 謂妻妾嫡庶等不分別也라

② 失族矣 : 나라가 망하면 그 종친도 따라 망한다. 그러므로 "종친을 잃는다."고 말한다.
國亡이면 則宗族隨之라 故曰 失族也라

③ 國之幾臣……則失援矣 : 나라의 중심이 되는 신하가 아래로 은밀히 결탁하여, 그 모의한 계획이 은폐되어 누설되지 않은 채 때를 기다리고 있으면, 백성들이 반드시 의심을 품고 서로 친하지 않게 될 것이다. 그러므로 백성의 지원을 잃는다.
爲國之機臣이 下陰爲要結하여 其所謀者가 閉而不泄하여 以此相待면 人必懷疑하여 而不相親矣라 故失其援也라

---

30) 네 가지 : 原注에 의하면 본처와 첩, 적자와 서자, 재상과 대신, 유능한 관리와 무능한 관리 네 가지를 말한다.

31) 內有疑妻之妾 : '疑'는 '擬'로 읽는다. 豬飼彦博(日)은 '疑'는 '擬'와 같다고 하였고(≪管子補正≫), 宋翔鳳(淸)도 '疑'는 '擬'로 읽어야 하고, 그 뜻은 '僭越하다', '비교하다'라고 하였다.(≪管子識誤≫)

그러므로 본처는 반드시 안정시키고, 嫡子는 반드시 〈그 지위를〉 바르게 하고, 재상은 반드시 올곧은 자세로 정사를 맡게 하고, 관리는 반드시 충성과 신뢰로써 공경하게 업무를 수행한다. 그러므로 "궁중의 亂이 있고, 형제의 난이 있고, 대신의 난이 있고, 백관의 난이 있고, 백성의 난이 있으니, 이들 다섯 가지 중 하나라도 일어나면 군주가 위태로워질 것이다."라고 하는 것이다.

궁중의 난은 질투가 어지럽게 일어나는 데서 생기고, 형제의 난은 〈적자와 서자 사이의〉 偏黨을 짓는 데서 생기고, 대신의 난은 과도한 자기 자랑에서 생기고, 백관의 난은 순박한 사람을 〈꾀와 속임수로〉 두렵게 하는 데서 생기고, 백성의 난은 재물이 부족한 데서 생긴다. 재물이 부족하면 예의가 박해지고, 순박한 사람을 두렵게 하면 오만해지고, 과도하게 자기 자랑을 하거나 편당을 짓거나 분분하게 질투를 하면 변고를 일으킨다.

故妻必定하고 **子必正**하고 **相必直立以聽**하고 **官必中信以敬**[32)]이라 **故曰 有宮中之亂**하고 **有兄弟之亂**하고 **有大臣之亂**하고 **有中民之亂**① 하고 **有小人之亂**하니 **五者一作**이면 **則爲人上者危矣**라하니라 **宮中亂曰妬紛**②하고 **兄弟亂曰黨偏**③하고 **大臣亂曰稱述**④하고 **中民亂曰讋**(섭)**諄**⑤하고 **小民亂曰財匱**(궤)⑥라 **財匱生薄**⑦하고 **讋諄生慢**⑧하고 **稱述·黨偏·妬紛生變**⑨이라

① 有中民之亂 : '中民'은 〈公卿 이하의〉 백관의 무리들을 말한다.
中民은 謂百吏之屬也라

② 宮中亂曰妬紛 : 질투가 쌓여 어지럽게 뒤엉켜서 난리가 일어난다는 의미이다.
言積妬紛然하여 所以亂이라

③ 兄弟亂曰黨偏 : 편당을 지으면 강한 자와 약한 자가 서로 능멸한다. 그러므로 난리가 난다.
偏黨則強弱相淩이니 故亂也라

④ 大臣亂曰稱述 : 각자 자신의 뛰어난 덕을 자랑하면서 서로 양보하지 않으므로 난리가 난다.
各稱述其己德之長하고 而不相讓이니 則亂也라

⑤ 中民亂曰讋(섭)諄 : 꾀와 속임수로 순박한 사람을 두렵게 하면 난리가 난다는 말이다.
謂以智詐로 讋恐諄質하면 則亂也라

---

32) 官必中信以敬 : 劉師培(中)는 ≪群書治要≫에 의거하여 '中'은 '忠'으로 읽어야 한다고 보았다.(≪管子斠補≫)

⑥ 小民亂曰財匱(궤) : 세금이 무거우면 재물이 부족해진다. 그러므로 난리를 일으킨다.
賦稅重이면 則財匱라 故亂이라

⑦ 財匱生薄 : 재물이 공급되지 않으면 예의가 사라진다. 그러므로 〈예의가〉 엷어진다.
財不供이면 則禮義息이라 故薄也라

⑧ 讋諄生慢 : 순박함을 중시하지 않고 꾀와 속임수로 두렵게 한다. 이것이 〈관리들이〉 오만한 것이다.
不重淳質하고 而智詐讋恐之라 此其慢也라

⑨ 稱述·黨偏·妬紛生變 : 혹시 이 세 가지가 생겨나면, 군주의 자리를 빼앗거나 시해하여 큰 변고가 될 수 있다.
此三者或生이면 簒君弑主하여 能爲大變也라

그러므로 〈嫡子와 庶子 사이의〉 명분을 바로잡고, 〈본처와 처 사이의〉 흉내 내는 행태를 살피고, 〈파당 짓는 패거리의〉 측근을 처형하면 궁궐 내부가 안정될 것이다. 대신은 그 공에 따라 배치하고, 관리는 그 행위에 따라 임명하고, 백성은 그 힘쓰는 바에 따라 쓰면 나라가 풍요로워질 것이다. 天時를 깊이 살피고 토지에서 생산되는 것을 고찰함으로써 백성의 힘을 하나로 모으고, 사치스러운 일을 금지하고 농사를 권장함으로써 할 일이 없는 자들에게 직분을 부여하면, 백성이 잘 다스려질 것이다.

故正名稽疑하고 **刑殺亟近**하면 **則內定矣**①요 **順大臣以功**하고 **順中民以行**하고 **順小民以務**②면 **則國豐矣**③요 **審天時**④하고 **物地生**[33]하여 **以輯民力**하고 **禁淫務**⑤하고 **勸農功**하여 **以職其無事**⑥면 **則小民治矣**라

① 正名稽疑……則內定矣 : 적자와 서자의 명분을 바로잡고, 첩이 본처를 흉내 내는 행태를 살피고, 올바르지 않은 자들의 패거리는 그 측근을 잡아서 처형한다. 이와 같이 하면 편당을 짓고 분분하게 질투를 함으로써 발생하는 변고가 사라진다. 그러므로 궁궐 내부가 안정된다.
正嫡庶之名하고 稽妻妾之疑하고 不正者之黨數는 取其偏近者하여 而刑殺之라 如此면 則黨偏妬紛之變息이라 故內定이라

② 順小民以務 : 그들이 농사에 힘쓰는 것을 따라 쓴다.
順用其務農也라

33) 物地生 : 豬飼彦博(日)은 '物'을 "物土方"의 '物' 즉 '相'의 의미로 보았다.(≪管子補正≫)

③ 順大臣以功……國豐矣 : 〈대신, 관리, 백성〉 세 계층이 각각 자신들이 따를 바를 잘 수행한다. 그러므로 나라가 풍요로워진다.
三者가 各稱其所順이라 故國豐矣라
④ 審天時 : 天時에는 각각 마땅한 바가 있다.
天時는 各有所宜也라
⑤ 禁淫務 : 화려하게 수놓고 아로새겨 조각하는 것이 '淫務'이다.
繡文과 刻鏤가 淫務라
⑥ 以職其無事 : 할 일이 없는 자들이 모두 직분을 얻게 한다.
無事者를 皆令得職也라

조정에서는 백성의 인구수를 살펴 아래에서 열 명이나 다섯 명 단위로 묶어 세금을 징수하고, 납부 기한이 가까운 자는 죄를 주어 굴복시키는데, 이렇게 함으로써 〈세금을 바쳐야 한다는〉 조정의 뜻이 굳건함을 보여준다. 마을에는 스승을 두어 마을 자제들의 학업을 달성시키고, 〈선비들은〉 재능에 따라 관직을 주고 일정 기간이 지나서 〈그 공과를〉 드러내어 살피면, 선비들이 덕행을 쌓는 데 힘쓸 것이다. 덕을 헤아리고 공을 살펴 유능한 인재를 장려하여, 백성의 풍속을 교화하는 관직에 세우거나 혹은 사직을 지키는 임무를 맡긴다. 이와 같이하면 선비들이 최선을 다하게 될 것이다.

上稽之以數①하여 **下十伍以徵**②하고 **近其罪伏**34)하여 **以固其意**③라 **鄕樹之師**하여 **以遂其學**④하고 **官之以其能**하고 **及年而擧**면 **則士反行矣**⑤라 **稱德度**(탁)**功**하고 **勸其所能**하여 **若稽之以衆風**하고 **若任之以社稷之任**⑥일지니 **若此**면 **則士反於情矣**⑦라

① 上稽之以數 : 조정에서 징발할 일이 있으면, 반드시 백성의 전체 인구를 살펴서 명령한다는 말이다.
謂上欲有所徵發이면 必考其定數以命之也
② 下十伍以徵 : 이미 전체 인구를 파악하였으면, 아래에서 열 명과 다섯 명 단위로 조직하여 징수한다.
旣得其定數면 下其什伍名以徵之也라
③ 近其罪伏 以固其意 : 정해진 기한이 이미 가까웠는데도 아직 세금을 바치지 못한 자는,

34) 近其罪伏 : '其'는 '期'로 읽힌다. 이 점에 대해 張文虎(淸)는 다음과 같이 말하였다. "尹知章의 주에 근거하면 '其'는 마땅히 '期'의 誤字가 된다."(≪舒藝室隨筆≫)

죄를 가하고 권력으로 굴복시킨다. 이는 세금을 바쳐야 한다는 뜻을 굳건하게 하기 위해서이다.

日期旣近이어늘 尙有不供者면 則加之以罪하고 以權伏之니 所以固供者之意라

④ 鄕樹之師 以遂其學 : 마을마다 반드시 스승을 세워 〈마을 자제들의〉 학업을 달성케 한다.

每鄕에 必立之師하여 以遂之也라

⑤ 官之以其能……則士反行矣 : 재능 있는 자는 선발하여 관직을 준다. 그리고 일정 기간이 지나면 그 사람의 功過를 드러내어 살핀다. 이와 같이 하면 선비들 모두 덕행을 쌓는 데 힘쓸 것이다.

擧而有材能者면 則受之以官하고 旣有年矣면 則擧其功過而考察之라 如此면 則皆反其行矣라

⑥ 稱德度(탁)功……若任以社稷之任 : 이미 그 사람의 덕을 헤아리고 또한 그 사람의 공을 살피면 그 사람의 재능을 알지 못할 수 없을 것이다. 이미 그 사람의 재능을 파악하고 그것을 좇아 살펴, 〈마땅한 사람이면〉 혹 그에게 백성을 다스리게 하여 풍속과 교화를 바로 세우게 하고, 〈그 가운데〉 그 재능이 아주 뛰어난 자가 있으면 혹 社稷을 지키는 임무를 준다.

旣稱其德하고 又度其功이면 則其材能不可不知矣라 旣知其能하고 順而考之하여 或使之莅衆하여 以立風化요 其材能尤高者는 或授之以社稷之任者也라

⑦ 士反其情矣 : 재능이 있으면 반드시 직분을 맡긴다. 그러므로 선비들이 최선을 다하게 된다.

有能必任之以職 故士反於情也

제32편 군주의 허물을 자잘하게 드러냄 小稱
단어 6 短語 六

'小稱'은 '자잘하게 드러내다'의 의미이다. 따라서 이 편에서는 군주가 조심하고 주의해야 할 여러 사항에 대해 언급하고 있다.

구체적으로 보면, 군주는 허물이 있으면 즉시 고치도록 한다, 안색 등 몸가짐에 조심해야 한다, 허물은 자신에게 돌리고 좋은 일은 백성에게 돌려라, 천하의 治亂은 군주 자신의 善惡 여부에 달려 있다, 공손·경애 등을 닦아 백성을 감화시키도록 해야 한다 등에 대해 언급하고 있다. 그리고 마지막 부분에 가서는 齊 桓公이 管仲의 유언을 소홀히 함으로써 겪게 되는 비참한 최후에 대해 언급하면서, 통치자가 특히 경계해야 할 부분에 대해 강조하고 있다.

'稱'은 '드러내다'의 의미이다. 그 허물을 작게 드러내면 마땅히 조절하여 고쳐야 한다.
稱은 擧也라 小擧其過則當權而改之라

管子가 말하였다.

"자신이 선하지 않음을 걱정하고, 남이 나를 알아주지 않음을 걱정하지 말라. 丹靑[1)]이 산에 있으면 사람들이 이를 알고 채취하고, 아름다운 진주가 연못 속에 있으면 사람들이 이를 알고 채취한다. 그러므로 나에게 잘못된 행위가 있으면 백성들에게 함부로 명령을 내릴 수 없다. 백성의 관찰은 세밀하니, 허물을 감추고 불선한 행위를 저지를 수 없다. 그러므로 〈백성들은〉 나에게 선함이 있으면 즉시 나를 칭찬하고 나에게 잘못이 있으면 즉시 나를 비난한다. 〈따라서〉 백성들의 칭찬이나 비난을 받으면 돌아가 집안사람들에게 물을 필요가 없다. 그러므로 先王은 백성들을 두려워하였다.

〈백성들이 군주의 선한〉 명성을 듣고 따르면 강해지지 않을 수 없고, 〈악한〉 명성을 듣고 떠나가면 약해지지 않을 수 없다. 비록 천자나 제후라 할지라도 백성들

1) 丹靑 : 안료를 만드는 광물질인 丹沙와 靑雘(청확)을 일컫는 말이다.

이 〈군주의 악한〉 명성을 듣고 떠나가면 자기 영지를 버리고 달아나게 될 것이다. 그러므로 선왕은 백성들을 두려워하였다.

管子曰 身不善之患이요 **毋患人莫己知**①라 **丹青在山**이면 **民知而取之**요 **美珠在淵**이면 **民知而取之**②라 **是以我有過爲而民毋過命**③이라 **民之觀也察矣**니 **不可遁逃**④하여 **以爲不善**이라 **故我有善則立譽我**요 **我有過則立毁我**니 **當民之毁譽也**면 **則莫歸問於家矣**⑤라 **故先王畏民**⑥이라 **操名從人**이면 **無不强也**⑦요 **操名去人**이면 **無不弱也**⑧라 **雖有天子諸侯**라도 **民皆操名而去之**면 **則捐其地而走矣**⑨라 **故先王畏民**⑩이라

① 身不善之患 毋患人莫己知 : 단지 자신이 선하지 않음을 걱정할 뿐 남이 나를 알아주지 않음을 걱정하지 말라는 의미이다.
言但患身之不善耳요 無患人不知己也라

② 丹青在山……民知而取之 : 丹青과 진주는 각각 쓸 만한 성질을 지니고 있다. 그러므로 그것들이 비록 산이나 물속에 감추어져 있다 할지라도, 오히려 사람들이 알고 찾아 취한다. 하물며 사람이 선함을 품고 있으면 알지 못할까.
丹青與珠는 各有可用之性이라 故雖在山泉而藏이라도 人猶知而取之니 況在於人懷善而不知乎아

③ 我有過爲而民毋過命 : 나 자신에게 잘못된 행위가 있으면 백성들이 반드시 이를 알고 지적하니, 〈자기 자신에게〉 허물이 있으면서 함부로 명령을 내릴 수 있는 자는 없다.
我身有過爲면 民必知而名之니 毋有過而妄命者也라

④ 不可遁逃 : 허물이 있으면 반드시 안다. 그러므로 허물을 숨길 수 없다.
有過必知라 故不可以遁逃라

⑤ 我有善則立譽我……則莫歸問於家矣 : 사람들이 이미 비난하거나 칭찬하면 자신의 선함과 악함이 자세히 드러나게 될 것이다. 그러므로 다시 집안사람들에게 묻지 않는다. 만약 집안사람들에게 물으면 주변의 아첨하는 자들이 교묘히 그 허물을 감추고 잘못을 가린다.
人旣毁譽則己之善惡審矣라 故不復問家라 問家則左右佞媚者 善掩其過而飾其非也라

⑥ 先王畏民 : 백성들의 비난과 칭찬은 반드시 군주의 선함과 허물에 부합한다. 그러므로 이를 두려워하는 것이다.
民之毁譽는 必當其善過라 故畏之라

⑦ 操名從人 無不强也 : 군주가 스스로 선을 행하면, 그러한 명성을 듣고 칭찬을 널리 퍼뜨리게 하므로 강하게 된다는 의미이다.
謂君自行善이면 持名使之延譽라 故强也라

⑧ 操名去人 無不弱也 : 군주가 이미 악을 행하면 그러한 소문을 듣고 사람들이 떠나가서,

언급할 만한 선함이 없게 된다. 그러므로 약하게 되는 것이다.

君旣行惡이면 卽是持名去人하고 無善可稱이라 故弱也라

⑨ 雖有天子諸侯……則捐其地而走矣 : 모두 그 소문을 듣고 떠나가면 허물과 악행이 날마다 알려져서 사람들이 모두 그를 두려워하게 된다. 그러므로 자신의 땅을 버리고 달아나게 된다.

皆持其名而去於人이면 則過惡日聞하여 人共畏之라 故棄其地而走也라

⑩ 先王畏民 : 좋은 소문이 없으면 버리고 달아난다. 그러므로 〈군주는〉 백성을 두려워하는 것이다.

無善名則棄之走라 故畏人이라

몸에서 무엇이 이로운가? 氣와 눈이 이롭다. 聖人은 이러한 이로움을 얻어 거기에 의탁하므로 백성이 존중하고 명성이 이루어진다. 나 또한 그것들에 의탁해본다. 〈그러나〉 성인이 의탁하면 좋은 결과를 가져오지만, 내가 의탁하면 나쁜 결과를 가져온다. 내가 의탁하면 나쁜 결과를 가져오는 것으로 아름다운 명성을 구하는 것이 또 가능한가. 사랑하게 하더라도 나를 위해 아름다운 명성을 얻게 할 수는 없다. 毛嬙[2)]과 西施[3)]는 천하의 미인들이다. 그러나 그들의 얼굴에 원망의 기운이 가득하면 아름답다고 할 수 없다. 나 또한 얼굴도 보기 싫고 원망의

西施

2) 毛嬙 : 고대의 미인으로 알려져 있으나 자세한 인적 사항에 대해서는 알 수 없다. 단지 ≪莊子≫ 〈齊物論〉편에 "모장과 여희는 사람들이 아름답게 여기는 바이다.〔毛嬙麗姬 人之所美也〕"라는 말이 남아 있을 뿐이다.

3) 西施 : 중국 춘추시대 越나라의 미인이다. 춘추시대 말기에 越나라 왕 勾踐은 會稽에서 吳나라 왕 夫差에게 패하였다. 복수를 꿈꾸던 구천은 부차가 호색가라는 사실을 알고 미인계를 쓸 계략을 꾸미게 된다. 이에 그는 가신 范蠡(범려)를 시켜 苧蘿山에서 나무를 팔고 있던 미녀 西施를 데려다가 여러 가지 기예를 익혀 오나라에 보낸다. 서시의 미모와 재주에 반한 부차는 여러 신하들의 만류에도 불구하고 그녀를 깊이 사랑하였으며, 그로 인해 오나라는 결국 멸망의 길로 들어서게 된다.

기운이 가득하다. 얼굴에 원망의 기운이 드러나고 입에서 나쁜 말이 나오고 있는데, 악으로 가득 찬 것을 버리고 아름다운 명성을 구하는 것이 또 가능한가. 심하구나! 백성들이 지나치게 시기하는 사람을 미워함이. 이 때문에 긴 것은 잘라주고 짧은 것은 이어주며, 가득한 것은 비워주고 빈 것은 채워준다."

在於身者 孰爲利오 **氣與目爲利**①라 **聖人得利而託焉**이라 **故民重而名遂**②라 **我亦託焉**이라 **聖人託可好**나 **我託可惡**이니 〔**我託可惡**〕[4]하여 **以來美名**이면 **又可得乎**③아 (**我託可惡**)**愛且不能爲我能也**④[5]라 **毛嬙西施**는 **天下之美人也**나 **盛怨氣於面**이면 **不能以爲可好**⑤라 **我且惡面而盛怨氣焉**하니 **怨氣見**(현)**於面**하고 **惡言出于口**로되 **去惡充**⑥**以求美名**[6]이 **又可得乎**⑦아 **甚矣**라 **百姓之惡**(오)**人之有餘忌也**⑧라 **是以長者斷之**하고 **短者續之**하고 **滿者洫**(혁)**之**하고 **虛者實之**⑨라

① 氣與目爲利 : '氣'는 형체를 살아나게 하고 온전히 하는 것이고, '눈'은 홀로 그 움직임을 보는 것이다. 〈따라서〉 그 공능과 작용이 이들보다 큰 것이 없다. 그러므로 가장 이로운 것이 된다.
氣也者 所以生全其形이요 目也者 所以獨見其運爲이니 功用莫大焉이라 故最爲利也라

② 聖人得利而託焉 故重而名遂 : 聖人의 성스러움은 정미하고 신묘하니, 이에 의지해 선을 행하면 칭찬이 온 천하에 가득해진다. 그러므로 사람들이 존중하고 명예가 이루어지는 것이다.
聖人之聖은 精而又神이니 託而行善則譽滿天下라 故人重而名遂也라

③ 我亦託焉……又可得乎 : 나는 비록 氣에 의탁하여도 〈기가〉 혼탁하여 신묘하지 않으니 행하는 바가 모두 악하다. 이것으로써 좋은 명성을 불러오게 하면 얻을 수 있겠는가.
我雖託氣라도 濁而不神이니 所行이 皆可惡이니 用此招來美名이면 其可得乎아

④ (我託可惡)愛且不能爲我能也 : 의탁하는 기운이 이미 탁하니, 비록 사람들이 좋아하게 만들어도 좋은 명성을 얻을 수 없으니, 하물며 그를 미워하는 경우에서랴!
託氣旣濁이니 雖令人愛라도 猶不得美名이니 況於惡之乎아

⑤ 毛嬙西施……不能以爲可好 : 毛嬙과 西施는 비록 아름답지만 얼굴에 원망의 기운이 있으면 또한 보기 좋다고 할 수 없다. 이를 통해 성인이 밖으로 악함을 드러내면 또한 좋은 명성을 얻을 수 없다는 것을 비유하였다.

---

4) 〔我託可惡〕: 이 구절은 저본에 '又可得乎' 뒤에 붙어 있었는데, 許維遹(中)의 ≪管子集校≫에 의거하여 '以來美名' 앞으로 옮겼다. 宋本·古本 등에도 이같이 되어 있다. 原注에 근거할 때도 '又可得乎' 뒤에 '我託可惡'이 나오는 것은 타당하지 않다.
5) 愛且不能 爲我能也 : 安井衡(日)은 '爲'는 '謂'와 같다고 하였다.(≪管子纂詁≫)
6) 去惡充以求美名 : 原注에 의거하면 "去惡充" 句를 끊어야 하지만, 兪樾(淸)의 ≪諸子平議≫에 의거하여 "去惡充以求美名"을 붙여서 읽었다. 그는 '惡充'과 '美名'을 대구로 보았다.

嬙・施는 雖美而面有怨氣면 亦不能爲可好라 喩聖人이 外見(현)其惡이면 亦不得美名이라

⑥ 去惡充 : 그를 향해 갔던 사람들이 그 사람에게서 떠나가는 것은, 모두 나쁜 일로 가득 차 있기 때문이다.

所往去於人者는 皆以惡事充이라

⑦ 以求美名 又可得乎 : 군주가 이미 안으로 聖德이 없고 밖으로 모두 악을 행하면, 결코 좋은 명성을 얻을 수 없다는 것을 비유하였다.

喩人君旣內無聖德하고 外皆行惡이면 必無美之名也라

⑧ 百姓之惡(오)人之有餘忌也 : 악인은 선하지 않은 데다 시기하는 마음까지도 있다.

惡人은 不善하고 更有餘忌라

⑨ 長者斷之……虛者實之 : '衄'은 '비우다'는 의미이다. 길고 가득한 것은 사람들이 시기한다. 그러므로 혹 끊어버리기도 하고 혹 비워버리기도 한다. 짧고 빈 것은 사람들이 좋아한다. 그러므로 혹 이어주기도 하고 혹 채워주기도 한다.

衄은 虛也라 長滿者 人所忌라 故或斷之하고 或虛之라 短虛者 人之所好라 故或續之하고 或實之也라

管子가 말하였다.

"자신을 잘 책망하는 자는 백성들이 죄를 묻지 않고, 자신을 책망하지 못하는 자는 백성들이 죄를 묻는다. 그러므로 자신의 허물을 말하는 자는 강하고, 자신을 절도 있게 다스리는 자는 지혜롭고, 좋지 않은 일을 남의 탓으로 돌리지 않는 자는 어질다. 그러므로 현명한 왕은 허물이 있으면 자기 자신에게 돌리고, 좋은 일이 있으면 백성들에게 돌린다. 허물이 있을 때 자기 자신에게 돌리면 스스로 경계하게 되고, 좋은 일이 있을 때 백성들에게 돌리면 백성들이 기뻐하게 된다. 〈좋은 일이〉 가면 백성들이 기뻐하고, 〈허물이〉 오면 스스로를 경계한다. 이것이 현명한 왕이 백성들을 다스리는 방법이다.

저 桀과 紂는 그렇지 않았으니, 그들은 좋은 일이 있으면 자신에게 돌리고 허물이 있으면 백성들에게 돌렸다. 허물을 백성들에게 돌리면 백성들이 노여워하고, 좋은 일을 자신에게 돌리면 스스로 교만해진다. 〈허물이〉 가면 백성들이 노여워하고, 〈좋은 일이〉 오면 자신이 교만해진다. 이것이 桀과 紂가 자신들을 망친 이유다.

그러므로 현명한 왕은 백성들이 자신을 두렵게 하는 소리에 귀 기울이고, 백성들이 자신을 두렵게 하는 기색에 주목한다. 이 두 가지로 천하를 얻을 수 있으니 삼가지 않을 수 있는가.

匠人은 도끼와 자귀를 감각적으로 잘 다루기 때문에 먹줄에 따라 재단할 수 있고, 羿(예)는 활과 화살을 감각적으로 잘 다루었기 때문에 과녁에 적중할 수 있었고, 造父(조보)는 고삐와 채찍을 감각적으로 잘 다루었기 때문에 수레를 몰아 빨리 달리는 짐승들을 따라잡고 먼 길에 이를 수 있었다.

繩(먹줄)

천하는 늘 어지러운 것도 아니고 늘 다스려지는 것도 아니다. 〈임금 자리에〉 선하지 않은 사람이 있으면 어지러워지고, 선한 사람이 있으면 다스려진다. 〈군주가〉 그 선함을 극진히 하여 백성들을 감화시키는 데 달려 있다."

管子曰 善罪身者 民不得罪也①요 不能罪身者 民罪之②라 故稱身之過者 強也③요 治身之節者 惠[7]**也④요 不以不善歸人者 仁也⑤라 故明王은 有過則反之於身하고 有善則歸之於民하니 有過而反之〔於〕身則身懼⑥하고 有善而歸之〔於〕**[8]**民則民喜⑦라 往喜民⑧하고 來懼身⑨하니 此明王之所以治民也라 今夫桀紂〔則〕**[9]**不然이니 有善則反之於身하고 有過則歸之於民하니 歸之於民則民怒하고 反之於身則身驕라 往怒民하고 來驕身하니 此其所以失身也라 故明王은 懼聲以感耳⑩하고 懼氣以感目⑪하니 以此二者有天下矣니 可毋慎乎아 匠人은 有以感斤欘(촉)이라 故繩可得斷也요 羿는 有以感弓矢라 故彀(구)可得中也요 造父(보)는 有以感轡筴(비책)이라 故遬獸可及하고 遠道可致⑫라 天下者 無常亂하고 無常治니 不善人在則亂하고 善人在則治니 在於既善하여 所以感之也⑬라**

① 善罪身者 民不得罪也 : 湯임금은 자신을 책망하였다. 그러므로 백성들이 탕임금에게 죄를 묻지 않았다.
成湯罪己라 故人不罪之也라

② 不能罪身者 民罪之 : 桀과 紂는 백성들을 책망하였다. 그러므로 백성들이 桀과 紂에게 죄를 물었다.

---

7) 惠 : 丁士涵(淸)에 의하면 '惠'는 '慧'와 통한다. 原注에서도 '慧'의 의미로 풀이하였다.(≪管子校本≫)

8) 〔於〕 : 저본에는 '於'가 없으나, 許維遹(中)의 ≪管子集校≫에 의거하여 보충하였다. 아래도 같다. 戴望(淸) 또한 이와 같은 견해를 표시하였다.(≪管子校正≫)

9) 〔則〕 : 저본에는 '則'이 없으나, 戴望(淸)의 ≪管子校正≫에 의거하여 보충하였다. 아래도 같다.

桀紂罪人이라 故人罪之라

③ 稱身之過者 强也 : 자신의 허물을 말한다는 것은, 곧 "겸손하면 보탬을 받는다."[10]는 의미이다.

稱身之過는 卽是謙受益也라

④ 治身之節者 惠也 : 지혜를 품은 사람이라야 자신을 다스림에 있어 절도가 있다. 그러므로 '지혜롭다'고 말한다.

懷智之人然後에 治身節이라 故曰惠라

⑤ 不以不善歸人者 仁也 : 좋지 않은 일을 남의 탓으로 돌리지 않는다. 이와 같은 사람은 어질다.

不以不善之事歸之於人이니 如此者 仁也라

⑥ 有過而反之〔於〕身則身懼 : 허물을 자신에게 돌리면 경계하면서 덕을 닦게 된다.

過反於身이면 則懼而修德也라

⑦ 有善而歸之〔於〕民則民喜 : 백성들이 좋은 일을 얻으므로 기뻐한다.

民得善이라 故喜也라

⑧ 往喜民 : 〈자신들에게〉 좋은 일이 가면 사람들이 기뻐한다.

善往則人喜也라

⑨ 來懼身 : 허물이 오면 자신을 경계한다.

過來則懼身也라

⑩ 懼聲以感耳 : 사람들이 질책하는 소리로 나를 두렵게 할 때 이를 귀로 듣고 느끼는 바가 있으면, 마음이 감히 잘못된 일을 생각하지 않게 될 것이다.

人以惡聲懼己에 耳聞而感이면 則心不敢念非矣라

⑪ 懼氣以感目 : 사람들이 사나운 기색으로 나를 두렵게 할 때 이를 눈으로 보고 느끼는 바가 있으면, 몸이 감히 나쁜 행위를 하지 않게 된다.

人以惡氣懼己에 目見而感이면 則身不敢造惡이라

⑫ 彀(구)可得中也……遠道可致 : '彀'는 활을 쏘는 과녁에 가죽을 덧붙인 것을 말한다. '感'은 그 오묘함을 깊이 체득하여 마음에서 반응하는 것을 말한다.

彀는 謂射質棲皮者也요 感은 謂深得其妙하여 有應於心者也라

⑬ 在於旣善 所以感之也 : '旣'는 '다하다'는 의미이다. 천하가 다스려지는 것은, 군주가 안팎으로 善을 극진히 하여 백성들을 감화시키는 데 달려 있다.

旣는 盡也라 天下所以理는 在於君人內外盡善하여 感之於人也라

---

10) 겸손하면……받는다 : 이 말은 ≪尙書≫ 〈虞書 大禹謨〉의 다음과 같은 말에 근거한다. "오직 덕 있는 자만이 하늘을 움직이니, 아무리 먼 곳이라도 굴복하지 않는 자가 없다. 교만하면 덜어냄을 초래하고, 겸손하면 보탬을 받는다.〔惟德動天 無遠弗屆 滿招損 謙受益〕"

管子가 말하였다.

"恭遜·敬愛·辭讓·怨望을 없앰·다투지 않음을 닦아 서로 대하면 인심을 잃지 않을 것이다. 그러나 자주 원망하고 이익을 다투며 서로 공손하지 않으면 자기 자신도 보존하지 못한다. 위대하도다, 공손과 경애를 실천하는 도여! 〈이 도를 사용하면〉 길한 일에는 제사를 지낼 수 있고, 흉한 일에는 장례를 치를 수 있으며, 크게는 천하를 다스려도 부족함이 없고 작게는 한 사람 몸을 다스려도 남음이 없다.

이것을 먼저 中原과 여러 제후국과 오랑캐 나라들에 〈차례로〉 시험해보고 짐승과 곤충에게까지 미치게 하면 모두 이것에 의하여 다스려지거나 어지러워지게 될 것이다. 이것이 몸을 윤택하게 하면 영광스럽게 되고, 이것이 몸에서 떠나면 욕되게 된다. 참으로 이것을 자기 몸에서 실천하여 게을리하지 않으면 비록 오랑캐 백성일지라도 변화시켜 서로 사랑하게 만들 것이고, 참으로 이것을 자기 몸에서 떠나게 하면 비록 부모 형제라도 변화시켜 서로 미워하게 만들 것이다.

그러므로 동일한 몸을 〈이것의 유무에 따라〉 사랑하게 하거나 미워하게 하고, 〈동일한 '몸'이라는〉 이름을 〈이것의 유무에 따라〉 영광되게 하거나 욕되게 한다. 이것은 마치 천지가 행하는 것처럼 〈사랑과 미움, 영광과 욕됨을〉 변화시키고 〈선하거나 혹은 악하다는〉 명칭을 정하게 한다. 그러므로 先王은 이것을 '道'라고 이름하였다."

管子曰 修恭遜·敬愛·辭讓·除怨·無爭하여 **以相逆也**①면 **則不失於人矣**②요 **(嘗試)**[11] **多怨爭利**하고 **相爲不遜**하면 **則不得其身**③이라 **大哉**라 **恭遜敬愛之道**여 **吉事可以入祭**하고 **凶事可以居喪**하고 **大以理天下而不益也**④요 **小以治一人而不損也**⑤며 **嘗試往之中國·諸夏·蠻夷之國**하여 **以及禽獸昆蟲**이면 **皆待此而爲治亂**⑥이니 **澤之身則榮**이요 **去之身則辱**⑦이라 **審行之身毋怠**면 **雖夷貉**(맥)**之民**이라도 **可化而使之愛**⑧요 **審去之身**이면 **雖兄弟父母**라도 **可化而使之惡**(오)⑨라 **故之身者**를 **使之愛惡**⑩요 **名者**를 **使之榮辱**⑪이니 **此其變名物也**가 **如天如地**⑫라 **故先王曰道**⑬라

① 修恭遜……以相逆也 : '逆'은 '맞이하다'는 의미이다. 이 공손함 등을 가지고 서로 맞이한다는 의미이다.

逆은 迎也니 謂用此恭遜等하여 以相迎接也라

11) (嘗試) : 저본에는 '嘗試'가 있으나, 丁士涵(淸)의 ≪管子校本≫에 의거하여 衍文으로 처리하였다. 그는 '多怨爭利'는 앞의 '除怨·無爭'을 이어받는 말이 되고, '相爲不遜'은 앞의 '修恭遜·敬愛·辭讓'을 이어받는 말이 된다고 보았다.

② 不失於人矣 : 공손함으로 사람을 대하면 무엇을 잃겠는가.
遜以接人이면 有何失乎아

③ 相爲不遜 則不得其身 : 진실로 공손하지 않으면 자기 자신도 보존하지 못할 것인데, 하물며 남을 얻겠는가.
苟爲不遜이면 身尙不得이어늘 況於人乎아

④ 大以理天下而不益也 : 단지 공손과 경애만을 사용하면 천하를 다스릴 수 있으니, 다시 보탤 것이 없다.
直用恭遜敬愛면 足以理天下니 更不須益이라

⑤ 小以治一人而不損也 : 비록 다시 공손과 경애를 사용해 자기 몸을 다스려도 겨우 충분할 뿐이니, 덜어낼 것도 없다.
雖復一身에 用恭遜敬愛理之라도 纔可足耳니 亦不須損也라

⑥ 皆待此而爲治亂 : 공손과 경애가 있으면 다스려지고, 없으면 어지러워진다.
有恭遜敬愛則理요 無之則亂也라

⑦ 澤之身則榮 去之身則辱 : 공손과 경애는 몸을 윤택하게 하는 것들이다. 그러므로 이것들이 몸에 있으면 영광되고 몸에서 떠나면 욕됨을 당한다.
恭遜敬愛는 身之粉澤也라 故在身則榮이요 去身則辱也라

⑧ 審行之身毋怠……可化而使之愛 : 오랑캐 땅의 사람들은 사납고 흉포하지만, 진실로 공손과 경애로 교화시키면 사랑하는 마음을 생겨나게 할 수 있다.
夷貉之人은 殘戾凶暴하나 苟以恭遜敬愛化之면 可使生愛라

⑨ 審去之身……可化而使之惡(오) : 부모와 형제는 은혜와 인정으로 맺어져 있지만, 진실로 공손과 경애로 교화하지 않으면 미워하는 마음을 생겨나게 할 수 있다.
父母兄弟는 恩情結固나 苟無恭遜敬愛化之면 可令生惡라

⑩ 之身者 使之愛惡 : '之'는 '是'이다. 같은 몸이지만 공손과 경애가 있으면 사랑하고 없으면 미워한다.
之는 是也니 同是此身이나 有遜愛恭敬則愛요 無之則惡라

⑪ 名者 使之榮辱 : 동일하게 이 몸이라는 이름을 달고 있지만, 공손과 경애가 있으면 영광되고 없으면 욕된다.
同是此身之名이나 有恭遜敬愛則榮이요 無之則辱也라

⑫ 此其變名物也 如天如地 : 마치 천지가 사물을 살리고 죽이고 하듯이, 공손과 경애는 사랑과 미움, 영광과 욕됨을 바꿀 수 있고, 선하거나 악하다는 명칭을 얻게 할 수 있다는 의미이다.
言恭遜敬愛가 可以變化愛惡榮辱하고 名物之善惡이 如天地之生殺也라

⑬ 先王曰道 : 道는 변화를 일으키는 것을 중시한다.
道者 貴作變化也라

管仲이 병이 나자 齊 桓公이 병문안 가서 물었다.

"仲父(중보)의 병이 깊으니, 만약 어쩔 수 없이 이 병에서 일어나지 못한다면, 중보는 또 장차 과인에게 무엇을 일러주겠소?"

관중이 대답하였다.

"군주께서 묻지 않으셨어도 신이 진실로 아뢰려고 하였습니다. 그러나 군주께서 실행하실 수 없을 것입니다."

환공이 말하였다.

管仲

"중보가 과인에게 동쪽으로 가라고 하면 과인은 동쪽으로 갈 것이고, 과인에게 서쪽으로 가라고 하면 과인은 서쪽으로 갈 것이오. 중보가 과인에게 명하면 과인이 감히 따르지 않을 리가 있겠소."

관중이 衣冠을 정제하고 일어나 대답하였다.

齊 桓公

"신은 군주께서 易牙・豎刁・堂巫・公子 開方을 멀리하시길 바랍니다. 역아는 요리로 군주를 모시는데, 군주께서 아직 삶은 갓난아이 요리를 먹어보지 못하였다고 하자, 그는 자기 맏아들을 삶아 공께 바쳤습니다. 인정상 자기 자식을 사랑하지 않을 수 없는데, 자기 자식도 사랑하지 않는다면 앞으로 어찌 진심으로 공을 사랑하겠습니까. 공께서 궁녀들을 좋아하여 다른 사람들을 질투하시니, 수조는 스스로 환관이 되어 공을 위해 內宮을 다스렸습니다. 인정상 자기 몸을 아끼지 않을 수 없는데, 자기 몸도 아끼지 않는다면 앞으로 어찌 진심으로 공을 아끼겠습니까. 공자 개방은 공을 모시는 15년 동안 부모를 찾아가지 않았는데, 齊나라와 衛나라 사이는 며칠 거리밖에 되지 않습니다.

신이 듣건대, 僞善에 힘쓴 것은 오래 가지 못하고 헛된 거짓을 덮은 것은 길게 가지 못한다고 하였습니다. 평상시 올바르지 않은 것은 결국에는 끝이 좋지 않을 것입니다."

환공이 말하였다.

"훌륭한 가르침이오."

管仲有病에 **桓公往問之曰 仲父之病病矣**니 **若不可諱而不起此病也**면 **仲父亦將何以詔寡人**이리오 **管仲對曰 微君之命臣也**라도 (故臣)〔臣固〕[12] **且謁之**①니이다 **雖然**이나 **君猶不能行也**②리이다 **公曰 仲父命寡人東**이면 **寡人東**코 **令寡人西**면 **寡人西**리니 **仲父之命於寡人**이면 **寡人敢不從乎**아 **管仲攝衣冠起**하여 **對曰 臣願君之遠易牙・豎刁**(수조)**・堂巫・公子開方**이라 **夫易牙以調**(和)〔味〕[13]**事公**이로되 **公曰惟烝嬰兒之未嘗**하니 **於是烝其首子而獻之公**이라 **人情非不愛其子也**로되 **於子之不愛**어늘 **將何有**[14]**於公**이리오 **公喜宮而妬**하니 **豎刁自刑**[15]**而爲公治內**라 **人情非不愛其身也**로되 **於身之不愛**어늘 **將何有於公**이리오 **公子開方事公**에 **十五年不歸視其親**이니 **齊衛之間**은 **不容數日之行**이라 **臣聞之**컨대 **務爲不久**③하고 **蓋虛不長**④이라하니 **其生不長者 其死必不終**⑤이니이다 **桓公曰 善**타

① 謁之 : '謁(알)'은 고할 바가 있다는 의미이다.
謁은 謂有所告之也라

② 君猶不能行也 : 환공이 따르지 않을까 걱정하였으므로, 이 말로 환공을 압박한 것이다.
恐其不從이라 故以此言抑之라

③ 務爲不久 : 때에 맞게 힘써 일을 행하나 오래되면 반드시 그것이 드러나게 된다.
務時爲事나 久必發揚之也라

④ 蓋虛不長 : 거짓되고 망령된 것을 덮더라도 오랫동안 감출 수 없다. 위의 세 사람은 모두 거짓을 행하고 허망한 짓을 덮은 자들로, 그들의 못된 실정은 결국 드러나게 되어 있다는 의미이다.
覆(부)蓋虛妄이면 不得長掩이니 謂上三士는 皆務爲蓋虛者로 其姦情終當彰露也라

---

12) (故臣)〔臣固〕: 저본에는 '故臣'으로 되어 있으나, 王引之(淸)의 ≪讀書雜志≫에 의거하여 '臣固'로 바로잡았다.

13) (和)〔味〕: 저본에는 '和'로 되어 있으나, 孫星衍(淸)의 ≪管子集校≫에 의거하여 '味'로 바로잡았다. 許維遹(中)도 이에 동의하며, '和'와 '味'가 그 글자 형태가 서로 비슷함으로 인해 잘못 옮겨졌다고 보았다.(≪管子集校≫)

14) 有 : 許維遹(中)은 ≪韓非子≫ 〈難一〉 및 ≪呂氏春秋≫ 〈知接〉에 의거하여, '有'가 '愛'의 의미로 쓰였다고 보았다.(≪管子集校≫)

15) 自刑 : 許維遹(中)은 ≪韓非子≫ 〈難一〉에 '自宮'으로 되어 있다는 점을 근거로 '自宮' 즉 '스스로 宮刑을 당하다'의 의미로 보았다.(≪管子集校≫)

⑤ 其生不長者 其死必不終 : 그 행하는 바의 행위와 장점으로 여겨지는 성향들은, 〈환공의〉 죽음에 이르러 반드시 그 본래의 실정을 드러내게 될 것이니, 결국 충성을 행한 것이 될 수 없다. 세 사람의 충성은 모두 거짓된 충성일 뿐이니, 반드시 그 불충함을 드러내게 된다는 말이다.
其所行之行과 所長之性은 其至於死에 必將改復本情이니 未有能終爲(意)〔忠〕[16]也라 言三士之忠은 皆僞忠耳니 必將復其不忠이라

管仲이 죽고 장례를 치른 후 桓公은 이들 네 사람을 미워해 관직을 폐하였다. 〈그러나〉 堂巫를 쫓아내자 정신착란증이 발병하였고, 易牙를 쫓아내자 맛있는 음식이 이르지 않았고, 豎刁를 쫓아내자 궁궐 안이 어지러워졌고, 公子 開方을 쫓아내자 조정이 다스려지지 않았다. 환공이 말하였다.

"아, 성인의 말이 진실로 잘못될 때도 있는가!"

이에 네 사람을 다시 복귀시켰다. 1년이 지나자 네 사람이 난을 일으켜 환공을 방 하나에 가두고 유폐시켜서 나가지 못하게 하였다. 이때 한 여인이 마침내 구멍을 통해 들어가 환공이 있는 곳에 이르렀다. 환공이 말하였다.

"과인은 굶어서 음식을 먹고 싶고 목이 말라 물을 마시고 싶은데 그렇게 못하고 있다. 어째서 그런가?"

여인이 대답하였다.

"역아·수조·당무·공자 개방 네 사람이 齊나라를 나누어 가진 후 나라의 도로가 10일 동안 막혔습니다. 그리고 공자 개방이 700개의 社에 딸린 토지와 인구를 기록한 문서를 衛나라로 보냈습니다. 그래서 음식을 얻을 수 없는 것입니다."

환공이 탄식하였다.

"아, 이와 같은가! 성인의 말이 긴 안목을 지녔음이. 죽은 자는 지각이 없다면 그만이지만, 만약 지각이 있다면 나는 지하에서 무슨 면목으로 仲父를 대할 수 있단 말인가!"

이에 수레를 덮는 흰 비단을 당겨 머리를 감싸고 절명하였다. 환공이 죽은 지 11일이 지나자 구더기들이 문 밖으로 나오니, 이에 환공이 죽은 것을 알고 버드나무로 된 문짝으로 시신을 덮었다. 환공이 죽은 지 11일이 지나서 구더기가 문 밖으로

16) (意)〔忠〕: 저본에는 '意'로 되어 있으나, 陶鴻慶(淸)의 ≪讀管子札記≫에 의거하여 '忠'으로 바로잡았다.

나올 때까지 그 시신이 수습되지 않은 것은 결국 賢人의 말을 듣지 않았기 때문이다.

管仲死하고 **已葬**에 **公**은 **憎四子者**하여 **廢之官**이라 **逐堂巫而苛病**[17]**起(兵)**①[18]하고 **逐易牙而味不至**하고 **逐豎刁而宮中亂**하고 **逐公子開方而朝不治**라 **桓公曰 嗟**아 **聖人固有悖乎**②아 **乃復四子者**하니 **處期年**에 **四子作難**하여 **圍公一室不得出**③이라 **有一婦人 遂從竇入**하여 **得至公所**라 **公曰 吾饑而欲食**하고 **渴而欲飮**이나 **不可得**이니 **其故何也**오 **婦人對曰 易牙・豎刁・堂巫・公子開方四人分齊國**하여 **塗十日不通矣**④요 **公子開方以書社七百下衛矣**⑤하니 **食將不得矣**⑥니이다 **公曰 嗟**아 **玆乎**아 **聖人之言長乎哉**⑦로다 **死者無知則已**나 **若有知**면 **吾何面目以見仲父**(보)**於地下**리오 **乃援素幭**(멸)**以裹**(과)**首而絶**⑧이라 **死十一日**에 **蟲出於戶**하니 **乃知桓公之死也**하고 **葬以楊門之扇**⑨이니 **桓公之所以身死十一日**에 **蟲出戶而不收者**는 **以不終用賢也**니라

① 逐堂巫而苛病起(兵) : '苛'는 '〈정신이〉 번잡하고 들뜨다'는 의미이다. 巫善[19]을 쫓아내고 나자 환공에게 정신착란증이 생겨, 군대를 일으켜 함부로 정벌 전쟁을 일으켰으나, 환공을 치료하게 할 수가 없었다.
苛는 煩躁也니 巫善令旣逐之而公有煩苛之病하여 起兵妄征伐이나 無使療之也라

② 聖人固有悖乎 : 네 사람을 물리치고 나니 네 가지 문제가 생겼다. 그러므로 관중의 말이 잘못되었다고 여기는 것이다.
四子旣逐하니 而有四闕이라 故以管仲爲悖라

③ 圍公一室不得出 : 환공을 방 하나에 안치하고 그 주위를 에워쌌다. 그러므로 나올 수 없는 것이다.
置公一室之中而圍之라 故不得出也라

④ 塗十日不通矣 : 이미 병란이 일어났기 때문에 나라의 도로와 통행이 10일 동안 막힌 것이다.
旣有兵難이라 故國之道塗行旅가 十日不得通也라

⑤ 公子開方以書社七百下衛矣 : 옛날에 25가구가 모여 살면 공동으로 社를 설치하고 社의 戶口와 田地의 수를 서책에 적었다. 이 7백의 社를 기록한 서책을 衛나라로 내려 보냈

---

17) 苛病 : 豬飼彦博(日)에 의하면 ≪呂氏春秋≫ 高誘의 주에 "苛病 鬼魂下人病也(苛病은 귀신의 혼이 사람에게 씌인 병이다.)"로 되어 있다고 한다.(≪管子補正≫) 따라서 '苛病'은 현대의 정신착란증에 해당하는 것으로 볼 수 있다. 原注에서도 "苛 煩躁也"로 풀이하고 있으니 그 의미가 이에 근접한다.

18) (兵) : 저본에는 '兵'이 있으나, 王念孫(淸)의 ≪讀書雜志≫에 의거하여 衍文으로 처리하였다.

19) 巫善 : 앞서 언급된 '堂巫'를 가리킨다. '堂巫'의 신분에 대해, 孫星衍(淸)은 ≪史記≫ 및 ≪呂氏春秋≫에 의거하여 棠 지역의 무당으로 보았다.(≪管子集校≫) 따라서 '巫善'은 '善'이라는 이름의 무당이라는 의미가 된다.

다는 말이다.

古者에 群居二十五家則共置社하고 謂以社數書於策이니 謂用此七百之書社[20]로 降下于衛也라

⑥ 食將不得矣 : 난을 일으켜 환공이 죽기를 바랐다. 그러므로 음식을 공급하지 않았다.
作亂하여 欲公之死라 故不給之食

⑦ 聖人之言長乎哉 : 성인이 바라본 안목이 길다는 의미이다.
言其所見長遠也라

⑧ 援素幭(멸)以裹(과)首而絶 : '幭'은 수레를 덮는 것이다.
幭은 所以覆軨也라

⑨ 葬以楊門之扇 : 사립문으로 시신을 가렸다는 의미이다.
謂用門扇以掩屍也라

桓公·管仲·鮑叔牙·寧戚 네 사람이 술을 마셨다. 주흥이 무르익자 환공이 포숙아에게 말하였다.

"어찌하여 과인을 위해 일어나 祝壽를 하지 않는 것이오?"

포숙아가 술잔을 받들고 일어나 말하였다.

"공께서는 莒나라로 달아나던 때를 잊지 말게 하고, 管子는 魯나라에 포로로 잡혀 있던 때를 잊지 말게 하며, 영척은 수레 아래에서 소를 먹이던 때[21]를 잊지 말게 하소서."

환공이 자리에서 일어나 두 번 절하며 말하였다.

"과인이 두 대부와 함께 선생의 말을 잊지 않으면, 나라의 社稷이 반드시 위태롭지 않을 것이오."

桓公·管仲·鮑叔牙·寧戚四人飮이라 **飮酣**에 **桓公謂鮑叔牙曰 闔不起爲寡人壽乎**①아 **鮑叔牙奉杯而起曰 使公毋忘出如莒**(거)**時也**하고 **使管子毋忘束縛在魯也**하고 **使寧戚毋忘飯牛車下也**하소서 **桓公辟**(피)**席再拜曰 寡人與二大夫能無忘夫子之言**이면 **則國之社稷必不危矣**라

① 闔不起爲寡人壽乎 : 존귀한 사람을 모시고 술자리를 하면, 수명이 늘어나라고 축원한다.
奉尊者酒면 祝令增壽라

---

20) 書社 : 社의 戶籍과 地籍을 기록한 版圖이다.
21) 영척은……때 : 寧戚은 원래 衛나라 사람이었으나 나중에 齊 桓公의 신하가 되었다. 영척이 소를 먹인 이야기는 ≪呂氏春秋≫ 〈擧難〉에 나온다.

제33편 옳고 그른 행위의 네 가지 사례를 드러냄 四稱

단어 7 短語 七

'四稱'은 '네 가지 사례를 드러내다'라는 의미이다. 따라서 이 편에서는 桓公이 묻고 管仲이 대답하는 형식을 통해, 바른 도를 지닌 군주와 그렇지 않은 군주, 바른 도를 지닌 신하와 그렇지 않은 신하의 사례들을 하나씩 거론하고 있다.

도가 있는 군주와 없는 군주, 도가 있는 신하와 없는 신하에 대해 열거함으로써 환공을 경계하고 있다는 의미이다.
謂稱有道之君・無道之君・有道之臣・無道之臣하여 以戒桓公이라

桓公이 管子에게 물었다.

"과인은 유약하고 어리석어 사방의 이웃 제후들과 교제하는 도의에 대해 알지 못하오. 仲父가 과인에게 도를 지닌 옛날의 군주에 대해 모두 다 말해주어야 하지 않겠소. 그러면 과인이 또한 거울로 삼을 것이오."

관자가 대답하였다.

"제가 할 수 있는 것과 할 수 없는 것을 모두 군주께 아뢰었는데, 군주께서는 어째서 수고롭게 그런 명령을 내리십니까?"

환공이 또 물었다.

"중보여, 과인은 유약하고 어리석어 사방의 이웃 제후들과 교제하는 도의에 대해 알지 못하오. 중보가 과인에게 도를 지닌 옛날의 군주에 대해 모두 다 알려주어야 하지 않겠소. 그러면 과인이 또한 거울로 삼을 것이오."

관자가 대답하였다.

"저는 徐伯[1]에게 다음과 같이 들었습니다. '옛날에 도가 있는 군주는 山川과 宗廟와 社稷을 공경하고, 선대의 대신들에 대해서는 진심을 다하여 그들을 거두어들

1) 徐伯 : 역사 기록에는 드러나지 않는 인물이다. 당시의 은둔 현자이거나, 혹은 관중이 설정한 가공의 인물일 수 있다.

여 크게 부유하게 해주었으며, 武臣들의 자리를 공고히 해주어 그들의 힘을 다 발휘하도록 해주었다. 〈그 결과〉 聖人이 앞에 있고 올곧고 염치 있는 이들이 좌우에서 보좌하였으며, 서로 다투어 義를 행하여 위아래가 모두 다스려졌다. 형법과 政令이 분명하고 사계절이 어긋남이 없었으니 백성들 또한 근심이 없고 오곡이 번식하였다. 안과 밖이 모두 조화롭고 제후들이 복종하였으니, 국가가 평안하여 군대를 쓸 일이 없었다. 〈이웃 나라에서 예물을 보내오면〉 그 예물을 받아 그들의 덕을 품었고, 〈혹 법령을 보내오면〉 그 법령을 받아들여 법식으로 삼았다.' 이러한 것이 또한 옛날의 도를 지닌 군주의 모습이라 할 수 있습니다."

환공이 말하였다.

"좋은 말이오."

桓公問於管子曰 寡人幼弱惛愚하여 **不通諸侯四隣之義**[2)]니 **仲父不當盡語我昔者有道之君乎**아 **吾亦鑒焉**이라 **管子對曰 夷吾之所能與所不能**은 **盡在君所矣**어늘 **君胡有辱令**①아 **桓公又問曰 仲父**아 **寡人幼弱惛愚**하여 **不通四隣諸侯之義**니 **仲父不當盡告我昔者有道之君乎**아 **吾亦鑒焉**이라 **管子對曰 夷吾聞之於徐伯曰 昔者有道之君**은 **敬其山川・宗廟・社稷**하고 **及至先故之大臣**에 **收聚以忠而大富之**②하고 **固其武臣**하여 **宣用其力**이요 **聖人在前**하고 **貞廉在側**하고 **競稱於義**하여 **上下皆飾**[3)]이요 **形正明察**[4)]하고 **四時不貸**(특)[5)]하니 **民亦不憂**하고 **五穀蕃殖**이요 **外內均和**하고 **諸侯臣伏**하니 **國家安寧**하여 **不用兵革**이요 **受其幣帛**하여 **以懷其德**하고 **昭受其令**하여 **以爲法式**③이니 **此亦可謂昔者有道之君也**니이다 **桓公曰 善哉**라

① 夷吾之所能與所不能……君胡有辱令 : '제가 할 수 있는 것과 할 수 없는 것은 모두 군주에게 아뢰어 감추는 것이 없습니다. 지금 어째서 군주의 명령을 수고롭게 하면서 저에게 그것에 대해 말하라고 합니까?'라는 의미이다.

---

2) 不通諸侯四隣之義 : 郭沫若(中)은 古本・宋本・朱本 등에는 "不通四隣諸侯之義"로 되어 있어 문장이 좀 더 매끄럽다고 보았다.(≪管子集校≫)

3) 上下皆飾 : 安井衡(日)은 '飾'은 '飭'으로 읽어야 하고, 그 의미는 '修治'라고 하였다.(≪管子纂詁≫)

4) 形正明察 : 戴望(淸)에 의하면 '形正'은 朱本에 '刑政'으로 되어 있다고 한다.(≪管子校正≫) 이에 대해 許維遹(中)은 '形正'과 '刑政'은 고대에 통용되었다고 보았다.(≪管子集校≫)

5) 四時不貸(특) : 陶鴻慶(淸)은 '貸'은 '忒'으로 읽어야 한다고 보았다. 그는 그 근거로 ≪禮記≫ 〈月令〉의 "毋有差貸"에 대해 鄭玄이 "謂無失誤(잘못됨이 없는 것을 가리킨다.)"로 풀이하고 있다는 점을 제시하였다.(≪讀管子札記≫) 丁士涵(淸)도 '貸'은 '忒'의 假借字로 보았다.(≪管子校本≫)

言己能不皆盡之於君하여 無所隱藏이어늘 今何勞辱君命而使己言之乎아

② 先故之大臣……而大富之 : '先故의 신하'는 선대 때의 옛 신하들을 말한다. 이제 진심과 성의로써 그들을 거두고 돌봐주어서 그들을 크게 부유하게 만든다는 것이다.
先故之臣은 謂祖考時舊臣也니 今以忠誠收聚而賙恤之하여 令其大富也라

③ 受其幣帛……以爲法式 : 이웃 나라에서 幣帛을 가지고 방문하면 마땅히 그것을 취하여 덕이 있는 이가 오도록 회유하였다. 혹 제도와 법령을 가지고 와서 고하면 군주는 이를 받아 법식으로 삼았다.
隣國以幣帛來聘하면 當取之하여 以懷來有德하고 其或以制令來告者면 則君受之하여 以爲法式乎라

桓公이 말하였다.

"仲父가 과인에게 옛날의 도를 지닌 군주에 대해 이미 말하였으니, 옛날의 무도한 군주에 대해 모두 말해주어야 하지 않겠소. 그러면 과인이 또한 거울로 삼을 것이오."

管子가 대답하였다.

"지금 군주의 도는 아름답고 밝게 통달해 있고 관리들의 직분 또한 도에 합치하고 있는데, 어째서 나쁜 일에 대해 들으려고 힙니까?"

환공이 말하였다.

"그게 무슨 말이오? 검은색으로 검은색을 꾸미면 내 어찌 그 아름다움을 알 수 있을 것이며, 흰색으로 흰색을 꾸미면 내 어찌 그 아름다움을 알 수 있겠소. 중보가 과인에게 善한 것에 대해서만 말하고 惡한 것에 대해 말하지 않으면, 내 어찌 선한 것이 선한 것일 줄 알겠소."

관자가 대답하였다.

"저는 徐伯에게 다음과 같이 들었습니다. '옛날의 무도한 군주는 궁궐을 크게 짓고 누대를 높였으며, 선량한 신하를 쓰지 않고 남을 헐뜯고 해치는 자들을 곁에 두었으며, 자기 집안을 스스로 다스리지 못하고 남의 힘을 빌려 다스렸으며, 政令이 선하지 못하여 〈나라 사정이〉 깜깜한 밤처럼 어두웠으니, 비유하자면 들짐승들이 〈제멋대로 살아가서〉 함께 모이는 곳이 없는 것과 같았다. 〈또한〉 천도를 닦지 않고 사방의 주변국들을 거울로 삼지 않으며 자신을 다스리지 않으니, 마치 발광한 사람처럼 행동하였고, 〈그 결과〉 대중들이 원망하여 저주하니, 멸망하지 않는

자가 드물었다. 〈궁안으로〉 어릿광대를 불러들이고 종과 북을 늘어놓고 음악을 즐겼고, 잡기에 몰두하고 樂工들을 불러들여 놀았으며, 선량한 신하들을 주살하고 여인들과 노닥거렸고, 밤낮으로 사냥하고 접촉하는 여러 父兄에게 무절제하게 말을 몰아 유희를 즐기며 실없는 농담을 하였다. 법도와 정치가 이미 왜곡되어 형벌은 가혹해졌으며, 안으로 백성을 착취하여 이로써 功을 삼았다. 이는 마치 물이 새는 솥과 같았으니 어찌 고갈되지 않겠는가?' 이 또한 옛날의 무도한 군주의 모습이라 할 수 있을 것입니다."

환공이 말하였다.

"좋은 말이오."

桓公曰 仲父旣已語我昔者有道之君矣니 不當盡語我昔者無道之君乎아 吾亦鑒焉이라 管子對曰 今若君之美好而宣通[6]也하고 旣官職美道어늘 又何以聞惡爲①오 桓公曰 是何言邪(야)오 以(繡)〔緇〕[7]緣(繡)〔緇〕면 吾何以知其美也며 以素緣素면 吾何以知其善也오 仲父已語我其善而不語我其惡이면 吾豈知善之爲善也오 管子對曰 夷吾聞之於徐伯曰 昔者無道之君은 大其宮室하고 高其臺榭하며 良臣不使하고 讒賊是舍②하며 有家不治하고 借人爲圖③하며 政令不善하여 墨墨若夜④하니 辟(비)若野獸가 無所朝處⑤[8]요 不修天道하고 不鑒四方하고 有(家)〔身〕[9]不治하니 辟若生狂⑥이요 衆所怨詛⑦하니 希不滅亡이라 進其諛優[10]하고 繁其鍾鼓하며 流於博塞[11]하고 戲其工瞽하며 誅其良臣하고 敖其婦女⑧하며 獠獵畢弋하고 暴遇諸父⑨하며 馳騁無度하고 戲樂笑語라 式政旣輮하여 刑罰則烈⑩하고 內削其民하여 以爲攻伐⑪하니 辟猶漏釜하니 豈能無竭⑫이리오하니 此亦可謂昔者無道之君矣니이다 桓公曰 善哉라

① 今若君之美好而宣通也……又何以聞惡爲 : '군주의 도는 이미 아름답고 잘 통달해 있고,

---

6) 宣通 : 許維遹(中)에 의하면 '明通'의 의미로 볼 수 있다고 한다.(≪管子集校≫)

7) (繡)〔緇〕: 저본에는 '繡'으로 되어 있으나, 王念孫(淸)의 ≪讀書雜志≫에 의거하여 '緇'로 바로잡았다. 아래도 같다.

8) 無所朝處 : 于省吾(中)는 '朝'를 '周'로 읽어야 하며, 그 의미는 '密'이 된다고 보았다.(≪管子新證≫) 참고로 郭沫若(中)은 ≪冊府元龜≫에 의거하여 '朝處'를 '就處'로 고쳐야 한다고 보았다.(≪管子集校≫)

9) (家)〔身〕: 저본에는 '家'로 되어 있으나, 安井衡(日)의 ≪管子纂詁≫에 의거하여 '身'으로 바로잡았다.

10) 諛優 : 古本・朱本 등에는 '俳優'로 되어 있다. 戴望(淸)에 의하면 ≪冊府元龜≫의 인용문에도 '俳優'로 되어 있다고 한다.(≪管子校正≫) 의미는 서로 동일하다.

11) 流於博塞 : 安井衡(日)은 '流'를 '溺'의 의미로 보았고, '博塞'은 곧 '局戲(바둑이나 장기 따위의 보드게임)'를 의미한다고 보았다.(≪管子纂詁≫)

관리들 또한 아름다운 도에 합치해 있으니, 이를 닦아서 행하면 저절로 다스려질 것이다. 어째서 꼭 나쁜 일에 대해 들으려 하는가?'라는 의미이다. 이 말로써 환공을 지그시 누르면서 환공의 생각을 살펴보고자 하는 것이다.

言君旣美好宣通하고 官又合於美道니 修而行之면 自可爲理어늘 何須聞於惡事乎아 以此抑桓公하여 欲觀其意也라

② 讒賊是舍 : '舍'는 '머물다'는 의미이다. 남을 헐뜯고 해치는 자들을 자기 곁에 머물게 하여 그들과 가까이했다는 의미이다.

舍는 止也니 謂止讒賊於其旁하여 與之近也라

③ 有家不治 借人爲圖 : 스스로 자기 집안을 다스릴 수 없어 남을 힘을 빌려 다스린다는 의미이다.

言自不能理其家하여 借他人圖也라

④ 墨墨若夜 : 그 어둡고 깜깜함이 심하다는 의미이다

言其昏暗之甚也라

⑤ 辟(비)若野獸 無所朝處 : 들짐승들은 각기 멋대로 살아가며 서로 통제하거나 예속되지 않는다. 따라서 모이는 곳이 없다.

野獸各恣意爲生하여 不相統屬이라 故無朝處也라

⑥ 辟若生狂 : 미치고 미혹된 자는 본성을 잃어 선과 악을 구분하지 못한다.

狂惑者 失其性하여 不分善惡也라

⑦ 衆所怨詛 : '詛'는 '저주하다'는 의미이다.

詛는 祝(주)之也라

⑧ 敖其婦女 : 오직 여인들과 노닥거린다.

惟與婦女敖從也라

⑨ 暴遇諸父 : 그 접촉하는 여러 父兄을 흉포하게 대한다.

其所接遇諸父를 惟以凶暴라

⑩ 式政旣輮 刑罰則烈 : 법도로 다스리는 정치가 이미 왜곡되어, 형벌이 더욱더 가혹해지기에 이르렀다는 의미이다.

言其法式之政이 旣已輮曲하여 至於刑罰惟益酷烈이라

⑪ 內削其民 以爲攻伐 : 거꾸로 生民을 착취하는 것으로 공을 삼는다.

反以削生爲伐功也라

⑫ 辟猶漏釜 豈能無竭 : 줄줄 새는 솥은 강물이나 바닷물로도 채울 수 없다. 그러므로 반드시 고갈된다.

漏釜則江海不能滿이라 故必有竭也라

桓公이 말하였다.

"仲父가 과인에게 옛날의 도가 있는 군주와 무도한 군주에 관해 이미 말해주었으니, 중보는 과인에게 옛날의 도를 지닌 신하에 관해 모두 말해주어야 하지 않겠소. 그러면 과인이 거울로 삼을 것이오."

管子가 대답하였다.

"저는 徐伯에게 다음과 같이 들었습니다. '옛날의 도를 지닌 신하는 공손한 자세로 군주를 섬기되 좌우 측근들에게 아첨하지 않았으며, 군주가 알아주면 벼슬하고 알아주지 않으면 그만두었으며, 나라에 일이 있으면 반드시 국가를 위해 도모하여 그 역량을 두루 발휘하였고, 선조의 덕행을 좇아 順理와 逆理를 변별하고, 賢人을 추천하고 길러서 남을 헐뜯고 속이는 자들이 나타나지 않았다. 義로써 군주를 섬기고 禮로써 아랫사람들을 부렸으며, 귀한 사람이나 천한 사람이나 모두 친하여 마치 형제와 같았고 국가에 충성하여 군주와 신하가 모두 體貌를 얻었다. 조용히 머물 때는 義를 생각하고 말을 하면 방책을 도모하였으며, 움직이면 공을 이루고 나라를 다스리면 부유하게 하였으며, 군대를 지휘하면 승리하고 국가의 위급한 일에 직면하면 죽어도 후회하지 않았다. 군주 가까이 있으면 군주의 잘못을 고치는 역할을 하고, 멀리 있으면 보좌 역할을 하였으며, 義로 사람들과 교제하고, 청렴함으로 일을 처리하였으며, 관직을 맡으면 잘 다스리고 술과 음식을 먹고 마실 때는 자애롭게 잘 나누어주었다. 자기 군주를 비방하지 않고 군주의 말을 헐뜯지 않았으며, 군주에게 허물이 있으면 조금도 망설이지 않고 간언하였고 군주에게 근심거리가 있으면 기꺼이 맡아 처리하였다.' 이것이 또한 옛날의 도를 지닌 신하의 모습이라 할 수 있을 것입니다."

환공이 말하였다.

"좋은 말이오."

桓公曰 仲父旣已語我昔者有道之君과 **與昔者無道之君矣**니 **仲父不當盡語我昔者有道之臣乎**아 **吾以鑒焉**하리다 **管子對曰 夷吾聞之徐伯曰 昔者有道之臣**은 **委質**(지)**爲臣**[12)]하되 **不賓事左右**[①]하고 **君知則仕**하고 **不知則已**하며 **若有事**면 **必圖國家**하여 **偏其發揮**[②]하고 **循其祖德**하여

12) 委質(지)爲臣 : 安井衡(日)은 '委'는 '置'의 의미이고, '質'는 신하가 군주를 알현할 때 잡는 '贄(폐백)'와 통한다고 하였다.(≪管子纂詁≫)

辯[13]其順逆하고 推育賢人하여 讒慝不作하고 事君有義하고 使下有禮하며 貴賤相親하여 若兄若弟하고 忠於國家하여 上下得體하며 居處則思義하고 語言則謀謨하며 動作則(事)〔遂〕[14]하고 居國則富하며 處軍則克하고 臨難據事에 雖死不悔하며 近君爲拂(필)[15]하고 遠君爲輔하며 義以與交하고 廉以與處하며 臨官則治하고 酒食則慈하며 不謗其君하고 不毁其辭하며 君若有過면 進諫不疑하고 君若有憂면 則臣服之③니 此亦可謂昔者有道之臣矣니이다 桓公曰 善哉라

① 不賓事左右 : '賓'은 '공경하다'는 의미이다.
　賓은 敬也라
② 若有事……偏其發揮 : 훌륭한 신하는 자신이 지닌 것을 모두 자신의 것으로 하였으나 반드시 국가를 다스리는 데 능하였으니, 그 능력을 발휘함에 이르러서는 또한 널리 두루 미쳤다.
　良臣은 皆私其所有나 必能於國家니 及其發에 又普偏之也라
③ 臣服之 : '服'은 '실행하다'는 의미이다.
　服은 行也라

桓公이 말하였다.

"仲父가 과인에게 옛날의 도를 지닌 신하에 관해 이미 모두 말해주었으니, 옛날의 무도한 신하에 대해 모두 말해주어야 하지 않겠소. 그러면 과인이 또한 거울로 삼을 것이오."

管子가 대답하였다.

"저는 徐伯에게 다음과 같은 말을 들었습니다. '옛날에 무도한 신하는 공손한 자세로 군주를 섬기고 좌우 측근들에게 아첨하였으며, 아양 떠는 말로 군주에게 나아가되 자신을 바르게 하길 구하지 않았으며, 나아가기만 하고 물러날 줄은 모르고 군주의 총애를 믿고 자신의 존귀함을 자랑하였으며, 재물만 존중하고 爵位는 천시하였으며, 군주 앞에서는 잘 보필하겠노라 말하고 뒤에서는 군주가 보필할 만한 인물이 못 된다고 험담하였으며, 〈자기 잘못으로〉 인해 군주를 망치고서는 자기 잘못이 아니라고 변명하였다. 어질지 않은 자들과 몰려다니면서 어진 사람을

13) 辯 : '辨(변별하다)'와 통용한다.
14) (事)〔遂〕 : 저본에는 '事'로 되어 있으나, 金廷桂(中)의 ≪管子參解≫에 의거하여 '遂'로 바로잡았다.
15) 近君爲拂(필) : 安井衡(日)은 '拂'은 '弼'과 같은 의미의 글자로, '잘못을 교정하다'는 뜻으로 보았다.(≪管子纂詁≫)

헐뜯었으며, 어진 사람을 보면 재물적 이익만 따지고 미천한 사람을 보면 지나가는 행인 보듯이 하였으며, 재물을 탐하고 좋은 술과 음식만 쫓았으며, 선한 사람과 사귀지 않고 오직 자신을 떠받드는 사람과 사귀었으며, 오만불손한 태도로 훌륭한 선비를 벗으로 삼지 않고 중상모략하는 자들과 통하였으며, 남들이 싸우는 것을 보면 그것을 뜯어말리려고 하지 않고 오히려 사람들의 訟事를 부추겼다. 음주에 빠져들어 행동거지가 단정하지 않았으며, 선대의 규범을 따르지 않고 국가의 常道를 바꾸었으며, 멋대로 법령을 만들고 군주를 미혹시켰으며, 나라의 政務를 함부로 빼앗고 군주의 총애를 애지중지하였으며, 훌륭한 선비들을 내치고 재물 가진 자들을 끌어들였으며, 조정에 들어가면 위계질서를 무너뜨리고 밖으로 나가면 朋黨을 지었으며, 재물과 뇌물로 서로 거두어들이고 술과 음식으로 서로 친하게 지내어 함께 군주를 어지럽히고, 군주에게 재앙이 닥치면 자기 몸만 보존하였다.' 이것이 또한 옛날에 무도한 신하의 모습입니다."

환공이 말하였다.

"좋은 말이오."

桓公曰 仲父旣已語我昔者有道之臣矣니 **不當盡語我昔者無道之臣乎**아 **吾亦鑒焉**이라 **管子對曰 夷吾聞之於徐伯曰 昔者無道之臣**은 **委質爲臣**하고 **賓事左右**하며 **執說以進**하되 **不蘄**(기)(亡)〔正〕[16]**己**①하며 **遂進不退**②하고 **假寵鬻貴**③하며 **尊其貨賄**하고 **卑其爵位**④하며 **進曰輔之**하고 **退曰不可**⑤하며 **以敗其君**에 **皆曰非我**⑥라 **不仁群處**하여 **以攻賢者**⑦하며 **見賢若貨**⑧하고 **見賤若過**⑨하며 **貪於貨賄**하고 **競於酒食**하며 **不與善人**하고 **唯其所事**⑩하며 **倨敖不恭**하여 **不友善士**하고 **讒賊與**(鬭)〔通〕[17]하며 **不彌人爭**⑪하고 **唯趣**(촉)**人**(詔)〔訟〕[18]⑫이라 **湛湎**(침면)**於酒**하여 **行義不從**⑬하며 **不修先故**하고 **變易國常**하며 **擅創爲令**하고 **迷或其君**[19]하며 **生奪之政**⑭[20]하고 **保貴寵**

16) (亡)〔正〕: 저본에는 '亡'으로 되어 있으나, 王念孫(淸)의 ≪讀書雜志≫에 의거하여 '正'으로 바로잡았다. 참고로, 于省吾(中)는 '亡'을 '忘'의 오자로 보았다.(≪管子新證≫)

17) (鬭)〔通〕: 저본에는 '鬭'로 되어 있으나, 丁士涵(淸)의 ≪管子校本≫에 의거하여 '通'으로 바로잡았다. 劉師培(中)에 의하면 ≪冊府元龜≫의 인용문에는 '通'으로 되어 있다고 한다.(≪管子斠補≫)

18) (詔)〔訟〕: 저본에는 '詔'로 되어 있으나, 王念孫(淸)의 ≪讀書雜志≫에 의거하여 '訟'으로 바로잡았다.

19) 迷或其君 : '或'은 '惑'과 통한다. 郭沫若(中)에 의하면 古本·朱本·劉本 등에는 '惑'으로 되어 있다고 한다.(≪管子集校≫)

20) 生奪之政 : 許維遹(中)은 '生'은 '出'과 같은 의미로 쓰였고, '之'는 '其'라고 보았다.(≪管子

矜⑮[21]하며 **遷(損)〔捐〕**[22]**善士**⑯하고 **捕援貨人**⑰하며 **入則乘等**[23]하고 **出則黨駢**⑱하며 **貨賄相入**하고 **酒食相親**하여 **俱亂其君**하고 **君若有過(화)**면 **各奉其身**⑲[24]이니 **此亦謂昔者無道之臣**이니다

桓公曰 善哉라

① 執說以進 不蘄(기)(亡)〔正〕己 : 아양 떠는 말로 군주에게 나아가, 총애의 자리를 공고히 하고 떠나려고 하지 않는다.
　執佞說以進於君하여 專固寵位하고 無求去也라

② 遂進不退 : 이른바 '나아가는 것만 알고 물러나는 것을 알지 못한다'[25]이다.
　所謂知進而不知退라

③ 假寵鬻貴 : '假'는 '근거하다'는 의미이다. 군주의 총애에 근거하여 반드시 자신의 귀한 신분을 자랑한다.
　假는 因也니 因君之寵하여 必能鬻其貴라

④ 尊其貨賄 卑其爵位 : 결코 그 작위를 귀하게 여길 수 없었으니, 단지 〈작위에 따르는〉 재물을 존귀하게 여길 뿐이다.
　未必能貴其爵位니 但尊其貨賄而已라

⑤ 進曰輔之 退曰不可 : 군주 앞에 나아가면 자신이 군주를 보필할 수 있다고 말하고, 물러나 사적으로 얘기할 때는 군주가 보좌할 인물이 못 된다고 말한다.
　進於君則言己能爲輔弼하고 退而私議則曰君不可輔라

⑥ 以敗其君 皆曰非我 : 이 사람의 못남으로 인해 군주에게 잘못이 생겼는데, 오히려 군주에게 허물을 덮어씌우면서 그 잘못은 자기 때문이 아니라고 말한다.
　由斯人之不肖故君有敗어늘 乃更推過於君하여 云此非我라

⑦ 不仁群處 以攻賢者 : 소인이 시기하는 사람은 군자이다. 그러므로 소인들이 무리 지어

集校≫)

21) 保貴寵矜 : 劉師培(中)에 의하면 '保'는 '葆'와 통하고, 고대에 '葆'는 '寶'와 통용되었다고 한다.(≪管子斠補≫)

22) (損)〔捐〕: 저본에는 '損'으로 되어 있으나, 安井衡(日)의 ≪管子纂詁≫에 의거하여 '捐'으로 바로잡았다. 한편 戴望(淸)은 '遷'을 '去'의 의미로 보았다.(≪管子校正≫)

23) 入則乘等 : 于省吾(中)의 견해에 따라 '乘'을 '凌'으로 해석하였다.(≪管子新證≫) 原注에서는 바로 앞의 '貨人'과 연결시켜 풀이하고 있는데 문맥상 매끄럽지 않다.

24) 君若有過(화) 各奉其身 : 郭沫若(中)은 '過'는 '禍'로, '奉'은 '保'로 보았다.(≪管子集校≫) 原注에서는 "자기 자신은 깨끗하게 받들면서 허물은 군주에게 떠넘긴다."고 풀이하고 있는데, 본문과 순조롭게 연결되지 않는다.

25) 나아가는……못한다 : 이 말은 ≪周易≫ 乾卦 〈文言傳〉의 다음과 같은 말에 근거한다. "亢이라는 말은 나아감만 알고 물러갈 줄을 알지 못하며, 보존함만 알고 망할 줄을 알지 못하며, 얻음만 알고 잃을 줄을 알지 못한다는 의미이다.〔亢之爲言也 知進而不知退 知存而不知亡 知得而不知喪〕"

있는 곳에서는 항상 현인을 헐뜯는 일을 보게 된다.

小人所忌者 君子라 故其群處에 常有陷賢之見이라

⑧ 見賢若貨 : 현인을 보아도 공경하는 마음이 없고 오히려 이익을 꾀하고자 하니 마치 재화를 구하듯이 한다.

其見賢人에 無敬恭之心하고 反欲規利하니 若求貨然이라

⑨ 見賤若過 : 미천한 사람을 보아도 불쌍하게 여기는 마음이 없고 냉담하게 돌아보지 않으니, 마치 지나가는 행인처럼 대한다.

其見賤人에 無矜恤之心하고 蕭然不顧하니 若行者之過라

⑩ 唯其所事 : 굽신거리면서 자신을 섬기는 사람이 있으면 그와 더불어 사귄다.

人有曲而事己則與之交也라

⑪ 不彌人爭 : 사람들이 다투는 것을 보면 싸움을 부추길 뿐 그 싸움을 말리려는 마음이 없다.

其見人爭則恣令鬪하여 無彌縫之心이라

⑫ 唯趣(촉)人(詔)〔訟〕: 누군가 명령을 내리면 그것의 옳음과 그름을 따지지 않고 맹목적으로 따른다. 아첨한다는 말이다.

人有制命이면 不問可不하고 則向而順之라 言其佞諛(유)라

⑬ 行義不從 : '從'은 '가지런하다'는 의미이다.

從은 順也라

⑭ 生奪之政 : 군주가 살아 있는데도 정권을 탈취하는데, 하물며 죽은 이후에 있어서랴!

生猶奪政이어늘 況於死後乎아

⑮ 保貴寵矜 : 총애를 두려워하며 자랑하는 자는 의존할 바를 보물로 여기고, 세력이 중한 자를 귀하게 여긴다.

懼寵而矜夸者 則保依而貴重이라

⑯ 遷(損)〔捐〕善士 : 착한 선비는 그의 관직을 옮기며 내친다.

善士則遷改而損棄之라

⑰ 捕援貨人 : 그가 추종하고 끌어당기는 사람은 오직 재물을 지닌 사람이다.

其所捕追而援引者는 唯財貨之人이라

⑱ 入則乘等 出則黨騈 : 재물을 지닌 사람이 그와 더불어 國都에 들어가면 함께 수레를 타고 나란히 다니고, 국도를 벗어나면 또한 무리를 지으며 다함께 움직인다.

其貨賄之人이 與之入國則同乘而等하고 至其出也에 又用黨而騈竝이라

⑲ 君若有過(화) 各奉其身 : 자기 자신은 깨끗하게 받들면서 허물은 군주에게 떠넘긴다.

奉身自潔하고 推過於君也라

제34편 정언 正言 (결락)

단어 8 短語 八

明 吳郡 趙氏本
唐 司空 房玄齡 註

제35편 소비를 장려함 侈靡[1]

단어 9 短語 九

原注에 의할 때 '侈靡'는, 진주와 옥과 같은 값비싼 물건을 소비하면서 사치스러운 풍조를 형성하는 것을 의미한다. 따라서 본 편에서 강조하는 바는, 상층의 가진 자들이 사치스럽게 소비를 하면 그 덕에 하층의 가난한 백성들에게 일거리가 생겨서 그들도 먹고살 수 있게 된다는 논리이다. 요즘 말로 하자면, 소비 진작을 통해 경제를 활성화하는 정책을 펴야 한다는 것이다. 이와 더불어 상공업을 활성화시켜 농업을 일으킬 것, 재물을 유통시켜 국가의 이익을 극대화할 것 등을 역설한다. 요컨대, '侈靡'는 재물이 남는 곳에서 재물이 없는 곳으로 이동시키는 역할을 할 수 있다는 것이다.

그러나 전체 내용을 살펴보면 그 주제가 단지 이러한 '侈靡'에만 집중되지 않고, 국가를 경영하는 데 필요한 다양한 통치술 및 대신을 제어하고 백성을 부리는 법에 대해서도 언급하고 있다. 즉 政令을 자주 바꾸지 말 것, 타국 사람을 함부로 등용하지 말 것, 신하에게 녹봉 주는 것을 아까워하지 말 것, 군주는 신하를 예의로 대할 것 등에 대해서도 역설한다. 그리고 마지막 부분에 가면, 陰陽五行 사상에 따른 時令의 중요성을 언급하고 있다.

따라서 이상과 같은 내용들을 고려할 때, 이 편은 郭沫若이 주장하듯이 漢代 초기 呂后가 실권을 잡고 통치하던 시기에 나온 작품으로 추정해볼 수 있다.

---

1) 劉績(明)은 ≪管子補注≫에서 이 편은 錯簡과 誤脫字가 많아 읽기 힘들다고 하였다. 실제로 이 편의 곳곳에서 오탈자 및 착간으로 인한 非文의 문장들이 발견된다. 따라서 정상적인 문법으로는 해독하기 어려운 문장들이 자주 보인다. 그리고 原注의 풀이도 본문의 내용과 맞지 않거나, 무슨 뜻인지 파악하기 어려운 문구들이 많다. 이에 본서에서는 기본적으로 원주의 해석을 근간으로 삼되, 원주만으로는 의미 파악이 어려운 부분은 기존 주석가들의 견해들을 두루 참조하여, 그중 가장 합당하다고 여겨지는 주석을 참조하여 번역하였다.

桓公이 물었다.

"옛날의 계절과 지금의 계절은 같은가?"

管子가 대답하였다.

"같습니다."

환공이 물었다.

"사람은 같은가, 다른가?"

"같지 않습니다."

"그 정치가 어떻게 다른가?"

"帝嚳과 堯임금 시대에는 昆吾山의 질 좋은 金도 하찮게 여겨졌으니, 그 〈다스림의〉 도가 특별한 것이 아니었습니다. 산은 민둥산이 아니어서 사용할 수 있는 재목이 넉넉하였고, 연못은 〈어족자원이〉 고갈되지 않아 잡아먹을 물고기가 충분하였으며, 〈백성들은〉 농사를 지어 스스로를 봉양하였고, 그 남은 식량으로 천자에게 내는 세금을 충당하였습니다. 그러므로 천하가 태평하였습니다. 소와 말을 길러도 서로 부딪치지 않았고, 백성들의 풍속은 서로 알지 못하였으며, 백리 밖으로 나가지 않고 돌아오더라도 필요한 것이 충족되었습니다. 그러므로 公卿 대신들을 세워도 다스릴 일이 없었으니, 〈백성들의 삶이〉 조용했기 때문입니다. 〈제후가 죄를 지었을 경우〉 그 형벌은 한쪽 다리는 장단지를 드러내게 하고 한쪽 다리는 신발을 신게 함으로써 죽을죄를 대신하게 해주었습니다.

帝嚳

堯

그러나 오늘날의 형벌은 끊어진 손가락이 계단에 가득하고, 잘린 머리가 계단에 가득하고, 끊어진 발이 계단에 가득할 정도가 되어도 백성들은 죽어도 복종하지 않습니다. 백성들의 인성이 잘못된 것이 아니라 시대적 폐단 때문에 그런 것입니다. 땅의 이로움이 크고 백성들이 곡식을 길러내지만 군주가 모두 빼앗아가 백성들은 먹고살 것이 부족하니, 말단적인 일에 종사하여 백성들이 상업을 일으키게 됩니다. 이 때문에 아래 백성들은 농사짓는다는 허울만 있을 뿐 윗사람들의 배만 채웁니다. 성인은 근본을 살펴서 백성들로 하여금 부유하고 장수하는 지경에서 노닐게 합니다. 지금 군주가 크게 어둡게 된 것은 밤마다 노름을 즐기기 때문입니다."

問曰 古之時與今之時同乎아 **曰 同**①이니이다 **其人同乎**아 **不同乎**아 **曰 不同**②이니이다 (可)〔何〕**與政其**(誅)〔**殊**〕③[2]아 **俈**(곡)**堯之時**에 **混吾之美在下**[3]니 **其道非獨出人也**④라 **山不童而用贍**하고 **澤不弊而養足**⑤하고 **耕以自養**하여 **以其餘應良天子**라 **故平**⑥이라 **牛馬之牧不相及**⑦하고 **人民之俗不相知**⑧하고 **不出百里而來**라도 **足**⑨이라 **故卿而不理**니 **靜也**⑩라 **其獄**은 **一踦腓一踦屨而當死**⑪라 **今**(周公)〔**用法**〕[4]은 **斷指滿稽**하고 **斷首滿稽**하고 **斷足滿稽**[5]나 **而**(死民)〔**民死**〕[6]**不服**이니 **非人性也**요 **敝也**⑫라 **地重人載**하나 **毁敝而養不足**이니 **事末作而民興之**⑬라 **是以下名而上實也**⑭라 **聖人者 省諸本而遊諸樂**⑮이니 **大昏也**는 **博夜也**⑯이니다

---

2) (可)〔何〕與政其(誅)〔殊〕: 저본에는 '可' 및 '誅'로 되어 있으나, 張佩綸(中)의 견해에 의거하여 '可'를 '何'로, '誅'를 '殊'로 바로잡았다. 장패륜은 '可'는 '何'의, '誅'는 '殊'의 誤字라는 것이다.(≪管子學≫) 許維遹(中)도 장패륜의 주장에 동의하면서, '政其殊'는 '其政殊'로 되어야 한다고 주장하였다.(≪管子集校≫)

3) 混吾之美在下 : 孫詒讓(淸)은 原注의 의미가 순통하지 않다고 보았다. 그는 '混吾'는 곧 '昆吾'이고, '美'는 '美金'을 의미한다고 보았고, 그 근거로 ≪山海經≫ 〈中山經〉에 나오는 "昆吾之山 其上多赤銅(곤오산에는 그 꼭대기에 赤銅이 많다.)"이라는 구절을 들고 있다. 帝嚳과 요임금의 시대에는 소박한 삶을 숭상하였기 때문에, 昆吾産의 적동과 같은 미금도 하찮게 여겨졌다는 것이다.(≪札迻≫)

4) (周公)〔用法〕: 저본에는 '周公'으로 되어 있으나 兪樾(淸)의 견해에 의거하여 '用法'으로 바로잡았다. 고대에 문자의 훼손과 誤讀으로 인해 후대인들이 옮겨 적는 과정에 오류가 발생하였다는 것이다.(≪諸子平議≫) 아래도 같다.

5) 斷指滿稽……斷足滿稽 : '稽'의 의미에 대해 주석가들이 다양한 의견을 제시하였다. 原注에서는 '考'로 풀이하고 있고, 丁士涵(淸)은 '計'의 의미로 보아야 한다고 주장하였으며(≪管子校本≫), 王引之(淸)는 '죄인의 명부'로 해석해야 한다고 하였고(≪讀書雜志≫), 郭沫若(中)은 '階'의 의미로 풀어야 한다고 하였다.(≪管子集校≫) 문장의 흐름으로 볼 때 곽말약의 견해가 타당하므로 본서에서는 '稽'를 '階'로 해석하였다.

6) (死民)〔民死〕: 저본에는 '死民'으로 되어 있으나, 丁士涵・兪樾 등의 견해에 의거하여 '民死'로 바로잡았다. 丁士涵(淸)은 原注의 讀法이 잘못되었다고 보았고(≪管子校本≫), 兪樾(淸)은 글자가 도치되었다고 보았다.(≪諸子平議≫)

① 同 : 천지의 사계절은 바뀐 것이 없다. 그러므로 "같다"고 말한 것이다.
天地四時旣無所易이라 故曰同이라

② 不同 : 옛날 사람들은 순박하였으나 지금 사람들은 경박하고, 옛날 사람들은 질박하였으나 지금 사람들은 가볍다. 그러므로 다른 것이다.
古淳而今澆하고 古質而今浮라 故不同也라

③ 可與政其誅 : 지금은 비록 옛날과 같지 않지만 다스릴 수 있으니, 법을 따르지 않는 자들을 징벌하여 옛날 상태를 회복할 수 있다는 의미이다.
言今雖不同古나 可爲政이니 誅其不法하여 以復古라

④ 俈(곡)堯之時……其道非獨出人也 : '俈'은 帝俈(帝嚳)이다. 〈제곡과 요임금〉 두 제왕이 다스리던 시대에는 집집마다 사람들을 표창할 정도로 아름다운 덕행이 모두 아래 백성들에게 있었다는 의미이다. 그들이 이같이 할 수 있었던 것은, 특별히 뛰어난 도가 있었던 것이 아니라 단지 옛날의 도를 닦았을 뿐이라는 의미이기도 하다. '混'은 '같다'는 의미이다.
俈은 帝俈也라 言二帝之時에 比屋可封하여 美俱在下라 其能若此는 亦言非有出人之道요 修古而已라 混은 同也라

⑤ 山不童而用贍 澤不弊而養足 : 산에 초목이 없는 것을 '童'이라 한다. '弊'는 '고갈되다'는 의미이다.
山無草木曰 童이라 弊는 竭也라

⑥ 耕以自養……故平 : 백성들은 자신들이 먹고 남은 것으로 천자의 먹을 거리를 공급하였다. 그러므로 천하가 태평하였던 것이다. 때에 맞추어 세금을 내는 것을 '良'이라 한다.
以其自養之餘로 應天子之食이라 故天下平이라 有時而賦曰 良이라

⑦ 牛馬之牧不相及 : 각자 스스로 만족하면 서로 부딪치지 않는다.
各自足則不相及也라

⑧ 人民之俗不相知 : 사람들이 늙어 죽을 때까지 서로 왕래하지 않는다. 그러므로 서로 알지 못한다.
人至老死히 不相往來라 故不相知라

⑨ 不出百里而來 足 : 나다니는 사람들이 백 리 밖으로 나가지 않고 돌아오는 것은 구하는 것이 스스로 충족되기 때문이다.
行者 不出百里而來者는 所求自足故也라

⑩ 故卿而不理 靜也 : 비록 公卿 대신을 세워도 그들이 정사를 행하지 않는 것은, 백성들의 삶이 조용하기 때문이다.
雖立公卿이로되 不理其事는 以人靜故라

⑪ 其獄 一踦腓一踦屨而當死 : 제후들 가운데 죄를 범한 자는 한쪽 신발만 신게 함으로써

모욕을 주고, 이것으로 사형을 대신할 수 있게 하였다.

諸侯犯罪者 令著(착)一隻屨以恥之하고 可以當死刑이라

⑫ 今(周公)〔用法〕……敝也 : '今用法'은 당시에 사용하는 법을 가리킨다. '稽'는 '살펴보다'는 의미이다. 죄가 가득 차 〈신체를〉 잘라야 하면 〈그렇게 해야 할지 말지를〉 잘 살펴보고, 머리를 잘라야 할 죄가 가득 찬 자 또한 잘 살펴보고, 마땅히 발을 잘라야 할 죄가 가득 찬 자 또한 잘 살펴본다. 무릇 이렇게 하는 것은 신중하게 살피기 위함이다. 죄가 정해진 자를 죽여도 사람들이 그 죄를 인정하지 않는 것은 어찌 인성이 그렇기 때문이겠는가. 시대가 잘못되었기 때문이다.

今(周公)〔用法〕은 謂時所用法也라 稽는 考也니 罪滿而斷則從而考之하고 首滿其罪者 亦從而考之하고 應斷足所罪滿者 又從而考之라 凡此欲以爲愼審也라 罪定者死之나 然人尙不服其罪는 豈人性之然乎아 時爽故也라

⑬ 地重人載……事末作而民興之 : '載'는 '길러내다'는 의미이다. 지금 땅의 이로움은 이미 크고 백성들이 곡물을 길러내지만 군주가 이를 좇아 모두 빼앗고 거둬들이니 백성들은 먹고살기에 부족한 것이다. 〈이에〉 백성들이 본업 즉 농업을 게을리하게 된다. 그러므로 앞다투어 일어나 말단적인 일 즉 상업에 종사하게 되는 것이다.

載는 生也니 今地利旣重하고 人之生植穀物이나 君則從而毀奪斃盡之니 所以養不足이라 人旣惰於本業이라 故競起而事末作이라

⑭ 下名而上實也 : 아래 백성들은 단지 농사를 짓는다는 허울만 있을 뿐 곡식을 스스로 사용할 수 없고, 그 실질은 모두 윗사람에게 바쳐진다는 의미이다.

謂下但有農作之名하고 不得自用而實皆歸於上也라

⑮ 聖人者 省諸本而遊諸樂 : 성인은 사람의 근본을 살펴 백성들을 부유하게 하고 장수하는 지경으로 인도하였으니, 帝嚳과 요임금 이전이 그러하였다.

聖人察人之本하여 遊之於富壽之域이니 則俈堯以前爲然也라

⑯ 大昏也 博夜也 : '夜'는 어둡고 우매한 행위를 가리킨다. 지금 군주를 크게 어두운 상태에 이르게 만든 것은, 노름을 밤일로 삼았기 때문이다.

夜는 謂暗昧之行也라 令人主至於大昏者 則以博爲夜事故也라

桓公이 물었다.

"때를 헤아려 敎化를 일으키려면 어떻게 해야 하는가?"

管子가 대답하였다.

"侈靡보다 더 좋은 것이 없습니다. 〈곡식이나 비단처럼〉 실용적인 것을 천시하고, 〈진주나 옥처럼〉 실용적이지 않은 것을 귀하게 받들면 사람들을 다스릴 수 있습니다. 그러므로 곡식을 천시하고 진주와 옥을 귀하게 받들며, 禮樂을 좋아하고

事業을 천시하는 것이 근본의 시작입니다.

진주는 陰氣 속의 陽物이므로 불을 이기고, 옥은 陽氣 속의 陰物이므로 물을 이기니, 그 변화는 신묘합니다. 그러므로 천자는 진주와 옥을 저장하고, 제후는 쇠붙이와 돌을 저장하고, 대부는 개와 말을 기르고, 백성은 베와 비단을 저장합니다. 〈천자가 진주와 옥을 저장하지〉 않으면 이것을 강한 자가 저장하고 꾀바른 자가 수집하였다가, 귀한 것을 천하게 만들고 천한 것을 귀하게 만들게 됩니다. 〈군주가 진주와 옥을 저장하지〉 않으면 홀아비·과부·고아·노인에게 줄 것이 없게 됩니다. 〈따라서 侈靡가〉 부의 균등한 배분의 시작입니다.”

問曰 興時化若何①오 **莫善於侈靡**②라 **賤有實**하고 **敬無用**하면 **則人可刑也**[7)]③라 **故賤粟米(而)如敬珠玉**하고 **好禮樂(而)如賤事業**이 **本之始也**④[8)]라 **珠者 陰之陽也**라 **故勝火**⑤요 **玉者 (陰)〔陽〕**[9)]**之陰也**라 **故勝水**⑥니 **其化如神**⑦이라 **故天子臧珠玉**하고 **諸侯臧金石**하고 **大夫畜狗馬**하고 **百姓臧布帛**이니 **不然則强者能守之**하고 **智者能(牧)〔收〕**[10)]**之**하여 **賤所貴而貴所賤**⑧이라 **不然**이면 **鰥寡獨老不與得焉**이니 **均之始也**⑨니이다

① 興時化若何 : 때를 헤아려 교화를 일으키는 것이 그 이치는 무엇이냐는 의미이다. 謂度(탁)時興化가 其理若何也라

② 莫善於侈靡 : ‘侈靡’는 진주와 옥을 사용하는 것을 의미한다. 관자는 다음과 같이 보았다. ‘진주와 옥이라는 것은 굶주려도 먹을 수 없고 추워도 입을 수 없지만, 어느 시대든 모두 이를 귀하게 여긴다. 만약 군주가 이를 중시하지 않으면, 강한 자가 이것을 간직함으로써 사람들을 불러 모으게 된다.’ 그러므로 때를 헤아려 교화를 일으키는 데

7) 人可刑也 : 何如璋(淸)은 ‘刑’은 곧 ‘型’과 통한다고 보았다. ‘型’은 물건을 만드는 거푸집으로, 흙으로 만든 것을 ‘型’이라 하고, 쇠로 만든 것을 ‘範’이라 하고, 나무로 만든 것을 ‘模’라고 한다.(≪管子析疑≫) 郭沫若(中)은 이러한 ‘型’에서 ‘治’의 의미가 나온다고 보았다. 그래서 ≪廣雅≫ 〈釋詁〉에서 “刑 治也”라고 말하였다는 것이다.(≪管子集校≫)

8) 賤粟米(而)如敬珠玉……本之始也 : 豬飼彦博(日)은 ‘如’를 衍文으로 보았다.(≪管子補正≫) 반면에 王引之(淸)는 ‘而’를 연문으로 보고 ‘如’는 ‘而’의 의미로 보았다. 그리고 이 구절의 의미는 앞에서 언급된 “賤有實 敬無用”과 연결된다고 보았다. 따라서 原注는 옳지 않다는 것이다.(≪讀書雜志≫) 본서에서는 왕인지의 견해를 따라 ‘而’를 연문으로 처리하고 번역하였다.

9) (陰)〔陽〕: 저본에는 ‘陰’으로 되어 있으나, 王念孫(淸)의 견해에 의거하여 ‘陽’으로 바로잡았다. 玉은 산에서 생겨나므로 陽이고, 그 모양이 方形이므로 陰이 된다는 것이다. 따라서 原注는 잘못되었다는 것이다.(≪讀書雜志≫)

10) (牧)〔收〕: 저본에는 ‘牧’으로 되어 있으나, 王念孫(淸)의 견해에 의거하여 ‘收’로 바로잡았다. 글자 형태가 비슷함으로 인해 생긴 오류라는 것이다.(≪讀書雜志≫)

있어, 진주와 옥을 중시하여 사치스러운 풍조를 형성하는 것보다 나은 것이 없다는 것이다.

侈靡는 謂珠玉之用也라 管氏以爲 珠玉者 饑不可食하고 寒不可衣나 然時共貴之라 君若不重(不重)[11]則强者守之以招人이라 故度時興化에 莫若重珠玉以爲侈靡라

③ 賤有實……則人可刑也 : '有實'은 곡식과 비단처럼 귀하게 여겨질 수 있지만 천시되는 것을 가리킨다. '無用'은 진주와 옥처럼 천시될 수 있지만 귀하게 받들어지는 것을 가리킨다. 이같이 하면 현명한 사람이든 어리석은 사람이든 다스릴 수 있다.

有實은 謂穀帛可貴而賤之요 無用은 謂珠玉可賤而敬之라 若此則人之賢不肖可刑也라

④ 賤粟米(而)如敬珠玉……本之始也 : 곡식은 일반인들이 천시하지만, 현명한 사람은 이를 귀하게 여기는 것이 마치 일반인들이 진주와 옥을 귀하게 받드는 것처럼 한다는 말이다. 상업은 일반인들이 귀하게 여기지만 현명한 사람은 천시한다. 지금 현명한 사람들이 禮樂을 좋아하는 것은 마치 일반인들이 상업을 귀하게 여기는 것과 같다. 이같이 하면 근본에 힘쓰는 시작이라고 할 수 있다.

言 粟은 常人賤之나 賢者貴之가 如常人之敬珠玉이라 末業은 常人貴之나 賢人賤之라 今則賢者之好禮樂은 如常人貴末業이니 若此者 可謂務本之始라

⑤ 珠者……故勝火 : 진주는 물에서 생겨나지만 빛이 난다. 그러므로 陰 속의 陽이 되는 것이다. 그것을 해를 향하게 하면 불이 생겨난다. 그러므로 진주가 불을 이기는 것이다.

珠는 生於水而有光鑑이라 故爲陰之陽이라 以向日則火烽이라 故勝火라

⑥ 玉者……故勝水 : 옥은 산에서 생겨나고 산에 묻혀 있다. 그러므로 陰 속의 陰이 된다. 그것을 달에 향하게 하면 물기가 흘러내린다. 그러므로 옥이 물을 이기는 것이다.

玉은 生於山而藏於山이라 故爲陰之陰이라 以向月則水流라 故勝水라

⑦ 其化如神 : 진주와 옥은 물과 불을 부를 수 있으므로 "신과 같다."고 말한다는 의미이다.

言珠玉能致水火니 故曰 如神也라

⑧ 賤所貴而貴所賤 : 곡식은 귀한 것이지만 천시되고, 진주와 옥은 천한 것이지만 귀하게 여겨진다.

粟米可貴而賤之하고 珠玉可賤而貴之라

⑨ 不然……均之始也 : 군주가 〈진주와 옥을〉 귀히 여겨 저장하지 않으면, 그 이익이 강한 자와 꾀바른 자에게 쌓이게 된다. 〈그러면 비록 군주가〉 홀아비·과부·고아·노인을 불쌍하게 여겨도 그들에게 줄 게 없다. 지금 〈진주와 옥을〉 저장하는 것은 가난하고 궁핍한 자들을 구제하기 위한 것이므로 곧 균등한 분배의 시작이 되는 것이다.

君不貴而藏之면 則利積於强智니 雖矜鰥寡獨老라도 無所與之라 今藏之者는 所以賑貧乏이라 故爲均之始라

---

11) (不重) : 저본에는 '不重'이 있으나, 문장 구조상 불필요하므로 衍文으로 처리하였다.

〈桓公이 물었다.〉

"정치와 교화, 어느 것이 우선인가?"

管子가 대답하였다.

"무릇 정치와 교화는 서로 비슷한 것 같지만 그 방법이 다릅니다. 가령 교화는 높고도 멀리 떠 있는 가을날 구름처럼 사람들의 마음을 슬프게 만들기도 하고, 뭉실뭉실 조용히 피어오르는 여름날 구름처럼 사람들의 몸에 스며들어, 성질 급한 사람도 온화하게 감싸 고요하게 만들고, 〈가을날 구름처럼〉 자신에 대한 원망으로 사람들의 마음을 움직이게 하여 흐르는 물처럼 교화를 따르게 합니다. 〈그 결과〉 백성들로 하여금 교화를 생각하게 하고, 그러면 백성들에게 선한 마음이 생겨나게 합니다. 이것이 교화의 시작이니 군주는 반드시 이것을 몸에 갖추어야 합니다.

비유컨대 〈교화가〉 가을날 구름이 처음 나타나는 것처럼 행해지고 여름날 구름이 일어나는 것처럼 행해지면 현명한 자나 어리석은 자나 모두 변화됩니다. 〈그러면〉 백성들은 공손한 태도로 군주를 기다리고, 백성을 사랑한 이후에 부리면 백성은 신성한 산을 울타리 치고 제사를 지내듯이 군주를 保衛하게 됩니다. 현명한 자가 적고 어리석은 자가 많다 할지라도 현명한 자를 쓰면 어리석은 자가 어찌 변화되지 않겠습니까?

무릇 정치는 법령을 적게 쓰는 것입니다. 무릇 태평성세의 징험을 이루려는 자는 법령을 없애고 적게 쓴다면 백성들을 부릴 수 있을 것입니다."

政與敎孰急①고 **管子曰 夫政敎相似而殊方**이라 **若夫敎者 標然若秋雲之遠**하여 **動人心之悲**②하고 藹(애)**然若夏之靜雲**하여 **乃及人之體**에 **鵖**(환)**然若謞之靜**③하고 **動人意以怨**에 **蕩蕩若流水**④라 **使人思之**면 (人所生往)〔**則人生善**〕[12]이니 **敎之始也**라 **身必備之**⑤라 **辟**(비)**之若秋雲之始見**하고 〔**若夏雲之起**〕[13]면 **賢者不肖者化焉**⑥이니 **敬而待之**하고 **愛而使之**면 **若樊神山祭之**⑦라 **賢者少**하고 **不肖者多**라도 **使其賢**이면 **不肖惡**(오)**得不化**⑧리오 **今夫政則少則**(칙)⑨이니 **若夫成形之徵者也**는 **去則少**면 **可使人乎**⑩인저

12) (人所生往)〔則人生善〕 : 저본에는 '人所生往'으로 되어 있으나, 丁士涵(淸)의 견해에 의거하여 '則人生善'으로 바로잡았다. 정사함은 그 근거로 原注에 "人旣思之 則生其善心"으로 되어 있다는 점을 들었다.(≪管子校本≫)

13) 〔若夏雲之起〕 : 저본에는 '若夏雲之起'가 없으나, 陶鴻慶(淸)의 견해에 의거하여 보충하였다. 原注에서 "旣若秋雲始見而哀憐之 又若夏雲之起而潤澤之"라고 말하고 있으므로, "若秋雲之始見" 다음에 "若夏雲之起"가 나와야 한다는 것이다.(≪讀管子札記≫)

① 政與教孰急 : '政'은 법을 세워 백성들을 고르게 다스리는 것이다. '教'는 가르치고 인도하여 마음을 움직이는 것이다. 이 두 가지를 쓸 때 어느 것을 먼저 하느냐 하는 것이다.
政者 立法以齊物이요 教者 訓誘以感心이니 用二者에 何先也라

② 教者……動人心之悲 : '標'는 높이 들어 올리는 모습이다. 가을 구름은 처량하여 시름겹고 근심스러운 모습을 지닌 채 아득히 멀리 떠 있어 사람들에게 슬픈 마음을 일으킬 수 있다. 이는 곧 교화하는 자가 사람들이 선하지 않는 것을 근심하여 슬퍼하는 모습을 드러내면, 사람들 또한 그를 위해 슬퍼하게 됨을 비유하였다.
標는 高擧貌니 秋雲淒慘하니 有愁悴之容하여 高置且遠에 能生人之悲心이라 喻教者憂人之不令하여 見其戚容이면 人亦爲之傷悼之라

③ 藹(애)然若夏之靜雲……鵫(환)然若謞之靜 : '藹'는 뭉실뭉실 물기를 머금고 있는 모습이다. '鵫然'은 온화한 모습이다. 여름 구름이 일어나 뭉실뭉실 물기를 머금고 있다가 그 빗방울을 떨어뜨리게 되면, 사람 몸에 닿아 열기를 제거하여 〈그 결과 사람의 심성이〉 온화하게 된다. 〈그러면〉 비록 조바심 있는 사람도 모두 고요하고 조용해진다. 이는 곧 교화하는 자가 온화한 말로 인도하면, 억세고 고집 센 사람도 감동시켜 순종하게 할 수 있음을 비유하였다.
藹는 油潤貌요 鵫然은 和順貌니 夏雲之起에 油然含潤이라가 將降其澤이면 及人之體에 去除熱氣而和順이니 雖有謞躁之人도 亦皆恬靜이니 喻教者 灑之溫辭而强梁者亦能感服之라

④ 動人意以怨 蕩蕩若流水 : 교화는 마치 가을 구름이 사람의 마음을 움직이는 것과 같으니 사람의 마음이 이미 움직이면 자신을 원망하며 감정이 요동치게 되고, 자신을 원망하며 감정이 요동치면 교화를 따르는 것이 마치 흐르는 물처럼 된다.
教者 若秋雲之動人意하니 人意旣動이면 則自怨而蕩搖하고 自怨而蕩搖하면 則從教若流水也라

⑤ 使人思之……身必備之 : 교화는 마치 여름날의 구름처럼 순리에 따르니, 이 때문에 사람들이 그것을 생각하게 되고, 사람들이 이미 그것을 생각하게 되면 선한 마음이 생겨난다. 사람을 교화하는 일의 시작은 반드시 이 두 가지를 갖춘 이후에 가능하다.
教者 若夏雲之順適이라 故其使人思之하고 人旣思之면 則生其善心이니 教人之始는 必備此二者 然後可也라

⑥ 若秋雲之始見……賢者不肖者化焉 : 교화하는 자가 가을 구름이 처음 나타나는 것처럼 백성을 가련하게 여기고, 또 여름 구름이 일어나는 것처럼 백성을 윤택하게 하면, 천하의 현명한 자나 어리석은 자나 교화되지 않는 자가 없게 된다.
教者 旣若秋雲始見而哀憐之하고 又若夏雲之起而潤澤之면 則天下之賢與不肖無不化焉이라

⑦ 敬而待之……若樊神山祭之 : 이미 성인의 교화를 따르면 사람들은 공손한 태도로 와서 기다리고, 〈군주가〉 사랑한 이후에 부리면 자기 군주를 존경하고 보위하기를 마치 신성한 산을 울타리로 에워싸고 제사상을 차려 복을 기원하는 것과 같이 한다.

既從聖化면 人則敬而來待하고 愛而後使면 尊衛其君이 若樊落神山하고 設祭而祈福者也라

⑧ 使其賢 不肖惡(오)得不化 : 현명한 사람이나 어리석은 사람이나 모두 교화하여서 부리면 변화되지 않을 수 없게 된다.

賢與不肖皆教而使之면 則不得不化也라

⑨ 今夫政則少則(칙) : 곧 모두 교화를 따른다면 백성들은 죄를 범하는 일이 없을 것이다. 그러므로 정치를 행함에 있어 법령을 적게 쓰게 된다.

卽皆從教면 則人無所犯이라 故於爲政에 少用爲則也라

⑩ 若夫成形之徵者也……可使人乎 : 태평성세의 모습을 이루어 그 징험을 알고자 하는 자는, 온전히 법령을 제거하고 사람을 부릴 수 있으면 그것이 곧 태평성세의 앞선 조짐이다.

欲成太平之形하여 以知其徵驗者는 全能去則(칙)而使人이면 斯太平之先兆也라

〈桓公이 물었다.〉

"가난한 자와 부유한 자는 어떻게 부리는 게 좋은가?"

管子가 대답하였다.

"지나치게 부유하면 부릴 수 없고, 지나치게 가난하면 부끄러움을 모릅니다. 물은 평평하면 흐르지 않고, 근원이 없으면 빨리 마릅니다. 구름이 평평하면 비가 많이 내리지 않고, 쌓인 구름이 없으면 비가 내려도 금방 그치게 됩니다. 政令도 평온하여 위엄이 없으면 시행되지 않고, 사람도 두루 사랑하여 親疏가 없으면 아무렇게나 흘러 〈현명하고 지혜로운 자들이 최선을 다하지 않습니다.〉 좌우의 소인들과 친하고 쓸모없는 자들을 쓰면, 비유하자면 맹인이 맹인을 인도하는 것과 같습니다. 단점을 지닌 자를 높이고 장점을 지닌 자를 낮추어 일정한 법도가 없이 쓰면 근본을 위태롭게 합니다. 제사 지낼 만하지 않은 대상에게 제사 지내는 것은 아첨하는 행위이고, 머뭇거리면서 맹세를 저버리는 것은 신뢰를 훼손합니다. 조상을 공경하는 것은 시원을 존중함이고, 약속의 신뢰를 한결같이 지키는 것은 행실을 논함이며, 천지의 이치를 존중하는 것은 위엄을 논하는 것입니다. 그러나 덕이 없는 군주는 이들을 깊이 감추고 실행하지 않고, 반드시 위엄과 형벌에 의거하여 백성들을 다스립니다. 이렇게 정치를 행하면 왕 노릇 할 수 있겠습니까[14)]"

14) 반드시……있겠습니까 : 이 부분은 原注에 따르지 않고 郭沫若(中)의 견해에 의거하여 번역하였다.

用貧與富 何如而可①오 **曰 甚富不可使**②요 **甚貧不知恥**③라 **水平而不流**하고 **無源則遬**(속) **竭**④이요 **雲平而雨不甚**하고 **無委雲**이면 **雨則遬已**⑤니 **政平而無威**면 **則不行**⑥이라 **愛而無親**이면 **則流**⑦하고 **親左(有)〔右〕用無用**이면 **則辟**(비)**之若相爲有兆**(怨)〔䀬(원)〕⑧[15]이요 **上短下長**하여 **無度而用**이면 **則危本**이라 **不稱**⑨**而祀**는 **譚**(담)이고 **次祖犯詛渝盟**은 **傷**(言)〔**信**〕⑩[16]이라 **敬祖禰**(녜)는 **尊始也**⑪요 **齊約之信**은 **論行也**⑫요 **尊天地之理**는 **所以論威也**⑬로되 **薄德之君之府囊也**⑭요 **必因**(成形)〔**威刑**〕[17]**而論於人**이라 **此政行也**면 **可以王乎**⑮아

① 用貧與富 何如而可 : 가난함과 부유함의 적당함을 묻고 있다.
問貧富之中適이라

② 甚富不可使 : 지나치게 부유하면 교만해진다. 그러므로 부릴 수 없다.
甚富則驕라 故不可使라

③ 甚貧不知恥 : 너무 가난하면 도둑질하게 된다. 그러므로 부끄러움을 모른다.
甚貧則竊이라 故不知恥也라

④ 水平而不流 無源則遬(속)竭 : 평평하여 흐르지 않는 물을 정체된 물이라 한다. 정체된 물은 근원이 없으므로 반드시 빨리 마른다.
平而不流를 謂〔停〕水[18]也라 停水는 無源이니 必速竭이라

⑤ 雲平而雨不甚……雨則遬已 : 평평한 구름은 비가 적게 내리고, 또한 쌓인 구름이 도와주지 않으면 그 비는 반드시 빨리 그치게 된다. 이상의 두 가지 사례는 아래에 그 비유되는 예가 있다.
平雲은 少雨하고 又無委雲以助之면 其雨必遬이라 已上二事는 爲下有比例라

⑥ 政平而無威 則不行 : 이렇기 때문에 위정자는 위엄을 근본으로 삼는다.
此則爲政者 威以爲本也라

⑦ 愛而無親 則流 : 단지 널리 사랑함을 행하여 특별히 친한 바가 없으면, 그 사랑이 아무

---

15) 親左(有)〔右〕用無用 則辟(비)之若相爲有兆(怨)〔䀬(원)〕: 저본에는 "親左有"와 "有兆怨"으로 되어 있으나, 張佩綸(淸)의 견해에 의거하여 "親左右"와 "有兆䀬"으로 바로잡았다. 장패륜은 '有兆'는 '有朕' 즉 눈동자만 있는 맹인을 의미한다고 보았다.(≪管子學≫)

16) 上短下長……傷(言)〔信〕: 郭沫若(中)의 견해에 의거하여 "上短下長 無度而用 則危本"으로 斷句하고, '言'을 '信'으로 바로잡았다. 그는 '譚'은 '誕'으로 읽고 그 의미는 '謟'으로 보았고, '次祖'는 '趑趄' 즉 '머뭇거림'의 의미로 읽었다.(≪管子集校≫)

17) (成形)〔威刑〕: 저본에는 '成形'으로 되어 있으나, 郭沫若(中)의 ≪管子集校≫에 의거하여 '成'을 '威'로 바로잡고, 宋本에 의거하여 '形'을 '刑'으로 바로잡았다.

18) 〔停〕水 : 저본에는 '停'이 없으나, 劉績(明)의 ≪管子補注≫에 의거하여 보충하였다. 이어지는 문장에서 '停水'라는 용어가 나오는 것으로 볼 때, 여기서도 '停水'가 되는 것이 합당하다.

렇게나 흘러 현명하고 지혜로운 자들이 최선을 다하지 않게 된다.

但行汎愛하여 無所偏親이면 則其愛流漫하여 賢智不盡力이라

⑧ 親左有用無用 則辟(비)之若相爲有兆怨 : 비록 친한 바가 있어야 한다고 말하지만, 친한 사람을 쓰는 이치가 측근을 피하면 쓰이는 자와 쓰이지 않은 자가 있게 된다. 비유하자면 말에는 적중함과 적중하지 않음이 있는 것과 같다. 이는 단지 원망의 조짐일 뿐이니, 진하게 지내는 것이 이익이 안 된다.

雖曰當有所親이나 而用親之理避左면 則有爲用者하고 不爲用者니 譬猶言有中不中이라 此但爲怨兆而已니 親之無益也라

⑨ 上短下長……不稱 : 혹 위에는 단점이 있는 사람을 쓰고 아래에는 장점을 지닌 사람을 두어, 사람을 쓰는 데 일정한 법도가 없다. 이와 같이 하면 혹 원한을 품고 나라를 망칠 수 있다. 그러므로 "근본을 위태롭게 하여 합당하지 않다."고 말하는 것이다.

或復上得短而下持長하여 其役用之不以度라 如此者 或能懷怨以敗國이라 故曰 危本不稱也라

⑩ 祀譚次祖 犯詛渝盟傷言 : '譚'은 '이어지다'라는 의미이다. 나라가 망하고 제사가 끊어지는 일이 조상에게까지 미치며, 나아가 맹세를 저버리고 언어를 손상하게 하는 죄가 있게 된다.

譚은 延也니 國敗絶祀之事가 延及次祖며 更有犯詛渝盟傷言之罪라

⑪ 敬祖禰(녜) 尊始也 : 조상은 인간의 시작이다.

祖禰는 人之始也라

⑫ 齊約之信 論行也 : 맹세하는 것은 약속의 신뢰를 굳건하게 하기 위한 것이니, 행실을 논하는 근거이다.

詛盟欲爲整齊要束之信이니 所以論行也라

⑬ 尊天地之理 所以論威也 : 천지는 가을과 겨울에 사물을 시들어 죽게 하고 우레를 울리고 번개를 치는 것으로 위엄을 삼으니, 이는 위정자가 본받아야 할 바다. 그러므로 위엄은 느슨하게 할 수 없다.

天地는 以秋冬肅殺雷震電耀爲威하니 爲政者 所取則(칙)이라 故威不可弛之也라

⑭ 薄德之君之府囊也 : 무릇 始原을 존중하고 행실을 논하고 위엄을 논하는 것은 위정자가 마땅히 행해야 할 바이다. 그러나 덕이 없는 군주는 이들을 모두 깊이 감추고 행하지 않는다. 그러므로 나라가 망하는 재앙이 있게 되는 것이다.

凡尊始論行論威는 爲政者所當行이로되 德薄之君은 皆囊而藏之라 故有敗亡之禍라

⑮ 必因成形而論於人……可以王乎 : 반드시 王事의 완성된 체제에 의거하여 人事를 논해야 한다. 이것이 위정자가 행할 바이다. 〈왕사의 완성된 체제를〉 따르고 놓치지 않으므로 왕노릇 할 수 있는 것이다.

必因王事之成形하여 論考於人事니 此爲政所行也라 遵而勿失하니 故可以王也라

〈桓公이 물었다.〉

"정사의 운용을 어떻게 해야 하는가?"

〈管子가 대답하였다.〉

"반드시 천지의 도를 분별한 이후에 功名을 세울 수 있습니다. 땅의 이익을 알면 백성을 부유하게 할 수 있고, 侈靡의 이치에 통달하면 선비들과 친하게 지낼 수 있습니다. 군주는 직접 정사를 행하는 것을 좋아해야 하고, 강력한 뜻으로 결단해야 하며, 어진 태도로 기꺼이 인재들을 임용해야 합니다. 군주가 풍년을 기도하면 백성들은 전염병에 걸려 요절하지 않고 온갖 가축이 두루 잘 자라고 오곡이 두루 잘 익습니다. 이렇게 한 이후에 백성들의 힘을 쓸 수 있습니다. 〈그리고〉 이웃 나라 군주가 모두 현명하지 못한 이후에 王業을 이룰 수 있습니다."

請問用之若何①오 **必辨於天地之道 然後功名可以殖**②이니 **辯於地利而民可富**요 **通於侈靡而士可戚**③이라 **君親自好事**④하고 **强以立斷**⑤하고 **仁以好任**⑥이라 **人君(壽)〔禱〕以(政)〔致〕年**[19]⑦이면 **百姓不夭厲**⑧하고 **六畜遮**(차)**育**하고 **五穀遮熟**⑨이니 **然後民力可得用**⑩요 **隣國之君俱不賢 然後得王**⑪이니이다

① 請問用之若何 : 정사의 운용을 어떻게 해야 하는지에 대해 묻고 있다.
問用政何如也라

② 必辨於天地之道 然後功名可以殖 : 천지는 존귀함과 미천함, 은혜로움과 위엄의 질서를 지니고 있다. 그러므로 반드시 이러한 천지의 질서에 밝은 이후에 공명을 세울 수 있다.
天地有尊卑恩威之序라 故必明之然後可以立功名也라

③ 士可戚 : '戚'은 '친하다'는 의미이다. 귀한 진주와 옥으로 선비들에게 상을 주므로 선비들과 친할 수 있다.
戚은 親也니 貴珠玉以賞士라 故士可親也라

④ 君親自好事 : 정사를 행하는 것을 좋아한다는 의미이다.
謂好爲政事也라

⑤ 强以立斷 : 그 뜻을 강하게 세워 옳고 그름을 결단한다.
强立其志하여 以斷是非라

⑥ 仁以好任 : 이른바 '기쁘게 부리고 쓴다'이다.

---

19) 人君(壽)〔禱〕以(政)〔致〕年 : 저본에는 '壽'와 '政'으로 되어 있으나, 郭沫若(中)의 견해에 의거하여 '壽'를 '禱'로, '政'을 '致'로 바로잡았다. 여기서 '年'은 '豐年'을 의미한다고 한다.(≪管子集校≫)

所謂悅以使用이라

⑦ 人君壽以政年 : 군주가 장수하게 되는 것은, 정사를 행함에 있어 1년 사계절의 時令에 따르기 때문이다.

君所以壽考는 由爲政에 以順年之四時令也라

⑧ 百姓不夭厲 : '厲'는 전염병이다.

厲는 疫疾也라

⑨ 六畜遮(차)育 五穀遮熟 : '遮'는 '兼'과 같다.

遮는 猶兼也라

⑩ 然後民力可得用 : 백성들이 모두 부유해지면 백성들의 힘을 온전히 쓸 수 있다.

人俱富而力全可用也라

⑪ 隣國之君俱不賢然後得王 : 〈이웃 나라 군주가〉 만약 모두 현명하다면 그를 제압할 수 없으니, 왕업을 이루는 것이 어려울 것이다.

若俱賢則不可得而制니 難以王矣라

〈桓公이 물었다.〉

"〈이웃 나라 군주가〉 모두 현명하다면 어떻게 해야 하는가?"

管子가 대답하였다.

"서둘러 무능한 신하들을 완전히 유능한 신하들로 바꾸고, 서둘러 기존의 일들을 완전히 바꾸어 변화시키십시오. 〈이처럼 낡은 것들을〉 변화시키면 〈훌륭한 군주라는〉 명성을 이룰 수 있습니다. 낡은 폐단을 없애면 백성을 권면할 수 있고, 넉넉히 파종하면 백성들이 부유해질 수 있고, 〈천지의〉 변화에 순응하고 감화를 기다리면 만물과 더불어 성장할 수 있습니다. 〈군주는〉 日月의 밝음을 본받고 風雨의 변화에 반응하여 움직이니, 〈그 결과〉 하늘이 덮고 땅이 싣는 이 천지간에 모든 사람들 중 뛰어난 존재가 되는 것입니다.

이러한 것들이 없으면서 천지의 변화도 싫어하는 것은 천자의 일이 아닙니다. 백성은 변하는 데 군주는 변하지 못하는 것은 기둥에 가죽을 두른 것과 같습니다. 변할 수 있는데 변하지 않으면 백성들을 복종시킬 수 없습니다. 백성들은 신뢰에 복종하고, 제후들은 재화에 복종합니다."

俱賢若何①오 曰 **忽然易卿而移**②하고 **忽然易事而化**③할지니 **變而足以成名**④이라 (承)〔拯〕[20]

20) (承)〔拯〕: 저본에는 '承'으로 되어 있으나, 丁士涵(淸)의 ≪管子校本≫에 의거하여 '拯'으

弊而民勸之⑤하고 **慈種而民富**⑥[21]하고 **應**(言)〔**變**〕[22]**待感**이면 **與物俱長**⑦이라 (故)〔**放**〕[23]**日月之明**⑧하고 **應風雨而**(種)〔**動**〕⑨[24]하니 **天之所覆**(부)와 **地之所載**에 **斯民之良也**⑩라 **不有而醜天地**는 **非天子之事也**⑪라 **民變而不能變**은 **是梲**(절)**之傳革**⑫이니 **有革而不能革**이면 **不可服**⑬이라 **民**(死)〔**服**〕[25]**信**⑭하고 **諸侯**(死)〔**服**〕**化**⑮니이다

① 俱賢若何 : 묻는 것이다.
問之라

② 易卿而移 : 무능한 자들을 쫓아내고 어질고 현명한 이들을 세운다.
黜不肖하고 立仁賢이라

③ 易事而化 : 옛 것을 버리고 새로운 것을 취한다.
去故而取新이라

④ 變而足以成名 : 오래되고 낡은 것을 변화시키고 바꾼다. 그러므로 〈훌륭한 군주라는〉 명성을 이룬다.
變革舊弊라 故成名이라

⑤ 承弊而民勸之 : 선대의 폐단을 이어받았으나 유능하다는 평판을 이룬다. 그러므로 백성들을 권면하는 것이다.
承先代之弊而成能名이라 故民勸勉之也라

⑥ 慈種而民富 : 자애로움을 펼쳐 씨 뿌리는 것을 장려한다. 그러므로 백성들이 부유해진다.
流慈以勉種이라 故人富라

로 바로잡았다. 原注에서는 '承弊'를 "承先代之弊"로 풀이하고 있는데 문맥상 순조롭지 않다.

21) 慈種而民富 : 丁士涵(清)은 '慈'를 '滋'로 읽어야 한다고 보았다.(≪管子校本≫) 豬飼彦博(日) 및 李哲明(中)도 같은 의견이다.(≪管子補正≫, ≪管子校義≫) 原注에서는 '慈種'을 "流慈以勉種"으로 풀이하고 있는데 문맥상 순조롭지 않다.

22) (言)〔變〕 : 저본에는 '言'으로 되어 있으나, 張佩綸(清)의 견해에 의거하여 '變'으로 바로잡았다. '言'은 '變'의 훼손된 글자라는 것이다. 또한 다음에 나오는 "變其美者 應其時"는 바로 이 '應變'과 연결된다고 보았다.(≪管子學≫) 原注에서는 "應物而後言 待感而後動"으로 풀이하고 있으나 문구 해석이 순조롭지 않으므로 따르지 않았다.

23) (故)〔放〕 : 저본에는 '故'로 되어 있으나, 兪樾(清)의 견해에 의거하여 '放'으로 바로잡았다. '故'는 '放'의 誤字라는 것이다. 그리고 이렇게 고쳤을 때 原注의 "與日月齊其明"과도 잘 부합된다고 보았다.(≪諸子平議≫)

24) (種)〔動〕 : 저본에는 '種'으로 되어 있으나, 張文虎(清)의 ≪舒藝室隨筆≫에 의거하여 '動'으로 바로잡았다. '種'은 '動'의 오자라는 것이다.

25) (死)〔服〕 : 저본에는 '死'로 되어 있으나, 張文虎(清)의 견해에 의거하여 '服'으로 바로잡았다. 고대 문자에서 '死'와 '服'은 그 글자 형태가 비슷하였다고 한다.(≪舒藝室隨筆≫) 아래도 같다.

⑦ 應言待感 與物俱長 : 사물에 감응한 이후에 말하고 감응을 기다린 이후에 움직이는 것은 이른바 하늘에 순응하고 사람에 따르는 것이다. 그러므로 사물과 더불어 성장한다.
應物而後言하고 待感而後動은 所謂應天順人者也라 故與物俱長也라

⑧ 日月之明 : 이른바 '日月과 더불어 그 밝음을 같이한다.'이다.
所謂與日月齊其明이라

⑨ 應風雨而種 : 때맞추어 바람이 불고 비가 내리는 것은 군주가 禮를 잃지 않았기 때문이다.
風時雨若은 則以君禮不失故也라

⑩ 天之所覆(부)……斯民之良也 : 군주는 그 덕이 천지를 감싸 안고 만물 위에 우뚝 솟아 있어 그 어떤 것도 그를 넘어설 수 없다. 그러므로 "모든 사람들 가운데 뛰어나다."라고 말하는 것이다.
君人者 德包天地하고 首出庶物하여 有生莫能踰라 故曰 人之良이라

⑪ 不有而醜天地 非天子之事也 : 위에서 열거한 것들이 없으면서 나아가 천지의 변화도 싫어하는 것은 천자의 일이 아니다.
不有上事而又醜惡(오)天地之化는 此非天子之事라

⑫ 民變而不能變 是棁(절)之傅革 : '棁'은 기둥이고, '革'은 가죽이다. 기둥에 가죽을 붙이면 밖은 가죽이지만 안은 가죽이 아니다. 지금 백성들이 변했는데 군주가 변할 수 없으면, 이 또한 밖은 가죽이지만 안은 가죽이 아닌 부류가 된다. 그러므로 여기서 비유를 취하였다.
棁는 柱也요 革은 皮也니 棁之附革은 則外革而內不革也라 今人變而君不能變은 亦外革而內不革之類라 故取喩焉이라

⑬ 有革而不能革 不可服 : 변할 수 있는데 변하지 않으면 백성들이 군주를 가볍게 여기는 마음을 지니게 된다. 그러므로 백성들이 복종하지 않는다.
可革而不革이면 則人有輕君之心이라 故不服也라

⑭ 民死信 : 백성들에게 〈군주에 대한〉 신뢰가 없으면 국가가 존립하지 못한다. 그러므로 신뢰에 목숨을 건다.
人無信不立[26)]이라 故死在信也라

⑮ 諸侯死化 : 〈제후들은〉 변화시키고 통하게 함으로써 이익을 극진히 한다. 변화하지 않으면 이익이 고갈되므로 죽는다.
變通之하여 以盡利라 不化則利竭이니 故死라

〈桓公이 물었다.〉

26) 人無信不立 : ≪論語≫ 〈顔淵〉에 "民無信不立"이라고 보인다.

“제후들의 교화에 대해 묻고자 하오.”

〈管子가 대답하였다.〉

“재화입니다. 재화는 곧 농산물을 말하는 것이니, 농산물은 사람들이 소중히 여김으로써 유통시키는 것입니다. 군주께서 사냥을 좋아하는 것은 호랑이와 표범의 가죽을 좋아하기 때문입니다. 功力을 유통시키는 군주는 金玉을 숭상하고, 전쟁을 좋아하는 군주는 甲兵을 숭상합니다. 갑병의 근본은 반드시 먼저 백성들이 농토와 주택을 지니게 하는 데 있습니다. 지금 군주께서 전쟁을 치르고자 하시면 백성들이 소중히 여기는 일부터 시행하십시오.

請問諸侯之化라 **弊**①〔也〕[27)]라 **弊也者 家也**②[28)]니 **家也者 以因人之所重而行之**③라 **吾君長來獵**은 **君長虎豹之皮**④라 (用)〔通〕[29)]**功力之君**은 **上金玉(幣)**⑤[30)]이요 **好戰之君**은 **上甲兵**이니 **甲兵之本**은 **必先於田宅**⑥이라 **今吾君戰則請行民之所重**이니다

① 諸侯之化弊 : ‘弊’는 오랫동안 행해지고 있지만 보탬이 안 되는 것을 의미한다.
弊는 謂久行而無益者라

② 弊也者 家也 : 국가의 폐습은, 집안의 구습으로 전해지면서 바뀌어지지 않는 것을 의미한다.
言國之弊는 則以家習不革이라

③ 家也者 以因人之所重而行之 : 사람들이 소중하게 여기지 않는 것은 바꾸어야 한다.
非人所重은 則當革也라

④ 吾君長來獵 君長虎豹之皮 : 군주가 호랑이와 표범의 가죽을 좋아하므로 사냥을 한다.
君好虎豹皮故來獵이라

⑤ 用功力之君 上金玉幣 : 군주가 金과 玉으로 화폐를 삼는 것을 숭상한다. 그러므로 功力을 다한다.
君上用金玉爲幣라 故用功力이라

---

27) 請問諸侯之化 弊〔也〕: 저본에는 ‘也’가 없으나, 宋本에 의거하여 보충하였다. 原注에서는 ‘化弊’를 하나의 단어로 보고 있으나, 郭沫若(中)의 ≪管子集校≫에 의거하여 “請問諸侯之化”로 斷句하고, ‘弊也’는 질문에 대한 답변으로 보았다.

28) 弊也者 家也 : 郭沫若(中)은 ‘家’를 ‘稼’ 즉 ‘곡물’로 이해하였다. 原注에서는 ‘家’의 본래 의미로 풀이하고 있으나 본서에서는 따르지 않았다.

29) (用)〔通〕: 저본에는 ‘用’으로 되어 있으나, 張佩綸(淸)의 ≪管子學≫에 의거하여 ‘通’으로 바로잡았다.

30) (幣) : 저본에는 ‘幣’가 있으나, 丁士涵(淸)의 ≪管子校本≫에 의거하여 衍文으로 처리하였다. 앞의 “上金玉”이 다음에 나오는 “上甲兵”과 對文이 된다는 것이다. 原注에서도 ‘幣’가 언급되지 않는다.

⑥ 甲兵之本 必先於田宅 : 농토와 집이 있은 다음에 甲兵에 필요한 세금을 충당할 수 있다. 有田宅然後可以充兵甲之賦라

음식은 백성들이 바라는 것이요 사치스러운 음악은 백성들이 원하는 것입니다. 그 바라는 것을 충족시켜주고 그 원하는 것을 넉넉히 해주면 백성들을 부릴 수 있습니다. 지금 짐승 가죽을 입고 짐승 뿔을 머리에 쓰게 하고, 야생풀을 먹고 들판의 물을 마시게 한다면, 그 누가 백성들을 부릴 수 있겠습니까.

마음이 상한 자는 공을 이루게 할 수 없습니다. 그러므로 지극히 맛있는 음식을 먹게 하고, 지극히 즐거운 음악을 실컷 듣게 하고, 새알에 무늬를 새긴 이후에 삶아 먹게 하고, 땔감에 조각을 한 이후에 불을 때도록 합니다. 丹沙가 나는 광산의 동굴을 막지 않으면 상인들이 한곳에 머물지 않을 것입니다. 부자들이 사치스럽게 소비를 하면 가난한 사람들은 그 덕에 일하게 됩니다.

저 백성들이 편안히 살아가는 것은 여러 사람[31]이 도와주어서 먹고 사는 것이지, 백성들 스스로의 힘으로 살아가는 것이 아닙니다. 〈그러므로〉 백성들을 위해 〈사치스러운〉 재화를 축적해야 합니다.

飮食者〔民之所欲〕也요 **侈樂者(也) 民之所願也**[32]니 **足其所欲**하고 **贍其所願**하면 **則能用之耳**①라 **今使衣皮而冠角**하고 **食野草**하고 **飮野水**하면 **孰能用之**②리오 **傷心者 不可以致功**③이라 **故嘗至味而罷至樂**(악)④[33]하고 **而雕卵然後瀹**(약)**之**하고 **雕橑然後爨**(찬)**之**⑤라 **丹沙之穴不塞則商賈不處**⑥라 **富者靡之**면 **貧者爲之**[34]⑦라 **此百姓之(怠)〔怡〕**[35]**生**은 **百振而食**[36]이요 **非獨自爲也**⑧니 **爲之畜(化)〔貨〕**⑨[37]니이다

31) 여러 사람 : 문맥상 부자들을 가리킨다.

32) 飮食者……民之所願也 : 陶鴻慶(淸)의 ≪讀管子札記≫에 의거하여 '民之所欲' 4글자를 보충하고, '侈樂者' 다음의 '也'를 생략하였다. 이렇게 수정해야 다음에 나오는 "足其所欲 贍其所願 則能用之耳" 구절과 순조롭게 연결된다는 것이다.

33) 罷至樂(악) : 劉績(明)의 ≪管子補注≫에 의하면 또 다른 판본의 주에서는 "謂耳倦絲竹也('귀로 실컷 음악을 듣다'는 의미이다)"로 풀이되어 있다고 한다.

34) 富者靡之 貧者爲之 : 陶鴻慶(淸)은 이 구절의 의미는 '부자들이 재화를 소비하면 가난한 자들은 일하게 된다.'라고 하였다. 따라서 原注는 틀렸다는 것이다.(≪讀管子札記≫)

35) (怠)〔怡〕: 저본에는 '怠'로 되어 있으나, 郭沫若(中)의 견해에 의거하여 '怡'로 바로잡았다. 古本에는 '怡'로 되어 있고, '怡生'은 곧 '安居樂業'의 뜻을 지닌다고 하였다.(≪管子集校≫)

36) 百振而食 : 丁士涵(淸)에 의하면 '振'은 '賑'의 의미로 쓰였다고 한다.(≪管子校本≫)

37) (化)〔貨〕: 저본에는 '化'로 되어 있으나, 豬飼彦博(日)의 ≪管子補正≫에 의거하여 '貨'로 바로잡았다. 또한 原注에서는 "爲之畜化用"으로 斷句하고 있으나, 王念孫(淸)의 ≪讀書雜

① 足其所欲……則能用之耳 : 군주는 백성들에 대해, 반드시 바라는 것을 충족시키고 원하는 것을 넉넉히 해준 이후에 쓸 수 있다.
君之於人에 必足欲贍願然後可用也라

② 今使衣皮而冠角……孰能用之 : 병사들이 이미 입는 것과 먹는 것에서 결핍되어 있으면 군주는 그들을 쓸 수 없다는 말이다.
言士旣乏於衣食이면 則君之不能用也라

③ 傷心者 不可以致功 : 부자들은 사치하면서 여유가 있는데, 가난한 사람들은 곤궁하여 부족하면 마음이 상하게 된다. 마음이 상하면 의지할 곳 없이 구차해진다. 그러므로 공을 이루게 할 수 없는 것이다.
謂富者奢靡而有餘로되 貧者窘悴而不足이면 則傷心矣니 傷心則無聊而苟且라 故不能致功이라

④ 嘗至味而罷至樂(악) : 부자들은 먼저 지극히 즐거운 음악을 연주하며 즐기다가, 지극히 맛있는 음식을 먹게 되면 음악을 파한다는 의미이다.
謂富者先奏至樂이라가 及食至味而罷之라

⑤ 雕卵然後瀹(약)之 雕橑然後爨(찬)之 : 모두 부자들이 하는 행위들이다. '橑'는 땔나무이다.
皆富者所爲也라 橑는 薪也라

⑥ 丹沙之穴不塞 則商賈不處 : 丹沙가 나는 동굴을 좇아다니면서 이익을 추구한다. 그러므로 한곳에 머물지 않는다.
趨丹穴而求利라 故不處也라

⑦ 富者靡之 貧者爲之 : 부자들이 이러한 사치스러운 행위들을 이룰 수 있는 것은, 가난한 자들을 두루 모아 이것을 만들기 때문이다.
富者 所以得成此侈靡는 則重幷貧者而爲之也라

⑧ 此百姓之怠生……非獨自爲也 : 백성들이 이미 부자에 의해 겸병되어 버리면 본업에 게을러지게 된다. 그러므로 이러한 부자들의 사치품들을 생산해낼 수 있다. 부자들이 이러한 사치품을 갖추는 것은 또한 백성들이 분발하여 일을 하였기 때문이니, 어찌 부자들이 스스로 할 수 있겠는가.
百姓旣爲富者所兼則怠於作業이라 故能生此富者之靡라 富成此侈靡는 亦以百姓振起之故也니 豈富者能自爲乎아

⑨ 爲之畜化用[38] : 지금 가난한 자들과 부자들을 기르는 이러한 법을 시행하고자 하면, 부자들을 이용하는 법을 변화시켜야 한다.
今欲爲此畜(휵)貧富之法 當變化富者之用也

志≫에 의거하여 '用'을 아래의 "其臣者"와 연결시켜 읽었다.

38) 用 : 저본의 斷句에 의거하여 原注에서는 '用'자를 이곳에 포함시켰다.

신하를 부리는 자는 다음과 같이 합니다. 주었다가 빼앗기도 하며, 일을 시켰다가 그만두게도 하며,[39] 말로만 이익을 주어 부유하게 만들고, 아비를 죄로 얽어매어 자식을 복종시키고, 명목만 있는 벼슬을 주어 교만하게 만들고, 봄가을의 재물을 거둬들여 소비하게 하고, 禮儀 제도를 복잡하게 만들어 그것을 실천하게 만들고, 때때로 강한 자를 들어 올려 칭송해줍니다. 강한 자는 일을 실행하게 하고, 말재주가 있는 자는 언변을 구사하게 하고, 지혜로운 자는 불러 알현케 하고, 청렴한 자는 사람들의 표본이 되게 합니다. 〈군주가〉 견고한 의지와 강력한 힘으로 이들 여섯 종류의 신하[40]를 부리면, 군주의 덕을 넓히고 군주 자리의 무게를 가볍게 할 수 있습니다. 그러나 이들을 부리지 못하고 떠나보낸다면 이는 나라가 망하게 되는 '구멍'이 됩니다. 옛 법을 본받아 일정한 도리를 지키고, 禮를 존중하여 풍속을 변화시키고, 신뢰를 중시하고 꾸미는 태도를 천시하며, 순종하는 자를 좋아하고 거친 자는 버려야 합니다. 이것이 나라를 올바로 세우는 방법입니다.

用其臣者 予而奪之①하고 **使而輟之**②하고 **徒以而富之**③[41]하고 **父繫而伏之**④하고 **予虛爵而驕之**⑤하고 **收其春秋之(時)〔財〕而消之**⑥[42]하고 **(有)〔殽〕雜禮(我)〔儀〕而居之**⑦[43]하고 **時擧其强者以譽之**⑧하고 **强而可使服事**⑨하고 **辯以辯辭**⑩하고 **智以招請**⑪하고 **廉以摽人**⑫이니 **堅强以乘六**이면 **廣其德以輕上位**⑬요 **不能使之而流徙**면 **此謂國亡之郄**(극)⑭이라 **(故法)〔法故〕**[44]**而守常**⑮하고 **尊禮而變俗**⑯하고 **上信而賤文**⑰하고 **好緣而(好)〔棄〕駔**(장)⑱[45]이니 **此謂成國之法也**니이다

---

39) 일을……하며 : 原注에서는 "旣使之多所費用 然後成其功"으로 풀이하고 있는데, 문맥에 적합하지 않으므로 따르지 않았다.

40) 여섯……신하 : 앞의 문장에는 실질적으로 네 부류의 신하만 언급되고 있다. 본문에 두 부류의 신하에 대한 언급이 잘못 탈락되었거나, 원문의 '六'이 '四'의 誤字일 가능성이 있다.

41) 徒以而富之 : 豬飼彦博(日)은 '以'를 '予'로 고쳐야 한다고 주장하였고(≪管子補正≫), 姚永概(淸)는 '以'를 '與'의 의미로 보았다.(≪愼宜軒筆記≫)

42) 收其春秋之(時)〔財〕而消之 : 저본에는 '時'로 되어 있으나, 郭沫若(中)의 ≪管子集校≫에 의거하여 '財'로 바로잡았고, '消'는 '消費'의 의미로 해석하였다.

43) (有)〔殽〕雜禮(我)〔儀〕而居之 : 저본에는 '有' 및 '我'로 되어 있으나, 兪樾(淸)의 견해에 의거하여 '有'를 '殽'로, '我'를 '儀'로 바로잡았다. '有'와 '我'는 각각 '肴'와 '義'의 훼손된 글자이고, '肴'와 '義'는 각각 '殽'와 '儀'의 의미로 보아야 한다는 것이다.(≪諸子平議≫)

44) (故法)〔法故〕 : 저본에는 '故法'으로 되어 있으나, 王念孫(淸)의 ≪讀書雜志≫에 의거하여 '法故'로 바로잡았다.

45) 好緣而(好)〔棄〕駔(장) : 저본에는 '好緣而好駔'로 되어 있으나, 丁士涵(淸)의 견해에 의거하여 뒤의 '好'를 '棄'로 바로잡았다. 정사함은 '緣'은 '順'의 의미이고, '駔'은 '麤'의 의미로 보았다.(≪管子校本≫)

① 予而奪之 : 부유한 신하는 가난하게 만들기 위해, 혹 먼저 조금 주고 나중에 많이 빼앗는다는 의미이다.
謂臣富者 今欲化之使貧하여 或先少與而後多奪之也라

② 使而輟之 : 그들로 하여금 많은 비용을 들이게 하고, 그런 이후에 그 공로를 이루게 한다.
旣使之多所費用하고 然後成其功이라

③ 徒以而富之 : 혹 빈말로 이익을 주어 부유하게 만들고, 또 결국에는 그 재물을 빼앗는다.
或空言與利而令得富하고 且取其物終之也라

④ 父繫而伏之 : 혹 아비에게 죄를 뒤집어씌워 얽어매면 자식은 반드시 납작 엎드려 재산을 바쳐 그 아비를 구하게 될 것이다.
或加父罪而繫之면 子必伏而破產以贖父也라

⑤ 予虛爵而驕之 : 혹 이름만 있고 지위가 없는 벼슬을 주어 그 사람을 교만하게 만들고, 씀씀이를 헤프게 한다.
或空與爵名而無其位하여 以驕此人하고 令有所費用也라

⑥ 收其春秋之時而消之 : 부유한 자들은 먼저 재물을 쌓아둠으로써 봄과 가을에 이익을 꾀하는데, 지금은 관청 자체에서 거둬들여 그들의 이익을 줄인다.
富者 先貯物하여 以射春秋之利어늘 今則官自收而消也라

⑦ 有雜禮我而居之 : 혹 비용과 재물을 들여 '나(군주)'에게 복잡한 禮를 행하는 자가 있는데, 그런 자는 그 사람의 뜻을 존중하여 그렇게 하도록 한다.
或有費用財物雜禮於我이어늘 若此者 順其意而居之라

⑧ 時擧其强者以譽之 : 부유한 데다가 강하면 명예를 만들어주거나 혹 무리를 통솔하게 한다.
富而又强이면 則爲之作聲譽어나 或令有所統率이라

⑨ 强而可使服事 : '服'은 '행하다'는 의미이다. 강한 자가 일을 행하면 그 일이 반드시 이루어진다.
服은 行也니 强者服事면 事必成이라

⑩ 辯以辯辭 : 언변이 뛰어난 자는 화려한 언변을 구사하게 한다.
其有辯明者는 則令辯繁辭라

⑪ 智以招請 : 부유하고 지혜가 많은 자는 불러들여 한번 뵙기를 청하게 한다.
富而多智는 則使招來而請謁也라

⑫ 廉以摽人 : 부유하고 청렴하면 사람들의 표본이 되게 한다.
富而淸廉하면 則使爲人標式이라

⑬ 堅强以乘六 廣其德以輕上位 : 군주가 확고한 의지와 강한 힘으로 이상 여섯 종류의 사람들을 신하로 부리면 군주의 덕을 넓힐 수 있다. 또한 군주의 업무를 나누어줄 수 있

으므로 군주 자리의 무게가 가벼워진다.

君能堅意强力하여 以乘上之六者면 可以廣其德하고 又可以分其上之任이라 故位輕者也라

⑭ 不能使之而流徙 此謂國亡之郄(극) : 만약 위의 여섯 종류의 신하들을 임명하여 부리지 못하고 방치하여 떠나보낸다면, 이는 곧 나라를 망하게 하는 '구멍'이 된다.

若不能使任上之六者하고 乃流而移徙之면 斯亡國之郄也라

⑮ 故法而守常 : 〈'故法'은〉 옛 법을 가리킨다. 그 법을 얻는 자는 일정한 원칙을 지킨다. 그러므로 바뀌지 않는다.

謂古法이니 得其法者則守常이라 故不革也라

⑯ 尊禮而變俗 : 쾌락에 빠지고 방종한 풍속은 변화시켜야 한다.

流遁之俗은 則當變之라

⑰ 上信而賤文 : 꾸밈은 공허하고 실용성이 적으므로 천시한다.

文은 虛而寡用이라 故賤之라

⑱ 好緣而好駔 : '緣'은 '버리다'는 의미이고, '駔'은 건장한 말이다. 겁이 많고 성질이 못된 자는 반드시 난리를 피우므로 버린다. 간사한 무리 가운데 뛰어난 자 또한 나라를 어지럽히니 마땅히 끊어내야 한다는 것을 비유하였다.

緣은 卽捐也요 駔은 馬之壯健者라 怯惡者 必亂이라 故棄之라 喩姦人之雄亦亂國이니 當絶이라

나라를 다스리는 자는 백성의 타고난 욕망에 역행한 이후에 백성들과 친해질 수 있습니다. 백성들이 편안하고자 하면 수고로움을 가르치고, 백성들이 살고자 하면 죽음을 무릅씀을 가르칩니다. 수고로움의 가르침이 확립되면 나라가 부유해지고, 죽음을 무릅쓰도록 하는 가르침이 확립되면 위엄이 행해집니다.

爲國者 反民性然後可以與民戚①이니 **民欲佚而敎以勞**②하고 **民欲生而敎以死**③하니 **勞敎定而國富**④요 **死敎定而威行**⑤이라

① 反民性然後可以與民戚 : '戚'은 '친하다'는 의미이다. '反'은 '눈을 감고 무시하다'는 의미이다. 백성의 타고난 욕망을 따르면 반드시 패망하게 되니, 만약 타고난 욕망에 역행한다면 그 이후에 일을 이루고 백성과 더불어 친해질 수 있다.

戚은 親也요 反者는 冥也라 順其性欲이면 必敗亡이니 若能反之면 然後有成하고 可與之親之也라

② 欲佚而敎以勞 : 수고하여 경작하고 우물을 파게 되면 공이 있게 된다.

勞致於耕鑿則有功이라

③ 欲生而敎以死 : 죽음으로 외적의 침략을 막게 되면 공이 있게 된다.

死致於寇難則有功也라

④ 國富 : 재물이 쌓이기 때문이다.
積財故也라

⑤ 威行 : 죽음을 무릅쓰면 아무도 그 날카로움을 감당할 수 없다. 그러므로 위엄이 행해진다.
致死則莫能當其鋒이라 故威行也라

聖人은 陰陽의 이치를 본받습니다. 그러므로 겉모습은 반듯하고 내면은 고요합니다.[46] 그러므로 감정이 왕성한 자는 정신을 손상시키고, 바탕을 아름답게 하는 자는 문채를 손상시키며, 변화에 능한 자는 實을 名에 상응시키고 시기에 적절하게 일을 처리합니다. 일의 실마리에서 조짐을 파악하지 못하는 자는 재난이 미칩니다.

그러므로 땅의 이익을 따르고, 하늘의 뜻을 받듭니다. 천지의 이치에 역행하여 일을 추진하면 망하게 되는 것이니, 나라의 문호를 활짝 열고 욕됨을 막아야 합니다. 땅의 이로움을 따를 줄 아는 것은 하늘의 이치에 참여하는 것이니, 하늘의 뜻을 받드는 사람은 행동이 반드시 분명하고, 천지의 이치에 역행하여 일을 추진하다 망하는 사람은 人心을 잃게 됩니다.

일을 공정하게 처리하면 도가 반드시 실행됩니다. 나라의 문호를 활짝 여는 사람은 〈나라 밖의〉 좋은 말들을 받아들입니다. 어찌 욕된 일에 대해 술잔을 잡고 제사 지내겠습니까? 神의 위계질서를 아는 자는 희생 제물과 〈제물용〉 玉器를 잡고 술잔을 올리게 합니다. 비록 집안에 작은 손해가 있을 수 있지만, 작은 손해로 큰 재앙을 물리칩니다. 마음을 원만하게 하고, 밖의 일은 때에 맞게 합니다. 그리고 다시 강한 자를 敬畏하여 겸허함을 기릅니다. 사물이 겉으로 바르게 보인다 해도 그 내면의 실정을 잘 살펴야 합니다.

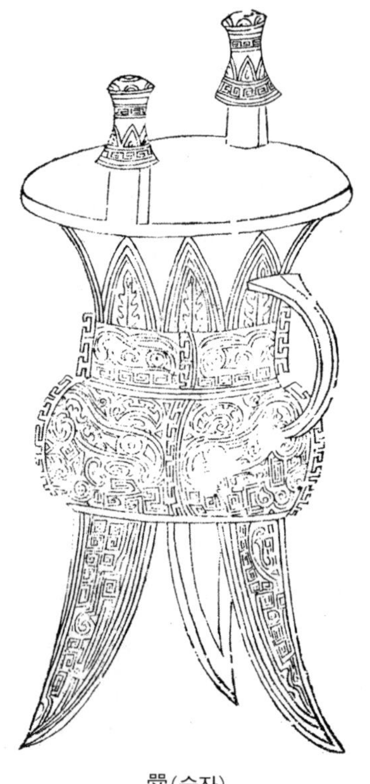

斝(술잔)

46) 겉모습은……고요합니다 : 原注에서는 "안으로는 陰氣를 품고 밖으로는 陽氣를 드러낸다."로 풀이하고 있다. 따라서 본서에서는 '平'은 陽과 연결시켜 '반듯함'으로, '險'은 陰과 연결시켜 '고요함'으로 의역하였다.

聖人者 陰陽理①라 故平外而險中②이라 故信其情[47]者 傷其神하고 美其質者 傷其文③하고 化之美者 應其名④하고 變(其)〔之〕[48]美者 應其時⑤니 不能兆其端者 菑及之⑥라 故緣地之利⑦하고 承從天之指⑧라 辱擧其死⑨니 開國閉辱⑩이라 知其緣地之利者 所以參天之吉綱[49]也⑪니 承從天之指者 動必明이요 辱擧其死者 與其失人同⑫이라 公事則道必行⑬하고 開其國門者 玩之以善言⑭이니 柰其斝(가)辱⑮이리오 知神次者 操犧牲與其珪璧하여 以執其斝⑯니 家小害나 以小勝大⑰라 員其中하고 辰其外⑱하고 而復(부)畏强長其虛⑲하고 而物正以視其中情⑳이니이다

① 陰陽理 : 陰陽의 이치를 본받는다는 의미이다.
言法陰陽之理라

② 故平外而險中 : 이렇게 되면 안으로는 陰氣를 품고 밖으로는 陽氣를 드러낸다.
此則含陰於內하고 發陽於外라

③ 信其情者 傷其神 : 감정이 왕성하면 정신이 소멸된다.
情盛則神滅也라

④ 化之美者 應其名 : 實이 그 名에 상응하므로 변화에 능하다.
實應其名이라 故化美也라

⑤ 變其美者 應其時 : 일이 시기에 적절히 일치하기 때문에 변화에 능하다.
事應其時라 故變美也라

⑥ 不能兆其端者 菑及之 : 다가오는 일의 실마리에서 그 조짐을 파악하지 못하는 자는 항상 그 기미를 놓친다. 그러므로 재난이 미치게 된다.
來事之端에 不知其兆者 常失於幾라 故菑及之也라

⑦ 緣地之利 : '緣'은 '따르다'는 의미이다.
緣은 順也라

⑧ 承從天之指 : '指'는 '뜻'이다. 하늘의 뜻을 받들어 따라야 한다.
指는 意也니 當承順天之意也라

⑨ 辱擧其死 : '辱'은 '逆'과 같다. 천지의 이치를 역행하여 일을 추진하면 죽게 된다.

47) 信其情 : 張佩綸(淸)은 '信'은 '伸'으로 읽어야 한다고 보았다.(≪管子學≫) 原注에서도 '盛'으로 풀이하고 있다.

48) (其)〔之〕 : 저본에는 '其'로 되어 있으나, 豬飼彦博(日)의 ≪管子補正≫에 의거하여 '之'로 바로잡았다. 王念孫(淸)도 같은 주장을 하면서, "變之美者 應其時"는 앞의 "化之美者 應其名"과 對文이 된다고 보았다.(≪讀書雜志≫)

49) 天之吉綱 : 郭沫若(中)은 '吉'은 '記'의 훼손된 글자이고, '記綱'은 곧 '紀綱'의 의미라고 보았다.(≪管子集校≫) 原注에서는 '吉綱' 자체로 인용하고 있는데 그 의미가 불분명하다.

辱은 猶逆也니 逆天地以擧事則死也라

⑩ 開國閉辱 : 나라를 열어 좋은 말을 받아들일 수 있으면 욕됨을 막을 수 있다.

若能開國以納善言이면 則辱可閉也라

⑪ 知其緣地之利者 所以參天之吉綱也 : 땅의 이로움을 잘 따를 줄 알면 천지의 길한 이치에 참여할 수 있다.

知能順地之利면 則能參天地之吉綱이라

⑫ 辱擧其死者 與其失人同 : 天理를 역행하여 일을 추진하기 때문에 '인심을 잃음'과 같게 되는 것이다.

逆天擧事라 故與失人同也라

⑬ 公事則道必行 : 일을 공정하게 처리하면 막힘이 없다. 그러므로 그 도가 반드시 실행된다.

公事則無擁[50]이라 故其道必行也라

⑭ 開其國門者 玩之以善言 : 〈나라 밖에는〉 받아들일 만한 좋은 말들이 있다. 그러므로 나라를 열고 받아들인다.

有善言可玩이라 故開國以納之也라

⑮ 柰其斝(가)辱 : 또한 이미 욕된 일이 있으면 어찌해야 하는가? 오직 술잔을 잡고 신에게 제사를 드림으로써 용서를 빌 뿐이다.

亦旣有辱이면 當柰之何오 唯有執斝爵祭神하여 以謝過耳라

⑯ 知神次者……以執其斝 : 신의 등급을 아는 무당으로 하여금 희생 제물과 〈제물용〉 玉器를 잡고 술잔을 올려 신에게 빌고 신의 뜻을 거스른 죄를 사과하게 해야 한다.

當令巫祝知神之次秩者 操牲及珪璧하고 執斝爵하여 以禱神하여 而謝逆擧之罪也라

⑰ 家小害 以小勝大 : 제사의 비용은 집안에 비록 작은 손해를 끼치지만, 그 작은 손해로 말미암아 큰 재앙을 물리친다.

祭祀之費는 家雖有小損이나 因此小損으로 以勝大災라

⑱ 員其中 辰其外 : 이미 잘못을 빌었으면 또한 마음속을 원만하게 하여 마음에 치우친 바가 없게 해야 하고, 진실로 좋은 것이 있으면 그것을 좇아 밖의 일에서 때를 놓치는 일이 없게 해야 한다. '辰'은 '때'이다.

旣以謝過면 又當員中하여 心無所專하고 固有善則從하여 無失外事之時也라 辰은 時也라

⑲ 復(부)畏强長其虛 : 자신보다 강대한 자가 있으면 겸허한 마음을 길러 이를 敬畏해야 한다.

其有强大於己者면 則當長其謙虛之心하여 而敬畏之也라

⑳ 物正以視其中情 : 사물에 있어 비록 겉으로는 반듯하게 보여도 여전히 믿지 말고, 또

---

50) 擁 : 문맥상 '壅(막히다)'의 의미로 읽힌다.

한 그 내면의 실정을 살펴 검증해야 한다.

其於物也에 雖見外正이라도 猶未可信하고 又當視其中情以驗之라

桓公이 물었다.

"나라의 문호가 닫히고 백성들이 소란을 피우면 어떻게 대비해야 하는가?"

〈管子가 대답하였다.〉

"세상 사람들이 관대하게 보고 귀신이 마땅하게 보고 사람들이 떠받드는 사람을 뽑아, 그에게 빨리 나랏일을 맡기면 나라가 편안해질 것입니다."

"강한 신하들이 齊나라에 병립해 있으면 국정을 어찌해야 하는가?"

"높은 명예를 주어 이름을 드러내게 하고, 중요한 관직을 주어 위험을 피하지 않게 하고, 그 능력을 따져서 그에 따라 책임을 맡기되 가까운 자일수록 거리를 두어 군주에게 함부로 대하지 못하게 하고, 소원한 자일수록 친밀하게 대하여 군주의 뜻을 오해하지 않게 합니다. 이것이 〈강한 신하들이 병립해 있는 상황에〉 대처하는 방법입니다.[51)]"

公曰 國門則塞하고 **百姓(誰)〔讙〕(敢)敖**[52)]면 **胡以備之**①오 **擇天下之所宥**②하고 **擇鬼之所當**③하고 **擇人天之所戴**④하여 **而亟付其身**이 **此所以安之也**⑤니이다 **强與(短)〔强〕**[53)]**而立齊**면 **國之若何**⑥오 **高予之名而舉之**⑦[54)]하고 **重予之官而危之**⑧하고 **因責其能以隨之**하되 **猶傶則疏之**하여 **毋使人圖之**⑨하고 **猶疏則數之**하여 **毋使人曲之**⑩[55)]니 **此所以爲之也**⑪니이다

① 國門則塞……胡以備之 : '외적이 침입함에 나라의 문이 닫히고 백성들이 경계하고 지키

---

51) 이것이……방법입니다 : 原注에서는 "이와 같이 사람들을 어루만지면, 위에서 언급한 강한 활을 지니고 짧은 병기를 지닌 외적을 막을 수 있다."고 풀이하고 있는데, 본서에서는 이를 따르지 않았다.

52) 百姓(誰)〔讙〕(敢)敖 : 저본에는 '百姓誰敢敖'로 되어 있으나, 丁士涵(淸)의 견해에 의거하여 '誰'를 '讙'으로 바로잡고, '敢'을 衍文으로 처리하였다. '誰'를 '讙'의 誤字로 보았으며, ≪荀子≫ 〈彊國〉에도 "百姓讙敖"라는 표현이 나온다는 것이다.(≪管子校本≫)

53) (短)〔强〕 : 저본에는 '短'으로 되어 있으나, 張文虎(淸)의 견해에 의거하여 '强'으로 바로잡았다. 魯나라의 '三桓'이나 晉나라의 '六卿'과 같은 강한 신하들이 나라에 병립해 있는 상황을 언급하고 있다는 것이다.(≪舒藝室隨筆≫) 原注에서는 '强'과 '短'을 모두 외적으로 풀이하고 있는데, 뒤의 문장과 순조롭게 연결되지 않는다.

54) 高予之名而舉之 : 許維遹(中)의 ≪管子集校≫에 의거하여 '舉'를 '揚'의 의미로 보았다.

55) 猶傶則疏之……毋使人曲之 : 陶鴻慶(淸)은 '傶'을 '戚'으로 읽었고, 原注는 모두 틀렸다고 보았다.(≪讀管子札記≫)

는데, 누가 감히 방자하게 굴 것인가? 사정이 이와 같으면 어떻게 대처하는 게 좋은가?'라는 의미이다.

謂寇有至에 國門以塞하고 百姓警衛어늘 而誰敢傲者리오 事至於此면 如何救而可오

② 擇天下之所宥 : 천하 사람들에게 미움받지 않는 사람을 가리킨다.

謂不爲天下之所疾者라

③ 擇鬼之所當 : 귀신이 복을 내려 도와주는 사람을 가리킨다.

謂爲神所福助者也라

④ 擇人天之所戴 : 사람들에 의해 떠받들어지는 사람을 가리킨다.

謂爲人所戴仰者也라

⑤ 亟付其身 此所以安之也 : 이 세 종류의 덕을 지닌 사람을 얻어 그 몸에 맡기면, 비록 외적이 쳐들어온다 해도 나를 어쩌지 못할 것이다. 그러므로 편안한 것이다.

得此三德之人하여 付其身而任之면 雖有寇賊이라도 無若我何라 故安이라

⑥ 强與短而立齊 國之若何 : '외적이 이미 강한 활을 지니고 또 짧은 병기를 잡고서, 陣을 펼쳐 齊나라를 공격하면 그들을 어떻게 막아야 하는가?'라는 말이다. 이 또한 桓公이 묻는 말이다.

謂寇賊旣持强弓하고 又執短兵하고 列陣而立하여 以攻齊國이면 若之何禦之오 此亦公問之辭라

⑦ 高予之名而擧之 : 그 명예를 높여주면 기뻐할 것이다.

高擧其名이면 則歡悅也라

⑧ 重予之官而危之 : 그에게 중요한 관직을 주면 위험과 죽음을 피하지 않을 것이다.

與之重官이면 則不避危亡也라

⑨ 因責其能以隨之……毋使人圖之 : 그 능력을 따져 그에 따라 임명하면 스스로 힘쓰게 되니, 관망하면서 지나치게 총애하여 오히려 모욕을 불러들여 사람들로 하여금 군주를 도모하는 일이 없게 한다.

責知其能하여 隨而任之면 則自課厲하니 而無所顧望하여 啓寵納侮하여 使人圖之也라

⑩ 猶疏則數之 毋使人曲之 : 총애와 신임을 받지 못하여 나에게 소원한 자는 자주 은혜를 베풀어 기쁘게 하여, 원망하거나 음모를 꾸미지 않게 하고 자신의 흠을 왜곡하며 변명하지 않게 한다.

因不寵任而疏己者는 則數(삭)加恩義以悅之하여 無使人見怨陰謀하고 曲求己隙者也라

⑪ 此所以爲之也 : 이와 같이 사람들을 어루만지면, 위에서 언급한 강한 활과 짧은 병기를 지닌 외적을 막을 수 있다.

撫人若此면 可以禦上强與短兵之寇也라

〈桓公이 물었다.〉

"大臣의 권력이 너무 크면 장차 도리어 해로움이 될 것이오. 나는 근심을 풀어내어 해로움을 제거하고, 대신의 작은 능력을 살펴 그의 큰 욕심을 파악하려고 하니 어떻게 해야 하겠소?"

〈管子가 대답하였다.〉

"뿌리가 깊은 나무는 잘라내지 말고, 견고해진 일에는 들어가지 말고, 그 실정을 깊이 살펴 감시의 눈을 늦추지 말고, 착하지 않은 사람은 도와주지 말고, 그 착하지 않음을 밝게 드러내어 사라지지 않게 하고, 〈군주를 해치려는 마음이〉 무성하게 자라나면 〈그를 제거할 때를〉 놓치지 마십시오. 열 마디 좋은 말이 있다 하더라도 이 한마디 말만 못합니다. 〈이렇게 하면〉 비록 처음에는 흉하지만 나중에는 반드시 길하게 될 것입니다. 그러므로 〈최종적으로는〉 나라가 평온해지고 원만해지게 됩니다."

大有臣甚大면 **將反爲害**①일지니 **吾欲優患除害**하고 **將小能察大**하니 **爲之奈何**②오 **潭根之**면 **毋伐**③하고 **固事之**면 **毋入**④하고 **深鬣**(자)**之**하여 **毋涸**(학)⑤하고 **不儀之**면 **毋助**⑥하고 **章明之**하여 **毋滅**⑦하고 **生榮之**면 **毋失**⑧하소서 **十言者**라도 **不勝此一**⑨이니 **雖凶必吉**⑩이라 **故平以滿**이니다

① 大有臣甚大 將反爲害 : 대신이 부유하고 신하의 〈권력이〉 또한 매우 크다는 것이니, 〈권력이〉 매우 크면 군주를 핍박한다. 그러므로 장차 역으로 군주에게 해롭게 된다는 말이다.
謂大臣富有하고 旣臣且甚大하니 甚大則逼君이라 故將反爲害라

② 吾欲優患除害……爲之奈何 : '나는 또한 이러한 근심을 풀어서 점차적으로 그 해로움을 제거하려고 하고, 매번 그 작은 능력을 보고서 그 큰 욕심을 파악하려고 한다. 이런 일을 하기 위해서는 어떻게 해야 하는가?'라는 의미이다. 이 또한 桓公이 묻는 말이다.
言我且欲寬優此患하여 漸除其害하고 每見其小能하여 則察知其大欲이니 爲此事如何오 亦公之問辭也라

③ 潭根之 毋伐 : '潭'은 '깊다'는 의미이다. 이것은 큰 나무로 惡을 비유하고 있다. 큰 나무는 뿌리가 깊어 쓰러뜨릴 수 없듯이, 권세가 큰 신하는 뿌리내린 당파가 튼튼하여 또한 갑자기 잡아 죽일 수 없다.
潭은 深也니 此以大樹喩惡也라 譬若大樹는 深根不可伐하니 大臣根黨盤하여 亦未可卒誅라

④ 固事之 毋入 : 이미 잡아 죽일 수 없는 데다가 그의 권세가 견고해지면, 그런 자에게 영합하여 그 악행을 함께해서는 안 된다.

既未能誅하고 且固事之면 無得入同其惡也라

⑤ 深鬣(자)之 毋涸(학) : '鬣'는 그 깊은 실정을 살핀다는 의미이다. 항상 살펴보게 하여 마르지 않게 한다.

鬣는 謂探其深情이니 常令見之하여 無使涸竭也라

⑥ 不儀之 毋助 : '儀'는 '착하다'는 의미이다. 저 사람은 착하지 않으니 그를 돕고 보좌해서는 안 된다.

儀는 善也라 彼爲不善이니 無得助佐之也라

⑦ 章明之 毋滅 : 착하지 않음을 밝게 드러내어 사람들이 모두 알게 하여, 그것이 어둠 속에서 사라지지 않게 해야 한다.

當發明不善하여 令人皆知之하여 無使昧滅也라

⑧ 生榮之 毋失 : 군주를 찬탈하고 시해하려는 마음이 마치 초목이 무성하게 자라나듯이 생겨나면, 이는 그런 자를 잡아 죽일 수 있는 때이니 결코 놓치지 말아야 한다는 의미이다.

謂生簒殺(시)之心이 若草木之生榮이면 此는 其可誅之時이니 必不得失之라

⑨ 十言者 不勝此一 : 가령 다른 일에서 열 마디 좋은 말이 있더라도 이 한 마디 말만 못하다는 의미이다.

謂令他事有十言之善이라도 不如此一言也라

⑩ 雖凶必吉 : 그런 자를 참으면서 용납하고 굴복하면서 받드는 것은 흉하다. 〈그러나〉 악이 무르익어서 잡아 죽이기 쉬운 것은 길하다.

忍而容之하고 屈而事之는 凶也요 惡稔易(이)誅는 吉也라

〈桓公이 물었다.〉

"나라에 아무 일 없을 때 재물을 쌓았다가 유사시를 대비하는 일은 어떻게 해야 하는가?"

〈管子가 대답하였다.〉

"재물을 쌓아놓은 부유한 자가 음식을 넉넉하게 하여 사치스럽게 먹고, 수레와 말을 화려하게 꾸며 달리고, 자주 술을 마시면서 흥청망청 재물을 쓰면, 천년이 지나도 백성들이 외부로 나가 먹고살지 않게 됩니다. 이런 것을 '근본적인 조치〔本事〕'라고 합니다.

縣에서 재물을 수납할 때는 그것을 주재하는 자가 있고, 그렇게 재물을 수납하는 것은 백성들의 쓰임을 다스리기 위해서입니다. 그렇게 하여도 〈백성들의 쓰임이〉 다스려지지 않으면, 재물을 시장에 쌓아 〈유통시킵니다. 그러면〉 어떤 자는

손해를 보고 어떤 자는 이익을 보니, 이런 것을 이익에 일정함이 없다고 합니다.

백성들은 다른 보물이 없고 이익을 으뜸으로 삼습니다. 어떤 때는 이익을 보고 어떤 때는 손해를 보는데, 〈백성들은〉 오직 이익이 나는 곳을 따릅니다. 이익이 난 이후에 〈재물이〉 유통되고, 〈재물이〉 유통된 이후에 나라가 온전히 성립됩니다. 이익이 멈추어 변화가 없으면, 이익이 나는 곳을 살펴서 이익이 나는 곳으로 옮겨 가야 합니다.

無事而總하여 **以待有事**는 **而爲之若何**①오 **積者 立餘(日)〔食〕**[56)] **而侈**하고 **美車馬而馳**하고 **多酒醴而靡**②하면 **千歲毋出食**이니 **此謂本事**③라 **縣**[57)] **(人)〔入〕**[58)] **有主**④하고 **(人)〔入〕此**는 **治用**⑤이나 **然而不治**면 **積之市**⑥라 **一人積之下**요 **一人積之上**니 **此謂利無常**⑦[59)]이라 **百姓**은 **無寶**요 **以利爲首**⑧니 **一上一下**로되 **唯利所處**⑨니 **利然後能通**하고 **通然後成國**⑩이라 **利靜而不化**면 **觀其所出**하여 **從而移之**⑪니이다

① 無事而總……而爲之若何 : '總'은 '거둬들여 쌓다'는 의미이다. 그러므로 국가가 전례에 따라 평온하고 안정될 때 재물을 가득 쌓아두었다가, 일이 없을 때 거두어 쌓은 것으로 유사시에 이르러 그 쌓은 것을 흩어서 사용하게 한다.
總은 謂收積也라 故使國家從故平安之時滿積其財하여 以無事之時收積으로 至時에 散其積而用也라

② 積者……多酒醴而靡 : '積'은 부유하여 재물을 쌓아놓은 자를 가리킨다. 부유하여 사치스럽게 음식을 먹고 수레를 화려하게 꾸미고 자주 술을 마시면 재물을 소비하게 되니, 그러한 소비로 말미암아 〈백성들이〉 재물을 거둬들인다.
積은 謂富而積財者라 富而侈食하고 美車多醴하면 財有所散이니 因其散以收之라

③ 千歲毋出食 此謂本事 : 비록 다시 천년이 지난다 할지라도 항상 스스로 자기 재물로 먹고 살게 하고 외지로 나가지 않게 하는 것은, 부자의 재물을 거둘 수 있기 때문이다.

---

56) (日)〔食〕: 저본에는 '日'로 되어 있으나, 丁士涵(淸)의 견해에 의거하여 '食'으로 바로잡았다. 原注에도 '食'으로 쓰여 있고, 다음에 나오는 "千歲毋出食"도 이곳의 '餘食'을 받아서 나오는 말이라는 것이다.(≪管子校本≫) 宋本·古本 등에도 '食'으로 되어 있다. 한편 '立'은 郭沫若(中)의 ≪管子集校≫에 의거하여 '昱'으로 읽는다.

57) 縣 : '縣'을 原注에서는 '繫屬'의 의미로 풀이하고 있지만, 郭沫若(中)은 행정단위로 풀이하고 있다.(≪管子集校≫)

58) (人)〔入〕: 저본에는 '人'으로 되어 있으나, 郭沫若(中)의 ≪管子集校≫에 의거하여 '入'으로 바로잡았다. 아래도 같다.

59) 一人積之下……此謂利無常 : 原注에서는 관청과 백성이 개별적으로 재물을 쌓는 상황으로 풀이하고 있는데 의미가 순조롭지 않다. 본서에서는 原注에 따르지 않고 전후 문맥에 의거하여 번역하였다.

이것이 축적의 근본이다.

雖復千歲라도 常令自食其財하고 無使他外는 則富者之財可得而收之니 此積之本이라

④ 縣人有主 : '縣'은 '매여 속하다'는 의미이다. 남에게 매여 속하고자 하면 반드시 근본으로 삼는 바가 있어야 하는데, 재물을 근본으로 삼는다는 의미이다.

縣은 謂繫屬也라 言欲繫屬於人이면 必有所主이니 主於財라

⑤ 人此治用 : 관청에서 이미 재물을 축적하면, 백성들은 관청에서 재물을 취하여 그 〈일상적 생활의〉 쓰임에 사용한다.

官旣積財면 人則於官取之하여 以理其(器)[60]用也라

⑥ 然而不治 積之市 : 관청의 재물을 취하여 그 〈일상적 생활의〉 쓰임에 사용하지 않으면, 차라리 시장에서 쌓아놓고 높은 가격으로 이익을 얻게 한다는 의미이다.

謂不取官財以理其用이면 翻乃積之於市하여 使高價得其利也라

⑦ 一人積之下……此謂利無常 : 재물이 이미 시장에 들어가면 관청과 개인이 함께 재물을 쌓는 것이니, 위의 관청에서 한 푼을 쌓으면 아래 백성들 또한 한 푼을 쌓는다. 〈그러므로〉 이익에 일정함이 없다고 할 수 있다.

財旣入市면 則公私共積之니 上雖積一分이면 下亦積一分이니 可謂利無常也라

⑧ 百姓無寶 以利爲首 : 백성들은 다른 보물이 없고, 오직 이익을 보물의 으뜸으로 삼는다.

百姓無他寶요 惟以利爲寶之首라

⑨ 唯利所處 : 이익의 축적이 많은 곳으로 백성들은 좇아가 귀의한다.

利積多者 百姓則從而歸之也라

⑩ 通然後成國 : 이익이 없어서 재물이 유통되지 않으면 나라가 망한다.

無利而不通則國亡也라

⑪ 利靜而不化……從而移之 : 이익에 변화가 없는 것은 이익이 나오는 곳이 변하지 않기 때문이다. 이를 잘 살펴서 이익이 나는 곳으로 옮겨가 변화시킨다.

利而不化者는 則由所出不變故也라 觀而移變之라

임무를 제대로 수행하지 못하는 자를 보면 〈강등시켜〉 일반 백성과 같은 지위에 두십시오. 명예를 좋아하는 자를 선택하여 백성들의 우두머리로 삼으십시오. 명예를 좋아하여 그치지 않으면 그로 인해 국가의 기틀이 됩니다. 공을 제대로 완수하지 못한 자는 독보적인 명예가 주어질 수 없고, 일에 통달하지 못한 자는 명예를 언급할 수 없습니다. 공을 이룬 이후에 독보적인 명예가 주어질 수 있고, 일에 통

60) (器) : 저본에는 '器'가 있으나, 다음의 原注에 나오는 "不取官財以理其用"에 의거하여 衍文으로 처리하였다.

달한 이후에 명예를 언급할 수 있습니다. 이렇게 한 이후에 〈군주로부터〉 제사 지낸 고기를 받을 수 있습니다.

視其不可使면 **因以爲民等**①하고 **擇其好名**하여 **因使長民**②할지니 **好而不已**면 **是以爲國紀**③라 **功未成者**는 **不可以獨名**④이요 **事未道者**는 **不可以言名**이니 **成功然後可以獨名**⑤하고 **事道然後可以言名**일지니 **然後可以承致酢**⑥[61]니이다

① 視其不可使 因以爲民等 : '等'은 '좇아서 같게 하다'는 의미이다. '不可使'는 그 사람이 文武의 재능이 없을 뿐만 아니라, 임무를 맡아 제 역할을 하지 못하는 것을 말한다. 이런 사람은 이익을 일으키는 사람들을 좇아서 그들과 같은 위치에 서게 한다.
等은 謂率而齊之요 不可使는 謂其人非有文武之材하고 又不任作役이라 若此者는 使之率興利之人而齊之也라

② 擇其好名 因使長民 : 허황된 명예를 좋아하는 사람이 있으면 선택하여 이익을 일으키는 사람들의 우두머리로 삼는다.
其有好虛譽之名者면 則擇之使爲興利者之長이라

③ 好而不已 是以爲國紀 : 명예를 좋아함을 그치지 않으면 재물이 더욱 축적된다. 그러므로 국가의 기틀이 된다.
好名不已면 財乃彌積이라 故爲國紀라

④ 功未成者 不可以獨名 : 재물을 쌓는 공이 아직 이루어지지 않으면 독보적으로 주어지는 명예가 없다.
積財之功未成이면 則無獨與之名이라

⑤ 成功然後可以獨名 : 사람들이 모두 이 사람에게 명예가 있다고 말한다.
衆共言此人有名이라

⑥ 事道然後可以言名 然後可以承致酢(작) : 이미 독보적인 명예를 지니고 있고 또한 사람들이 그의 명예를 말한 이후에, 군주가 하사하는 보답을 받을 수 있다.
旣有獨名하고 又有言名然後에 可以至於承君之酢報也라

〈군주가 나라를 다스릴 때〉 사대부를 우선시하는 것은 스스로 허물을 범하는 행위이고, 백성을 뒤로하는 것은 스스로를 먹칠하는 행위입니다. 군주의 지위를 가볍게 여기면 나라가 반드시 패망하고, 군주의 친척을 소원히 대하면 군주의 전략이 장차 누설됩니다. 다른 나라 사람들에게 벼슬을 주지 말아야 할 것이니, 이는 나라의 근간을 잃게 되는 길입니다. 자주 〈정령을〉 바꾸지 말아야 할 것이니, 이는

---

61) 可以承致酢(작) : 尹桐陽(中)은 '酢'을 '胙(제사 지낸 고기)'와 같은 글자로 보았다.(≪管子新釋≫)

기존에 이룬 것을 망가뜨리게 되는 길입니다. 대신이 죄를 짓더라도 나라 밖으로 추방하지 말아야 할 것이니, 이는 국내 실정을 누설하게 되는 길입니다. 대신의 집에서 자주 머물면서 술 마시지 말아야 할 것이니, 이는 나라가 크게 쇠약해지게 되는 길입니다.

비록 세 명의 堯가 창고에 있더라도 재물을 매달아놓기만 한다면 재물은 측근 신하들에게 돌아갈 것이니, 이와 같으면 이 때문에 반드시 나라가 망하게 될 것입니다. 비유하자면 이는 윗부분이 길게 늘어진 술잔과 같으니, 술잔 윗부분이 바닥보다 크면 술이 제멋대로 아래로 흘러 질펀하게 됩니다. 군주가 명령을 진실로 내려도 다스리지 못하면 위아래가 서로 적절히 대하지 못하게 됩니다. 이것을 군주를 시해하는 일이라고 합니다. 일이 이루어졌는데도 무너지는 것은 어째서입니까? 군대가 멀리 있는데도 두려워하는 것은 어째서입니까? 백성들이 모여들었다가 흩어지는 것은 어째서입니까? 편안함이 그치고 위태로워지는 것은 어째서입니까?[62]

先其士者之爲自犯①하고 **後其民者之爲自贍**②[63]이라 **輕國位者 國必敗**③하고 **疏貴戚者 謀將泄**④이라 ***毋仕異國之人***일지니 **是爲失經**⑤이요 ***毋數***(삭)***變易***일지니 **是爲敗成**⑥이요 **大臣得罪**라도 **勿出封外**일지니 **是爲漏情**이요 ***毋數據大臣之家而飮酒***일지니 **是爲使國大消**⑦라 **三堯在臧**이라도 **於縣**이면 **返於連比**니 **若是者**면 ***必從是***(뇌)**亡乎**⑧인저 **辟**(비)**之若尊**(준)**譚**이니 (未)〔末〕**勝其本**이면 **亡流而下**⑨**不平**[64]이라 **令苟下不治**⑩면 **高下者不足以相待**⑪[65]니 **此謂殺〔事〕**[66]라 **事**

62) 일이……어째서입니까 : 일반적으로 이 구절은 齊 桓公의 물음으로 보고, 이어지는 다음 단락을 管子의 대답으로 간주한다. 그러나 原注에 근거할 때, 이 구절과 다음 단락은 관자의 自問自答이 된다. 본서에서는 원주에 의거하여 관자 자신의 물음으로 처리하였다.

63) 先其士者之爲自犯 後其民者之爲自贍 : 郭沫若(中)은 이 구절을 '士'와 '民'의 선후 관계에 대한 것으로 보았으며, 관자의 입장은 당연히 '先民後士'라는 것이다. 본편의 주제인 '侈靡'는 사대부(가진 자)의 축적된 재물을 소비하여 백성들에게 衣食을 제공하자는 것인데, 지금 그 반대로 하는 행위는 군주의 '自犯'이고 '自贍'이라는 것이다. 여기서 곽말약은 '贍'은 '黵' 즉 '먹칠하다'는 의미로 읽어야 한다고 보았다.(≪管子集校≫) 原注에서는 선비가 벼슬길에 스스로를 추천하는 행위, 그리고 이익을 창출하는 자가 나라를 생각하지 않고 자기 자신만 여유롭게 하는 행위에 대한 비판으로 풀이하고 있으나, 본서에서 따르지 않았다.

64) (未)〔末〕勝其本 亡流而下不平 : 저본에는 '未'로 되어 있으나, 張佩綸(淸)의 견해에 의거하여 '末'로 바로잡았고, "亡流而下不平"으로 끊어 읽었다.(≪管子學≫) 原注에서는 "亡流而下"로 斷句하고, '不平'을 뒷 문장과 연결시키고 있는데, 이 경우 문장의 흐름이 순조롭지 않다.

65) 高下者不足以相待 : 原注에서는 "自處其高 欲下待上 必不待之也(스스로 높은 자리에 앉아 아

立而壞는 **何也**오 **兵遠而畏**는 **何也**⑫오 **民已聚而散**은 **何也**⑬오 **輟安而危**는 **何也**⑭오

① 先其士者之爲自犯 : 사람에게 선비의 품행이 있으면 마땅히 추천하여 앞세운다. 그런데 지금 오히려 스스로 나서니, 이는 스스로 허물을 범하는 것이 된다.

人有士行이면 當推以爲先이라 今反自先之니 是爲自犯其過也라

② 後其民者之爲自贍 : 어떤 사람이 이익을 일으킬 수 있으면 또한 먼저 나라의 곳간을 채워야 한다. 그런데 지금 나라를 뒤로 하니, 이는 자기 자신만 넉넉히 하고 나라를 걱정하지 않는 것이다.

人能興利면 亦當先之充國이라 今乃後之니 是自爲其贍하고 不憂國也라

③ 輕國位者 國必敗 : 군주의 지위를 가볍게 여기면 〈다른 나라로〉 흩어져 살려는 마음이 생긴다. 그러므로 나라가 망하는 것이다.

輕國位則有散居之心이라 故國敗也라

④ 疏貴戚者 謀將泄 : 군주의 친족을 소원히 대하면 밖을 돌아보려는 생각이 들게 된다. 그러므로 〈국가의〉 전략이 밖으로 새게 된다.

疏貴戚則有外顧之意라 故謀泄이라

⑤ 毋仕異國之人 是爲失經 : '異國之人'은 이른바 나의 동족이 아닌 부류의 사람들이다. 지금 그들을 벼슬에 임명하면 다른 마음을 품게 된다. 이것을 '나라의 근간을 잃음'이라 한다.

異國之人은 所謂非我族類者也라 今而仕之면 其心異니 此謂失國之經也라

⑥ 毋數(삭)變易 是爲敗成 : 자주 변화하고 바꾸면 일이 번잡해지고 공이 없다. 그러므로 "이룬 것을 망가뜨린다."고 말하는 것이다.

數變易則事繁而無功이라 故曰 敗成이라

⑦ 毋數據大臣之家而飮酒 是爲使國大消 : 신하의 집에서 술을 마시면 권위가 〈신하에게〉 옮겨간다. 사물은 둘 다 왕성할 수 없는 법이다. 그러므로 신하가 강해지면 나라가 쇠약해진다.

飮酒於臣家면 則威權移焉이라 物不兩盛이라 故臣强則國消也라

⑧ 三堯在藏……必從是䍃(뇌)亡乎 : 비록 세 명의 堯임금이 창고에 있더라도 단지 재물을 매달아놓고 베풀지 않으면 결국 또한 지킬 수 없다. 그 재물은 없어지면 반드시 측근 신하들에게 돌아간다. 신하들이 재물을 얻은 뒤에 자기 복을 심는데 사용하면 나라는

랫사람들이 윗사람을 존대하길 바라면 결코 아랫사람들이 윗사람을 존대하지 않을 것이다.)"로 풀이하고 있는데, 앞 문장과 순조롭게 연결되지 않으므로 따르지 않았다.

66) 〔事〕 : 저본에는 '事'가 없으나, 許維遹(中)의 견해에 의거하여 보충하였다. 原注에서 "此謂弑君之事"라고 풀이하고 있는 것으로 볼 때, 본래는 '事'가 있었던 게 분명하다는 것이다.(≪管子集校≫)

이 때문에 패망하게 된다. '囂'는 곧 '梟'자이다.

雖使三堯在臧[67]이라도 但懸其物而不散施之면 終亦不能守라 其物亡이면 必(不)[68]返於連比之臣이라 臣既得之하여 自用樹福이면 則國從是囂敗而亡乎라 囂는 卽梟字也라

⑨ 辟(비)之若尊(준)譚……亡流而下 : '譚'은 '늘어지다[延]'는 의미이다. 비록 堯임금이 창고를 지키고 있다 할지라도 재물을 베풀지 않으면 반드시 망하게 된다. 이는 술잔의 위치가 뒤집어지려고 하면 밑바닥이 제자리를 지키지 못하는 것과 같다. 이 술잔의 위치가 제자리를 얻지 못하면 자연히 술이 아래로 쏟아지게 된다.

譚은 延也라 雖堯守藏이라도 不施必亡이니 猶如尊位將反而未能勝其本이니 此位既不可得이면 自然流而下者也라

⑩ 不平 令苟下不治 : 무릇 아랫사람들을 다스리는 자는 반드시 먼저 명령을 고르게 하여야 한다. 명령이 고르지 않으면 비록 명령을 내려도 다스려지지 않는다.

凡治理下者는 必先能平令이니 令既不平이면 令雖下而不理者也라

⑪ 高下者不足以相待 : 스스로 높은 자리에 앉아 아랫사람들이 윗사람을 존대하길 바라면 결코 〈아랫사람들이 윗사람을〉 존대하지 않을 것이다.

自處其高하여 欲下待上이면 必不待之也라

⑫ 此謂殺[事]……何也 : 이것은 군주를 시해하는 일을 말한다. 일이 이미 이루어지고 나서 무너지게 되는 경우가 있는데, 그렇게 되는 것은 어째서인가? 즉 덕이 평소에 쌓이지 않았기 때문이다.

此謂弒君之事라 其事既立而後壞니 如此者 何也오 卽以德不素積故也라

⑬ 民已聚而散 何也 : 백성들이 귀의하지 않는 것은 도가 없기 때문이다.

人不歸는 無道故也라

⑭ 輟安而危 何也 : 귀신이 돕지 않기 때문이다. 모두 군주를 찬탈하고 시해하는 것을 말한다.

神不佑故也라 皆謂簒弒라

공이 이루어져도 〈백성들이〉 신뢰하지 않는 자는 위태롭습니다. 군대가 강하여도 의롭지 않은 자는 잔인합니다. 가까이 있는 사람들에게 공손하지 않으면서 멀리 있는 사람들이 오길 바라는 자는 사람들이 믿지 않습니다. 가까이 있는 신하들을 소홀히 대하고 멀리 있는 자들의 비위를 맞추는 자는 일이 이루어져도 무너집

---

67) 三堯在臧 : '臧'은 '藏'으로 읽는다. 이 구절과 관련된 바로 다음의 原注에서도 "雖堯守藏不施必亡"이라는 표현이 나오고 있다.

68) (不) : 저본에는 '不'이 있으나, 문맥상 불필요한 글자이므로 衍文으로 처리하였다. 본문에서도 "返於連比"로 되어 있다.

니다. 국가의 기틀을 없애고 국가의 公族을 훼손하면, 군대가 멀리 달아나고 〈적국이〉 두려워하지 않게 됩니다. 나라가 작은데도 원대한 것만 닦고 있으면, 어질어도 이롭지 않고 오히려 명예만 다투는 자이니, 그런 자는 나라의 누만 될 뿐입니다.

자기 힘을 모으는 것을 좋아하고 남의 강함을 겸하여 危害를 대비하는 자는, 비록 백성들이 잠시 모여든다 해도 반드시 흩어지게 됩니다. 太王(古公亶父)은 무리에 의지하지 않고 자신의 덕에 의지하였으니 백성들이 스스로 모여들었으며, 〈이에 백성들이 원하는 것을〉 제공한 이후에 그들을 이롭게 하니 〈공이〉 이루어져 해로움이 없었습니다. 가까운 사람들을 소홀히 대하고 외부 사람들을 좋아하면 仁을 도모하여도 꾸미는 일이 누설됩니다. 〈세력이〉 미천하고 적은데도 원대한 것을 좋아하면 이 때문에 위태롭게 됩니다."

功成而不信者 殆요 **兵强而無義者 殘**이요 **不謹於附近而欲求遠者 (兵)**[69]**不信**①이요 **略近臣合於其遠者 〔事〕立〔而壞〕**②[70]라 **亡國之(起)〔紀〕**하고 **毀國之族**[71]하면 **則兵遠而不畏**③라 **國小而修大**면 **仁而不利**하고 **猶有爭名者 累哉是也**④라 **樂聚〔己〕**[72]**之力**하고 **以兼人之强**하여 **以待其害**면 **雖聚必散**⑤이라 **大**(대)**王不恃衆而自恃**하니 **百姓自聚**하고 **供而後利之**니 **成而無害**⑥라 **疏戚而好外**면 **企以仁而謀泄**하고 **賤寡而好大**면 **此所以危**⑦라

① 不謹於附近而欲求遠者 兵不信 : 멀리 있는 자들을 오게 하고자 하는 자는 반드시 가까이 있는 사람들에게 공손하게 대해야 한다. 그렇게 한 이후에 멀리 있는 사람들이 믿고 온다.
欲來遠者 必謹於附近이니 然後遠來信也라

② 略近臣合於其遠者 立 : '略'은 예가 번잡하지 않은 것이다. 가까운 사람들에게는 예를

69) (兵) : 저본에는 '兵'이 있으나, 豬飼彦博(日)의 ≪管子補正≫에 의거하여 衍文으로 처리하였다. 原注에도 '兵'에 관한 언급이 없다.
70) 〔事〕立〔而壞〕 : 저본에는 '事'와 '而壞'가 없으나, 陶鴻慶(淸)의 견해에 의거하여 보충하였다. 이 구절은 앞의 "事立而壞 何也"에 대한 답이 된다는 것이다. 原注에서는 이미 훼손된 원문을 보고 잘못 풀이하였다고 보았다.(≪讀管子札記≫)
71) 亡國之(起)〔紀〕 毀國之族 : 저본에는 '起'로 되어 있으나, 張佩綸(淸)의 견해에 의거하여 '紀'로 바로잡았다. '起'는 '紀'의 誤字라는 것이다. 그리고 '國紀'는 앞에서 언급된 "好而不已 是以爲國紀"에서의 '國紀'로, '國族'은 곧 '公族'으로 보았다.(≪管子學≫)
72) 〔己〕 : 저본에는 '己'가 없으나, 何如璋(淸)의 ≪管子析疑≫에 의거하여 보충하였다. 참고로, 張文虎(淸)는 '之'를 '己'의 誤字로 보았다.(≪舒藝室隨筆≫)

소략하게 하고 멀리 있는 사람들에게는 예를 다 갖춘다는 말이니, 이렇게 하면 공을 세울 수 있다.

略은 禮爲不繁也라 言於近則略之하고 於遠則合之니 若此者면 則可以立功이라

③ 亡國之起……則兵遠而不畏 : 먼저 나라의 친족들을 소원하게 하는 것부터 시작하여 점차 이들 세 가지에 이른다. 이렇게 하면 군대가 모두 멀리 달아난다. 군대가 없으면 위엄이 사라진다. 그러므로 적이 두려워하지 않는다.

先自疏國之宗族하여 漸以至三者라 若此면 則兵皆逃遠이니 無兵則威息이라 故不畏也라

④ 國小而修大……累哉是也 : 나라의 작음을 헤아리지 않고 원대한 것을 닦기를 좋아하면, 비록 仁을 다시 실천하더라도 이익을 얻지 못하고 오히려 다른 나라와 명성만 다투게 된다. 이는 결국 스스로 누가 되는 행위이다.

不量國之小하고 好修遠大면 雖復行仁이라도 不遇其利而猶與他國爭名이니 是必自累者也라

⑤ 樂聚之力……雖聚必散 : 스스로 힘써 힘을 모으는 것을 좋아하고 다른 사람의 강함을 겸하여 이로써 위험과 해로움을 제어하고자 한다면, 이와 같은 자는 비록 백성들이 잠시 모여든다 할지라도 나중에 반드시 흩어지게 된다.

好自勉以聚力하고 欲兼他人之强하여 用此以禦危害면 如是者는 先雖聚라도 後必散이라

⑥ 大王不恃衆而自恃……成而無害 : 太王 亶父(周 文王의 조부)는 오랑캐 狄의 공격을 받자 豳 땅을 떠나 岐山으로 가되 지팡이를 끌며 갔다. 이에 백성들이 "어진 군주이니 잃을 수 없다."라고 말하면서 노인들을 부축하고 어린아이들을 이끌고 따라갔다. 1년이 지나자 邑을 이루었고, 2년이 지나자 도시를 이루었으며, 3년이 지나자 그 처음 나라보다 5배나 커졌다. 태왕 단보가 비록 무리가 있어도 의지하지 않고 단지 자기 자신의 덕에 의지하였으므로 백성들이 그를 따라가 모여들었으며, 이에 태왕 단보가 백성들에게 그들이 바라는 것을 공급하여 이롭게 하여, 마침내 대업을 이루어 위험과 해로움이 없는 지경에 이르게 되었다는 의미이다.

大王亶父(단보)爲狄所攻하여 乃去豳之岐호되 杖策而往하니 百姓曰 仁君也니 不可失이라하고 扶老攜(휴)幼而從之라 一年成邑이요 二年成都요 三年五倍其初라 言大王雖有衆不恃하고 但自恃其德이라 故百姓隨而聚之하니 供其所須而利之하여 遂至於成功而無危害者也라

⑦ 疏戚而好外……此所以危 : '자신과 가까운 자들을 스스로 멀리하고 외부 사람들과 교제하길 좋아하면, 비록 仁을 도모하여도 꾸미는 일이 자주 누설된다. 이미 〈세력이〉 미천하고 적은데 원대한 것을 행하길 좋아한다. 무릇 이러한 것들은 모두 위태로움과 패망으로 가는 길이다.'라는 의미이다.

言自疏己親하고 好交外人이면 雖企慕於仁而所謀多有泄漏라 旣賤且寡로되 好爲迂大라 凡此皆危敗之道也라

〈桓公이 물었다.〉

“재물이 많이 있어도 얼마 없는 것처럼 보이고, 실제로는 취하면서도 말로는 사양하는 듯이 하고, 행실은 드러나지 않게 하지만 말은 드러나게 하고, 남에게 재앙이 있는 것을 이롭게 여기고, 남에게 근심이 없는 것을 해롭게 여기오. 내가 이러한 것들을 홀로 가지려고 하니 어찌하면 좋겠소?”

〈管子가 대답하였다.〉

“이것은 옛날에 재물을 세상에 펼치던 도이니, 오늘날에도 실행할 수 있습니다. 〈그러나〉 이익이 흩어지면 백성들이 살펴 알게 되니, 반드시 자기 몸에 간직한 이후에 행할 수 있습니다.”

환공이 물었다.

“어떻게 하는 것이오?”

“장례 기간을 늘여서 시간을 허비하게 만들고, 장례를 후하게 지내게 하여 그 재물을 쓰게 합니다. 한 번 친히 가면 한 번 친히 오는 것은 친함이 합쳐지는 것입니다. 이것을 ‘衆約’[73]이라고 합니다.”

衆而約①[74]하고 **實取而言讓**②하고 **行陰而言陽**③하고 **利人之有禍**④하고 (言)〔害〕[75] **人之無患**⑤이라 **吾欲獨有是**니 **若何**⑥오 **是故之時**에 **陳財之道**이니 **可以行今也**라 **利散而民察**이니 **必放之身然後行**⑦이니이다 **公曰 謂何**⑧오 **長喪以黜其時**⑨[76]하고 **重送葬以起(身)〔其〕**[77]**財**⑩하고 **一親往**에 **一親來**[78]는 **所以合親也**⑪니 **此謂衆約**⑫이니이다

---

73) 衆約 : 첫머리에서 언급된 “재물이 많이 있어도 얼마 없는 것처럼 보이고,……남에게 재앙이 있는 것을 이롭게 여긴다.” 구절 전체를 가리키는 상징적인 표현이다. 구체적으로는, 이러한 군주의 마음을 활용하여 사람들 사이에 재물을 유통시켜 백성들의 삶을 발전시키는 방법을 의미한다.

74) 衆而約 : 原注에서는 “與衆爲約束也(대중과 약속을 하다)”로 풀이하고 있다. 그러나 姚永概(淸)는 ‘비록 많지만 적은 것처럼 보인다’로 풀이해야 한다고 보았다. “衆而約”을 비롯하여, 이어지는 “實取而言讓”, “行陰而言陽” 모두 표리부동한 모습을 표현한 것으로 보아야 한다는 것이다.(≪愼宜軒筆記≫) 郭沫若(中)도 같은 의견이다.(≪管子集校≫)

75) (言)〔害〕 : 저본에는 ‘言’으로 되어 있으나, 王念孫(淸)의 견해에 의거하여 ‘害’로 바로잡았다. 이렇게 바로잡아야만 앞의 “利人之有禍”와 대응되는 문장이 된다는 것이다. 따라서 原注는 잘못되었다고 보았다.(≪讀書雜志≫)

76) 長喪以黜其時 : 原注에서는 ‘黜’를 ‘黠’으로 풀이하고 있으나 그 의미가 불분명하다. 이에 何如璋(淸)은 ‘黜’를 ‘毁’의 誤字로 보아야 한다고 주장하였다.(≪管子析疑≫) 글자 형태로 보면 ‘黑’자 옆에 ‘毁’자 비슷한 글자가 붙어 있으므로 비교적 타당한 견해다.

77) (身)〔其〕 : 저본에는 ‘身’으로 되어 있으나, 丁士涵(淸)의 ≪管子校本≫에 의거하여 ‘其’로 바로잡았다.

① 衆而約 : 대중과 약속을 한다는 의미이다.
謂與衆爲約束也라

② 實取而言讓 : 실제로는 상대방의 재물을 취하지만, 말은 더욱더 공손하고 사양하는 듯한 모습을 드러낸다는 의미이다.
謂實取彼物이로되 於言更成遜讓이라

③ 行陰而言陽 : 행실에 있어서는 드러나지 않게 하지만, 말에 있어서는 더욱 드러나게 한다.
於行實爲陰密하고 在言更成顯陽이라

④ 利人之有禍 : 남의 禍로 말미암아 이익을 낸다는 의미이다.
謂因禍而生利라

⑤ 言人之無患 : 사람들이 비록 실제로는 재앙이 있더라도, 말에 있어서는 근심이 없는 것처럼 한다.
人雖實禍나 於言乃爲無患이라

⑥ 吾欲獨有是 若何 : 무릇 이들은 군주가 홀로 마음속에 지니는 일들이다. 홀로 이런 것들을 가지려고 하는데 어찌해야 하느냐고 묻고 있다. "衆而約" 이하는 모두 桓公이 묻는 말이다.
凡此獨君之事也라 問獨有之何如오 自衆而約以下는 皆公問之辭라

⑦ 是故之時…… 必放之身然後行 : 管仲의 생각은 다음과 같다. '이들은 옛날에 재물을 모으는 방법을 진설한 것이고, 오늘날에도 실행할 수 있다. 그러나 이익이 아래로 흩어지면 사람들이 이를 살펴 알아차리게 된다. 〈따라서〉 이익을 자신에게 간직하여 아래가 알지 못하게 하고, 그런 다음에 재물을 풀어놓을 수 있다는 것이다.'
管氏言 此乃古之陳設致財之道요 亦可行求於今이라 然利散於下면 人則察而知之니 置之於身하여 勿令下知然後에 可以行放置之言也라

⑧ 謂何 : 이것을 실행하는 방법을 묻고 있다.
問所以行之라

⑨ 長喪以黖其時 : '黖'는 '암담하다'는 의미이다. 장례를 치르는 자가 관을 두는 곳의 휴식을 훼손한 것이니, 장례를 치루는 禮에 어긋난 것을 증가시켜 사람들이 모두 암담한 실패를 하게 만드는 것을 말한다.
黖는 黯也라 居喪者 毁厝(조)之息이니 謂增長叛居喪之禮하여 使人皆黖黯之敗也라

⑩ 重送葬以起身財 : 장례 지내는 일을 후하게 하면 비용이 많아진다. 오만하면 일을 감

78) 一親往 一親來 : 李哲明(中)은 사람들이 서로 간의 친밀한 관계로 인해 상갓집에 빈번하게 오고 가는 모습, 즉 비용을 아끼지 않고 번잡하게 왕래하는 모습을 표현한 것으로 보았다.(≪管子校義≫)

당하지 못하니, 사람들이 정성을 다해 힘쓰는 데 익숙해지면 모든 일들에 태만해지지 않는다. 그러므로 자신의 재물을 일으킬 수 있는 것이다.

重送葬이면 則費用廣이라 惰慢則不及事니 由人習爲精厲면 庶事不怠라 故能起身之財라

⑪ 一親往……所以合親也 : 한 번 직접 장례식에 가면 한 번 직접 생일에 올 것이니, 친한 왕래가 끊어지는 때가 없게 된다는 의미이다. 그러므로 "친함이 합쳐진다.〔合親〕"라고 말한다는 것이다.

謂一親往死면 一親來生이니 親無絶時라 故曰 合親이라

⑫ 此謂衆約 : 사람들에게 모두 친히 가르치면, 장례를 후하게 치르게 되어 재물의 소비를 불러일으킬 수 있다. 그러므로 이것을 "대중과 약속하였다."고 말한다.

人皆親教之면 重葬하여 可以起財라 故曰衆要之也라

〈桓公이〉 물었다.

"대중을 어떻게 쓰는가?"

〈管子가 대답하였다.〉

"매장 구덩이를 크게 하는 것은 가난한 사람들을 부리기 위한 것이고, 墳墓를 화려하게 하는 것은 조각하는 기술자들을 부리기 위한 것이고, 棺槨을 크게 하는 것은 목수의 기술을 발달시키기 위한 것이고, 〈시신의〉 옷과 이불을 많이 만드는 것은 여인들의 바느질 기술을 발전시키기 위한 것입니다. 〈이와 같이 하고 나서도〉 여전히 부족하므로 관곽과 분묘에 치장을 하고, 분묘 주위로 나무를 심고, 부장품을 넣었습니다. 이렇게 厚葬을 하여 서로 먹고 살게 하였으니, 그런 이후에 백성들이 서로 이롭게 여기고 전쟁 수행에 대한 준비가 완결됩니다.

問 用之若何①요 **巨瘞**培(예암)은 **所以使貧民也**②요 **美壟墓**는 **所以〔使〕文明也**③[79]요 **巨棺槨**은 **所以起木工也**④요 **多衣衾**은 **所以起女工也**⑤라 **猶不盡**로 **有次浮也**⑥요 **有差樊**(번)⑦이요 **有瘞藏**⑧이니 **作此相食**[80] **然後**에 **民相利**하고 **守戰之備合矣**⑨니이다

79) 所以〔使〕文明也 : 저본에는 '使'가 없으나, 郭沫若(中)의 견해에 의거하여 보충하였다. '文明'은 '文萌'으로 읽어야 하고, '文萌'은 곧 畫工·彫工과 같은 부류를 의미한다고 하였다. 옛날 사람들이 말하는 '文'에는 '刻畫'의 의미가 내포되어 있다는 것이다.(≪管子集校≫) 原注에서는 "분묘가 높고 아름다우면 문채가 밝게 빛나 사라지지 않는다."라고 풀이하고 있는데 전후 문장과 연결되지 않는다.

80) 作此相食 : 原注에서는 상주들을 위해 이웃들이 밥을 지어 먹이는 것으로 풀이하고 있다. 그러나 李哲明(中)은 '此'를 지금까지 언급된 '巨瘞培', '美壟墓', '巨棺槨', '多衣衾' 등을 총괄하는 글자로 보고, '相食'은 이렇게 厚葬을 행함으로써 백성들이 서로 먹고 살게

① 用之若何 : 대중을 쓰는 요체를 묻고 있다.
問用衆要라

② 巨瘗培(예암) 所以使貧民也 : '瘗培'은 무덤구덩이의 매장하는 부분이 깊어 어둡다는 의미이다. 가난한 사람들은 비록 재산은 없지만 힘은 있다. 그러므로 그들에게 거대한 무덤구덩이를 파게 함으로써 그 힘을 부리는 것이다.
瘗培은 謂壙中埋藏處深暗也라 貧人雖無財나 而有力이라 故教之巨瘗培하여 以役其力也라

③ 美壟墓 所以文明也 : 분묘가 높고 아름다우면 문채가 밝게 빛나 사라지지 않는다.
壟墓高美면 文明而不滅也라

④ 巨棺槨 所以起木工也 : 사람들이 자주 棺槨을 만들면 목공 기술을 발전시킨다.
人習爲棺槨則增長木之工也라

⑤ 多衣衾 所以起女工也 : 옷과 이불을 자주 만들면 여인들의 바느질 솜씨를 발전시킨다.
習爲衣衾則增長女工也라

⑥ 猶不盡有次浮也 : 〈장례를 치르는〉 위의 행위들이 아직 충분치 않다는 의미이다. '次浮'는 관곽과 분묘의 겉에 하는 나머지 치장들을 가리킨다.
謂上之理猶有不盡也라 次浮는 謂棺槨壟墓之外遊飾也라

⑦ 有差樊(번) : '樊'은 '울타리'라는 의미이다. 분묘 주위로 나무를 심어 울타리로 삼는다는 의미이다. 그 제도는 존비의 지위를 규정하는 것 외에 이 분묘의 부속 장식이 된다.
樊은 蕃也니 謂壟墓之外樹以蕃이니 其制尊卑之外에 此壟墓之次浮也라

⑧ 有瘗藏 : 옛날에 분묘 주위로 나무를 심는 자들은 간혹 金玉이나 器物을 부장품으로 넣었다. 이것은 관곽의 부속 장식들이다.
謂古之樊者 或藏以金玉하고 或以器物이니 此棺槨之次浮也라

⑨ 作此相食然後……守戰之備合矣 : 장사를 지낼 때 효자들은 경황이 없어 불을 지필 여력이 없다. 이에 이웃들이 밥을 지어 서로 먹인다. 이와 같이 하면 사람들이 번갈아 서로 친밀함을 머금고 은혜와 정감이 견고해져, 전투를 벌일 때 반드시 성심껏 힘을 다해 일제히 적을 대적하니 〈적이〉 감당할 수 없게 된다.
方喪之時에 孝子荒迷하여 或不擧火니 隣里爲食以相飼라 如此면 則人遞相銜親하고 恩情結固하여 至於守戰之時에 必誠力齊敵하니 而不能當之矣라

고을마다 風俗을 달리하고 나라마다 禮法을 달리하면 백성들은 옮겨 다니지 않을 것입니다. 법이 다르면 백성들이 곤란하지 않습니다. 마을의 大老들은 이웃 마을과 교류하지 않고, 다른 지역으로 옮겨가는 사람을 잡아 죽이는 것을 보면 사람

되는 것을 가리키는 것으로 보았다.(≪管子校義≫)

들은 〈다른 지역을〉 바라보지 않게 됩니다. 자기 마을과 자기 집에 즐겁게 안주하면서 조상들에게 제사 지내게 하고, 다른 지역을 노래하고 찬양하는 자는 모두 잡아 죽입니다. 이렇게 하는 것은 백성이 풍속을 안정시키기 위한 것입니다. 토지를 반듯하게 잘라 井田의 수를 나누고, 1甸의 인구마다 전투용 수레를 내게 하여 통제하며, 언덕과 계곡에 귀신 모시는 사당을 세우고 정중히 제사 지냅니다. 모두 능력별로 사람들을 먹여 살리니, 근본을 중시한다는 것을 보입니다.

家田百畝	家田百畝	家田百畝
家田百畝	公田百畝 八家耕之 以入稅	家田百畝
家田百畝	家田百畝	家田百畝

井田

鄕殊俗하고 **國異禮**면 **則民不流矣**①요 **不同法**이면 **則民不困**이요 **鄕丘老不通**하고 **覩誅流散**이면 **則人不眺**(조)②라 **安鄕樂宅享祭**하고 **而謳吟稱號者皆誅**는 **所以留民俗也**③라 **斷方井田**[81]**之數**④하고 **乘馬甸之衆**⑤하여 **制之**하고 **陵谿立鬼神而謹祭**⑥니 **皆以能別以爲食數**니 **示重本也**⑦니이다

① 鄕殊俗……則民不流矣 : '流'는 '옮기다'는 뜻이다. 풍속과 예법이 다르면 사람들이 각자 그 편안한 바를 얻는다. 그러므로 거주지를 옮기지 않는다.
流는 移也라 俗禮殊異면 則人各得其所安이라 故不流移也라

② 鄕丘老不通……則人不眺(조) : '丘'는 '크다'는 의미이다. 〈고을의〉 大老들은 각자 자신의 처소에 만족하여 서로 교류하지 않고, 자기 고향을 떠나는 사람이 있으면 잡아 죽인다. 지금 이와 같은 상황을 보게 된다면, 사람들은 자신의 본분에 안주하면서 다른 지역을 바라보지 않고 자기 고향에 귀의하게 된다.
丘는 大也라 大老者 各足於其所하여 不相交通하고 流散於其鄕則誅之라 今其覩如此면 則人安其本하고 不眺望他所而歸之라

③ 安鄕樂宅享祭……所以留民俗也 : 모두 자기 마을과 집에 즐겁게 안주하면서 조상들에 대한 제사를 지내게 하고, 다른 지역을 노래하고 생각하는 자가 있으면 잡아 죽이고, 혹 다른 마을을 들먹거리며 찬양하는 자가 있으면 모두 잡아 죽인다. 무릇 이렇게 하

81) 井田 : 고대에 행해졌다고 하는 토지 제도이다. 토지를 '井'자로 나누어 중앙은 公田으로 하여 세금을 충당하게 하고, 나머지 주변의 8지역을 私田으로 경작하게 하였다.

는 것은 모두 사람들을 자기 풍속에 머물게 하여 다른 곳으로 옮겨가지 않게 하기 위해서이다.

皆令安樂鄕宅享祭先祖하고 其有謳吟思於他所者면 則誅之하고 或有稱擧號詠於他鄕者면 皆誅之라 凡此는 皆欲留止人俗하여 不令轉移라

④ 斷方井田之數 : 사람들의 토지를 나눔에 있어, 매번 토지를 반듯하게 잘라 농지의 수를 정하고 3屋이 1井이 된다는 의미이다.

謂分人之地에 每斷定其方而立之田數하고 屋[82]三爲井也라

⑤ 乘馬甸之衆 : 1甸의 인구마다 長轂[83]를 세금으로 부과한다. 수레 한 대를 끄는 말 네 필을 '乘馬'라 한다. 16井을 '丘'라 하고, 4丘가 1甸이 된다.

每一甸之衆에 數賦長轂(구)라 一乘馬四匹을 謂之乘馬요 十六井曰丘요 四丘爲甸이라

⑥ 陵谿立鬼神而謹祭 : 큰 언덕과 깊은 계곡마다 모두 신령이 깃들어 있으니, 귀신 모시는 사당을 세우고 사람들이 제사를 지내게 한다.

每大陵深谿에 皆有靈焉이니 立鬼神之祠하고 使人祭之라

⑦ 皆以能別以爲食數 示重本也 : 큰 사람이나 작은 사람이나 모두 각자의 재능을 지녔다. 능력이 많은 사람은 많은 무리를 먹여 살리고, 능력이 적은 사람은 적은 무리를 먹여 살린다. 그러므로 능력에 따라 다르게 사람들을 먹인다고 말하는 것이다. 무릇 이들은 모두 사람의 근본을 중시하는 일이다.

人之大小 皆各有材니 能多者 食衆이요 能少者 食寡라 故曰 以能別爲食數라 凡此는 皆重人本之事也라

그러므로 천 리의 넓은 땅을 소유한 자는 祿俸이 많고 제사가 엄숙합니다. 〈그러나〉 여분의 땅이 없거나 아직 황무지 개간이 안 된 군주는 적극적으로 황무지 개간에 나섰습니다. 처음 황무지 개간에 나선 군주는 녹봉과 제사를 줄였습니다. 〈녹봉과 제사를〉 줄인 군주와 더불어 처음 황무지를 개간하기 시작한 군주를 따르는 신하도 〈녹봉과 제사를〉 줄였습니다. 〈녹봉과 제사를〉 줄인 신하와 함께하는 자도 한결같이 封地가 없는 庶人으로 시작하였습니다.

王者는 정사를 숭상하고 霸者는 공을 우선시하니, 이는 농사를 중시하면서 그 속에서 군대를 양성한다는 의미입니다. 땅을 나누면서 다투지 않는 것은 남을 앞세우고 자신을 뒤로 하기 때문입니다.[84]

---

82) 屋 : 井田의 구획 단위로, 300畝를 이른다.
83) 長轂 : 고대에 산과 들판을 넘어 다니기에 적합한 兵車이다.
84) 그러므로……때문입니다 : 이 단락은 오탈자 현상이 극심하여 저본 자체로는 해석이 거

故地廣千里者 祿重而祭尊이라 **其君無餘**①**地與**(他)〔**地**〕[85)]**若一者 從而艾之**②[86)]요 **君始者**③ **艾若一者 從乎殺**(쇄)[87)]요 **與于殺**(若一)**者**④ 〔**一若**〕**從者** (**艾**)**艾若一者 從于殺**[88)]요 **與于殺** (若一)**者** 〔**一若**〕**從無封始**(王事者上)[89)]라 **王者**⑤**上事**요 **霸者**(生)〔**先**〕[90)]**功**이니 **言重本**⑥**是 爲**(十)〔**甲**〕**禹**[91)]라 **分**(兎)〔**地**〕[92)]**而不爭**은 **言先人而自後也**⑦니이다

① 其君無餘 : 제사를 지내지 않으면 남는 땅을 주어 기른다는 의미이다.
言不修祭면 以餘地與飼也라

② 地與他若一者, 從而艾之 : '從'은 다음에 마땅히 封地를 받아야 하는 자를 가리킨다. '艾'는 삭감한다는 의미이다. 제사를 지내는 군주는 다른 군주와 동일하게 땅을 받는다. 그러므로 '若一者'라 한 것이니, 그 땅을 삭감하여 다음에 봉해지는 군주에게 준다는 의미이다.
從은 謂次當受封者요 艾는 謂減削也라 言修祭之君은 受地與他同이라 故曰若一者라하니 則減削其地하여 與次受封之君也라

③ 君始者 : 처음 군주가 되는 자를 말한다.
謂始爲君者也라

④ 艾若一者……與于殺若一者 : 다음과 같은 의미이다. '처음 봉해지는 군주는 본래 땅이

의 불가능하다. 그리고 原注의 수석도 이해 불가능한 부분이 많다. 따라서 비록 불완전하기는 하지만 주로 郭沫若(中)의 견해에 의거하여 오탈자를 수정하고 보완하여 번역하였다.

85) (他)〔地〕: 저본에는 '他'로 되어 있으나, 郭沫若(中)의 ≪管子集校≫에 의거하여 '地'로 바로잡았다. 곽말약은 '地若一'은 아직 개간되지 않아 원시 상태에 있는 지역을 의미한다고 하였다.

86) 從而艾之 : 郭沫若(中)은 '從而艾之'를 이를 좇아 개간하다는 의미라고 보았다.(≪管子集校≫)

87) 從乎殺(쇄) : 郭沫若(中)은 '殺'을 감쇄의 의미로 보았다.(≪管子集校≫)

88) 與于殺(쇄)……從于殺 : 저본에는 "與于殺若一者 從者 艾艾若一者 從于殺"로 되어 있으나, 郭沫若(中)의 ≪管子集校≫에에 의거하여 "與于殺者 一若從者 艾若一者 從于殺"로 바로잡았다. 이 구절의 의미는, '녹봉과 포상이 줄어든 신하 역시, 황무지 개간에 나선 군주처럼 자신의 가신에 대한 녹봉과 조상에 대한 제사 규모를 줄어야 한다.'라고 하였다.

89) 與于殺(若一)者 〔一若〕從無封始(王事者上) : 저본에는 "與于殺若一者 從無封始王事者上"으로 되어 있으나, 郭沫若(中)의 ≪管子集校≫에 의거하여 "與于殺者 一若從無封始"로 바로잡았다.

90) (生)〔先〕: 저본에는 '生'으로 되어 있으나, 郭沫若(中)의 ≪管子集校≫에 의거하여 '先'으로 바로잡았다.

91) (十)〔甲〕禹 : 저본에는 '十'으로 되어 있으나, 郭沫若(中)의 견해에 의거하여 '甲'으로 바로잡았다. '禹'는 '寓'의 의미라고 한다.(≪管子集校≫)

92) (兎)〔地〕: 저본에는 '兎'으로 되어 있으나, 丁士涵(淸)의 ≪管子校本≫에 의거하여 '地'로 바로잡았다.

없다. 그러므로 먼저 땅을 받은 군주에게서 취하는데, 혹시 상대방이 주지 않으면 쫓아가 죽이고, 혹시 상대방이 스스로 취하면 받는 자에게 주고 그를 죽인다. 그가 처음 봉해지는 자에게 자진해서 주면, 먼저 봉해진 자와 땅이 균일하게 만든다.'

言始受封之君은 本旣無地라 故取先受君者하니 彼或不與면 從而殺之하고 彼或自取면 與受而殺之라 彼自與于始封者면 令與先受封者地均若一也라

⑤ 始王事者上王者 : 다음과 같은 의미이다. '뒤따르는 자는 이전에 봉지가 없는데, 지금 처음 군주 노릇을 하게 한다. 그러므로 다른 나라의 땅을 취하여, 앞서 봉해진 군주와 같아지면 멈춘다.'

言從者先無封이어늘 令始王事라 故艾取他國之地하여 與先者均齊若一則止也라

⑥ 上事霸者生功 言重本 : 다음과 같은 의미이다. '제후들이 이미 땅을 나누어 받으면 위로 霸主를 섬기고, 정령을 수행하여 공을 만들고 세운다. 무릇 이런 것들이 모두 근본을 중시하는 것이다.'

言諸侯旣受地分이면 則上事霸主하고 隨政命以生立其功이라 凡此 皆爲重本也라

⑦ 是爲十禺……言先人而自後也 : '禺'는 '區'와 같다. 10禺는 10里의 땅을 말한다. 1里마다 1禺가 된다. 그러므로 10禺라고 말하는 것이다. 만약 다른 나라가 와서 분명히 권면하여 준다면 감히 전쟁을 벌이지 못한다. 이와 같은 자는 먼저 남에게 베풀고 자신은 나중에 취하는 것이다.

禺는 猶區也라 十禺는 謂十里之地니 每里爲一禺라 故曰 十禺라 若他國來分明勸勉而與之면 不敢交爭이니 如此者 所以先他人하고 自取其後라

관리들의 禮法에 각자 사적인 형태를 두어 구분하고, 조상 신주의 지위에 구별을 두고, 功과 그릇의 선후를 구분하여 일을 다스리며, 귀신을 존중하고 옛것을 지킵니다. 戰士의 임무는 공을 중시하고 죽음을 하찮게 여기는 것을 근본적인 일로 여기게 하며, 공이 있는 자는 먹이고 〈공이 없는 자는〉 그 이익을 덜어내어 신하들이 힘쓰게 하고, 義를 높이고 작은 이익에 마음을 두지 않으며, 모든 관리들이 앞다투어 각자의 직책을 수행하게 합니다. 이렇게 한 이후에 군주의 명성이 천하에 들리게 됩니다.

官禮之司①[93]하고 **昭穆**[94]**之離**②하고 **先後功器**하여 **事之治**③하고 **尊鬼而守**④**故**라 **戰**(事)〔士〕[95]

93) 官禮之司 : 原注에 근거할 때 '司'는 '私'로 읽힌다.
94) 昭穆 : 종묘나 사당에서 조상의 신주를 모시는 차례로, 왼쪽을 '昭'라고 하고 오른쪽을 '穆'이라고 한다.
95) (事)〔士〕 : 저본에는 '事'로 되어 있으나, 原注에 의거하여 '士'로 바로잡았다.

之任은 **高功而下死本事**[⑤]하고 **食功而省**(생)**利**하여 **勸臣**[⑥]하고 **上義而不能與小利**[⑦]하고 **五官者人爭其職**이니 **然後君聞**[⑧]니이다

① 官禮之司 : 나라 관리들이 지키는 禮에는 각자 사적인 형태가 있다는 의미이다.
言國官禮各有私라

② 昭穆之離 : '離'는 지위를 구별하는 것을 말한다.
離는 謂次位之別也라

③ 先後功器 事之治 : 공에는 크고 작음이 있고 그릇에는 정미함과 거칢이 있으니, 각자 그 선후의 차이를 정한다.
功有大小하고 器有精麤하니 各定其先後之差也라

④ 尊鬼而守 : '尊鬼'는 제사 올리는 禮를 정중하게 하는 것을 의미한다.
尊鬼는 謂謹其享祭之禮也라

⑤ 戰事之任 高功而下死本事 : 戰士는 비록 지위의 높고 낮음의 차이는 있다 할지라도, 각자 죽음을 자신들의 근본적인 일로 여기게 한다.
戰士는 雖有高下之殊나 各令死其本事也라

⑥ 食功而省(생)利 勸臣 : 공이 있는 자는 먹이고 공이 없는 자는 이익을 덜어내면 신하들이 힘쓰게 된다.
飼其有功하고 省其無功하면 則臣勸也라

⑦ 上義而不能與小利 : 윗사람은 大義를 잡고 판단을 주관해야지, 작은 이익을 돌아보면서 마음이 흔들려서는 안 된다.
上은 當操大義而主斷이니 不可顧小利而移也라

⑧ 五官者……然後君聞 : 관리들이 앞다투어 자기 직무를 잘 수행하면 나라가 다스려진다. 그러므로 군주의 명성이 천하에 들리게 된다.
官爭理職則國治라 故君名聞於天下라

제사 지낼 때 賢人을 높입니다. 그러므로 군주와 신하가 함께 제사를 주재합니다. 군주와 신하가 함께 제사를 주재하면 위아래가 고르게 됩니다. 이로써 〈단지 말로만〉 현인을 높이는 것은 무익하다는 것을 알게 되니, 〈말로만 현인을 높이면〉 곧바로 망하게 됩니다. 〈말로만〉 현인을 높이는 자는 망하고 현인을 쓰는 자는 창성합니다. 義를 높여 포악함을 금지시키고, 始祖를 존중하여 조상을 공경하고, 종친들을 모아 친소관계를 밝힙니다. 이렇게 하여 군주됨이 가볍지 않음을 보입니다."

祭之時에 **上賢者也**[①]라 **故君臣掌**[②]이라 **君臣掌則上下均**[③]이니 **此以知上賢無益也**니 **其亡**

茲適④이라 **上賢者亡**⑤하고 **而役賢者昌**⑥이라 **上義以禁暴**⑦하고 **尊祖以敬祖**⑧하고 **聚宗以朝殺**(쇄)[96]하여 **示不輕爲主也**⑨니이다

① 祭之時 上賢者也 : 제사를 도울 때, 賢者는 윗자리에 앉아 의례를 행할 뿐 보탬이 되는 바는 없다는 의미이다.
謂助祭之時에 賢者居上하여 爲儀而已오 非能有所益이라

② 君臣掌 : 제사라는 것은 禮를 관장하여 대신 행사를 진행하므로 제사에 관한 지식이 필요하다. 혹시 군주에게 일이 생기면 신하에게 제사를 주관하게 하여 제사 지내는 일에 또한 차질이 없게 한다. 그러므로 "군주와 신하가 함께 제사를 주재한다."고 말하는 것이다.
祭者 掌禮以行事니 所用其智謀라 或君有故면 使臣攝之하여 事亦無曠이라 故曰 君臣掌也라

③ 君臣掌則上下均 : 신하가 군주의 일을 행할 수 있다. 그러므로 "위아래가 고르다"고 말한다.
臣能行君事라 故曰上下均也라

④ 此以知……其亡茲適 : 제사 지낼 때는 현인을 높이지 않는 것이 아니지만, 평범한 신하도 군주의 일을 행하여 유덕한 군주에게 손상이 없게 할 수 있다. 사람들이 비록 현인을 높이라고 말하지만, 현인의 지혜를 사용하지 않아도 제사 지낼 때 적합하다. 그러므로 "무익하다"고 말하는 것이다. 이미 현명하지 않으면 움직일 때마다 모두 이치에 어긋난다. 그러므로 이에 위태로움에 이르게 된다.
祭祀之時에 非不上賢이나 但庸臣亦能行君之事하여 無損於令主라 人雖云上賢이나 而不用其智謀라도 與祭時適이라 故曰 無益이라 旣不賢이면 則動皆違理라 故茲適於危라

⑤ 上賢者亡 : 빈말로 높일 뿐 그를 쓸 수 없다는 의미이다.
謂空上之而已요 不能用之也라

⑥ 役賢者昌 : 현인을 부리면 공이 이루어진다. 그러므로 나라가 창성해진다.
役賢則功成이라 故國昌이라

⑦ 上義以禁暴 : 義라는 것은 마땅하지 않은 것을 제거하는 것이다. 그러므로 포악함을 금지시킨다.
義者 所以除去不宜라 故禁暴也라

⑧ 尊祖以敬祖 : '祖'는 시조이다. 조상의 사당을 정중하게 세우는 것은 처음 봉해진 군주를 공경하기 위해서이다.
祖는 始也라 尊立祖廟는 所以敬始封之君也라

---

96) 聚宗以朝殺 : 丁士涵(淸)은 '朝'를 '明'의 誤字로 보았고(≪管子校本≫), 章炳麟(淸)은 '朝'를 '昭'의 빌린 글자로 보았다.(≪管子餘義≫) 原注에서는 '朝'를 "朝於君(군주에게 조회하다)"으로 풀이하고 있는데 문맥에 맞지 않다.

⑨ 聚宗以朝殺 示不輕爲主也：회합하는 것을 말한다. 小宗은 大宗을 받들어 군주에게 조회함에 가깝고 먼 차등이 생겨난다. 무릇 이들은 군주됨의 무거움을 위한 것이다. 謂聚會也라 小之封宗以朝於君에 而有親疏之殺(쇄)라 凡此爲主之重者也라

〈桓公이〉 제사를 지내다가 날이 밝아오자 치웠다. 高子가 이를 듣고 中寢諸子에게 알렸고, 중침제자는 '나(管子)'에게 고하였다.

"〈군주께서〉 조정에서 물러나시고도 솥으로 지은 음식을 드시지 않습니다."

그리고 중침제자가 궁중의 여자들에게 말하였다.

"공께서 행차하려고 하시는데 어찌 배웅하지 않느냐?"

환공이 말하였다.

"나는 행차하지 않는다. 너는 이 말을 어디서 들었느냐?"

"중침제자에게 들었습니다."

환공이 중침제자를 찾아 물었다.

"나는 행차하지 않는데, 그대는 이 소식을 어디서 들었는가?"

"제가 先人에게 듣기를, 제후가 조정에서 물러났는데도 솥으로 익힌 음식을 먹지 않는 것은, 밖에 일이 있거나 반드시 내부의 근심이 있기 때문이라고 하였습니다."

환공이 말하였다.

"과인은 그대와 이 일에 관해 말하고 싶지는 않다. 그러나 그대의 말에 지극한 이치가 있으니, 그대와 함께 이 말에 대해 의논하지 않을 수 없구나. 과인은 제후들을 불러들이고 싶은데 제후들이 오지 않으니 이를 어떻게 해야 하겠느냐?"

"부녀자들은 제후들을 모이게 하는 이치에 밝지 못합니다. 다만 저의 일에 비추어 보면, 욕보이고 죽이는 일을 행하지 않으면 사람들이 베를 짜도 옷을 해 입을 수 없습니다. 그러므로 비록 聖人이라 할지라도 어찌 사람들을 부릴 수 있겠습니까?"

載祭明置①하니 **高子聞之**하여 **以告中寢諸子**②하고 **中寢諸子告寡人**커늘 **舍朝不鼎饋**③니이다 **中寢諸子告宮中女子曰 公將有行**이어늘 **故不送公**④고 **公言 無行**이니 **女安聞之**오 **曰 聞之中寢諸子**니이다 **索中寢諸子而問之 寡人無行**이어늘 **女安聞之**오 **吾聞之先人**한대 **諸侯舍于朝不鼎饋者 非有外事**면 **必有內憂**니이다 **公曰 吾不欲與汝及若**⑤이나 **女言至焉**하니 **不得毋與女及若言**⑥이라 **吾欲致諸侯**나 **諸侯不至**하니 **若何哉**오 **女子不辯於致諸侯**⑦나 **自吾不爲汚殺之事**면 **人布織不可得而衣**⑧라 **故雖有聖人**이라도 **惡(오)用之**⑨[97]니이까

① 載祭明置 : '載'는 '행하다'는 의미이다. 제사를 지내려고 하다가 아침이 밝아오니 치웠다는 의미이다. 남이 알지 못하게 하기 위해서이다.

載는 行也니 言將爲行祭에 至明而置之라 欲人不知也라

② 高子聞之 以告中寢諸子 : '高子'는 齊나라 대부이다. 군주가 행차하려고 한다는 소식을 들었으므로 中寢諸子에게 알렸다. 中寢諸子는 제후의 여러 자식들 중 中寢에 머무는 자를 말한다.

高子는 齊大夫니 聞君之將行이라 故告中寢諸子라 〔中寢諸子는〕[98] 諸侯諸子之居中寢[99] 者라

③ 舍朝不鼎饋 : 일상적 의례에서는 조정에서 물러나면 항상 솥에 음식을 익혀 먹는다. 지금 그렇지 않으니 이를 이상하게 여기게 된 것이다.

常禮에 退朝면 常鼎饋而食이라 今不然이니 故致怪之라

④ 故不送公 : 어째서 桓公을 배웅하지 않느냐는 의미이다.

言何故不送公也라

⑤ 吾不欲與汝及若 : 그대와 이 말에 대해 의론하고 싶지 않다는 것과 같다.

若不欲與汝論此言也라

⑥ 女言至焉 不得毋與女及若言 : '至'는 이치를 다 드러내었다는 의미이다.

至는 謂盡理라

⑦ 女子不辯於致諸侯 : 부녀자는 국외의 정사에 간여하지 않는다. 그러므로 제후들을 모이게 하는 이치에 밝지 못하다.

婦人은 無豫於外政이라 故不明於致諸侯之理라

⑧ 自吾不爲汚殺之事 人布織不可得而衣 : 욕보이고 죽이는 일이 그렇다는 말이니, 사람들에게 반드시 더럽히고 죽이는 일이 있는 것은, 멀리 있는 자들을 복종시키고 가까이 있는 자들을 오게 하기 위한 것이다. 지금 이미 다른 사람들을 위하니 비록 베를 짜도 자기가 쓸 수 없다. 그러므로 베가 있어도 옷을 입을 수 없다. 이것을 말하는 것은 桓公이 위엄을 세워 제후들을 복종시키는 것을 바라기 때문이다.

汚殺言然이니 人必有所汚殺染戮者는 所以服遠而來近이라 今旣爲人이니 雖織不得已用이라 故有布不得而衣라 言此者는 欲桓公立威하여 以伏其諸侯也라

---

97) 高子聞之……惡(오)用之 : 劉績(明)은 이 단락을 錯簡으로 보았다.(≪管子補注≫) 孫詒讓(淸) 또한 이 단락이 위아래 문장과 연결되지 않는다고 보고, 이는 곧 〈戒〉의 "桓公外舍而不食鼎"章이 잘못 끼어든 것이라고 하면서 原注에서 억지로 풀이한 것은 잘못이라고 보았다.(≪札迻≫) 본서에서는 일단 原注에 의거하여 번역하였다.

98) 〔中寢諸子〕: 저본에는 '中寢諸子'가 없으나, 문맥상 필요하므로 보충하였다. 앞의 '中寢諸子'로 인해 잘못 탈락된 글자로 추정된다.

99) 中寢 : 고대에 천자나 제후가 머물며 정사를 처리하던 방이다.

⑨ 雖有聖人 惡(오)用之 : 〈스스로〉 복종하는 자는 드물다. 군주가 위엄을 사용하지 않으면 성인 또한 어찌 사람들을 부릴 수 있겠는가. 堯임금이 필부였다면 세 집도 복종시킬 수 없을 것이니, 바로 이런 일에 해당한다.
服者 寡也라 后不用威면 聖人亦何能用之오 堯爲匹夫면 不能服三家[100]니 卽其事也라

〈桓公이 물었다.〉
"옛 법을 새롭게 하여 새로운 법을 이루고, 나라와 가정을 안정시킨 다음에 시대를 변화시킬 수 있는가?"
〈管子가 대답하였다.〉
"도성이 가난하고 향촌이 부유하면 조정에 이보다 좋은 일이 없고, 도성이 부유하고 향촌이 가난하면 시장보다 좋은 것이 없습니다. 시장은 사람들을 권장하는 곳입니다. 권장한다는 것은 농업을 일으키는 것이니, 상공업이 홍성하지 않으면 농업이 제대로 설 수 없습니다.

能摩故道新道하여 **定國家然後化時乎**①아 **國貧而鄙富**면 (苴)〔**莫**〕**美於朝**(**市國**)②요 **國富而鄙貧**이면 **莫**(盡)〔**善**〕**如市**③[101]라 **市也者 勸也**니 **勸者 所以起本**④(善)〔**事**〕[102]라 **而末事**(起)[103]**不侈**면 **本事不得立**⑤니이다

① 能摩故道新道 定國家然後化時乎 : '摩'는 그 일을 새롭게 한다는 의미이다. '故道'는 先王의 법을 말하고, '新道'는 시대를 헤아려 법을 제정하는 것을 말한다. 옛 법을 새롭게 함으로써 새로운 법을 이루고, 나라와 가정을 안정시킨 이후에 시대를 변화시킬 수 있다는 의미이다.
摩는 謂新其事也요 故道는 謂先王之典刑이요 新道는 謂度(탁)時而制法이니 言能摩故道以成新道하고 定國安家然後에 可以化時也라
② 國貧而鄙富 苴美於朝市國 : 나라 조정이 가난하고 변방 향촌이 부유하니, 이런 경우 변

100) 堯爲匹夫 不能服三家 : ≪韓非子≫ 〈功名〉에 보인다.
101) 國貧而鄙富……莫(盡)〔善〕如市 : 저본에는 '苴' 및 '盡'으로 되어 있으나, 陶鴻慶(淸)의 ≪讀管子札記≫에 의거하여 '苴'를 '莫'으로, '盡'를 '善'으로 바로잡았고, '市國'을 衍文으로 처리하였다. '苴'는 '莫'의 훼손된 글자이고, '盡'은 '善'의 오자이며, '市國'은 위아래의 문장으로 인해 잘못 끼어든 글자라는 것이다.
102) (善)〔事〕 : 저본에는 '善'으로 되어 있으나, 豬飼彦博(日)의 ≪管子補正≫에 의거하여 '事'로 바로잡았다.
103) (起) : 저본에는 '起'가 있으나, 李哲明(中)의 ≪管子校義≫에 의거하여 衍文으로 처리하였다.

방 향촌의 읍에서는 반드시 재물을 포장하여 즐겨 조정에 보내 권세와 이익을 사들인다는 의미이다.

言國朝貧而邊鄙富饒니 若此者 邊鄙之邑必苞苴財貨하여 好遺朝以市權利也라

③ 國富而鄙貧 莫盡如市 : 도성은 재물이 풍성하므로 부유하고 향촌은 재화를 내보내므로 가난하니, 그중 절반만 취하여 돌려보낸다. 그 물건들은 모두 시장 안으로 들어가지 않으니, 이는 시장 사람들이 공짜로 물건을 취하지 않기 때문이며, 향촌 사람들이 공짜로 물건을 주지 않기 때문이다.

國富財故富하고 鄙輸貨故貧이니 其取半하여 反也라 其物莫(知)[104]盡入於市는 以市人不虛取故요 鄙人不虛與故也라

④ 市也者……所以起本 : 농사를 잘 짓는 사람이 시장의 이익을 많이 불러올 수 있으면 스스로 권면하여 게으르지 않게 된다. 그러므로 근본인 농사를 일으킬 수 있다.

善農者 能多致市利면 則自勸而不怠라 故能起本也라

⑤ 不侈 本事不得立 : '侈'는 풍요롭다는 의미이다. 상공업이 풍요롭지 않으면 농사가 활성화되지 않는다. 그러므로 농사가 제대로 설 수 없는 것이다.

侈는 謂饒多也니 末事不饒多면 農事不給이라 故本事不得立이라

현명한 이를 선발하고 유능한 이를 등용하지 못한다면, 어찌 복종하지 않는 나라를 정벌할 수 있겠습니까? 많은 장정이 있어도 우두머리가 없으면 군림할 수 없고, 千乘의 나라에도 바른 도가 있으면 도모할 수 없습니다. 무릇 紂와 같은 자가 윗자리에 있으면 어찌 정벌하지 않을 수 있겠습니까? 힘이 균등하면 싸우고, 〈상대방이〉 성을 지키고 있으면 공격합니다. 집집마다 담장이 없고, 수천 명의 사람들이 모여들어도 사당이 없는 것을 누추하다고 합니다. 〈이와 같은 상황에서는〉 한번 거병하면 천하를 취하게 되니, 이런 경우는 어쩌다 있는 일입니다. 수만 제후들의 힘이 균등하다면 만백성들은 따르지 않을 것입니다. 윗자리에 있는 자가 공을 세울 수 없고 제도를 개혁할 수 없으면 왕노릇 할 수 있겠습니까?

選賢擧能을 **不可得**이면 **惡**(오)**得伐不服**(用)〔**國**〕①[105]가 **百夫無長**이면 **不可臨也**②[106]요 **千乘有道**면 **不可修也**③라 **夫紂在上**이면 **惡得伐不得**④이리오 **鈞則戰**하고 **守則攻**⑤이라 **百蓋無築**하고

104) (知) : 저본에는 '知'가 있으나, 문맥상 불필요한 글자이므로 衍文으로 처리하였다. 安井衡(日)이 인용한 原注에도 '知'가 없다.(≪管子纂詁≫)

105) (用)〔國〕: 저본에는 '用'으로 되어 있으나, 豬飼彦博(日)의 ≪管子補正≫에 의거하여 '國'으로 바로잡았다. '用'은 곧 '國'의 오자라는 것이다.

106) 百夫無長 不可臨也 : 郭沫若(中)은 '百夫'를 '百夫之衆'의 의미로 보았다.(≪管子集校≫)

千聚無社를 **謂之陋**니 **一擧而取天下**는 **有一事之時也**⑥라 **萬諸侯鈞**이면 **萬民無聽**⑦이니 **上位不能爲功更制**면 **其能王乎**⑧아

① 選賢擧能……惡(오)得伐不服(用)〔國〕: 복종하지 않는 나라를 정벌하고자 하면 반드시 현명하고 유능한 인재를 기다려야 한다.
欲伐不(損用)〔服國〕[107]이면 必待賢能이라

② 百大無長 不可臨也 : 〈신하들 중〉 현명한 인재가 없으면 비록 百夫長일지라도 맡을 사람이 없다.
若無賢이면 雖百夫之長도 無人爲之라

③ 千乘有道 不可修也 : 비록 千乘의 나라라 할지라도 바른 도가 있어 이를 사용한다면, 그런 나라는 계획하여 정벌할 수 없다.
雖千乘之國이라도 有道以用之면 則不可修營而伐之也라

④ 夫紂在上 惡得伐不得 : 紂가 임금 자리에 있으면 만백성이 그를 원수로 여기고 귀신들이 노여워한다. 비록 그의 군대가 수풀처럼 많다 할지라도 모두 방패를 거꾸로 잡고 스스로를 칠 것이다. 그러므로 정벌함이 없어도 정벌되지 않을 수 없다.
紂在上位면 萬人讎之하고 鬼神怒之니 雖其旅若林이라도 莫不倒干하여 自伐이라 故無有伐而不得者也라

紂

⑤ 鈞則戰 守則攻 : 정벌할 경우에 힘이 서로 비슷하면 들판에서 더불어 싸우고, 〈상대방이〉 성을 지키고 있으면 견고하게 공격한다는 의미이다.
言伐者力鈞則與之野戰하고 城守則固而攻之라

⑥ 百蓋無築……有一事之時也 : 紂의 백성들의 삶이 구차하여, 비록 모여든 수천 명의 사내들이 있다 할지라도 하나의 사당을 세워 그들을 통솔하지 못하였다는 말이다. 이같

107) (損用)〔服國〕: 저본에는 '損用'으로 되어 있으나, 豬飼彦博(日)의 ≪管子補正≫에 의거하여 '服國'으로 바로잡았다.

이 된 것은 정치가 누추하였기 때문이다. 그러므로 武王이 한번 거병하여 천하를 취하여 소유하게 된 것이니, 이는 만대에 한 번 정도 있을 수 있는 일이다.

言紂人苟且하여 雖有千聚之夫라도 不立一社以統之라 如此者 爲政之陋也라 故武王一擧取天下而有之니 此萬代一時之事也라

⑦ 萬諸侯鈞 萬民無聽 : 비록 수만 제후들이 모두 동일하게 백성들을 끌어당긴다 할지라도 백성들은 반드시 따르지 않을 것이다. 이는 王者가 귀하다는 것을 말한다.

雖使萬諸侯鈞引於人이라도 人必不聽이니 此言王者貴라

⑧ 上位……其能王乎 : 임금 자리에 앉아 홀로 공을 세우지 못하고 제도를 개혁하지 못한다면, 그런 자는 결코 왕이 될 수 없다.

居上位하여 不獨立其功하고 不更其制之면 若此者 必不能王也라

옛 도를 따르면서 법을 닦아 治國의 도를 바르게 하면, 제후들이 모두 우리 군주에 미치지 못할 것입니다. 그러므로 군주께서는 제가 말씀드린 정책을 채택하십시오."

桓公이 물었다.

"어떻게 하는 것이오?"

〈管子가〉 대답하였다.

"〈군주와 신하가 덕을〉 같이하는 것입니다. 그렇게 하길 오래 하면 〈제후들이 스스로 찾아오는 것을〉 서서 기다릴 수 있습니다. 귀신의 존재는 밝게 드러나지 않지만 제사 음식을 바치고 그 보답을 바라지 않는 것은 두터운 덕을 밝히는 것이며, 냇물에 祭物을 던지면서 제사 지내는 것은 財物을 가볍게 여김을 보이는 것입니다. 먼저 법을 세우고 그 적용되는 기간을 정하면 백성들이 따르게 됩니다. 그러므로 廟堂에서 비단을 제물로 바쳐 기도드리면서 재물을 가볍게 여기고 명예를 중시한다는 점을 밝힙니다."

환공이 물었다.

"어떻게 천하에 군림하는가?"

"이른바 천하에 군림한다는 것은 선후의 지혜들을 통하게 함으로써 합니다. 〈재물이〉 같으면 다투고, 남보다 배가 되면 기뻐하고, 상대보다 열 배 많으면 상대가 복종하고, 상대보다 만 배 많으면 상대가 변화됩니다. 공을 이루어도 남들이 알아차리지 못하지만 백성들은 기대하게 됩니다. 이렇게 된 이후에 王業을 이루고 名

을 바로잡게 됩니다. 그러면 군림할 수 있습니다."

緣故修法하여 **以政治道**[108]면 **則(約)〔均〕殺(子)〔于〕吾君**이라 **故取夷吾(謂)〔爲〕替**①[109]하소서 **公曰 何若**②고 **對曰 以同**③이니 **其日久臨**이면 **可立而待**라 **鬼神不明**④이나 **囊橐(탁)之食無報**[110]는 **明厚德也**⑤요 **沈浮**는 **示輕財也**⑥라 **先立象而定期**면 **則民從之**⑦라 **故爲禱**⑧**(朝)〔廟〕**[111]**縷綿**하여 **明輕財而重名**⑨이니이다 **公曰 (同)〔何〕臨**오 **所謂(同)〔臨〕者 其以先後智(渝)〔輸〕者也**⑩[112]라 **鈞(同)(財)〔則〕爭**하고 **(依)〔倍〕則說(열)**⑪[113]하고 **十則從服**⑫하고 **萬則化**라 **成功而不能識**⑬**而民期**니 **然後**에 **成形而更名**[114]이면 **則臨矣**⑭니이다

① 緣故修法……取夷吾謂替 : '子'는 군주의 아들이다. 옛날부터 전해오는 常道를 따르고 법과 제도를 닦아 정사를 행함에 있어 도를 어기지 않을 수 있으면, 이와 같은 자는 군주 자리에 서면 안 되는 군주의 아들을 죽이는데 함께 모의할 수 있다. 우리 군주가 夷吾를 취하여 군주를 교체한 것은 이러한 도를 행하였기 때문이다.
子는 君之子也라 其能緣順故常하고 修理法制하여 爲政不違於道면 若此者 可共謀要殺君子之不當立者니 吾君所以取夷吾爲替者는 爲有此道也라

② 何若 : 어떻게 하면 홀로 夷吾(관중)를 취할 수 있느냐고 묻는다.

---

108) 緣故修法 以政治道 : 李哲明(中)은 이 구절을 '更制'의 의미로 보았다. '政'은 '正'의 뜻으로, "以政治道"는 치국의 도를 바르게 한다는 의미로 풀이해야 한다고 보았다. 따라서 原注는 본래 글자 그대로 풀이함으로써 의미가 통하지 않게 되었다는 것이다.(≪管子校義≫)

109) (約)〔均〕殺(子)〔于〕吾君 故取夷吾(謂)〔爲〕替 : 저본에는 '約', '子', '謂'로 되어 있으나, 李哲明(中)의 견해에 의거하여 '約'을 '均'으로, '子'를 '于'로, '謂'를 '爲'로 바로잡았다.(≪管子校義≫) 참고로, 郭沫若(中)은 이 구절을 착간과 오탈자가 너무 심하여 그 의미를 알아내기 힘들다고 하였다. 자식을 죽여 桓公에게 바친 易牙의 이야기가 잘못 끼어든 것일 수도 있다고 하였다.(≪管子集校≫)

110) 囊橐(탁)之食無報 : 李哲明(中)에 의하면 '囊橐之食'은 보따리에 싼 제사 음식을 가리킨다고 하였다. 그리고 본 구절이 뜻하는 바는, 제물을 바치면서도 보답을 바라지 않는다는 의미라고 하였다.(≪管子集校≫)

111) (朝)〔廟〕 : 저본에는 '朝'로 되어 있으나, 李哲明(中)의 ≪管子集校≫에 의거하여 '廟'로 바로잡았다.

112) (同)〔何〕臨……其以先後智(渝)〔輸〕者也 : 저본에는 "同臨 所謂同者 其以先後智渝者也"로 되어 있으나, 李哲明(中)의 ≪管子集校≫에 의거하여 앞의 '同'을 '何'로, 뒤의 '同'을 '臨'으로 바로잡았고, 許維遹(中)의 ≪管子集校≫에 의거하여 '渝'를 '輸'로 바로잡았다.

113) 鈞(同)(財)〔則〕爭 (依)〔倍〕則說(열) : 저본에는 "鈞同財爭 依則說"로 되어 있으나, 豬飼彦博(日)의 ≪管子補正≫에 의거하여 '同'은 衍文으로 처리하고, '財'는 '則'으로, '依'는 '倍'로 바로잡았다. 何如璋(淸)은 '鈞'(均)과 '倍'를 재물의 많고 적은 상태로 이해하였다. 이하의 '十'과 '萬'도 마찬가지이다.(≪管子析疑≫)

114) 成形而更名 : 郭沫若(中)은 '成形'은 '成王業'을, '更名'은 '正名'을 의미하는 것으로 보았다.(≪管子集校≫)

問何以獨取夷吾也라

③ 以同 : 덕과 지혜가 같기 때문에 취한다.

以其德智同故取也라

④ 其日久臨……鬼神不明 : 군주 자리에 서면 안 되는 군주의 아들은 비록 오래 그 자리에 있어도 머지않아 위태로움이 닥치게 되고, 귀신을 제사 지내는 의례에도 밝을 수 없다는 의미이다.

謂君子之不當立者 雖久臨其位라도 危亡可立而待요 其享祭鬼神之禮에 又不能明也라

⑤ 囊橐(탁)之食無報 明厚德也 : 이것은 桓公의 은밀한 행위를 말하고 있다. 환공이 비록 음식을 보자기에 싸서 사람들에게 은밀히 보내면서도 그 보답을 바라지 않는다는 것이다. 이는 덕이 두터움을 밝히기 위한 것이다.

此論桓公之隱이니 雖以囊橐之食遺人이라도 不求其報니 所以明厚德也라

⑥ 沈浮 示輕財也 : 사람들에게 널리 베풀면서 재물이 줄어드는 것을 고려하지 않으니, 이는 재물을 가볍게 보는 것이다. 보답을 받지 않는 것을 '沈'이라 하고, 보답을 얻음을 '浮'라고 한다. 혹 냇물에 제사 지내는 것을 '沈浮'라 하기도 한다.

其散施於人하여 不顧其沈이니 所以示輕財也라 不得其報曰沈이요 得報曰浮라 或曰祭川曰沈浮也라

⑦ 先立象而定期 則民從之 : 먼저 법을 세우고서 사람들과 함께 기간을 정하면, 사람들이 자진하여 복종하여 모두 순순히 따른다.

先立法象하여 與人定期면 人則率服皆順從也라

⑧ 爲禱 : 옛사람들이 신에게 기도하고 복을 구하는 것을 말한다.

謂先人禱神祈福祥이라

⑨ 朝縷綿明 輕財而重名 : '縷'는 비단이다. 매번 조정에서 비단을 베풀어 상으로 내리니, 이를 통해 밝히고자 하는 것은 재물을 가볍게 여기고 명예를 무겁게 여긴다는 것이다.

縷는 帛也라 言每於朝置綿하여 以賞賜니 所明者 輕財而重名者也라

⑩ 所謂同者 其以先後智渝者也 : 이른바 '신하의 덕이 군주와 같다'는 것은, 군주를 앞뒤로 이끌어줄 수 있고, 위급한 상황을 만나면 지략을 운용하여 그 상황을 타개하는 것이니, ≪詩≫에서 말하는 "앞뒤에서 이끌어주는 자가 있다고 말하네."[115]이다.

所謂臣德同君者 能先後於君하고 其遇危難이면 則智謀變而通之니 詩所謂予曰有先後者也라

⑪ 鈞同財 爭依則說 : 가령 재물을 남에게 고르게 나누어주면 사람들이 기뻐하여 앞다투어 나에게 귀의할 것이다.

假令財與人鈞同이면 人則悅而爭依於己라

⑫ 十則從服 : 만약 상대에게 재물을 열 배 이상으로 주면 상대는 복종하여 따를 것이다.

115) 앞뒤에서……말하네 : ≪詩經≫ 〈大雅 綿〉에 나오는 구절이다.

若財十倍多彼면 則服而從之라

⑬ 萬則化 成功而不能識 : 만약 상대에게 재물을 만 배 이상으로 주면, 상대는 변화하여 내 뜻대로 되지 않는 게 없을 것이다. 그러므로 공을 이룰 수 있지만 아무도 이를 알아차릴 수 없다.

若財萬倍多彼면 則變化而無不如意라 故可以成功而觀者莫能識之라

⑭ 民期……則臨矣 : '백성들 마음이 군주로 삼기로 기약하여 서로 즐거이 받들게 된 이후에, 형세를 이루어 앞서 복종시킨 사람을 명명하게 되면 군림하여 군주가 될 것이다.' 라는 의미이다.

言人心期以爲主하여 相與樂推然後에 成形於以名前所服之人이면 則臨之以爲君矣라

〈桓公이 물었다.〉

"변방은 어떻게 지켜야 하는가?"

〈管子가 대답하였다.〉

"무릇 변방의 사정은 날로 변하니 일상적인 식견으로는 살필 수 없습니다. 백성들이 아직 변하지 말아야 할 때 변하면 스스로 어지러워지게 됩니다. 여러 변방의 사정을 엿보고 그 어지러움을 참작하여 〈변방의 백성들에게 마땅한〉 일을 맡기고 그들이 꾀하는 바를 따르십시오. 사방 백 리의 땅에 표지를 세워 서로 망을 보세하고, 〈외적의 침입이 있으면〉 사내들은 싸움터로 달려가고 아녀자들은 식사를 준비하게 하여, 안과 밖으로 서로 대비하게 합니다. 〈백성을 동원하여 전쟁을 벌이면〉 봄과 가을의 하루는 수확량 千金을 손해 보게 되니, 농사일을 헤아려 움직여야 합니다.

候人[116]은 중용해서는 안 되는데, 오직 윗사람과 교류하고 변방에서 한 말을 바꾸지 않는 자만을 〈중용할 수 있습니다.〉 使臣은 사적인 마음을 가지면 안 되니, 사적인 마음을 갖지 않는 것은 自國 내의 일을 이루기 위해서입니다. 유능한 사신은 중심으로 삼는 것이 있으니, 그것은 곧 자국 내의 일입니다.

請問爲邊若何①오 **對曰 夫邊日變**하니 **不可以常知觀也**②라 **民未始變而是變**이면 **是爲自亂**③이라 **請**(問)〔**伺**〕[117]**諸邊而參其亂**하여 **任之以事**〔**而**〕[118]**因其謀**④하소서 **方百里之地**에 **樹表相望**

116) 候人 : 原注에 의하면, 외국으로부터 自國의 군주를 알현하기 위해 들어온 사람을 가리킨다.

117) (問)〔伺〕 : 저본에는 '問'으로 되어 있으나, 李哲明(中)의 견해에 의거하여 '伺'로 바로잡

者하여 **丈夫走禍**하고 **婦人備食**⑤하여 **內外相備**⑥라 **春秋一日**은 **敗事曰千金**이니 **稱本而動**⑦이라 **候人**은 **不可重也**니 **唯交於上**하고 **能必於邊之辭**⑧라 **行人**은 **可不有私**이니 **不有私**는 **所以爲內因也**⑨라 **使能者 有主矣**니 **而內事**⑩라

① 請問爲邊若何 : 변경을 방어하는 방법에 대해 묻고 있다.
問所以防御邊境이라

② 夫邊日變 不可以常知觀也 : 변경은 두 나라가 서로 다투고 도둑과 오랑캐가 틈을 엿보고 있어 날로 변화하는 곳이니, 기미에 반응하여 움직여야 한다. 그러므로 일상적인 식견으로 살필 수 없다.
邊者 兩國交爭하고 寇狄伺郄(극)하여 日有變이니 當應機而動이라 故不可以常智觀이라

③ 民未始變而是變 是爲自亂 : 아직 변하지 않은 것은, 기미에 반응하는 것이 아직 일어나지 않았으니 또한 정상적인 법도에 따라 살펴봐야 한다. 지금 사람들이 아직 변해서는 안 되는데도 바로 변하니 이를 일러 '때에 앞선다'고 하니, 그 어지러움을 더욱 심화시킨다. 그러므로 이것을 "스스로 어지러워진다."고 말한다.
未變者 應機未發이니 且當循常而伺之라 今人未當變而輒爲變을 此謂先時也니 更益其亂이라 故曰 是爲自亂也라

④ 請問諸邊而參其亂 任之以事因其謀 : '諸邊'은 사방 변방이다. 세밀히 살펴서 불규칙한 변화로 인한 어지러움을 파악하고 그런 이후에 그들에게 일을 맡기고, 그들이 꾀하는 바에 말미암아 그들을 부린다는 의미이다. 이상은 환공이 묻는 말이다.
諸邊은 則四邊也라 謂參驗하여 知其委變之亂然後에 以事任之하고 因其所謀而用之라 此已上은 公問之辭也라

⑤ 方百里之地……婦人備食 : 백 리의 나라는 도성으로부터 변방에 이르기까지 높은 곳마다 표지를 세워 번갈아 교대로 서로 망을 보게 하고, 외적의 침입이 있게 되면 사내들은 달려가 명령을 받들고 아녀자들은 식사를 준비하여 보낸다는 의미이다.
謂百里之國은 自國都至邊境히 每於高顯之處에 樹立其表하여 使遞相望하고 其有寇賊之禍면 丈夫則走而奔命하고 婦人則備食以給之也라

⑥ 內外相備 : 밖으로 도적을 물리쳐 내부를 방어하고, 안으로 식사를 준비하여 밖에 공급한다. 그러므로 "서로 대비한다."고 말한다.
外拒寇以防內하고 內備食以給外라 故曰相備也라

았다. 글자 형태가 유사함으로 인해, 혹은 앞에 나온 '請問'으로 인해 잘못 쓰여진 글자라는 것이다.(≪管子校義≫) 原注에서는 "請問諸邊而參其亂 任之以事 因其謀"를 桓公이 묻는 말로 설명하고 있으나, 그 경우 앞뒤 문장이 순조롭게 연결되지 않는다.

118) 〔而〕 : 저본에는 '而'가 없으나, 戴望(淸)의 ≪管子校正≫에 의거하여 보충하였다. 古本·劉本·朱本 등에도 '而'가 들어 있다고 한다.

⑦ 春秋一日……稱本而動 : 봄에는 씨를 뿌리고 가을에는 곡식을 거두니 농사에 더욱 중요한 시기들이다. 이 두 시기에 전쟁이 발생하면 단 하루만 지나도 곡식 수확량 千金을 손해 본다. 그러므로 나라를 다스리는 자는 반드시 농사일을 헤아려 움직여야 한다.
春秋에 種穫하니 尤爲農要라 此二時而有戰이면 但經一日에 敗費千金이라 故爲國者 必當稱本而動也라

⑧ 候人……能必於邊之辭 : '候人'은 군주를 알현하기 위해 입국한 자이다. 候人이 입국하면 혹 우리의 虛實을 살피거나 우리의 動靜을 엿볼 수 있으므로 중용해서는 안 된다. 오직 윗사람과 교류하고, 반드시 변방에서 말을 확정하여 도성에 이르기까지 바꾸지 않을 수 있는 자만이 중용될 수 있다.
候人은 謂謁候之來入國者라 候人入國하면 或伺我虛實하고 覘(점)我動靜이니 不可使重之라 唯有能與上交하고 必定邊境之辭至國不易者 其可重也라

⑨ 行人……所以爲內因也 : '行人'은 사신이다. 어떤 사람이 마땅한가? 오직 사심을 갖지 않는 자일 뿐이다. 사심이 없으면 〈군주의〉 뜻이 이루어진다. 그러므로 〈그런 사람은〉 나라를 위해 안으로 일을 이룰 수 있는 자이다.
行人은 使人也라 若何而可오 唯不有私耳라 無私則意成이라 故能爲國內成事者也라

⑩ 使能者……而內事 : 사신이 국경 밖으로 나가면 반드시 중심으로 삼는 것이 있다. 그가 중심으로 삼는 것은 자국 내의 일을 이루고자 하는 것이다.
使人出境이면 必有所主니 其所主者 欲成內國之事라

만세 동안 유지되는 나라에는 반드시 만세 동안 유지되는 실질이 있습니다. 반드시 천지의 도에 따르고, 안을 부리는 것으로 밖을 부리지 말고, 작은 것을 부리는 것으로 큰 것을 부림으로써 나라의 보배를 버리지 마십시오. 大臣을 부릴 때는 존귀하게 대하십시오. 그러면 한번 일을 맡기면 성인의 공을 이루어 보배라 칭할 수 있습니다. 〈그런 대신에게〉 작은 일을 시키면 바른 도라고 할 수 있겠습니까? 신하가 유능하면 일에 몰두하게 되고, 일에 몰두하면 군주가 편안합니다. 사다리는 〈높은 곳을〉 넘어갈 수 있으니, 〈높은 곳을〉 넘어갈 때는 사다리를 이용해야 합니다. 방어할 수 있는 도성이 있으면 지키지 않아도 대중이 흩어지지 않습니다. 무리 가운데 유능한 자를 우두머리로 삼습니다. 그렇지 않으면 장차 대항하는 자가 나타나게 됩니다.

萬世之國은 **必有萬世之實**①이니 **必因天地之道**②하고 **無使其內**로 **使其外**③하고 **使其小**로 **毋使其大**하여 **棄其國寶**④라 **使其大**에 **貴**면 **一與而聖**하고 **稱其寶**일지니 **使其小**면 **可以爲道**⑤아 **能則**

專하고 **專則佚**⑥이라 **椽能踰**니 **則椽於踰**⑦라 **能宮則不守而不散**⑧이라 **衆能伯**일지니 **不然**이면 **將見對**⑨니이다

① 萬世之國 必有萬世之實 : 만세토록 유지되는 실질이 없으면 만세토록 유지되는 나라를 이룰 수 없다.
無萬世之實이면 不能成萬世之國也라

② 必因天地之道 : 천지의 도는 이치에 따르면서 움직이는 것이다.
天地之道는 順以動者也라

③ 無使其內 使其外 : 안에 해당하는 것을 밖에 쓰면 밖의 실정을 상실한다.
應內而外면 失外情也라

④ 使其小……棄其國寶 : 작은 것에 응하다가 국가 대사의 마땅함을 잃게 된다. 대신은 나라의 보배다. 〈그런데〉 지금 바르지 않은 이치로 대신을 부린다. 그러므로 "나라의 보배를 잃는다."라고 말한다.
應小而失大事之宜라 大臣은 國之寶也라 今非理使之라 故曰 棄國寶也라

⑤ 使其大……可以爲道 : 다음과 같은 의미이다. '대신을 부릴 때는 반드시 그를 존중하여, 한번 일을 맡기면 반드시 옮기지 않는다. 이와 같으면 일을 거행할 때마다 이룸이 있어 성인의 공을 세울 수 있다. 그러므로 보배라 일컫게 된다.'
謂使其大臣當尊之하여 一與其事면 必無轉移라 如此則擧輒有成하여 能立聖人之功이니 謂稱其寶矣라

⑥ 能則專 專則佚 : 신하를 부림에 있어 유능한 자를 얻으면 일에 있어 반드시 몰두하게 되고, 몰두하면 공이 이루어진다. 그러므로 편안히 즐긴다.
使得其能이면 於事必專하고 專則功成이라 故佚樂也라

⑦ 椽能踰 則椽於踰 : '椽'은 '梯(사다리)'와 같다. 서까래를 깎아 사다리를 만든다는 의미이다. 무릇 높은 곳을 올라가고자 하면 반드시 사다리를 이용해야만 가능하다. 만약 사다리를 이용하지 않고 곧바로 넘어가고자 하면 넘어갈 수 없을 것이다. 그러므로 〈높은 곳을〉 넘어갈 때에는 사다리를 타고 넘어야 넘을 수 있다. 이것은 공을 이루는 것은 반드시 훌륭한 신하와 현명한 보좌를 얻은 이후에 일이 이루어지고 이름이 세워지게 되는 것을 비유하였다.
椽은 猶梯也니 謂鑿椽以爲梯라 凡欲蹈越高遠이면 必因梯而後能이라 若不因梯하고 直欲踰之면 則不能踰矣니 然則踰因梯而踰矣라 此喩成功必有良臣賢佐然後에 事遂而名立也라

⑧ 能宮則不守而不散 : '宮'은 방어하는 도성을 가리킨다. 사방 도성에, 사방 도성을 방어하는 시설이 있으면 외적의 침입이 없다. 만약 방어하는 도성이 없는 상태로 지키고자 하면 대중이 반드시 흩어지게 된다.
宮은 謂防禦之國이니 四國也에 能有四國之宮이면 則不有寇難이나 若無宮하고 直欲守之면

其衆必散也라

⑨ 衆能伯……將見對 : '伯'은 우두머리를 의미하니, 재주와 능력이 있는 선비를 가리킨다. 대중 무리 가운데 능력 있는 자를 반드시 우두머리로 삼아야 한다. 만약 무능한 자를 우두머리로 삼으면 장차 또 다른 호걸이 나타나 '나'와 대립하면서, 두 영웅이 서로 두 영웅의 도를 다투게 된다.

伯은 長也니 謂材能之士라 衆必能爲之長이니 若不能長之면 豪傑之人이 將來對己하여 以兩雄角兩雄之道也라

군자는 남을 규찰하는 데 힘쓰는 사람이지 규찰 당하는 사람이 아닙니다. 그러므로 신하가 신하만 위하고 군주가 군주만 위하면 서로에 대해 자애롭지 못합니다. 무릇 신하가 實을 잡으면 〈군주는〉 신하를 부릴 수 있습니다. 〈그러나 군주에게 實이 없으면〉 군주는 신하를 부릴 수 없습니다. 군주의 무거움이 한결같으면 군주는 나라를 다스리고 신하는 죽음을 무릅씁니다. 녹봉을 움켜잡고 있으면서 나라를 가난하게 하고 인재 사용을 부족하게 만들지 마십시오. 덕을 좋아한다고 하면서 상을 움켜잡고 있지 말고, 망하는 것을 싫어한다고 하면서 평범한 사람을 부리지 마십시오.

君子者 勉於糺人者也①요 **非見糺者也**라 **故輕者輕**하고 **重者重**하면 **前後不慈**②라 **凡輕者 操實也**③면 **以輕則可使**④요 **重不可起輕**⑤이라 **重有齊**면 **重以爲國**⑥하고 **輕以爲死**⑦라 **毋全祿 貧國而用不足**⑧이요 **毋全賞好德 惡(오)亡使常**⑨[119]하소서

① 君子者 勉於糺人者也 : '君子'는 덕 있는 백성을 가리키는 말이다. 그러므로 군자는 남을 규찰하는 사람이지 규찰당하는 사람이 아니다.

君子者 德民之稱이라 故但糺察人하고 不爲人所糺이라

② 輕者輕……前後不慈 : '輕'은 신하를 가리키고, '重'은 군주를 가리킨다. 무릇 군주와 신하가 서로에 대해 자애롭게 할 수 있는 것은, 신하가 군주를 섬기고 군주가 신하를 제어할 수 있게 된 이후에 자애와 은혜의 마음이 무성하게 생겨나기 때문이다. 지금 신하는 스스로 신하의 자리에 있고 군주는 스스로 군주의 자리에 있어서, 각각 앞・뒤에 있으면서 서로 교류하지 않는 것을 '막힌다'고 하는 것이니, 〈이런 상황에서〉 어떻게 자애로움이 있겠는가.

輕은 謂臣也요 重은 謂君也라 凡君臣所以能相慈者는 輕能事重하고 重能制輕然에 後慈惠

119) 毋全賞好德 惡(오)亡使常 : 저본 자체로는 의미 파악이 쉽지 않다. 아마 일부 오탈자가 있는 듯하다. 原注에 의거하여 그 의미를 도출해내었다.

之心이 油然生矣라 今輕自在輕하고 重自在重하고 或前或後하여 不相交接을 否之謂也니 何慈之有乎아

③ 凡輕者 操實也 : 신하는 군주에게 의존해 먹는다. 그러므로 신하는 반드시 군주라는 實을 잡아야 한다.

臣須君食이라 故必操君實也라

④ 以輕則可使 : 신하가 實을 잡으면 〈군주가〉 신하를 부릴 수 있다.

輕而操實이면 則可使也라

⑤ 重不可起輕 : 비록 군주라도 實이 없으면 신하를 쓸 수 없다.

雖重이라도 無實이면 則輕不可起用이라

⑥ 重有齊 重以爲國 : 군주의 무거움에 한계가 없으면 나라를 다스릴 수 있다.

重者不限이면 則以爲國이라

⑦ 輕以爲死 : 도에 의해 신하를 부리면 신하에게 죽음을 무릅쓰게 할 수 있다.

以道使輕이면 可以致死라

⑧ 毋全祿 貧國而用不足 : 녹봉을 온전히 보존하고자 하여 아랫사람들에게 주지 않으면, 어진 이는 떠나가고 사람들은 흩어진다. 그러므로 나라는 더욱더 가난해지고 쓸모 있는 인재는 더욱더 부족해진다.

欲全其祿하여 不以與下면 則賢去而人散이라 故國逾貧而用逾不足也라

⑨ 毋全賞好德 惡(오)亡使常 : 비록 덕을 좋아한다고 말하면서도 상을 움켜잡은 채 나누어 주지 않고, 비록 망하는 것을 싫어한다고 말하면서도 부리는 사람이 평범한 사람이라면, 이같이 하는 것은 패망의 길이다.

雖曰好德이로되 全賞而不與하고 雖曰惡亡이로되 所使者乃常人이면 若此者 敗亡之道라

〈桓公이 물었다.〉

"앞장서서 천하를 하나로 통합하여도 사사로운 원한이 없고, 강한 나라를 침범하여도 사사로운 해가 없기 위해서는 어떻게 해야 합니까?"

〈管子가〉 대답하였다.

"상대국이 비록 강하여도 辭令이 반드시 진실되고 의로워야 합니다. 상대국이 비록 약하여도 사령이 반드시 정중하고 동정적이어야 합니다. 〈이렇게 하여〉 강한 나라이든 약한 나라이든 상대를 거스르지 않으면 사람들이 따르고자 할 것입니다. 남을 앞세우고 자신을 뒤로 하되 仁을 자처하지 마십시오. 남에게 공을 베풀어도 무엇을 얻고자 하지 마십시오. 재화를 보따리에 싸는 자는 멀리 내보내고, 다투는 자는 밖으로 내치십시오. 사사로운 교류가 없음을 분명히 하면 내적인 원망이 없을

것이고, 큰 나라와 함께하면 승리할 것입니다. 사사로운 교류가 많으면 백성들이 저 夷吾를 원망하여 죽이려 할 것입니다. 백성들에게 재물을 주는 것보다 농사철을 빼앗지 않는 것이 낫고, 백성들에게 음식을 주는 것보다 백성들 각자의 일을 빼앗지 않는 것이 낫습니다. 이것을 안팎의 근심과 사고가 없다고 하는 것입니다.

請問先合於天下而無私怨①하고 **犯強而無私害**②를 **爲之若何**오 **對曰 國雖強**이라도 **令必忠以義**③하고 **國雖弱**이라도 **令必敬以哀**④니 **強弱不犯**이면 **則人欲聽矣**⑤라 **先人而自後**하되 **而無以爲仁也**⑥하고 **加功於人而勿得**⑦하고 **所橐(탁)者 遠矣**⑧하고 **所爭者 外矣**⑨하소서 **明無私交則無內怨**⑩하고 **與大則勝**⑪할지니 **私交衆則怨殺夷吾也**⑫라 **如以予人財者**론 **不如無奪時**요 **如以予人食者**론 **不如無奪其事**⑬니 **此謂無外內之患事故也**⑭니이다

① 先合於天下而無私怨 : 천하를 하나로 통합하여도, 사람들이 모두 즐거이 받들므로 사사로운 원한이 없다는 의미이다.
謂與天下合同이로되 人皆樂推라 故無私怨也라

② 犯強而無私害 : 비록 강한 자를 범하여도 公義로 행하므로 사적인 해가 없다. 楚나라에게 苞茅를 바치라고 요구한 것과 같은 일을 말한다.[120)]
雖犯於強이나 乃以公義라 故無私害라 謂責楚苞茅之比也라

③ 國雖強 令必忠以義 : 辭令이 신실되고 의로우면, 비록 강하여도 반드시 덕스럽게 여긴다.
令忠以義면 雖強必德之也라

④ 國雖弱 令必敬以哀 : 辭令이 정중하고 동정적이면 비록 약하여도 반드시 화를 면한다.
令敬以哀면 雖弱必免也라

⑤ 強弱不犯 則人欲聽矣 : 범하는 게 비록 가볍고 약해도 사람들은 이를 어긴다.
犯雖輕弱이라도 則人違之라

⑥ 先人而自後 而無以爲仁也 : 남을 앞세우고 자신을 뒤로 하는 것은 大國이 禮로 삼는 것이니, 어찌 仁을 행하는 것이 되겠는가?
先人自後는 大國禮之니 何仁之爲也라

⑦ 加功於人而勿得 : 공을 베풀되 보답을 바라지 않는다.
施功而不求於報也라

⑧ 所橐(탁)者 遠矣 : 재화를 보자기에 싸서 백성을 궁핍하게 만드는 자는 멀리 보내야 한다.
橐貨而匱(궤)民者 當遠之也라

---

120) 楚나라에게……말한다 : 춘추시대에 楚나라가 周왕실에 苞茅를 바치지 않자, 齊 桓公이 이를 빌미로 초나라를 정벌하였다. 이와 관련된 고사는 ≪春秋左氏傳≫ 僖公 4년 조에 보인다. 포모는 다발로 묶은 菁茅로, 제사에서 술을 거를 때 사용하였다.

⑨ 所爭者 外矣 : 서로 다투면서 무례한 자는 나라 밖으로 내보내야 한다.
交爭無禮者 當遣之外也라

⑩ 明無私交則無內怨 : 사사로이 교제하면 공정하지 않고 편파적이 된다. 그러므로 내적인 원망이 일어난다.
私交則不公而偏이라 故內怨起之라

⑪ 與大則勝 : 큰 나라와 친할 수 있다. 그러므로 승리를 얻는다.
能親與大國이라 故得勝이라

⑫ 私交衆則怨殺夷吾也 : 군주로 하여금 사사로이 교제하게 한 것은 夷吾로부터 말미암았다. 그러므로 백성들이 원망하여 살해할까 두려워하는 것이다.
使君私交者 夷吾之由라 故恐衆怨而殺之라

⑬ 不如無奪其事 : 일을 빼앗지 않으면 각자 자신들의 본업에 안주하여 먹고사는 데에 부족함이 없다.
不奪其事면 則各安其業하여 食無不足也라

⑭ 無外內之患事故也 : 재물과 식량이 충분하면 안팎의 근심이 사라진다.
財食足則外內之患亡也라

군주와 신하가 교류할 때 禮義는 군주에게 '神'과 같은 것이며, 또한 군주와 신하를 묶어주는 연결고리입니다. 부모를 사랑하는 것은 본성입니다. 〈그러나〉 군주가 신하를 자식과 같이 친하게 대하는 것은 군신 간의 관계를 견고하게 하기 위해서입니다. 군주가 군주의 자리에 불안하게 되는 것은 〈군주와 신하가〉 단지 義로 교류하기 때문입니다. 〈그러므로〉 이 점을 삼가지 않을 수 없습니다.

賢人을 위협해서는 안 되고, 유능한 자를 방치해 두어서는 안 됩니다. 일이 생기기 전에 미리 틀어막으면 처리하기 쉽습니다. 샘물이 흘러나오는 곳에는 사람들이 몰려들고, 토양이 비옥한 곳에는 사람들이 죽음을 무릅쓰고 찾아옵니다. 이는 마치 큰 강과 호수처럼 넓은 곳에는 진주와 조개를 채취하는 자들이 명령을 내리지 않아도 오는 것과 같습니다. 神明에게 제사를 지내면서 불을 피우지 않으면, 술을 마시는 자들도 머물지 않습니다. 하물며 이익을 버리는 사람이 있겠습니까.

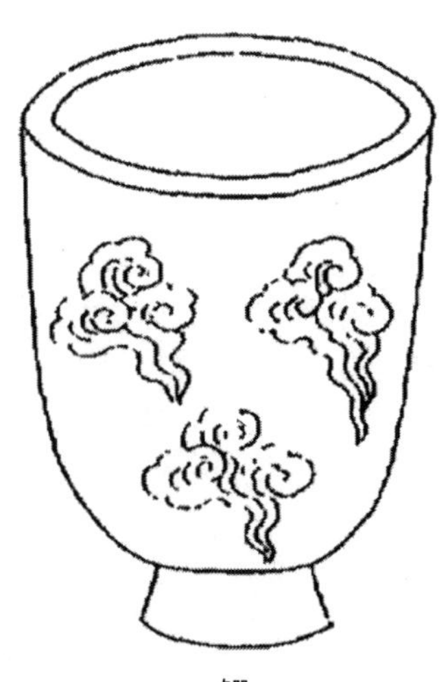
觶

무릇 군주가 바르지 않는 행위를 일삼고 있는데, 〈예의를 안다는〉 中原의 사람들이 나라가 위태로운 상황과 군주의 허물을 보고서도 자신의 능력만 취한다면, 어찌 社稷이 위태롭지 않겠습니까.

君臣之際也①에 **禮義者 人君之神也**②요 **且君臣之屬也**③라 **親戚之愛**는 **性也**④[121]나 **使君親之(察)〔際〕同**은 **索屬(故)〔固〕**[122]**也**⑤요 **使人君不安者 (屬)〔義〕**[123]**際也**⑥니 **不可不謹也**⑦라 **賢不可威**⑧요 **能不可留**⑨니 **杜事之於前**이면 **易**(이)**也**라 **水(鼎)〔泉〕**[124]**之汨也**⑩에 **人聚之**요 **壤地之美也**⑪에 **人死之**니 **若江湖之大也**⑫에 **求珠貝者不令也**⑬[125]라 **逐神而遠熱**이면 **交觶**(치)**者不處**[126]니 **兄**(황)**遺利**⑭[127]아 **夫事左**⑮에 **中國之人**이 **觀危國過君而弋**(익)**其能者**면 **豈不幾於危社主哉**⑯아

① 君臣之際也 : 군주와 신하는 혈육의 친함이 없고, 단지 禮義로 서로 대할 뿐이다. 君臣은 非有骨肉之親이요 但以禮義相接也라

② 禮義者 人君之神也 : 禮義가 있으면 군주는 존귀하고 신하는 미천하여, 이로써 만백성이 편안하다. 그러므로 '神'이라고 말하는 것이다.

---

121) 親戚之愛 性也 : 兪樾(淸)에 의하면 여기서 '親戚'은 '父母'와 같은 의미로 쓰였다고 한다. 이 구절은 자식이 부모를 사랑하는 것은 본성이지만, 신하가 군주를 섬기는 것은 義에 의한 것이라는 점을 밝히기 위해 쓰였다는 것이다. 따라서 "서로 친하고 서로 사랑하는 것은 性이다."라고 풀이한 原注는 틀렸다고 보았다.(≪諸子平議≫)

122) (察)〔際〕同 索屬(故)〔固〕 : 저본에는 '察', '故'로 되어 있으나, 安井衡(日)의 ≪管子纂詁≫에 의거하여 '察'을 '際'로, '故'를 '固'로 바로잡았다. 原注에서는 '故'를 '事'로 풀이하고 있는데, 그 의미가 분명하지 않으므로 따르지 않았다.

123) (屬)〔義〕 : 저본에는 '屬'으로 되어 있으나, 李哲明(中)의 ≪管子校義≫에 의거하여 '屬'을 '義'로 바로잡았다. 原注에 근거할 때도 '義'가 타당하다는 것이다.

124) (鼎)〔泉〕 : 저본에는 '鼎'으로 되어 있으나, 張文虎(淸)의 ≪舒藝室隨筆≫에 의거하여 '泉'으로 바로잡았다. 隷書에서 '鼎'과 '泉'은 글자 형태가 서로 비슷하므로 혼동되었다는 것이다.

125) 若江湖之大也 求珠貝者不令也 : 原注에서는 "若江湖之大也"와 "求珠貝者不令也"를 분리시켜 풀이하고 있다. 그러나 문맥의 흐름으로 볼 때, 이 구절은 앞의 "水泉之汨也 人聚之" 및 "壤地之美也 人死之"와 같은 유형의 글로 이해될 수 있다.

126) 逐神而遠熱 交觶(치)者不處 : 許維遹(中)은 '熱'을 '爇'의 훼손된 글자로 보았다. 그리고 이 구절의 의미를 神明에게 제사를 지낼 때 불을 피워 그 연기에 의해 神明에 도달하는 행위와 연결시키고 있다. 즉 神明에게 제사를 지내면서 불을 피우지 않는 것은 禮가 미비된 것이므로, 제사가 끝난 뒤 술을 마시는 자들도 머물지 않는다는 것이다. (≪管子集校≫)

127) 兄(황)遺利 : 原注에서는 '兄'을 '형제'의 의미로 풀이하고 있으나, 대부분의 주석가들은 '況'으로 읽어야 한다고 보았다. 劉績(明)의 ≪管子補注≫에서도 '兄'은 '況'의 古字라고 하였다.

禮義在면 則君尊臣卑하여 萬人以寧이라 故曰神이라

③ 君臣之屬也 : 〈군주와 신하는〉 義에 의해 서로 묶인다.

以義相屬이라

④ 親戚之愛 性也 : 서로 친하고 서로 사랑하는 것은 본성이다.

相親相愛는 性也라

⑤ 使君使君親之察同 屬故也 : '索'은 '구하다'는 의미이다. 군주가 신하에게 친하게 대하는 것은 똑같이 사랑과 공경을 구하기 때문이다. '故'는 '일'이라는 의미이다. 신하는 모름지기 군주에게 속해 있으나, 부모를 섬기는 일로 군주를 섬겨야 한다.

索은 求也니 君親之於臣子는 同求其愛敬矣라 故는 事也니 臣雖屬君이나 當以事親之故事君이라

⑥ 使人君不安者 屬際也 : 군주가 군주 자리에 불안함을 느끼게 된다면, 그것은 신하가 단지 義로 군주를 대할 뿐 사랑하고 공경하는 마음이 없기 때문이다.

使君不安其位者면 則臣但以義際君하고 無愛敬故也라

⑦ 不可不謹也 : 신하에게 〈군주를〉 사랑하고 공경하는 마음이 없으면 간혹 원수나 적으로 변하기도 한다. 그러므로 이를 경계하지 않을 수 없다.

臣無愛敬이면 或化爲仇敵이라 故不可不謹之也라

⑧ 賢不可威 : 賢人을 위협하면 나라가 병들어 망하게 된다.

威賢則邦國殄瘁(진췌)라

⑨ 能不可留 : 재능은 이끌어 활용해야지, 그의 몸에 머물러 있게 해서는 안 된다.

材能은 當引用之일지니 不可留之於彼身이라

⑩ 杜事之於前……水鼎之汨也 : 간악하고 흉한 일은 그 일이 생기기 전에 미리 틀어막으면 매우 처리하기 쉽다. 이는 마치 물이 솥 안에 있을 때 끓이면 食事 준비하는 일이 또한 번거롭지 않은 것과 같다.

姦凶之事는 先其未然而杜塞之면 則甚易(이)니 猶水之在鼎以烹之면 食事亦不擾也라

⑪ 人聚之 壤地之美也 : 토양이 비옥하기 때문에 사람들이 몰려든다.

由壤地美故로 人聚之也라

⑫ 人死之 若江湖之大也 : 사람들이 군주를 위해 죽음을 무릅쓰게 되는 것은 군주의 도량이 강과 호수처럼 거대하여 받아들이지 못하는 것이 없기 때문이다.

人所以爲君致死者 則君量이 若江湖水之大하여 無不容納故也라

⑬ 求珠貝者不令也 : 군주가 사람들에 대해, 마치 진주와 조개를 구하듯이 가려서 선택하면, 사람들은 반드시 떠날 것이니 그들을 부리지 못한다.

君之於人에 有所簡擇하여 若求珠貝之爲也면 人必去而不令之라

⑭ 逐神而遠熱……兄遺利 : 군주는 사람들에 대해, 神을 따르듯이 자신을 공경하게 하고

뜨거운 열기를 멀리하듯이 자신을 두려워하게 한다. 신을 따르는 자는 술잔을 올려 제사를 거행하고 나면 감히 그곳에 머물지 않으며, 뜨거운 열기를 멀리할 때는 비록 형제의 친함이 있다 할지라도 이익을 버리고 떠나간다. 군주의 존엄함은 그보다 더 큰 것이 없으니, 누가 감히 군주를 엿보고 넘겨다보겠는가.

君之於人也에 使敬之若逐神하고 畏之若遠熱이라 其逐神者 交觶祭祀하면 不敢留處요 其遠熱也엔 雖有兄弟之親이라도 亦遺利而去니 君之尊嚴莫與大니 誰敢窺覦(유)之哉아

⑮ 夫事左 : 군주가 일을 행함에 있어 바름을 얻지 못했다는 의미이다.

謂人君行事不得正이라

⑯ 中國之人……豈不幾於危社主哉 : '中國'은 禮義를 얻은 中原의 나라들을 말한다. '弋'은 '취하다'는 의미이다. 중원의 사람들이 위태로운 나라와 허물 있는 군주를 보고서 현명한 도를 쓰지 못하고 자신의 생각을 따른다면, 허물 있는 군주의 社稷은 위태로움에 가깝다.

中國은 謂得禮義之中國也요 弋은 取也라 中國之人이 見危國過君에 不能用賢道하고 爲己用하면 如此則過君之社主는 近於危也라

이익은 폐지할 수 없으므로 백성들이 유통하고, 神은 폐할 수 없으므로 섬깁니다. 천지는 한자리에 머물 수 없으므로 움직이고, 옛것을 변화시키고 새로운 것을 따릅니다. 이 때문에 天의 이치를 얻은 자는 고귀함을 보존하여 무너지지 않고, 사람을 얻은 자는 비천하여도 이길 수 없습니다. 이 때문에 성인은 天을 중시하고 군주는 백성을 중시합니다.

그러므로 지극한 바름은 지극한 믿음이 생겨나게 하고, 지극한 믿음은 지극한 결속이 생겨나게 하고, 지극한 결속은 지극한 도리가 생겨나게 합니다. 〈따라서 군주는〉 文飾으로 실정을 이기는 데 힘쓰지 않고, 많은 것으로 적은 것을 이기는 데 힘쓰지 않습니다. 〈이처럼 군주가〉 흔들리지 않으면 그를 바라보는 자들이 마치 담장을 대하듯이 할 것이니, 군주의 몸가짐은 한결같이 균형을 유지해야 합니다.

利는 **不可(法)〔廢〕**[128]**故民流**하고 **神**은 **不可(法)〔廢〕故事之**①라 **天地**는 **不可留故動**하며 **化故從新**②이라 **是故得天者 高而不崩**③하고 **得人者 卑而不可勝**④이라 **是故聖人重之**⑤하고 **人君重(之)〔民〕**⑥[129]이라 **故至貞生至信**하고 **至**⑦(言往)〔信生〕**至絞**하고 〔至絞〕**生**⑧**至(自有)**[130]

128) (法)〔廢〕: 저본에는 '法'으로 되어 있으나, 郭沫若(中)의 ≪管子集校≫에 의거하여 '廢'로 바로잡았다. 金文에는 '法'자가 '廢'자로 되어 있다는 것이다. 아래도 같다.

129) (之)〔民〕: 저본에는 '之'로 되어 있으나, 郭沫若(中)의 ≪管子集校≫에 의거하여 '民'으

道⑨니 **不務以文勝情**⑩하고 **不務以多勝少**⑪라 **不動則望有廧**⑫이니 **旬身行**⑬이니이다

① 神 不可法故事之 : 神 또한 그 마땅한 방법을 얻지 못하면 神이 있는 곳을 알지 못한다. 그러므로 神을 두려워하고 공경하면서 섬기는 것이니, 이른바 "陰陽은 헤아릴 수 없다."[131]는 것이다.

神亦不得其法이면 不知神之所在라 故畏敬事之니 所謂陰陽不測之者也라

② 天地……化故從新 : 하늘은 베풀고 땅은 변화하면서 밤낮으로 멈춤이 없다. 그러므로 끝없이 생성할 수 있는 것이다. 천지는 변화하여 머물거나 정지할 수 없다. 그러므로 계속 움직인다. 〈따라서〉 옛것을 변화시켜 새로움으로 나아간다. 그러나 또한 이전의 사계절을 따라서 순환하며 다시 시작하니 바뀌는 바가 없다.

天施地化하여 日夜不息이라 故能生成不已라 以天地變化하여 不可留停이라 故動이라 化其故以就其新이나 然亦循故之四時하여 周而復始니 無所易之也라

③ 得天者 高而不崩 : 변화하면서 날마다 새로워지는 하늘의 이치를 얻었으므로 항상 그 존엄함과 고귀함을 보존하고 무너지지 않을 수 있다는 말이다.

謂得天變化日新之理니 故能常保其尊高而不崩壞者也라

④ 得人者 卑而不可勝 : 사람을 얻으면 무리가 귀의하게 된다. 그러므로 비록 비천하여도 이길 수 없다.

得人則衆歸之라 故雖卑不可勝이라

⑤ 聖人重之 : 하늘을 중시한다는 의미이다.

謂重天也라

⑥ 人君重之 : 군주를 중시한다는 의미이다.

謂重君也라

⑦ 至貞生 至信至 : '貞'은 '바르다'는 의미이다. 바른 마음이 생기면 지극한 믿음이 생겨나 반응한다는 말이다

貞은 正也니 謂正心生이면 則至信生而應之也라

⑧ 言往至絞生 : '絞'는 자기의 사사로움을 급하게 변호한다는 의미이다. 지금 공연히 말로만 앞서가고 실질이 없으면, 자기의 사사로움을 지극히 급하게 변호하는 말이 생겨나 반응하게 된다.

로 바로잡았다. '聖人重之'와 '人君重之'는 의미상 차이가 있고, 原注의 '重君'은 곧 '重民'의 誤字라는 것이다.

130) (言往)〔信生〕至絞 〔至絞〕生至(自有) : 豬飼彦博(日)의 ≪管子補正≫에 의거하여 '至言往至絞'를 '至信生至絞'로 바로잡고, 李哲明(中)의 ≪管子校義≫에 의거하여 '至絞' 다음에 '至絞'를 보충하고, '自有'를 衍文으로 처리하였다. '絞'는 安井衡(日)의 ≪管子纂詁≫에 의거하여 '交結'로 해석하였다.

131) 陰陽은……없다 : ≪周易≫ 〈繫辭傳〉에 보인다.

絞는 謂急言私已라 今空以言往而無其實이면 則至絞已言이 生而應이라

⑨ 至自有道 : 바름이 생겨나면 믿음이 이르게 되고, 말만 앞서가면 급한 변호가 온다. 모두 원인이 있어 그렇게 된다. 그러므로 "무엇이 이르는 것에는 스스로 그 도리가 있다."고 말하는 것이다.
正生則信至하고 言往則絞來니 皆有因而然이라 故曰 至自有道라

⑩ 不務以文勝情 : 文飾이 실정을 이기면, 실정은 더욱더 공허해진다.
以文勝情이면 情彌虛也라

⑪ 不務以多勝少 : 적은 것이 옳으면 무리가 옳지 않다. 그러므로 다수가 소수를 이길 수 없다.
少是能正이면 衆非라 故多不能勝之라

⑫ 不動則望有牆 : 군자가 엄숙하여 흔들리지 않으면, 그를 바라보는 자는 마치 담장을 대하는 것처럼 느끼게 된다.
君子儼然不動이면 則望者如牆焉이라

⑬ 旬身行 : '旬'은 '고르다'는 뜻이다. 군자의 품행은 반드시 균평하고 정직하다.
旬은 均也라 君子身行은 必令均平正直이라

법제와 度量衡은 나라를 다스리는 일상적 도구들입니다. 옛 道義를 잡고 지키는 것은 〈급격한〉 변화를 두려워하기 때문입니다. 가령 神明을 움직여 변화시키는 것은 곧 천지의 지극함입니다. 변화와 더불어 일어날 수 있으면 왕노릇 하게 될 것이고, 그 운용하는 바는 일상적인 도로 저지할 수 없습니다. 어진 자도 잘 이용하고 지혜로운 자도 잘 이용하며, 어질고 지혜롭지 않은 사람도 잘 이용하면 신명과 함께 왕래할 것입니다.

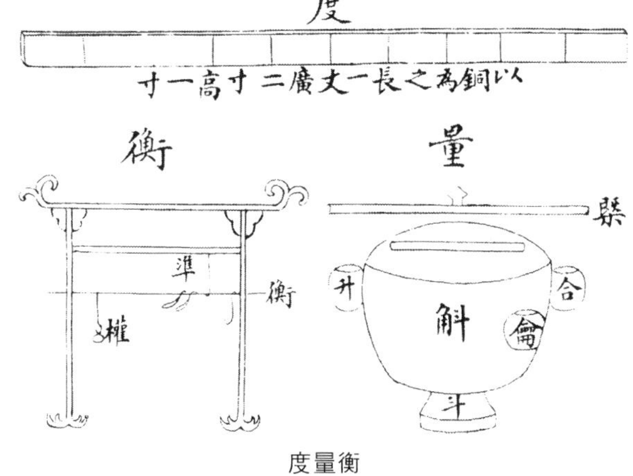

度量衡

法製度量은 王者典器也①니 執故義道는 畏變也②라 (天地)[132]若夫神之動化變者(也)[133]

132) (天地) : 저본에는 '天地'가 있으나, 豬飼彦博(日)의 ≪管子補正≫에 의거하여 衍文으로 처리하였다. 丁士涵(淸)도 '天地'는 다음 글에서 나오는 '天地'로 인해 잘못 끼어들었다고 보았으며, 原注에도 이에 해당하는 문구가 없다고 하였다.(≪管子校本≫)

天地之極也③니 **能與化起而王**이요 **用則不可以道**(山)〔止〕[134]**也**④라 **仁者善用**하고 **智者善用**하고 **非其人**〔亦善用〕[135]하면 **則與神往矣**⑤니이다

① 法製度量 王者典器也 : 〈법제와 도량형은〉 나라를 다스리는 일상적인 도구들이다.
理國之常器也라

② 執故義道 畏變也 : 군주가 옛 道義를 굳게 지킴으로써 도를 존중하는 것은, 경박한 사람들이 함부로 변화시키는 것을 두려워하기 때문이다.
君人이 執守故義하여 以尊於道者는 畏輕躁之人이 妄有所變也라

③ 若夫神之動化變者也 天地之極也 : 만약 神明에게 제사를 지내어 신명을 움직여 기존의 폐단을 변화시킬 수 있으면, 천지의 지극한 이치는 이보다 더 좋을 수 없다.
若能祀神而動하여 化變流弊면 天地之極理 善莫大焉이라

④ 能與化起而王 用則不可以道山也 : 만약 神明의 변화에 따라 일어날 수 있다면 천하에서 왕노릇 할 것이고, 그 운용하는 바는 일상적인 도에 의해서는 이를 수 없을 것이다. 그 풍부함을 산에 비유한 것이다.
若能隨神化而起면 王有天下요 其所運用則不可以常道格之라 其富饒取類於山也[136]라

⑤ 非其人 則與神往矣 : 마땅하지 않은 사람도 이를 사용할 수 있으니, 곧 사용하지 못하는 이가 없음을 밝혔다. 이와 같은 사람은 신령에 통하고 합치하여 神明과 더불어 왕래한다고 말할 수 있다.
非其人尙能用之니 則明無不用이라 如此者 可謂通靈合契하여 與神往來也라

사람에게 있어 衣食은 하루라도 떠나 있을 수 없고, 친척은 때에 따라 크게 모일 수 있습니다. 이 때문에 聖人은 어려운 곳에 머물면서 군주 자리에 섭니다.

衣食之於人也에 **不可以一違日也**①요 **親戚可以時大也**②라 **是故聖人**(萬民)[137]**艱處而立焉**③이니이다

---

133) (也) : 저본에는 '也'가 있으나, 張佩綸(淸)의 ≪管子學≫에 의거하여 衍文으로 처리하였다.

134) (山)〔止〕: 저본에는 '山'으로 되어 있으나, 丁士涵(淸)의 ≪管子校本≫에 의거하여 '止'로 바로잡았다.

135) 〔亦善用〕: 저본에는 '亦善用'이 없으나, 저본 자체로는 의미가 통하지 않으므로 原注에 의거하여 보충하였다.

136) 其富饒取類於山也 : 丁士涵(淸)은 이 구절을 후대 사람이 첨가한 것으로 보았다.(≪管子校本≫)

137) (萬民) : 저본에는 '萬民'이 있으나, 戴望(淸)의 ≪管子校正≫에 의거하여 衍文으로 처리하였다. 原注에도 '萬民'에 대한 언급이 없다.

① 衣食之於人也 不可以一違日也 : 하루 동안 衣食 생활을 하지 못하면 생리가 거의 온전하지 못하게 되기도 한다.
一日違衣食이면 生理或幾乎不全也라

② 親戚可以時大也 : 때때로 크게 모여 회합함으로써 〈친척 간의〉 감사하는 마음을 결속시킨다는 의미이다.
謂時大聚會之하여 以結其恩意라

③ 聖人萬民艱處而立焉 : 사람들은 고요하기 어렵고 어지러워지기 쉽다. 그러므로 성인은 그 위에 머물러 서 있으면서 항상 전전긍긍하는 마음을 지니고 두려워하고 어렵게 여긴다.
人者 難靜而易(이)擾라 故聖人處立其上에 常有戰競之心하고 畏難之也라

사람은 죽으면 〈이렇다 저렇다〉 말하기 쉽지만 살아 있으면 화합하기 어렵습니다. 그러므로 군주가 처음 상을 내리면 〈감사한〉 상으로 여기지만, 두 번째 내리면 일상적인 것으로 여기고, 세 번째 내리면 당연한 것으로 여기게 됩니다. 〈이처럼〉 자잘하게 상을 내리면 사람들은 일상적 행사로 여기게 되는 것이니, 어쩌다 한번 상을 내려야만 바른 禮義 제도가 성립됩니다.

그러므로 아랫사람들이 〈일정한 시기에 이를 때마다〉 군주가 〈반드시〉 내리는 상을 받지 않도록 해야 합니다. 그렇게 된 이후에 떠돌이 상인들이 나라 안으로 들어오게 되니, 이는 평범한 사람들이 들어오는 것이 아닙니다. 〈상인들은〉 마을을 가리지 않고 머물고, 군주를 가리지 않고 섬기며, 나라 밖으로 나갈 때는 이익에 따라 움직이고, 나라 안으로 들어와도 군주를 위해 성을 지키지 않습니다. 그러나 상인은 나라의 山林과 같으니, 그들에게서 이로움을 취합니다.[138] 먼지 날리는 시장이 미치는

市井圖

곳에서는 상인과 공인이 근본을 의지합니다. 그러므로 윗사람들은 사치한 생활을 하고 아랫사람들은 넉넉히 생활하며, 군주와 신하는 서로 위아래의 구분을 드러냅니다. 서로 친하면 군주와 신하의 재물이 사사로이 저장되지 않습니다. 그렇게 되면 가난한 자들이 사지를 움직여 먹고 살 수 있게 될 것입니다. 성읍에 사는 사람들을 시장으로 이주시키는 것 또한 여러 방법 중 한 가지가 됩니다."

人死則易(이)**云**①이나 **生則難合也**②라 **故一爲賞**이나 **再爲常**하고 **三爲固然**③이니 **其小行之則俗也**④요 **久之則禮義**⑤라 **故無使下當上行之**⑥ **然後移商**(人)〔入〕**於國**이니 **非**(用)〔庸〕(人)〔入〕[139] **也**⑦라 **不擇鄕而處**하고 **不擇君而**(使)〔事〕⑧[140]하고 **出則從利**하고 **入則不守**⑨나 **國之山林也**니 **則而利之**⑩라 **市廛之所及**에 **二依其本**⑪이라 **故上侈而下靡**⑫**而君臣相上下**⑬니 **相親**이면 **則君臣之財不私藏**⑭이라 **然則**(貪)〔貧〕**動**(枳)〔肢(지)〕**而得食矣**⑮[141]니 **徙邑移市**[142]는 **亦爲數一**⑯[143]이니이다

① 人死則易(이)云 : 죽은 사람은 행하는 바가 없으니 그가 소란을 피울 걱정을 하지 않는다. 그러므로 말하기 쉬운 것이다.
死者 無所爲니 不憂其爲亂이라 故易云也라

② 生則難合也 : 살아 있는 사람은 이익을 따지고 욕망하는 마음을 지니고 있으니, 하나로 합치시켜도 방비하지 않으면 간혹 간사한 꾀를 부린다. 그러므로 화합하기 어려운 것이다.
生者 有利欲之心이니 合而無防이면 或生姦謀라 故難合이라

---

138) 그러나……취합니다 : 山林이 국가의 직접적인 쓰임이 되지는 않지만 여러 유용함이 있듯이, 상인도 그러한 이로움이 있으니 상인에게서 국가의 이익을 취해야 한다는 의미이다.

139) 移商(人)〔入〕於國 非(用)〔庸〕(人)〔入〕 : 저본에는 '人', '用'으로 되어 있으나, 郭沫若(中)의 견해에 의거하여 '人'을 모두 '入'으로 바로잡고, '用'을 '庸'으로 바로잡았다. 여기서 '移商'은 '流商'이라고 보았다.(≪管子集校≫)

140) (使)〔事〕 : 저본에는 '使'로 되어 있으나, 劉師培(中)의 견해에 의거하여 '事'로 바로잡았다. '使'는 '事'의 誤字라는 것이다.(≪管子斠補≫) 한편, 許維遹(中)에 의하면 '使'와 '事'는 고대에 통용되었다고 하였다.(≪管子集校≫)

141) 然則(貪)〔貧〕動(枳)〔肢(지)〕而得食矣 : 저본에는 '貪' 및 '枳'로 되어 있으나, 郭沫若(中)의 ≪管子集校≫에 의거하여 '貪'을 '貧'으로, '枳'를 '肢'로 바로잡았다.

142) 徙邑移市 : 原注에서는 '田邑을 소유하고 있는 사람들을 시장으로 이주시킨다.'는 의미로 풀이하고 있는데, 문맥에 맞지 않으므로 따르지 않았다.

143) 數一 : 原注에서는 '많이 소비하고 겨우 하나를 얻는 것에 불과하다.'라고 풀이하고 있는데, 의미가 통하지 않는다. 따라서 張佩綸(淸)의 ≪管子學≫에 의거하여 '여러 방법 중 하나가 되다.'로 풀이하였다.

③ 一爲賞……三爲固然 : 군주가 상을 처음 내리면 사람들은 기쁜 마음으로 신뢰하면서 〈감사한〉 상으로 여기고, 두 번째 내리면 사람들은 일상으로 여기면서 이때에 이르면 반드시 상이 있어야 한다고 여기게 되며, 세 번째 내리면 그것을 이치상 지극히 당연한 것으로 여기면서 겸연쩍어하는 마음을 지니지 않게 된다는 의미이다.

謂一時行其賜면 人則欣賴以謂爲賞하고 頻再爲之면 則人以爲常하여 謂至此時必當有賞하고 頻三爲之면 則以爲理固當然하여 無懷愧之心이라

④ 其小行之則俗也 : 만약 자잘하게 상을 내리면 사람들은 그것에 익숙해져 하나의 일상적 행위로 여기게 되어 크게 은혜롭게 여기는 마음이 없게 된다.

若小行其賞이면 則人習之以爲俗하여 無過厚之恩也라

⑤ 久之則禮義 : 오래 있다가 한 번 후한 상을 내리면 사람들은 군주의 덕을 느끼고 은혜로운 마음을 품게 되니, 이것이 바른 禮義 제도이다.

久而一行厚賞이면 則人荷德而懷恩하니 此禮義之正者也라

⑥ 無使下當上行之 : 일정한 시기에 이를 때마다 군주가 반드시 내리는 상을 아랫사람들이 받지 않도록 한다.

無使下人每至時에 承當君上必行之賞也라

⑦ 然後移商人於國 非用人也 : 아랫사람들이 윗사람의 상을 바라지 않게 되면 장사에 몰두하게 된다. 그러므로 상인들이 모두 옮겨와 입국하게 된다.

下既不希上賞이면 則專意於市라 故商人皆移來入國也라

⑧ 不擇鄕而處 不擇利而使 : 상인들은 항상 이익을 따라 오고 간다. 그러므로 마을을 가리지 않고, 또한 군주도 가리지 않는다.

商人은 常隨利往來라 故不擇鄕하고 又不擇君이라

⑨ 出則從利 入則不守 : 상인들은 나라 밖으로 나갈 때 오직 이익을 따르고, 나라 안으로 들어왔을 때 난리를 만나면 두려워하면서 그것을 모면할 길만 찾을 뿐 군주를 위해 성을 지키지 않는다.

商人出國에 惟從利焉하고 其入國에 遇寇難이면 則恇怯(광겁)而苟免하고 不爲君城守也라

⑩ 國之山林也 則而利之 : 상인은 비록 나라의 쓰임이 되지 않을지라도 나라에 이로움도 있으니, 마치 산림과 같다. 취함에 따라 이익을 얻을 수 있으면 마땅히 받아들여 그 이익을 취해야 한다.

商人은 雖不爲國用이나 亦有利於國이니 猶山林也라 隨取而得其利焉이면 則當容受而取其利也라

⑪ 市塵之所及 二依其本 : 시장은 대중이 모여들어 떠들썩하고 먼지가 많은 곳이다. 지금 공인과 상인 두 계통의 사람들로 하여금 시장에 의지하여 근본으로 삼게 하면, 이 또한 물건을 처리하는 마땅한 방법이다.

市則衆聚喧囂(훤효)하고 尤多塵埃(애)라 今使工商二族으로 依之以爲本하면 此亦處物之宜也라

⑫ 上侈而下靡 : 상인들의 이익을 얻으므로 윗사람들은 사치를 부리고 아랫사람들은 넉넉하게 생활한다.

得商賈之利니 故上侈下靡라

⑬ 君臣相上下 : 상인과 공인을 이용하는 법을 얻었으므로, 이에 의거하여 위아래를 구분하는 儀禮를 분명히 드러낸다.

得商工之用이라 故依之章著上下之儀라

⑭ 相親則君臣之財 不私藏 : 서로 친하면 감정이 공정해진다. 그러므로 재물을 사적으로 저장하지 않는다.

相親則情公이라 故不私藏財라

⑮ 然則貪動枳而得食矣 : 탱자나무 가시는 〈남을 방해하여〉 가로막고자 쓰는 것이다. 농민들 가운데 상인들을 탐하여 움직이는 자는 대개 막히게 되니, 그 가운데 운이 좋은 사람도 단지 실컷 먹을 수 있을 뿐 남는 이익이 없다.

枳棘者 所爲擁塞也라 農人貪商賈而動者는 則多枳塞이니 其幸者但得貪食而已요 無餘利也라

⑯ 徙邑移市 亦爲數一 : 田邑을 소유하고 있는 사람들이 지금 시장으로 이주하는 것은, 이것 역시 많이 소비하고 겨우 하나를 얻는 것이 될 뿐이다.

其有田邑之人이 今移於市는 此亦爲費數而得一耳也라

〈桓公이〉 물었다.

"많은 賢人을 둘 수 있는 이치에 대해 말할 수 있는가?"

〈管子가〉 대답하였다.

"미끼를 먹지 않는 물고기와 자라는 연못 밖으로 끌어내지 못하고, 서리와 눈을 이겨내는 나무는 날씨를 따르지 않고, 자기 자신을 다스릴 수 있는 선비는 聖人을 따르지 않습니다. 〈이것 외에〉 어찌 말할 수 있겠습니까.

제가 듣기에 재능이 있는 선비는 억지로 끌어오려 하지 않고, 복종하지 않는 선비는 지혜로운 자라도 기르지 않는다고 하였습니다. 달이 한 달을 주기로 커졌다 작아졌다 하고 音律이 하나의 법칙에서 나오는 것과 같은 이치를 밝게 알면 처리할 수 있습니다. 그러므로 도가 있는 선비를 압박하고 주는 祿俸을 박하게 하면, 선비들을 〈오게 하는 이치에 대해〉 말할 수 있습니다. 대상을 가리지 않고 주는 것을 '사람을 좋아한다'라고 말하고, 대상을 가리지 않고 취하는 것을 '이익을 좋아한

다'라고 말합니다. 이 두 가지를 깊이 살펴 처신하는 행위로 삼으면, 〈현인들을 많이 두는 이치에 대해〉 말할 수 있습니다.

問曰 多賢可云①고 **對曰 魚鼈**(별)**之不食**咡**者 不出其淵**이요 **樹木之勝霜雪者 不聽於天**②이요 **士能自治者 不從聖人**③이니 **豈云哉**④아 **夷吾之聞之也**에 **不欲强能**⑤하고 **不服**은 **智而不牧**⑥이라 **若**(旬)〔**盈**〕**虛期於月**하고 (**津若**)〔**律呂**〕**出於一**을 **明然則可以**(**虛**)〔**處**〕[144]**矣**⑦라 **故阨其道而薄其所予**면 **則士云矣**⑧라 **不擇人而予之**를 **謂之好人**이요 **不擇人而取之**를 **謂之好利**⑨라하니 **審此兩者**하여 **以爲處行**이면 **則云矣**⑩니이다

① 問曰多賢可云 : 많은 현인들을 둘 수 있는 이치에 대해 말할 수 있는지 없는지에 대해 묻고 있다.
問多賢之理可言不이라

② 樹木之勝霜雪者不聽於天 : 서리와 눈이 죽일 수 없는 것은 날씨를 따르지 않는다.
霜雪不能殺은 是不聽於天也라

③ 士能自治者 不從聖人 : 자기 자신을 다스릴 수 있는 자는 여유가 있으니, 성인을 따르면서 벼슬을 구하지 않는다.
能自理者則有餘니 不從聖人而求之也라

④ 豈云哉 : 자기 자신을 다스릴 수 있으면 비록 성인이라 할지라도 그를 오게 할 수 없다. 이것 외에 무엇을 더 말할 수 있겠는가.
能自理則雖聖人不能致니 自此之外에 何可云者오

⑤ 不欲强能 : 재능이 있는 선비는 마음으로 '나'를 사모하지 않으니 억지로 끌어당기지 않는다.
材能之士는 心不慕己니 勿强引之也라

⑥ 不服 智而不牧 : 재능과 지혜가 있는 선비가 군주에게 복종하지 않으면 기르지 않는다.
士之材智가 上不服이면 則勿養之라

⑦ 若旬虛期於月……明然則可以虛矣 : 달을 한 바퀴 빙 도는 것을 '期'라고 한다. '津'은 밝고 윤택이 나는 모습이다. 군주의 도는 마치 달이 열흘마다 비우고 자연의 度數에 맡기면서, 한 달이 지나고 나서 〈정해진〉 날짜에 이르면 환하게 밝은 빛을 드러내는 것처럼 해야 한다. 이와 같이 비우고 자연의 도수에 맡기면 이치가 자족하여 스스로 밝아진다. 사람이 단지 마음을 비우고 사물을 대하면 현명하고 재주 있는 이들이 스스로 찾아오는 것 또한 이와 같다.

---

144) 若(旬)〔盈〕虛期於月……明然則可以(虛)〔處〕 : 저본에는 '旬', '津若', '虛'로 되어 있으나, 郭沫若(中)의 ≪管子集校≫에 의거하여 '旬'을 '盈'으로, '津若'을 '律呂'로, '虛'를 '處'로 바로잡았다.

匝一月曰期요 津은 明潤貌라 君人之道는 當若每旬之虛而任數하여 自期以來日既至에 津然後出一明矣라 如此虛而任數면 理足自明이니 人但虛懷接物이면 賢才自至가 亦猶是也라

⑧ 阨其道而薄其所予 則士云矣 : 도와 재능이 있는 선비는 압박하여 복종하게 할 수 있다. 至人에게 주는 것은 박하게 하여 적게 준다. 이와 같이 하면 반드시 선비들이 스스로 찾아오게 되니, 그 이치를 말할 수 있다.

士之道藝則能阨而服之라 至人所與則薄而少之니 如此면 則必自來니 其理可言也라

⑨ 不擇人而予之 謂之好人 : 사람을 만나기만 하면 아무나 가리지 않고 준다면 좋아하는 사람이 많다고 말할 수 있다. 그러나 그 좋아함이 대부분 합당하지 않다.

遇人則與하여 無所簡擇이면 可謂多所愛나 所愛多不當이라

⑩ 審此兩者……則云矣 : '두 가지'는 가리지 않고 취하는 것과 주는 것을 말한다. 가리지 않고 취하기보다는 차라리 가리지 않고 주면서 이로써 처신하는 행위로 삼는다면, 그 이치를 말할 수 있을 것이다.

兩者는 謂不擇取與라 不擇而取론 寧不擇而與하여 用此以爲處身之行이면 則其理可云矣라

반듯하지 않은 정치로는 나라를 다스릴 수 없고, 왜곡된 계략의 말은 도가 될 수 없습니다. 정치를 절도 있게 행할 때는 때에 맞게 해야 하는 것이니 〈시행하는 政教는〉 때와 함께 나아가야 합니다. 흔들리지 않음으로 도를 삼고 가지런한 태도로 실행합니다. 〈그러나〉 세상을 도피하는 도에 의해서는 적극적으로 나아가 일을 이룰 수 없습니다."

不方之政은 **不可以爲國**①이요 **曲靜之言**은 **不可以爲道**②라 **節時**하니 **於政與時往矣**③라 **不動以爲道**하고 **齊以爲行**④이나 **避世之道**는 **不可以進取**⑤니이다

① 不方之政 不可以爲國 : '반듯하지 않은 정치'는 치우친 정치를 말한다.

不方之政은 謂邪也라

② 曲靜之言 不可以爲道 : '靜'은 계략이다.

靜은 謀也라

③ 節時 於政與時往矣 : 무릇 절도 있게 행할 때는 때에 합치되어야 하고, 시행하는 政教는 때와 함께 가야 한다.

凡爲節度는 當合於時하고 所施政教는 與時俱往이라

④ 不動以爲道 齊以爲行 : 바름을 지키고 흔들리지 않음으로 도를 삼고, 가지런히 정돈하고 엄숙히 하여 이로써 도를 실행한다.

守正不動하여 以爲道하고 齊整肅然하여 以此爲行也라

⑤ 避世之道 不可以進取 : 진실로 세상을 도피하면 밝은 지혜를 드러내지 않고 쓸모 있는 재능을 감추어서 마치 유능한 것이 없는 것처럼 한다. 그러므로 세상에 나아가 취할 수 없다.
苟避世면 則晦明藏用하여 若無所能이라 故不可進取라

〈桓公이 물었다.〉

"드러난 것은 적극적으로 나아가 도모하고 은미한 것은 느껴지는 바에 따라 반응하며, 두 번 시험하여 그 효과가 고른 이후에 〈그 전략을〉 운용한다고 하는데, 무슨 말인가?"

〈管子가〉 대답하였다.

"무릇 전략을 운용하는 자는 천지의 비움과 채움, 합쳐짐과 분리됨의 현상 및 春夏秋冬 사계절의 번갈아 나타남과 같으나, 또 〈동원하는 人力의〉 강약의 차이를 안 이후에 제후들과 응대하여 교류할 수 있습니다. 그러므로 국가의 안위가 보존되는 바를 압니다.

때에 맞추어 하늘을 받들고, 하늘처럼 神을 섬기고, 신처럼 귀신을 섬깁니다. 이렇게 하면 나라에는 재앙이 없고 군주는 오래 살며 백성은 역병이 없고, 지혜로운 자는 전략을 운용하여 전쟁의 재난으로부터 벗어납니다. 가득 참은 사물이 감응하여 〈오기〉 때문이고, 텅 빔은 사물이 〈흩어지기〉 때문입니다. 가득 참과 텅 빔이 교차하면서, 어떤 때는 실질이 있고 어떤 때는 움직여 흩어집니다. 陰陽은 때때로 교체하니, 겨울에 지나치게 추우면 여름이 뜨거워지고 陽氣가 지나치면 陰氣가 차가워집니다. 그러므로 천하에서 왕노릇 하는 자는 冬至와 夏至를 신중하게 살펴야 합니다. 그러므로 〈한기와 열기의〉 가득 참과 비움의 소재를 파악하여, 그에 따라 정령을 내려야 합니다. 생명이 죽어가는 가을이 지나서 寒氣가 합해져 아직 흩어지지 않으면 형벌 주는 일을 결단할 수 있고, 한기가 결합하려 하여 처음으로 그 조짐을 보이면 그때에 맞추어 일을 수행하여 출병하되, 군대의 많고 적음을 분별하여 軍政을 실행합니다."

陽者 進謀하고 **幾者 應感**①하고 **再**(殺)〔**試**〕[145] **則齊**② **然後**에 **運**이라하니 (可請)〔**何謂**〕[146] **也**③오

145) (殺)〔試〕: 저본에는 '殺'로 되어 있으나, 郭沫若(中)의 ≪管子集校≫에 의거하여 '試'로 바로잡았다. 고대에 '殺'은 '弑'와 통용되었고, '弑'는 간혹 '試'로 쓰이기도 하였다는 것이다.

對曰 夫運謀者 天地之虛滿也와 合離也④와 春秋冬夏之勝也⑤나 然(有知)〔又如〕强弱之所尤[147]然後에 應諸侯取交⑥라 故知安危(國)[148]之所存이라 以時事天하고 以天事神⑦하고 以神事鬼⑧[149]라 故國無(罪)〔罰〕而君壽而民不(殺)〔疫〕[150]하고 智運謀而(雜)〔離〕[151]櫜(고)刃焉⑨이라 其滿은 爲感⑩이요 其虛는 爲亡⑪이라 滿虛之合에 有時而爲實⑫하고 時而爲動⑬이라 (地)〔陰〕陽은 時貸⑭[152]하니 其冬厚則夏熱하고 其陽厚則陰寒⑮이라 是故王者 謹於日至⑯라 故知虛滿之所在以爲政令⑰하고 已殺生[153]에 其合而未散이면 可以決事⑱요 將合可以禺면 其隨行以爲兵⑲하되 分其多少하여 以爲曲政⑳[154]이니이다

① 陽者進謀 幾者應感 : 그 일이 밝게 드러난 것은 적극적으로 나아가 도모하고자 하되, 은미한 이치에 따라 움직이는 것은 오직 느끼는 바에 따라 반응한다.
顯明其事者 欲進而爲謀하고 幾理之動은 唯應所感也라

② 再殺則齊 : 한 번 죽이면 여전히 정리되지 않는 것이 있으니, 반드시 두 번 죽인 이후

---

146) (可請)〔何謂〕: 저본에는 '可請'으로 되어 있으나, 郭沫若(中)의 ≪管子集校≫에 의거하여 '何謂'로 바로잡았다. 原注에서는 '可請'을 帝位에 오를 수 있는지에 대해 묻는 것으로 풀이하고 있는데, 전후 문맥상 순조롭지 않다.

147) 然(有知)〔又如〕强弱之所尤 : 저본에는 '有知'로 되어 있으나, 李哲明(中)의 ≪管子校本≫에 의거하여 '又如'로 바로잡았다. 여기서 "强弱之所尤"는 人力의 차이를 의미한다고 하였다. 原注에서는 "有知强弱之所尤"를 '지혜와 강함이 일반 대중과 크게 다르다'는 식으로 풀이하고 있는데, 본서에서는 따르지 않았다.

148) (國) : 저본에는 '國'이 있으나, 豬飼彦博(日)의 ≪管子補正≫에 의거하여 衍文으로 처리하였다.

149) 以時事天……以神事鬼 : 이 구절의 의미에 대해서는 주석가마다 의견이 다르고, 原注의 풀이도 순조롭지 않다. 따라서 본서에서는 문장 자체의 의미에 의거하여 번역하였다.

150) 國無(罪)〔罰〕而君壽而民不(殺)〔疫〕: 저본에는 '罪', '殺'로 되어 있으나, 郭沫若(中)의 ≪管子集校≫에 의거하여 '罪'를 '罰'로, '殺'을 '疫'으로 바로잡았다. 이렇게 되면 '國無罰', '君壽', '民不疫'의 세 개 항목이 순조롭게 연결된다는 것이다.

151) (雜)〔離〕: 저본에는 '雜'으로 되어 있으나, 郭沫若(中)의 ≪管子集校≫에 의거하여 '離'로 바로잡았다. 일부 판본에는 '雜'이 '離'로 되어 있다고 한다. 原注에서는 智謀도 사용하고 威嚴도 이용해야 하기 때문에 '雜'이라고 한다는 식으로 풀이하고 있는데, 그 의미가 순조롭지 않다.

152) (地)〔陰〕陽 時貸 : 저본에는 '地'로 되어 있으나, 丁士涵(淸)의 ≪管子校本≫에 의거하여 '陰'으로 바로잡았고, '貸'를 '代'로 읽었다. 한편, 郭沫若(中)의 ≪管子集校≫에 의하면 '地'는 고대에 '墜'로 쓰였는데, '墜'의 古文은 '陰'과 유사하였다고 한다. 따라서 옮겨 쓰는 과정에 '陰'을 '墜'로 오인하여 '地'로 표기하게 되었다는 것이다.

153) 已殺生 : 尹桐陽(中)은 사물의 생명이 죽어가는 '秋時'로 보았다.(≪管子新釋≫)

154) 分其多少 以爲曲政 : 郭沫若(中)은 '曲政'은 곧 '軍政'을 의미한다고 보았다. 漢代 초기에 軍制는 '部曲'으로도 칭해졌는데, 이 문장은 漢代 초기에 쓰여졌으므로 漢代 초기의 용어가 사용되었다는 것이다.(≪管子集校≫)

에 가지런히 정리할 수 있다. 文王은 재차 출전하여 崇을 정벌하였고, 武王은 紂를 거듭 정벌하였다.

一殺尙有參差니 必再殺然後可齊라 文王再駕伐崇하고 武王再伐紂也라

③ 然後運 可請也 : 이미 가지런히 정리되면 천하 사람들이 복종한다. 그러므로 歷數의 운이 장차 帝位에 오를지에 대해 묻고자 하는 것이다. "陽者進謀" 이하는 桓公이 묻는 말이다

旣齊則天下服이라 故請問歷數之運이 將陟帝位也라 陽者進謀已下는 公問之辭也라

④ 夫運謀者……合離也 : 歷數와 運數의 흐름은 盛衰가 서로 말미암으니, 마치 천지에 채움과 비움, 합쳐짐과 분리됨의 현상이 있어, 그 이치가 그침이 없는 것과 같다는 의미이다. 봄과 여름은 합쳐짐이 되고, 가을과 겨울은 비움이 된다.

言歷運之謀는 崇替相因하니 若天地之有滿虛合離하여 乃理之不可已者也라 春夏爲合이요 秋冬爲虛라

⑤ 春秋冬夏之勝也 : 춘하추동 사계절의 변화가 없다면 사계절이 서로 이겨내어 한 해를 이룰 수 없다. 도를 지닌 자가 무도한 자를 정벌하는 것 또한 이와 같다.

若無春秋冬夏之變이면 則不能相勝而成歲니 有道之伐無道는 亦猶是也라

⑥ 有知强弱之所尤 應諸侯取交 : '尤'는 '매우 다르다'는 의미이다. 運數에 응하여 왕이 되는 자는 반드시 지혜롭고 강하여 일반 대중과 매우 다르니, 그렇게 된 이후에 제후들을 응대하여 천하의 교류처를 취할 수 있다는 의미이다.

尤는 殊絶也니 謂應運而王者는 必有智而强하여 殊絶於衆이니 然後에 應諸侯하여 可以取天下之交라

⑦ 以天事神 : 神에 대한 예의로 섬긴다는 의미이다.

謂以神禮事也라

⑧ 以神事鬼 : 때에 맞추어 귀신에게 제사 올린다는 의미이다.

謂依時而享鬼也라

⑨ 國無罪而君壽而民不殺 智運謀而雜櫜刃焉 : 비록 智謀를 쓴다 할지라도 또한 모름지기 위엄에 의해 이룬다. 그러므로 '雜'이라고 말한다. '櫜'는 '활집'이라는 의미이다.

雖用智謀라도 亦須威以成之라 故曰雜이라 櫜는 韜也라

⑩ 其滿 爲感 : 감응하면 사물이 반응한다. 그러므로 가득 찬다.

感則物應이라 故滿也라

⑪ 其虛 爲亡 : 망하면 사물이 흩어진다. 그러므로 텅 빈다.

亡則物散이라 故虛也라

⑫ 滿虛之合 有時而爲實 : 가득 차 있을 때가 실질이 된다.

滿時爲實也라

⑬ 時而爲動 : 텅 비어 있을 때 움직여 흩어진다.

虛時爲動散也라

⑭ 地陽 時貸 : 땅이 陽氣의 때에 있으면 만물의 정기를 빌려 사물을 기른다.

地在陽時에 假貸萬物精氣하여 以長養也라

⑮ 其冬厚則夏熱 其陽厚則陰寒 : '厚'는 추위와 더위가 지나치다는 의미이다. 겨울에 지나치게 추우면 여름에 지나치게 덥게 되고, 여름에 지나치게 더우면 겨울에 지나치게 춥게 된다.

厚는 謂過於寒熱이라 冬有極寒이면 夏有極熱이요 夏有極熱이면 冬有極寒이라

⑯ 王者 謹於日至 : 〈日至는〉 동지와 하지를 말한다. 동지와 하지의 추위와 더위를 알아야 한다.

謂冬夏至也니 當知二至之寒熱也라

⑰ 知虛滿之所在以爲政令 : 한기와 열기가 머무는 시기를 파악하여, 時令을 시행함으로써 그것을 따른다.

知其寒熱之(虛)〔處〕[155)]하여 爲時令以順之라

⑱ 已殺生……可以決事 : 때가 겨울철에 이르면 이미 만물이 시들고 죽었지만 안에서 그 싹이 꿈틀거리며 생겨나려고 한다. 그러나 그 시기가 이제 막 한기와 합해져 아직 추위가 흩어지지 않았을 때는 형벌을 내리는 일을 결단할 수 있다.

時冬時에 旣有肅殺이나 其萌芽內發欲生也라 然其時가 方寒合而未散時에 可以決斷罰罪之事也라

⑲ 將合可以禺 其隨行以爲兵 : '禺'는 일의 단초가 처음 드러나는 것을 가리킨다. 늦여름과 초가을에는 차가운 냉기가 바야흐로 이르러 장차 한기가 응결되어 그 조짐을 처음 보게 된다. 이러한 때에 맞추어 행하면 군대로 위엄을 보일 수 있다.

禺는 謂事端初見(현)也라 謂夏末初秋之時에 寒涼方至하여 將凝合初見其禺하니 隨此時而行이면 可以爲兵威也라

⑳ 分其多少 以爲曲政 : 군대가 말미암는 바는 각자 많고 적음이 있다. 그 많고 적음에 따라서 유연하게 정령을 행한다.

兵之所由는 各有多少니 隨其多少하여 委曲爲政이라

〈桓公이〉 물었다.

"한 해의 형태는 때때로 변합니까?"

〈管子가〉 대답하였다.

"陰陽의 분수가 정해지면 甘草나 苦草가 생겨납니다. 사계절의 마땅함을 따라 시

155) (虛)〔處〕 : 저본에는 '虛'로 되어 있으나, 郭沫若(中)의 ≪管子集校≫에 의거하여 '處'로 바로잡았다.

고 짠 음식을 계절에 맞게 먹고, 각 계절의 색을 정하여 그것에 따라 음악의 소리를 삼습니다. 무릇 음양의 기운은 나아가기도 하고 물러나기도 하고, 가득 차기도 하고 텅 비기도 하고, 때때로 사라지기도 합니다. 그것의 흩어짐과 모임을 파악해야 그해가 풍년이 될지 흉년이 될지를 알 수 있습니다. 오직 성인만이 그해의 풍흉에 얽매이지 않고 가득 찬 곳과 텅 빈 곳을 잘 파악하여, 남는 것에서 덜어내어 부족한 것에 보탬으로써 정사에 통달하고 백성의 생활을 넉넉하게 할 수 있습니다.

땅에서 기운 변화가 보이면 그것이 나오는 곳에서 대응하고, 물에서 기운 변화가 보이면 정성으로 대응하고 〈다가올 재앙을〉 미리 예비하고, 하늘에서 기운 변화가 보이면 바른 태도를 지키는 것으로 대응합니다. 또한 천지의 精氣는 다섯 종류가 있는데, 시기에 마땅한 기운이 나타나지 않으면 〈사물이〉 망쳐집니다. 즉 극에 이르렀다가 반대로 향하기도 하고, 무겁게 엉겨 붙기도 하고, 움직여 훼손시키기도 하고, 나아갔다 물러났다 하기도 합니다. 이들의 변화 度數는 파악하기 어렵습니다. 이러한 것이 한 해의 형태가 때때로 변하는 모습들입니다."

請問形有時而變乎①아 **對曰 陰陽之分定**이면 **則甘苦之草生也**②라 **從其宜則酸醎**(산함)**和焉**③하고 **而形色定焉**하여 **以爲聲樂**④이라 **夫陰陽**은 **進退**하고 **滿虛**하고 **時亡**하니 **其散合可以視歲**라 **惟聖人不爲歲**⑤니 **能知滿虛**하여 **奪餘滿補不足**⑥하여 **以通政事**하고 **以贍民常**⑦이라 **地之變氣**에 **應其所出**⑧하고 **水之變氣**에 **應之以精**하고 **受之以豫**⑨하고 **天之變氣**에 **應之以正**⑩이라 **且夫天地精氣有五**이니 **不必**이면 **爲沮**⑪라 **其亟而反**하고 **其重陔**하고 **動毁之**하고 **進退**하니 **卽此數之難得者也**⑫라 **此形之時變也**⑬니이다

葶藶(두루미냉이)

① 請問形有時而變乎 : 해마다 많이 있는 길흉의 변화를 알 수 있느냐는 의미이다.
謂歲年多吉凶之變可知라

② 陰陽之分定 則甘苦之草生也 : 음양의 분수가 길함으로 정해지면 甘草가 생기니 냉이가 이것이고, 흉함으로 정해지면 苦草가 생기니 두루미냉이가 이것이다.
陰陽之分이 定於吉이면 則甘草生하니 薺是也요 定於凶이면 則苦草生하니 葶藶是也라

③ 從其宜 則酸醎(산함)和焉 : 사계절의 마땅함에 따라서 신맛과 짠맛을 조화를 이루어 먹는다는 의미이다. 가령 봄철에는 신 음식을 주로 먹고, 겨울철에는 짠 음식을 주로 먹는다는 식이다.

謂從四時之宜하여 以酸醎之味和而食焉이니 若春多酸하고 冬多醎이 是也라

④ 形色定焉 以爲聲樂 : 신 것의 색은 청색이고 짠 것의 색은 흑색이고, 청색의 소리는 角이고 흑색의 소리는 羽다. 색이 정해지면 그에 따라 소리가 생겨난다는 말이다.

酸色은 靑이요 醎色은 黑이요 靑聲은 角이요 黑聲은 羽니 言定色而生聲이라

⑤ 夫陰陽……惟聖人不爲歲 : 陰陽이 가득 차느냐 비느냐, 흩어지느냐 합해지느냐에 따라 그해가 풍년이 될지 흉년이 될지를 알 수 있다는 말이다.

言陰陽滿虛散合으로 可視知歲之豐荒也라

⑥ 能知滿虛 奪餘滿補不足 : 성인은 풍년이 될지 흉년이 될지를 잘 파악한다. 그러므로 남는 것에서 덜어내어 부족한 것에 보태준다.

聖人善識滿虛之所在라 故奪有餘者하여 補於不足이라

⑦ 以通政事 以贍民常 : 혹 가득 차거나 혹 텅 비거나 모든 사람들을 고르게 한다. 그러므로 政事에 통달하여 사람들을 넉넉하게 만족시키고 常道를 닦게 할 수 있다.

或滿與虛에 萬人均平이라 故能通達政事하여 贍足於人하고 使修常道라

⑧ 地之變氣 應其所出 : 땅에서 재난과 이변의 기운이 보이면 즉시 그것이 나타난 곳에 대응하여 법술을 펼쳐 푸닥거리한다는 의미이다.

謂地見(현)災變之氣면 應其所出之處하여 設法以禳之라

⑨ 水之變氣……受之以豫 : 물에서 재앙과 이변의 기운이 보이면 정성으로 대응해야 하고, 그 조짐이 그치지 않으면 담당자가 미리 대비하여 방비한다.

水見災變之氣면 則當應之以精誠하고 其祥不弭면 當受之者 須預有所防備之也라

⑩ 天之變氣 應之以正 : 하늘에서 재앙과 이변의 기운이 보이면, 오직 바른 자세를 지킴으로써 그에 대응한다.

天見災變之氣면 惟守正以應之也라

⑪ 天地精氣有五 不必爲沮 : 五行의 시기를 가리킨다. 그 시기의 기운이 마땅하지 않으면 〈사물이〉 망쳐진다.

謂五行之時也라 其時之氣不能必이면 則爲沮敗也라

⑫ 其亟而反……卽此數之難得者也 : 그 망쳐지는 형태는 다음과 같다. 혹 잠시 나타났다가 반대로 돌아가기도 하고, 혹 무겁게 엉겨 붙어 오랫동안 떠나지 못하기도 하고, 혹 움직여 손상시키기도 하고, 혹 나아가는 듯하다가 물러나기도 한다. 무릇 이들은 모두 재앙이 생겨 사물이 망가지는 운수이니, 파악하기 어려운 것들이다.

其爲沮敗也에 或纔有形而違反者와 或遲重滯凝久而不去者와 或發動而有所毁傷者와 或有

乍進乍退者라 凡此皆災敗之數이니 難得而知之者也라

⑬ 此形之時變也 : 그해의 형태에 변화가 있다는 의미이다.
謂歲年之形有變也라

〈桓公이 물었다.〉

"陽氣를 막으면 말소리가 잦아들 듯이 고요해지오. 재앙의 남은 기운이 숨어서 움직이고, 가엽게 여기는 기운이 은근히 숨어들어 슬픔을 자아낸다면, 그러한 움직임을 어떻게 다스리는가?"

〈管子가〉 대답하였다.

"〈방해하는 기운이〉 쇠퇴하는 때를 얻어 〈五行의〉 자리에서 그것을 관찰합니다. 마음속으로 그 아름다운 이치를 얻은 이후에 환히 밝아집니다. 그것을 마음에 닦아 五德의 기운이 번갈아 盛衰하는 것으로 서로 대응합니다. 그러므로 가득 차고 텅 빔에 따라 슬픔과 즐거움의 기운이 있게 되는 것입니다. 그러므로 경전에 실린 여덟 제왕에 神農이 없는 것은, 그가 제위에 오른 적이 없어 〈오덕의 氣를〉 쓸 수 없었기 때문입니다."

神農

沮(平)〔乎〕氣之陽이 **〔默〕若(如)辭〔之〕靜**①[156]이라 **餘氣之潛然而動**하고 **愛氣之潛然而哀**면 **胡得而治動**②고 **對曰 得之衰時**하여 **位而觀之**③라 **佁**(이)**美然後有煇**④니 **修之心**하여 **其殺**(쇄)**以相待**⑤[157]라 **故有滿虛哀樂之氣也**⑥라 **故書之帝八**에 **神農不與存**은 **爲其無位**하여 **不能相用**이니이다

156) 沮(平)〔乎〕氣之陽 〔默〕若(如)辭〔之〕靜 : 저본에는 '沮平氣之陽 若如辭靜'으로 되어 있으나, 李哲明(中)의 ≪管子校義≫에 의거하여 '平'을 '乎'로 바로잡고, '陽' 다음에 '默'을 보충하고, '如'를 衍文으로 처리하고, '辭' 다음에 '之'를 보충하였다. 그는 '沮乎氣之陽'과 '默若辭之靜'이 對文을 이룬다고 보았다.

157) 修之心 其殺(쇄)以相待 : 張佩綸(淸)은 '其殺'를 五德이 번갈아 盛衰하는 것을 가리키는 것으로 보았다.(≪管子學≫) 原注에서는 '凶殺'로 풀이하고 있는데, 문맥에 적합지 않으므로 따르지 않았다.

① 沮平氣之陽 若如辭靜 : 화평한 陽氣를 막고자 하면, 마치 말을 조용히 하듯이 고요함이 이르러 소리가 없어야 한다는 의미이다.

言欲沮敗平和之陽氣면 默至而無形聲이니 如辭言之靜者라

② 餘氣之潛然而動……胡得而治動 : 재앙의 남은 기운이 숨어서 움직이고, 가엽게 여기는 기운이 은근히 숨어들어 슬픔을 자아낸다면, 그러한 기운의 움직임은 파악하기 어렵다. 그러므로 "그러한 움직임을 어떻게 다스리겠는가?"라고 말하는 것이다. '沮平' 이하는 환공이 묻는 말이다.

災之餘氣가 潛然發動하고 愛憐之氣가 已潛然而哀면 則氣候之動難知者也라 故曰 胡得而治動이라 自沮平已下는 公問之辭라

③ 得之衰時 位而觀之 : 방해하는 기운이 쇠퇴하는 때를 얻어, 〈五行에 따라〉 나뉘어진 자리에 서서 그것을 관찰한다.

得其沮氣衰敗之時하여 立分位而觀察之라

④ 佁(이)美然後有輝 : '佁'는 깊이 생각하는 모습이다. 그 아름다운 이치를 마음속 깊이 얻은 이후에 마음이 기뻐하고 모습이 빛난다는 의미이다.

佁는 深思貌라 謂深得其美理然後에 情魂悅而貌輝然也라

⑤ 修之心 其殺以相待 : 재앙의 기운이 초래하는 바를 이미 파악하면 마음에서 덕을 닦음으로써 그것을 물리친다. 그 흉악함이 이르면 반드시 그것을 상대할 수 있다.

既知災氣之所召면 則修德於心以禳之라 其凶殺之至면 必有以待之라

⑥ 有滿虛哀樂之氣也 : 마땅히 재앙을 관찰하여 덕으로 물리쳐야 하니, 혹 가득 차서 즐거워하고, 혹 텅 비어서 슬퍼한다.

當察災而德禳이니 或滿而樂하고 或虛而哀也라

〈桓公이〉 물었다.

"국운의 합쳐짐과 가득 참은 어디에 간직되는가?"

〈管子가 대답하였다.〉

"지금부터 20년 동안은 〈천하가 안정되어 德과 義를〉 넓힐 수 있을 것이고, 또 12년 동안은 그 넓힌 것을 굳건히 유지할 것이며, 또 100년이 지나면 〈귀신에 대한 제사가 끊어져〉 귀신이 상하게 될 것입니다.

周나라와 鄭나라의 예가 변하면 周의 법률이 폐지될 것이고, 그렇게 되면 초목이 자라던 중원 지역이 〈전쟁으로 인해 생겨난 가시밭 때문에〉 사람이 통과할 수 없는 들판으로 변하게 될 것입니다. 그러면 군주의 음악과 복장이 변하게 될 것이고, 신하들은 千駟[158]의 祿俸을 받게 될 것이며, 여인이 政事를 맡게 되어 鐵보다 金이 더

중시되고 음악은 낮은 음의 슬픈 노래가 선호되고 음식은 짜고 쓴 맛을 좋아하게 될 것입니다. 그 결과 군주의 위세가 날로 빠르게 쇠퇴하게 되고, 그러면 시내・구릉・산・계곡의 신에 지내는 제사가 바뀔 것이고 그에 따라 나라 이름도 바뀔 것입니다.

〈이러한 난세의 현상은〉 天文의 변화로 나타나고 세상의 풍속으로 드러납니다. 옛날의 제사는 어떤 때는 〈일반〉 별에 대해 지내고, 어떤 때는 특별히 밝은 별에 대해 지내고, 어떤 때는 심한 더위에 대해 지내고, 어떤 때는 먼 훗날을 위해 지냈습니다. 작게 되거나 크게 되는 실질은 陰陽의 度數에 의해 결정되고, '華'와 '落'과 같은 명칭은 제사의 이름입니다. 그러므로 천자가 나라를 다스릴 때는 樹와 物[159]을 모두 갖추려고 도모하였습니다."

問 運之合滿安臧①고 **二十歲而可廣**하고 **十二歲而聶廣**하고 **百歲傷神**②이라 **周鄭之禮移矣**③면 **則周律之廢矣**④요 **則中國之草木有移於不通之野者**⑤라 **然則人君聲服變矣**⑥요 **則臣有**(依)〔千〕[160]**駟之祿**⑦하고 **婦人爲政**하여 **鐵之重反**(旅)〔於〕[161]**金**⑧하고 **而聲好下曲**하고 **食好鹹苦**⑨이니 **則人君日退**하여 **亟**⑩이리니 **則谿陵山谷之神之祭更**하고 **應國之稱號亦更矣**⑪라 **視之**(亦)〔天〕[162]**變**⑫하고 **觀之風氣**라 **古之祭**는 **有時而星**⑬이요 **有時而星熺**(희)⑭요 **有時而熰**(구)⑮요 **有時而朐**(구)⑯라 **鼠**(應)**廣之實**은 **陰陽之數也**⑰요 **華**(若)**落之名**[163]은 **祭之**

158) 千駟 : 네 필의 말이 끄는 수레 천 대라는 의미이다. 흔히 '千駟萬鍾'으로 표현되며, 극도의 부귀를 누리는 자에 대한 형용사로 쓰인다.

159) 樹와 物 : 朱長春(明)에 의하면 '樹'는 산천에 흙을 돋워 경계로 삼을 때 심는 소나무・잣나무・밤나무와 같은 封樹를 의미하고, '物'은 文章과 服色을 의미한다. 夏・殷・周 三代는 각각 청색・백색・적색을 숭상하였다.(≪管子榷≫)

160) (依)〔千〕 : 저본에는 '依'로 되어 있으나, 張佩綸(淸)의 ≪管子學≫에 의거하여 '千'으로 바로잡았다. '依駟' 자체는 의미 없는 단어라는 것이고, '千'자가 손상되어 '亻'만 남았고, 여기에 뒤에 나오는 '祿'자의 일부가 첨가되어 '依'자가 되었다는 것이다. 原注에서는 '依'를 '稱'으로 풀이하고 있으나 본서에서는 따르지 않았다.

161) (旅)〔於〕 : 저본에는 '旅'로 되어 있으나, 丁士涵(淸)의 ≪管子校本≫에 의거하여 '於'로 바로잡았다. '旅'는 '於'의 誤字라는 것이다.

162) (亦)〔天〕 : 저본에는 '亦'으로 되어 있으나, 兪樾(淸)의 견해에 의거하여 '天'으로 바로잡았다. 古文에서 '亦'과 '天'의 글자 형태가 서로 유사함으로 인해 생긴 오류라는 것이다. 따라서 原注는 잘못 되었다고 보았다.(≪諸子平議≫) 郭沫若(中)도 이에 동의하고, 여기서 '視'는 '示', '觀'은 '顯'의 의미가 된다고 보았다.(≪管子集校≫)

163) 鼠(應)廣之實……華(若)落之名 : 저본에는 '應'과 '若'이 있으나, 兪樾(淸)의 ≪諸子平議≫에 의거하여 衍文으로 처리하였다. 그리고 '鼠'는 '小'를 상징하는 것으로 해석하여, '鼠'와 '廣'을 상대어 관계로 보았다. 原注에서는 '鼠'를 '憂'로 해석하고 있는데 본서에서는 따르지 않았다.

號也[18]라 **是故天子之爲國**에 **圖具其樹物也**니이다

① 運之合滿安臧 : ≪周易≫에서 서술한 五帝는 伏羲·神農·黃帝·堯·舜이고, ≪尙書≫에서 기술한 三王은 夏·殷·周 三代의 왕들이다. 그러나 이들 여덟 제왕 가운데 神農을 언급한 사적은 유독 없으니, 이는 신농이 제위에 올라 재앙이 있는 곳을 살펴본 적이 없고 氣 또한 사용한 적이 없기 때문이다. 桓公이 묻기를, "지금 이후로부터 기운이 합쳐져 가득 차는 시기와 어디에 은밀히 간직되는지를 알 수 있느냐."는 것이다.
易之所序五帝는 謂伏羲神農黃帝堯舜이고 書之所記三王은 夏殷周라 然於八帝之中에 神農所存事迹獨少니 則以不爲位하여 以觀災處요 氣又不用이라 公問 自今之後에 運之合滿과 何所藏隱을 可得知之乎아

② 二十歲而可廣……百歲傷神 : 管仲이 대답하길, "지금부터 20년 동안은 천하가 안정되고 덕과 의를 넓힐 수 있을 것이고, 또 그 후 12년 동안은 대대로 어지러워지겠지만 그 넓힌 것을 굳건히 유지할 것이고, 또 그다음 100년 후에는 천하가 분열되고 무너져 귀신에 대한 제사가 끊어질 것이다."라고 하였다.
管氏對曰 從今之後二十歲는 天下安寧하고 德義可廣이요 又十二歲는 代將亂而攝其廣이요 又百歲之後는 天下分崩하여 鬼神之祀絶矣라

③ 周鄭之禮移矣 : 禮가 달라지면 세속이 변한다.
禮移則俗變也라

④ 周律之廢矣 : 周나라의 법은 무너진다.
周之法則壞矣라

⑤ 中國之草木有移於不通之野者 : 당시는 이미 전쟁이 일어나 농사를 폐하여 곡식이 자라던 땅에는 가시나무가 생겨났다. 그러므로 풀이 자라던 땅은 사람들이 지나다닐 수 없는 들판으로 변하였다.
時旣戰爭하여 廢於農事하여 稼穡之地에 荊棘生焉이라 故草之屬은 移變於不通之野라

⑥ 聲服變矣 : '聲'은 음악 소리를 말한다. 사람들이 어지러워지면 음악과 복장이 함께 변한다.
聲은 謂樂聲이라 衆亂則聲服俱變이라

⑦ 則臣有依駟之祿 : '依'는 '稱(걸맞다)'이다. 시대가 쇠퇴하면 신하가 부유해진다. 그러므로 신하들 다수가 駟馬를 기르는데, 그 녹봉을 받음에 이르러서는 또한 기르는 사마에 맞추어 대우받는다.
依는 稱也라 代衰則臣富니 故臣多養駟馬로되 及其受祿에 又以稱之라

⑧ 婦人爲政 鐵之重反旅金 : 군주가 어리면 군주의 어머니가 정사를 행한다. 鐵은 병기를 만드는 것이므로 중시해야 한다. 인식이 미천한 하류 사람들이 철을 중시하지 않고 오히려 금을 대량으로 진설하면서 가지고 논다는 의미이다.

君이 幼면 則母后爲政이라 鐵者는 所以爲兵器니 當重之라 謂下流卑識이 不重鐵하고 反旅陳於金而玩之者也라

⑨ 聲好下曲 食好鹹苦 : 소리가 낮고 슬픈 사람은 주로 짜고 쓴 음식을 많이 먹으니, 〈이런 사람의 목소리는〉 부인들이 좋아한다는 의미이다.

謂聲之下而悲者는 食多鹹苦之味者니 婦人所好라

⑩ 人君日退 亟 : 이미 아녀자가 정사를 행하면 온갖 법도가 혼미해지고 군주의 힘이 쇠퇴하게 되니, 어찌 시급하지 않겠는가.

旣使婦人爲政이면 則百度昏하고 人君之退衰也니 豈不亟急哉아

⑪ 谿陵山谷之神之祭更 應國之稱號亦更矣 : '更'은 '바꾸다'는 의미이다. 나라가 쇠퇴하면 神에 대한 제사도 바뀌고, 그 제사에 상응하는 나라의 칭호 또한 바뀌게 된다. 市井과 朝庭이 이미 변한 이후에 성인이 나타나게 된다. 그러므로 그 국호를 바꾸는 것이다.

更은 改也라 國衰則神之祀改하고 其所應祭國之稱號亦更矣라 市朝旣變後에 聖旣作이라 故改其國號라

⑫ 視之亦變 : 군대를 지휘하는 깃발은 눈으로 보고 병사들이 움직일 바를 취하는 것인데, 지금 변하였다.

旌麾之屬은 目視而取節이어늘 今變矣라

⑬ 觀之風氣……有時而星 : 혹 별에 제사를 지내 풍속의 조화를 기원하는 것이다.

或祭星하여 以祈風氣之和者也라

⑭ 有時而星熺(희) : '熺'는 별이 밝다는 의미이다. 혹 밝은 별에 제사를 지내는 경우가 있다.

熺는 星之明이니 或有祭明星者라

⑮ 有時而熰(구) : '熰'는 더위가 심하다는 의미이다. 이른 더위가 심하면 제사를 지낸다는 말이다.

熰는 熱甚也니 謂旱熱甚而祭라

⑯ 有時而朐(구) : '朐'는 멀다는 의미이다. 혹 멀리 다가오는 해를 위해 복을 기원하고 제사 지낸다.

朐는 遠也라 或遠而爲來歲祈福而祭之也라

⑰ 鼠應廣之實 陰陽之數也 : '鼠'는 근심하다는 의미이다. 무릇 이들은 모두 군주가 백성을 근심하는 것들이다. 때문에 널리 복을 기원하면서 제사를 지내 음양을 조화시켜 만물을 위한다.

鼠는 憂也니 凡此皆君之憂人이라 故廣爲祈福祥而祭之하여 調陰陽爲物也라

⑱ 華若落之名 祭之號也 : 제사를 지낼 때 사물을 위해 아름다운 이름을 짓는다는 의미이다. 가령 花와 落 같은 이름은 사물에 임하여 그 광채를 더욱 빛나게 한다.

言祭時爲物作美號니 若花落之莅物은 益其光輝라

明 吳郡 趙氏本
唐 司空 房玄齡 註

제36편 마음 운용법 상 心術 上

단어 10 短語 十

이 편에서는 군주가 갖추어야 할 통치술을 '心術'의 측면에서 언급하고 있다. '심술'이란 마음을 운용하는 법이라는 의미이다. 여기서 주목할 점은 이 '심술'을 설명하면서 주로 老子의 주요 개념 즉 '無爲', '虛靜', '不言之言' 등과 연결시키고 있다는 점이다. 그리고 이들은 궁극적으로 '因' 개념을 설명하는 데 사용된다. 요컨대 '심술'의 핵심은 '因' 원리의 파악에 있다는 것인데, 이처럼 '因' 개념을 통해 노자의 무위사상을 설명하는 것은 黃老學의 주요 특징이다. 따라서 본편을 포함하여 이하에 나오는 〈심술 하〉·〈白心〉·〈內業〉의 4편은 이른바 '黃老四篇'으로 불린다.

몸에서 마음은 군주의 지위와 같고, 신체의 아홉 구멍에 각자의 역할이 있는 것은 관리들에게 각자의 직분이 있는 것과 같다. 마음이 마땅한 도에 머물면 아홉 구멍도 이치를 따르지만, 욕망이 지나치면 눈은 색을 보지 못하고, 귀는 소리를 듣지 못한다.

그러므로 말하길, "윗사람이 도를 벗어나면, 아랫사람들이 자기 일을 상실한다."라고 한다. 말을 대신해 달리지 말고 말이 힘을 다하게 하고, 새를 대신해 날지 말고 새가 날개 힘을 다 쓰도록 하라. 사물에 앞서 움직이지 말고 가만히 그 법칙을 관찰하라. 움직이면 지위를 잃고, 고요히 머물면 저절로 얻게 된다.

心之在體는 **君之位也**①요 **九竅之有職**은 **官之分也**②라 **心處其道**면 **九竅循理**③나 **嗜欲充益**(일)이면 **目不見色**하고 **耳不聞聲**④이라 **故曰 上離其道**면 **下失其事**⑤니 **毋代馬走**하여 **使盡其力**하고 **毋代鳥**

飛하여 **使弊其羽翼**하라 **毋先物動**하여 **以觀其則**(칙)이니 **動則失位**하고 **靜乃自得**이라

① 心之在體 君之位也 : 몸에서 마음은 신체의 중심을 맡고 있다. 무릇 신체의 움직임은 모두 마음이 시키는 것이다. 그러므로 마음은 군주의 지위를 닮았다.
心之在體는 當身之中이니 凡身之運爲는 皆心之所使라 故象君位라

② 九竅之有職 官之分也 : 신체의 아홉 구멍은 각자 맡은 역할이 있어, 어느 하나가 다른 하나를 대신할 수 없다. 이는 마치 百官에 각자 직분이 있는 것과 같다.
九竅則各有職司하여 不能以此代彼니 若百官之有其分也라

③ 心處其道 九竅循理 : 중심이 되는 마음이 일정한 상태를 유지하면서 도를 따를 수 있으면, 신체의 아홉 구멍이 맡은 일은 각자 이치를 따라 반응한다.
心之君이 處常能順道면 則九竅所司는 各循理而應也라

④ 嗜欲充益(일)……耳不聞聲 : 중심인 마음의 욕망이 지나쳐 그 움직임이 도를 어기면 아홉 구멍이 맡은 역할을 잃게 된다. 그러므로 눈으로는 보지 못하는 것이 있게 되고, 귀로는 듣지 못하는 것이 있게 된다.
君嗜欲充益하여 動違道면 則九竅失其司라 故目有所不見하고 耳有所不聞也라

⑤ 上離其道 下失其事 : 윗사람이 도를 따르면 아랫 사람들의 일이 이루어진다.
上順道면 則下事得이라

도는 멀리 있지 않지만 도달하기 어렵고, 사람들과 함께 머물러 있지만 얻기 어렵다. 욕심을 비우면 神이 들어와 머물 것이고, 깨끗하지 못한 마음을 청소하면 神이 곧 머무를 것이다. 사람들은 모두 지혜롭고자 하지만 아무도 지혜롭게 되는 이치를 찾지 못하는구나! 지혜여, 지혜여! 바다 밖으로 던져도 스스로 빼앗을 수 없도다. 〈억지로〉 지혜를 구하는 자는 그것을 얻지 못하는 자이다. 무릇 성인은 억지로 지혜를 구하지 않는다. 그러므로 마음을 텅 비울 수 있다.

道不遠而難極也①[1]요 **與人竝處而難得也**라 **虛其欲**이면 **神將入舍**②요 **掃除不潔**이면 **神乃留處**③라 **人皆欲智**로되 **而莫索其所以智乎**④인저 **智乎智乎**여 **投之海外**에 **無自奪**⑤이요 **求之者不得處之者**⑥니 **夫(正)〔聖〕人 無求(之)也**⑦[2]라 **故能虛無**니라

---

1) 動則失位……道不遠而難極也 : 原注에서는 “動則失位 靜乃自得道 不遠而難極也”로 연결하여 읽고 있다. 그러나 내용상으로 볼 때 “動則失位 靜乃自得”에서 끊어 앞 단락의 내용을 총결하고, “道不遠而難極也”는 새로운 단락의 시작으로 보는 것이 타당하다.

2) 夫(正)〔聖〕人 無求(之)也 : 저본에는 “夫正人 無求之也”로 되어 있으나, 王念孫(淸)의 견해에 의거하여 ‘正’을 ‘聖’으로 고치고, ‘之’를 衍文으로 처리하였다. ‘正’은 ‘聖’의 誤字이고, ‘之’는 앞 문장의 “求之者”로 인해 잘못 끼어든 글자라는 것이다. 따라서 ‘正人’을 ‘사람들을

① 毋代馬走……道不遠而難極也 : 달릴 수 있는 것은 말이고, 날 수 있는 것은 새다. 지금 새에게 날게 하지 않고 말에게 달리게 하지 않고 사람이 새와 말을 대신하고자 한다면, 비록 힘을 다하고 날개를 다 쓴다 할지라도 결국에는 다 이룰 수 없다. 이것으로 군주가 신하를 대신하는 것 또한 그러함을 비유한 것이다. 그러므로 "〈道는〉 멀지 않다."고 말하고, 얻을 수 없으므로 "도달하기 어렵다."고 말하였다.
能走者 馬也요 能飛者 鳥也라 今不任鳥馬之飛走하고 而欲以人代之면 雖盡力弊翼이라도 而終竟不能盡이니 以喩君代臣亦然이라 故曰 不遠이요 而不得이라 故曰 難極也라

② 虛其欲 神將入舍 : 단지 마음의 욕망을 텅 비울 수 있으면 神이 들어와 머물 것이다.
但能空虛心之嗜欲이면 神則入而舍之라

③ 掃除不潔 神乃留處 : '不潔' 또한 정욕을 비유하였다.
不潔은 亦喩情欲이라

④ 人皆欲智 而莫索其所以智乎 : 지혜롭게 되는 것은 마음을 비우고 이치를 따르기 때문이다.
所以智者 虛心以循理也라

⑤ 智乎智乎……無自奪 : 다만 마음을 비우고 이치를 따를 수 있으면, 그 지혜가 비록 멀리 바다 밖으로 던져진다 하더라도 마음을 비우고 사용하면 그것을 빼앗을 길이 없다.
但能虛心循理면 其智雖復遠投海外라도 虛心用之면 他毋從而奪之也라

⑥ 求之者 不得處之者 : 지혜를 구하고자 하나 끝내 그것이 있는 곳을 알지 못하고 얻지 못한다.
將欲求之智나 終不知其處而得之也라

⑦ 夫正人 無求之也 : 지혜를 이미 얻을 수 없으므로 사람들 또한 구제할 길이 없다.
智旣不可得이라 故人亦無從而求之라

텅 비어 형체가 없는 것을 道라고 한다. 만물을 길러주는 것을 德이라고 한다. 군신, 부자 등 인간들 사이의 마땅한 일을 義라고 한다. 〈주인과 손님 사이에〉 계단을 오르내리고 읍하고 사양하는 것, 귀한 사람과 미천한 사람 사이에 차등을 두는 것, 가까운 사람과 먼 사람 사이에 일정한 체계를 두는 것을 禮라고 한다. 사람들을 선별하여 아직 도를 따르지 못하는 자를 죽이거나 금지시키는 것을 法이라고 한다.

虛無無形을 **謂之道**요 **化育萬物**을 **謂之德**이요 **君臣父子人間之事**를 **謂之義**[①]요 **登降揖讓**라 **貴賤有等**과 **親疏之體**를 **謂之禮**요 **簡物小未一道**하여 **殺僇**(륙)**禁誅**를 **謂之法**[②]이라

구제하다'는 의미로 풀이한 原注는 틀렸다고 보았다.(≪讀書雜志≫)

① 君臣父子人間之事 謂之義 : 인간사에는 각각 마땅함이 있다.
人事各有宜也라

② 簡物小未一道……謂之法 : '사람들을 가리고 선별하여 아직 도를 따르지 못하는 자는 죽이고 금지하는데, 이것이 법의 쓰임새다'라는 의미이다.
謂簡擇於物하여 未有能與道爲一者를 乃殺僇禁防之하니 此法之用也라

무릇 도는 살펴볼 수는 있지만 말할 수 없다. 眞人의 말은 치우치지도 않고 기울어지지도 않으며, 입에서 말이 나오지 않고 얼굴색에서 드러나지 않으니, 천하 사람들 중 또 그 누가 그 이치를 알겠는가.

(大)〔夫〕[3)]**道**는 **可安**[4)]**而不可說**[①]이라 **(直)〔眞〕**[5)]**人之言**은 **不義不顧**[6)]하고 **不出於口**하며 **不見**(현)**於色**하니 **四海之人**이 **又孰知其則**(칙)[②]이리오

① 大道 可安而不可說 : 무릇 도는 형체가 없고 소리가 없는 것이다. 〈따라서〉 神을 체득하여 도를 살펴본다면 이치가 여기에 있다. 그러나 도에 관해 말하고자 한다면 말할 수 있는 실마리가 없다.
夫道는 無形無聲者也니 體神而安之면 則有理存焉이나 如欲說之면 無緖可言이라

② 直人之言……又孰知其則(칙) : 다음과 같은 의미이다. '도를 살펴보는 군자는 비록 사람들이 그를 의롭지 않다고 수군거려도 결코 돌아보지 않는다. 말이 이미 입에서 나오지 않고 이치 또한 얼굴색에 드러나지 않아 말과 이치가 이미 끊어졌으니, 천하 사람들 중 그 누가 그러한 군자의 법칙과 의리를 알 수 있겠는가.'
謂安道之君子는 雖人言其不義라도 驁(오)然不顧라 言既不出於口하고 理又不見(현)於色하여 言理既絶하니 四海之人誰有能知其則(칙)義哉아

---

3) (大)〔夫〕: 저본에는 '大'로 되어 있으나, 張文虎(淸)의 ≪舒藝室隨筆≫에 의거하여 '夫'로 바로잡았다. '原注에 근거할 때 그렇게 볼 수 있다는 것이다.

4) 安 : 張文虎(淸)의 앞의 견해에 의거하여, '案'의 의미로 해석하였다.(≪舒藝室隨筆≫) 아래도 같다.

5) (直)〔眞〕: 저본에는 '直'으로 되어 있으나, 王念孫(淸)의 ≪讀書雜志≫에 의거하여 '眞'으로 바로잡았다.

6) 不義不顧 : 章炳麟(淸)은 '義'는 '俄'의 빌린 글자이고, '俄'는 곧 '傾貌'라고 하였다. 그리고 '顧'는 이러한 의미의 '義'와 서로 비슷한 의미를 지닌다고 하였다. 따라서 "不義不顧"는 후세에서 말하는 이른바 "不偏不倚"의 의미라고 보았다.(≪管子餘義≫) 原注에서는 '군자는 비록 사람들이 의롭지 않다고 수군거려도 돌아보지 않는다.'는 식으로 풀이하고 있는데, 역자는 이를 따르지 않았다.

하늘처럼 텅 비우고 땅처럼 고요하면 정벌되지 않는다. 그 '집(마음)'을 깨끗이 하고 그 '문(입)'을 열어, 사사로움을 제거하고 말하지 않으면 神明이 보존된다. 뒤엉켜 어지럽더라도 고요히 하면 저절로 다스려진다. 강함만으로는 두루 설 수 없고, 지혜로움만으로는 도모하는 바를 다 이룰 수 없다. 사물은 고유한 형태가 있고, 형태는 고유한 이름이 있으니, 이름을 사물에 합당하게 하는 사람을 '聖人'이라 한다. 그러므로 반드시 말하지 않고 無爲로 일을 처리할 줄 안 이후에 도의 기틀을 알 수 있다. 〈군주는〉 형체를 달리하고 형세를 달리하더라도 만물과 이치를 달리하지 않는다. 그러므로 천하의 시작이 될 수 있다.

天曰虛요 **地曰靜**이면 **乃不伐**①이라 **潔其宮**②하고 **開其門**③하여 **去私毋言**④이면 **神明若存**⑤이라 **紛乎其若亂**이라도 **靜之而自治**⑥라 **强不能徧立**이요 **智不能盡謀**⑦라 **物固有形**이요 **形固有名**이니 **名當謂之聖人**⑧이라 **故必知不言無爲之事**라야 **然後知道之紀**⑨라 **殊形異埶**(세)라도 **不與萬物異理**라 **故可以爲天下始**⑩니라

① 天曰虛……乃不伐 : '하늘의 도를 체득하여 비울 수 있고 땅의 도를 따라서 고요할 수 있으면 道와 德이 온전히 갖추어진다. 그러므로 정벌할 수 없다'라는 의미이다.
言能體天而虛하고 順地而靜하면 則道德全備라 故不可伐也라

② 潔其宮 : '宮'은 마음의 집이니, 靈臺[7]와 같다.
宮者는 心之宅이니 猶靈臺也라

③ 開其門 : '門'은 입이다. 입을 열어 이치에 따라서 말하게 한다. 아래 해설에서는 '門'을 귀와 눈을 가리킨다고 하였다.
門은 謂口也니 開口使順理而言이라 下解中에 門謂耳目也라

④ 去私毋言 : 사사로운 말이 없다는 의미이다.
謂無私言이라

⑤ 神明若存 : 마음의 집을 깨끗이 하여 사사로움이 없으면 神明이 보존된다.
宮潔無私면 則神存이라

⑥ 紛乎其若亂 靜之而自治 : 비록 뒤엉켜 어지럽더라도 단지 고요히 하면서 따르면 저절로 다스려진다.
雖紛然而亂이라도 但靜而順之면 則自理也라

⑦ 强不能徧立 智不能盡謀 : 〈자신의〉 강함과 지혜로움을 잊은 이후에 도모하고 세우는 바가 두루 다 이루어질 수 있다.

7) 靈臺 : 신령스러운 곳이라는 의미로, '마음'의 의미로 쓰인다.

忘强與智然後에 所謀立이 能偏而盡이라

⑧ 名當謂之聖人 : 사물에 합당하게 이름을 세우므로 '聖人'이라 일컫는다.

立名當物이니 所以稱聖이라

⑨ 必知不言無爲之事 然後知道之紀 : 도는 '말하지 않음〔不言〕'과 '일삼지 않음〔無事〕'을 기틀로 삼는다.

道는 以不言無事로 爲紀라

⑩ 殊形異埶(세)……故可以爲天下始 : 군주는 형체를 달리하고 형세를 달리하더라도 반드시 사물과 이치를 같이 한다. 그러므로 천하의 주인이 될 수 있다.

君人者는 必殊形異埶라도 與物同理라 故可以爲天下主라

죽인다는 것으로 사람을 〈협박할 수 있는 것은〉 사람들이 죽음을 싫어하기 때문이고, 불이익을 준다는 것으로 〈사람을 움직일 수 있는 것은〉 사람들이 이익을 좋아하기 때문이다. 그러므로 군자는 좋아하는 것에 유혹되지 않고 싫어하는 것에 압박되지 않으며, 고요한 자세로 머물고 無爲하며, 잔꾀와 속임수를 버린다.

그 반응은 인위적으로 설정된 것이 아니고, 그 움직임은 무엇을 취하고자 하는 것이 아니다. 자기 생각대로 하는 데서 허물이 생겨나고, 〈옛 문물과 제도를〉 인위적으로 변화시키는 데서 죄가 생겨난다. 그러므로 도를 지닌 군주는 그 머무름은 마치 무지한 듯하고, 사물에 반응함은 마치 하나로 합치하듯이 하니, 이는 곧 고요한 자세로 자연의 이치에 따르는 도이다.

人之可殺은 **以其惡(오)死也**①요 **其可不利**는 **以其好利也**②라 **是以君子**는 **不(休)〔怵〕**[8]**乎好**③하고 **不迫乎惡(오)**④하며 **恬愉無爲**하고 **去智與故**[9]라 **其應也**는 **非所設也**요 **其動也**는 **非所取也**⑤니 **過在自用**⑥이요 **罪在變化**⑦라 **是故有道之君**은 **其處也**에 **若無知**⑧하고 **其應物也**에 **若偶之**⑨하니 **靜因之道也**⑩라

① 人之可殺 以其惡(오)死也 : 만약 죽음을 싫어하지 않으면 비록 죽인다 해도 이익이 없

8) (休)〔怵〕 : 저본에는 '休'로 되어 있으나, 王念孫의 ≪讀書雜志≫에 의거하여 '怵'로 바로잡았다. 왕염손은 '怵'을 '訹'과 통용되는 글자로 보았다. 그리고 ≪說文解字≫에 "訹 誘也"로 되어 있으므로 '怵'은 '이끌리다'는 의미로 풀이할 수 있다는 것이다. 原注에서는 '休'를 '止'로 풀이하고 있는데, 이는 '怵'이 '休'로 된 판본을 보고 잘못 풀이하였다는 것이다.

9) 去智與故 : 原注에서는 '故'를 '事'로 풀이하고 있다. 이에 대해 許維遹(中)은 '故'는 '智'와 짝이 되는 개념으로 '詐'의 의미로 보아야 한다고 주장하였다. 그 근거로 그는 ≪呂氏春秋≫, ≪淮南子≫ 등의 주에서 '故'를 '詐'로 풀이한 사례들을 들고 있다.(≪管子集校≫)

다.

若不惡死면 雖殺無益이라

② 其可不利 以其好利也 : 이익을 좋아하지 않는다면, 비록 불리하게 한다 해도 아무런 효능이 없다.

若不好利면 雖不利之라도 亦無懲也라

③ 君子 不休乎好 : '休'는 '그치다'는 의미이다. 사람들이 이익을 좋아하는 감정을 그치게 하지 않는다. 〈'休'는〉 아래의 해설에서는 '怵'로 되어 있다.

休는 止也니 不止人好利之情이라 下解中作怵이라

④ 不迫乎惡(오) : 사람들이 죽음을 싫어하는 뜻을 압박하여 바꾸게 하지 않는다.

不迫移人惡死之意라

⑤ 去智與故……非所取也 : '故'는 '일'이다. 이미 지혜를 잊으면 일은 저절로 떠나간다.

故는 事也니 旣忘智면 則事自去라

⑥ 過在自用 : 자신의 뜻대로 하고 이치를 따르지 않으면 허물이 생겨난다.

自用不順理면 則生過라

⑦ 罪在變化 : 자잘한 총명으로 옛 문물과 제도를 변화시키면 죄가 형성된다.

小聰明變舊章이면 則成罪也라

⑧ 其處也 若無知 : 고요함의 지극함이다.

寂泊之至라

⑨ 其應物也 若偶之 : 마치 符節처럼 저절로 그러하게 합치한다.

若符契自然而合也라

⑩ 靜因之道也 : 무릇 이들은 모두 텅 비고 고요한 자세로 이치를 따르는 도이다.

凡此는 皆虛靜循理之道也라

"몸에서 마음은 군주의 지위와 같고, 신체의 아홉 구멍에 각자의 역할이 있는 것은 관리들에게 각자의 직분이 있는 것과 같다."고 하였다. 귀와 눈은 보고 듣는 기관이다. 마음이 보고 듣는 일에 관여하지 않으면 각 기관은 각자의 직분을 잘 해낼 것이다. 무릇 마음에 욕망이 있는 자는 사물이 지나가도 눈으로 보지 못하고, 소리가 이르러도 귀로 듣지 못한다. 그러므로 "윗사람이 도를 벗어나면, 아랫사람들이 일을 상실한다."고 말한다. 그러므로 "心術이란 無爲로 아홉 구멍을 제어하는 것이다." 하는 것이다. 그러므로 "군주는 말을 대신해 달리지 말고, 새를 대신해 날지 말라."고 하는 것이다. 이 말은 유능한 사람의 능력을 빼앗지 말고 아랫사람의 성실함에 간여하지 말라는 의미이다.

"사물에 앞서 움직이지 말라."는 것은, 흔들리는 자는 안정되지 않고 조급한 자는 고요히 머물지 못하니, 움직이면 살필 수 없다는 의미이다. '지위〔位〕'란 군주가 서 있는 곳을 말한다. 군주는 陰의 자리에 서 있어야 하는 것이니, 陰은 곧 고요함을 말한다. 그러므로 "움직이면 지위를 잃는다."고 말하는 것이다. 陰하면 陽을 제어할 수 있고 靜하면 動을 제어할 수 있다. 그러므로 "고요히 머물면 저절로 얻게 된다."고 말한다.

心之在體는 君之位也오 九竅之有職은 官之分也①라하니 耳目者 視聽之官也라 心而無與於視聽之事면 則官得守其分矣라 夫心有欲者 物過而目不見이요 聲至而耳不聞也라 故曰 上離其道면 下失其事라 故曰 心術者 無爲而制竅者也②라 故曰 君은 無代馬走하고 無代鳥飛라하니 此言不奪能能하고 不與下誠也③라 毋先物動者는 搖者不定하고 躁者不靜하니 言動之不可以觀也라 位者 謂其所立也라 人主者立於陰이니 陰者靜④이라 故曰 動則失位⑤라 陰則能制陽矣요 靜則能制動矣⑥라 故曰 靜乃自得이라

① 心之在體……官之分也 : 이 이하는 앞 장에 대한 해설이다. 그러나 管仲의 말은 아니다. 관중이 어찌 의도적으로 어려운 글을 지어놓고 다시 거기에 해설을 붙였겠는가. 앞서 지어진 체제가 모두 그렇지 않았다. 무릇 이 책에는 해설에 해당하는 여러 편이 있으니, 〈版法〉과 〈勢〉 같은 종류는 모두 내용이 뒤섞여 질서가 없고 순서가 합당하지 않다. 이런 점에 근거해볼 때, 劉向이 편집하면서 "관중의 말이다."라고 한 것 때문에 그렇게 된 것이다. 지금 그 文理를 연구하고 그 체제와 형세를 살펴보면 ≪韓非子≫의 논의와 같으니, ≪한비자≫에는 〈解老〉편이 있다. 아마도 이것은 〈해로〉와 같은 종류인 듯하다.

此已下는 上章之解也라 然非管氏之辭이니 豈有故作難書하고 而復從而解之리오 前修之制皆不然矣라 凡此書之解에 乃有數篇이니 版法勢之屬은 皆間錯不倫하여 處非其第라 據此면 則劉向編授之由曰 謂爲管氏之辭라 故使然也라 今究尋文理하고 觀其體勢에 一韓非之論이니 而韓有解老之篇이라 疑此는 解老之類也라

② 心術者 無爲而制竅者也 : 마음에 욕망이 일어나지 않으므로 신체의 아홉 구멍을 제어할 수 있다.

心無嗜欲之爲니 故能制於九竅라

③ 不奪能能 不與下誠也 : 군주가 유능해도 아랫사람들의 성실함에 간섭하지 않으면, 무릇 〈아랫사람들은〉 자신이 능할 바를 행할 때 성실하지 않는 경우가 없다.

君之能이나 不預於下之誠이면 凡爲其所能에 無不誠이라

④ 人主者立於陰 陰者靜 : 고요함은 조급한 군주를 위한 것이다. 그러므로 군주는 陰의 자

리에 선다.

靜爲躁君이라 故人主立於陰也라

⑤ 動則失位 : 군주의 지위를 잃는다.

失君位也라

⑥ 陰則能制陽矣 靜則能制動矣 : 군주 또한 신하를 제어할 수 있다.

君亦能制臣矣라

道는 천지 사이에서 그 크기로는 밖이 없을 정도이고 그 작기로는 안이 없을 정도이다. 그러므로 "멀리 있지 않지만 도달하기 어렵다."고 말한다. 虛는 사람들과 함께함에 있어 '사이'가 없으니, 오직 성인만이 이 虛의 도를 얻을 수 있다. 그러므로 "〈도와〉 함께 있지만 얻기 어렵다."고 말한다.

세상 사람들이 중시하는 것은 精一함이다. 욕심을 제거하면 통하고 통하면 고요해지며, 고요해지면 정일해지고 정일해지면 홀로 서며, 홀로 서면 밝아지고 밝아지면 신묘해진다. 神은 지극히 귀한 존재다. 그러므로 客舍를 청소하지 않으면 귀한 사람이 머물지 않는다. 그러므로 "깨끗이 하지 않으면 神이 머물지 않는다."고 말하는 것이다.

道는 **在天地之間也**에 **其大無外**하고 **其小無內**①라 **故曰 不遠而難極也**라 **虛之與人也**에 **無間**②이니 **唯聖人得虛道**라 **故曰 竝處而難得**이라 **世人之所職者 精也**③라 **去欲則宣**하고 **宣則靜矣**④며 **靜則精**하고 **精則獨立矣**며 **獨則明**하고 **明則神矣**라 **神者 至貴也**라 **故館不辟除**면 **則貴人不舍焉**이라 **故曰不潔則神不處**라

① 其大無外 其小無內 : 이른바 "커서 포함하지 못하는 게 없고, 작아서 들어가지 못하는 것이 없다."는 것이다.

所謂大無不包하고 細無不入也라

② 虛之與人也 無間 : '虛'는 사람의 형체를 뚫고 들어갈 수 있다. 그러므로 "사이가 없다."고 말하는 것이다.

虛는 能貫穿人形이라 故曰 無間이라

③ 世人之所職者 精也 : '職'은 '중시하다'는 의미이다. 하늘로부터 부여받아 타고난 것이 精이라는 말이다.

職은 主也니 言所稟而生者 精也라

④ 去欲則宣 宣則靜矣 : '宣'은 '통하다'는 의미이다. 욕심을 제거하면 텅 비어 스스로 운행

한다. 그러므로 통하여 고요하다.
宣은 通也니 去欲則虛自行이라 故通而靜이라

"사람들은 모두 지혜롭고자 하지만 아무도 지혜롭게 되는 이치를 찾지 못하는구나!"라고 하였는데, 지혜는 '저것'이고 지혜롭게 되는 이치는 '이것'이다. '이것'을 닦지 않고 어떻게 '저것'을 알 수 있겠는가? '이것'을 닦는 데는 비움보다 나은 것이 없다. 비움이란 감추는 것이 없는 것이다. 그러므로 "지혜를 버리면 무엇을 따라 구할 것인가? 감춤이 없으면 무엇을 펼칠 것인가?"[10]라고 말한다. 구함이 없고 펼침이 없으면 사려함이 없고, 사려함이 없으면 비움으로 돌아갈 것이다.

人皆欲知로되 **而莫索(之)其所以知**라 〔**其所知**는〕[11] **彼也**요 **其所以知**는 **此也**①라 **不修之此**면 **焉能知彼**②리오 **修之此**에 **莫能虛矣**니 **虛者**는 **無藏也**③라 **故曰 去知則奚率求矣**④요 **無藏則奚設矣**⑤리오 **無求無設則無慮**요 **無慮則反覆虛矣**라

① 人皆欲知……此也 : '이것'이 있은 이후에 '저것'을 안다.
有此然後에 知彼也라
② 不修之此 焉能知彼 : '이것'의 갖추어짐이 없으면 '저것'을 알 수 없다.
無此其具면 則不得知彼라
③ 修之此……無藏也 : '이것'을 이미 닦으면 '저것'을 비울 수 없다. 미혹된 자는 감출 수 없기 때문이다.
此旣修면 則彼不能虛니 訨者는 無能藏隱故也니라
④ 去知則奚率求矣 : '率'은 '따르다'는 의미이다. 知가 없으면 이치를 따라서 스스로 구하게 된다.
率은 循也니 無知則循理而自求也라
⑤ 無藏則奚設矣 : 이미 감출 수 없으면 펼칠 수 있는 계략이 없다.
旣不能隱藏이면 則無策謀可以施設也라

하늘의 道는 텅 비었고 형체가 없다. 텅 비면 다함이 없고, 형체가 없으면 거스

10) 지혜를……것인가? : 앞의 본문에서는 이 구절을 찾아볼 수 없다. 아마도 일부 오탈자가 있었던 듯하다.
11) 而莫索(之)其所以知 〔其所知〕 : 王念孫(淸)의 ≪讀書雜志≫에 의거하여 '之'를 衍文으로 처리하고 '其所知'를 보충하였다. 저본 본래의 상태로는 문장이 성립되지 않는다는 것이다.

르는 것이 없다. 거스르는 것이 없으므로 만물에 두루 흐르면서 변함이 없다. 德은 도가 머무는 곳이니, 사물은 〈덕을〉 얻어 끝없이 생성되고, 앎은 〈덕을〉 얻어 도의 정수를 인식한다. 그러므로 덕은 '얻음'이고, '얻음'이란 도를 얻어 그렇게 된다는 의미이다. 無爲를 도라 하고, 거기에 머무는 것을 덕이라 한다. 그러므로 도와 덕 사이에는 간격이 없다. 그러므로 말하는 자가 구별하지 않은 것이다. 간격이 없다는 것은, 덕이 도가 머무는 곳이 된다는 의미이다.

義는 각자 그 마땅함에 머문다는 의미이다. 禮는 사람들의 감정에 근거하고 義의 이치에 따라서 절도 있는 규정을 만드는 것이다. 그러므로 禮라는 것은 理가 있다는 것을 의미하고, 理는 〈사람들 사이의〉 구분을 밝혀 義의 의미를 깨우치는 것이다. 그러므로 禮는 義에서 나오고, 義는 理에서 나오고, 理는 마땅함에 따른다.

法이란 세상을 하나로 만드는 것으로, 부득불 집행해야 하는 것이다. 그러므로 죽임과 금지시킴에 의해 세상을 하나로 통일시킨다. 그러므로 일은 법에 의해 살펴야 한다. 법은 權에서 나오고, 權은 道에서 나온다.

天之道는 **虛**(其)〔**而**〕[12]**無形**이니 **虛則不屈**①하고 **無形則無所**(位)〔**低**〕[13]**赶**②라 **無所**(位)〔**低**〕**赶**라 **故徧流萬物而不變**③하나니라 **德者**는 **道之舍**니 **物得以生**④**生**하고 **知得以**(職)〔**識**〕[14]**道之精**⑤이라 **故德者**는 **得也**니 **得也者**는 (其謂)〔**謂其**〕[15]**所得以然也**⑥라 (以)[16]**無爲之謂道**⑦요 **舍之之謂德**⑧이라 **故道之與德無間**⑨이라 **故言之者不別也**⑩라 〔**無**〕**間**(之理)**者**[17] **謂其所以**

---

12) (其)〔而〕: 저본에는 '其'로 되어 있으나, 許維遹(中)의 ≪管子集校≫에 의거하여 '而'로 바로잡았다. 다음 문장에서 '虛則不屈 無形則無所位赶'라고 말하고 있으므로, '虛'와 '無形'은 두 개의 사항이 된다는 것이다.

13) (位)〔低〕: 저본에는 '位'로 되어 있으나, 王引之(淸)의 ≪讀書雜志≫에 의거하여 '低'로 바로잡았다. 隸書에서 '位'와 '低'의 글자 형태가 유사함으로 인해 잘못 쓰였다는 것이다. 여기서 '低赶'는 곧 '抵牾'의 의미가 된다고 보았다.

14) 物得以生生 知得以(職)〔識〕: 저본에는 '職'으로 되어 있으나, 張文虎(淸)의 ≪舒藝室隨筆≫에 의거하여 '識'으로 바로잡았다. 그리고 原注에서는 "物得以生"으로 끊어 읽고 있으나, 吳汝綸(淸)의 ≪點勘管子讀法≫에 의거하여 "物得以生生"으로 끊어 읽었다.

15) (其謂)〔謂其〕: 저본에는 '其謂'로 되어 있으나 陶鴻慶(淸)의 ≪讀管子札記≫에 의거하여 '謂其'로 바로잡았다. 두 글자가 서로 도치되었으며, 아래에 나오는 "謂其所以舍也"와 같은 형태의 문구가 된다는 것이다.

16) (以): 저본에는 '以'가 있으나, 兪樾(淸)의 ≪諸子平議≫에 의거하여 衍文으로 처리하였다. 原注에서도 "無爲自然者 道也"로 표현하고 있다.

17) 〔無〕間(之理)者: 저본에는 "間之理者"로 되어 있으나, 王引之(淸)의 ≪讀書雜志≫에 의거하여 '無'를 보충하고 '之理'를 衍文으로 처리하였다. 도와 덕의 관계를 앞에서 '無間'이

舍也⑪라 **義者**는 **謂各處其宜也**요 **禮者**는 **因人之情**하고 **緣義之理**하여 **而爲之節文者也**라 **故禮者 謂有理也**요 **理也者**는 **明分以諭義之意也**라 **故禮出乎義**하고 **義出乎理**하고 **理因乎宜者也**라 **法者**는 **所以同(出)〔世〕**[18)]니 **不得不然者也**⑫라 **故殺僇**(륙)**禁誅以一之也**라 **故事督乎法**⑬이니 **法出乎權**하고 **權出乎道**⑭라

① 虛則不屈 : '屈'은 '다하다'는 의미이다.
屈은 竭也라
② 無所(位)〔低〕赶 : '赶'는 '거스르다'는 의미이다.
赶는 逆也라
③ 徧流萬物而不變 : 그와 같은 사물이 없다. 그러므로 변하지 않는다.
無物與之同이라 故不變이라
④ 德者……物得以生 : 도는 덕에 말미암아 사물을 생성하므로 덕은 도의 집이 된다는 말이다.
謂道는 因德以生物이니 故德爲道舍라
⑤ 生知得以職道之精 : 生을 얻는 것은 주로 도의 정기를 부여받는 데에 말미암는다.
得其生者 主由稟道之精也라
⑥ (其謂)〔謂其〕所得以然也 : 도의 정수를 얻어 그렇게 된다.
得道之精而然이라
⑦ 無爲之謂道 : 無爲하여 저절로 그러하는 것이 도이다.
無爲自然者 道也라
⑧ 舍之之謂德 : 도가 머무는 것을 덕이라 한다.
道之所舍之謂德也라
⑨ 道之與德無間 : 도와 덕은 같은 몸이어서, 안팎과 선후의 차이가 없다. 그러므로 "간격이 없다."고 말한다.
道德同體하여 而無內外先後之異라 故曰 無間이라
⑩ 言之者不別也 : 같은 몸이므로 구별할 수 없다.
同體故(能不)〔不能〕[19)]別이라
⑪ 間之理者 謂其所以舍也 : 도와 덕의 이치를 구별할 수 있는 것은 머무는 바가 있기 때문이니, 〈각자〉 머물게 되는 이치가 다르다.

라고 했는데, 여기서 '間'이라고 하는 것은 모순된다는 것이다.

18) (出)〔世〕: 저본에는 '出'로 되어 있으나, 兪樾(淸)의 ≪諸子平議≫에 의거하여 '世'로 바로잡았다. 隷書에서 두 글자가 서로 비슷함으로 인해 잘못 쓰였다는 것이다.

19) (能不)〔不能〕: 저본에는 '能不'로 되어 있으나, 문맥에 의거하여 '不能'으로 바로잡았다.

道德之理可間者 則有所舍이니 所以舍之異也라

⑫ 法者……不得不然者也 : 禮가 있으면 곧 法이 있다. 그러므로 "같은 곳에서 나온다."고 말하는 것이다.

有禮則有法이라 故曰 同出也라

⑬ 事督乎法 : '督'은 '살피다'는 의미이다. 법으로 일을 살핀다는 뜻이다.

督은 察也니 謂以法察事라

⑭ 權出乎道 : 權과 道는 일이 그것으로부터 나온다.

權道者 事從之而出이라

道는 움직여도 그 형체를 보지 못하고 베풀어도 그 덕을 보지 못하며, 만물이 모두 그 혜택을 입지만 아무도 그 궁극을 알지 못한다. 그러므로 "도는 살펴볼 수 있지만 도에 관해 말할 수는 없다."라고 말한다.

'眞人'은 지극한 경지의 사람을 말하고, '不宜'는 사물에 있는 그대로 응함을 말한다. 응한다는 것은 내가 설정해서 하는 것이 아니다. 그러므로 치우침이 없다.

'不顧'는 〈기존의 것을〉 따른다는 의미이다. 따른다는 것은 내가 취한다는 것이 아니다. 그러므로 〈어느 한쪽에〉 기울지 않는다.

"입에서 말이 나오지 않고, 얼굴색에서 드러나지 않는다."는 형체가 없음을 의미한다. "천하 사람들 중 그 누가 그 이치를 알겠는가?"는 깊은 영역이라는 의미이다.

道也者 動不見其形하고 **施不見其德**이라 **萬物皆以得**이로되 **然莫知其極**이라 **故曰 可以安**[20]**而不可說也**라 (莫)〔眞〕**人**은 **言至也**①[21]요 **不宜**는 **言應也**②[22]라 **應也者**는 **非吾所設**이라 **故**(能)[23]**無宜也**요 **不顧**는 **言因也**③라 **因也者**는 **非吾所**(所)(顧)〔取〕[24]라 **故無顧也**④[25]라 **不出**

20) 安 : 앞에서 張文虎(淸)는 '安'을 '案'의 빌린 글자로 보았다.(≪舒藝室隨筆≫)

21) (莫)〔眞〕人 言至也 : 저본에는 '莫'으로 되어 있으나, 王念孫(淸)의 ≪讀書雜志≫에 의거하여 '眞'으로 바로잡았다. 隸書에서 두 글자의 형태가 유사함으로 인해 잘못 쓰였다는 것이다. 原注에서는 '莫人言 至也'로 끊어 읽고 있으나, 본서에서는 따르지 않았다. 이어지는 '不宜 言應也'의 경우도 마찬가지이다.

22) 不宜 言應也 : 章炳麟(淸)은 고대에 '宜'와 '義'는 통용되었으므로 '不宜'는 앞에서 말한 '不義'를 말하고, '不義'는 곧 '不俄(치우치지 않음)'의 의미라고 보았다.(≪管子餘義≫)

23) (能) : 저본에는 '能'이 있으나, 張文虎(淸)의 ≪舒藝室隨筆≫에 의거하여 衍文으로 처리하였다. 뒤에 나오는 같은 형식의 문구인 '故無顧也'에도 '能'이 없다는 것이다.

24) 非吾所(所)(顧)〔取〕 : 저본에는 '非吾所所顧'로 되어 있으나, 兪樾(淸)의 ≪諸子平議≫에 의거하여 '所' 한 글자를 생략하고, '顧'를 '取'로 바로잡았다.

25) 無顧也 : 앞에서 章炳麟(淸)은 '顧'가 '俄'와 비슷한 의미를 지닌다고 하였다.(≪管子餘義≫)

於口不見於色은 **言無形也**라 **四海之人孰知其則**(칙)은 **言深囿也**⑤라

① 莫人言 至也 : 사람이 말할 수 없는 것은 지극한 이치이다.
人無能言者 理之至也라

② 不宜言 應也 : 말하기에 마땅한 때가 있음은 사물에 응하기 때문이다.
有時宜言은 則應物故라

③ 不顧 言因也 : 돌아보며 생각할 바가 없다는 것은 기존의 것을 따르기 때문이다.
無所顧思者는 因舊故라

④ 因也者……故無顧也 : '因'은 기존의 것이라는 의미이다. 내가 행하는 바가 아니다. 그러므로 돌아봄이 없다.
因은 舊也니 非吾所爲라 故無顧라

⑤ 四海之人孰知其則(칙) 言深囿也 : 깊이를 알지 못하는 영역이다.
不知淺深之囿城也라

하늘의 도는 텅 빔이고, 땅의 도는 고요함이다. 텅 비면 고갈되지 않고, 고요하면 변하지 않으며, 변하지 않으면 허물이 없다. 그러므로 "정벌되지 않는다.〔不伐〕"라고 말하는 것이다.

"潔其宮 開其門(그 집을 깨끗이 하고 그 문을 열다.)"이라 하였다. '宮'은 마음을 가리킨다. 마음은 지혜가 머무는 곳이다. 그러므로 '宮'이라고 말한 것이다. '깨끗이 한다.〔潔之〕'는 것은 욕망하는 잘못을 제거한다는 것이다. '門'은 귀와 눈을 가리킨다. 귀와 눈은 듣고 보는 통로이다.

天之道는 **虛**요 **地之道**는 **靜**이니 **虛則不屈**하고 **靜則不變**하며 **不變則無過**라 **故 曰不伐**이니라 **潔其宮** (闕)〔開〕[26] **其門**이라하니 **宮者**는 **謂心也**요 **心也者 智之舍也**라 **故曰 宮**이니라 **潔之者**는 **去好過也**①요 **門者**는 **謂耳目也**니 **耳目者**는 **所以聞見也**라

① 去好過也 : 욕망하는 잘못을 제거한다.
去欲好之過也라

"사물은 고유한 형태가 있고, 형태는 고유한 이름이 있다."라고 하였다. 이것은 이름은 실질을 넘을 수 없고, 실질은 이름을 지나칠 수 없다는 말이다. 또한 형체

26) (闕)〔開〕: 저본에는 '闕'로 되어 있으나, 兪樾(淸)의 ≪諸子平議≫에 의거하여 '開'로 바로잡았다. 앞에서 "開其門"이라고 하였으므로 여기서도 그와 맞추어야 한다는 것이다

는 형체에 의해 말하고, 형체에 의해 이름을 정하고, 말을 살펴 이름을 바로잡는다. 그러므로 '성인'이라고 말하는 것이다.[27)]

物固有形하고 **形固有名**이라하니 **此**는 **言〔名〕**[28)]**不得過實**하고 **實不得延名**①이니라 **姑形以形**하고 **以形務名**하며 **督言正名**②이라 **故曰 聖人**이니라

① 實不得延名 : 實이 없으면서 그 名을 공허하게 이끌어낼 수 없다.
不得無實虛延其名이라

② 姑形以形……督言正名 : '姑'는 '또한'의 의미이다. 또한 형체를 말하는 자는 그 형체에 의해 〈말한다.〉
姑는 且也니 且言形者는 以其形也라

'말 없는 말'은 대상 사물에 따라 응한다는 의미이다. 〈성인이〉 대상 사물에 응한다는 것은 사람들이 행하는 바가 있기 때문이다. 그 이름을 잡고 그 응함에 힘쓰는 것이 이를 이루는 방법이다. 이것이 사물에 응하는 도이다.

不言之言은 **應也**①니 **應也者**는 **以其爲之人者也**②요 **執其名**하고 **務其應**은 **所以成之**니 **應之道也**③라

① 不言之言 應也 : 말을 하면 대상 형체에 대해 말하는 것일 뿐, 나에 대해서는 말하는 바가 없다.
言則言彼形耳요 於我無言이라

② 應也者 以其爲之人者也 : 사람들이 행하는 바가 있다. 그러므로 성인은 반응하지 않을 수 있다.
人有所爲라 故聖人得不應이라

③ 執其名……應之道也 : 사물에게 이미 어떤 이름이 있으니, 그 이름을 지키면서 실제에 합치하도록 한다. 그러면 힘쓰는 바가 저절로 이루어진다. 이것이 사물에 응하는 도이다.
物旣有名이니 守其名而命合之면 則所務自成이니 斯應物之道라

---

27) 사물은……것이다 : 이상은 앞서 언급된 "物固有形 形固有名 名當謂之聖人" 구절에 대한 해설이다.

28) 〔名〕 : 저본에는 '名'이 없으나, 王念孫(淸)의 ≪讀書雜志≫에 의거하여 보충하였다. 이 구절은 名과 實의 문제에 대한 언급이라고 보기 때문이다.

無爲의 도는 '因'[29]이다. 因이란 보탬도 없고 덜어냄도 없는 것이다. 대상 사물의 형태에 근거하여 그것에 따라서 그에 합당한 명칭을 부여한다. 이것이 因의 도를 행하는 방법이다.

無爲之道는 **因也**니 **因也者**는 **無益無損也**①라 **以其形**으로 **因爲之名**이니 **此因之術也**②라

① 因也者 無益無損也 : 덜어내거나 보태는 것은 有爲를 낳는다.
損益者生有爲라

② 以其形……此因之術也 : 형체를 본 이후에 명칭을 부여하는 것은, 因이 아니고 무엇이겠는가?
見形而後名은 非因而(可)〔何〕[30]오

名은 성인이 만물을 기틀 짓는 것이다. 사람들은 강함에 서고, 착함에 힘쓰고, 재능을 즐기고, 의도하는 것을 따라 움직인다. 성인은 이러한 것이 없다. 이러한 것이 없으므로 사람들과 다르고, 다르니 곧 마음이 텅 비어 있다. 텅 비어 있음은 만물의 시원이다. 그러므로 "천하의 시작이 될 수 있다."[31]라고 말하는 것이다.

名者는 **聖人之所以紀萬物也**①라 **人者 立於强**②하고 **務於善**③하고 **(未)〔味〕**[32]**於能**④하고 **動於故者也**⑤라 **聖人**은 **無之**⑥[33]니 **無之則與物異矣**⑦요 **異則虛**⑧니 **虛者**는 **萬物之始也**⑨라 **故曰 可以爲天下始**⑩니라

① 名者 聖人之所以紀萬物也 : 만물이 비록 많아도 名을 세워 기틀을 잡는다.
萬物雖多라도 立名以紀之也라

② 立於强 : 반드시 강해진 이후에 세우는 바가 있다.
必强然後有所立也라

---

29) 因 : 이 '因' 개념은 黃老學에서 '無爲'를 설명하는 중요한 개념이다. 따라서 번역하지 않고 원문 그대로 노출하였다.

30) (可)〔何〕 : 저본에는 '可'로 되어 있으나, 문맥에 의거하여 '何'로 바로잡았다.

31) 천하의……있다 : 앞에서 "〈군주는〉 형체를 달리하고 형세를 달리하더라도 만물과 이치를 달리하지 않는다. 그러므로 천하의 시작이 될 수 있다.〔殊形異執 不與萬物異理 故可以爲天下始〕"라고 하였다.

32) (未)〔味〕 : 저본에는 '未'로 되어 있으나, 安井衡(日)의 ≪管子纂詁≫에 의거하여 '味'로 바로잡았다.

33) 聖人 無之 : 原注에서는 '無之'를 "無宰物之心"으로 보았다. 그러나 郭沫若(中)은 앞에서 언급된 '立於强', '務於善', '味於能', '動於故'의 네 가지가 없다는 의미로 파악하였다.(≪管子集校≫) 문맥상으로 볼 때 곽말약의 견해가 타당하다.

③ 務於善 : 반드시 착하게 된 이후에 사람이 된다.
必善然後成人也라

④ 未於能 : 재능이 아직 이루어지지 않은 자는 연습하여 이룬다.
能未成者는 習而成之라

⑤ 動於故者也 : 무릇 움직이는 바는 반드시 의도적으로 이루려는 것에 따른다.
凡所運動은 必循於故致也라

⑥ 聖人 無之 : 사물을 다스리고자 하는 마음이 없다는 의미이다.
謂無宰物之心也라

⑦ 無之則與物異矣 : 〈다스리고자 하는 마음이〉 사람들에게는 있고 나에게는 없다. 그러므로 다른 것이다.
物有我無라 故異也라

⑧ 異則虛 : '있음'에서 다르다. 그러므로 텅 빈 것이다.
異於有라 故虛也라

⑨ 虛者 萬物之始也 : 형체 있는 것은 형체 없는 것에서 생겨난다.
有形生於無形也라

⑩ 可以爲天下始 : 성인은 虛를 체득하였다. 그러므로 천하의 시작(근본)이 된다.
聖人體虛라 故爲天下始也라

사람들은 싫어하는 것에 압박되면 좋아하는 바를 상실하게 되고, 좋아하는 것에 몰두하면 싫어하는 바를 잊게 된다. 이들은 모두 바른 도가 아니다. 그러므로 "군자는 좋아하는 것에 몰두하지 않고 싫어하는 것에 압박되지 않는다."라고 말하는 것이다. 싫어하는 것이 그 바른 이치를 잃지 않고, 바라는 것이 그 실정을 넘지 않도록 한다. 그러므로 "고요한 자세로 머물고 無爲하며, 잔꾀와 속임수를 버린다." 라고 말하는 것이다. 마음을 비우고 깨끗이 한다는 의미이다.

人迫於惡(오)**則失其所好**①하고 **怵於好則忘其所惡**②니 **非道也**③라 **故曰 〔君子〕**[34]**不怵乎好**하고 **不迫乎惡**라 **惡不失其理**하고 **欲不過其情**이라 **故曰 (君子)**[35]**恬愉無爲**하고 **去智與故**라하니 **言虛素也**④[36]라

---

34) 〔君子〕 : 저본에는 '君子'가 없으나, 丁士涵(淸)의 ≪管子校本≫에 의거하여 보충하였다. 여기에 있어야 할 '君子'가 잘못 탈락되어 아래의 "恬愉無爲" 앞으로 붙게 되었다는 것이다.

35) (君子) : 저본에는 '君子'가 있으나, 丁士涵(淸)의 ≪管子校本≫에 의거하여 衍文으로 처리하였다.

① 人迫於惡(오)則失其所好 : 싫어하는 것 속으로 들어가게끔 압박되므로 좋아하는 바를 상실한다.
迫入於惡라 故失所好라
② 怵於好則忘其所惡 : 좋아하는 바에 몰두하게 되므로 싫어하는 것을 잊어버린다.
爲好所怵이라 故忘其惡라
③ 非道也 : 둘 다 모두 옳지 않다.
二者皆非라
④ 去智與故 言虛素也 : 무릇 앎과 말에 있어, 비우고 깨끗히 하는 것을 익히고 따르면 사악한 욕망이 없게 된다.
凡知與言을 習從虛素生이면 則無邪欲也라

"그 반응은 〈인위적으로〉 설정된 것이 아니고, 그 움직임은 무엇을 취하고자 하는 것이 아니다."라고 하였는데, 이것은 '因'을 말한 것이다. 因이란 나를 버리고 사물로써 본보기로 삼는 것이다. 느껴진 이후에 반응하는 것은 〈인위적으로〉 설정된 것이 아니고, 이치에 따라서 움직이는 것은 무엇을 취하고자 하는 것이 아니다. "자기 생각대로 하는 데서 허물이 생겨나고, 인위적으로 변화시키는 데서 죄가 생겨난다."라고 하였다. 자기 생각대로 하면 비우지 못하고, 비우지 못하면 사물을 거스르게 된다. 〈인위적으로〉 변화하면 허위가 생겨나고, 허위가 생겨나면 어지럽게 된다. 그러므로 道는 因을 귀하게 여긴다. 因이란 재능 있는 자에게로 나아가 그를 사용한다는 말이다.

"군자의 머무름은 마치 무지한 듯하다."라는 것은, 지극한 비움을 말한다. "사물에 반응함은 마치 하나로 합치하듯이 한다."라는 것은, 시기에 적절하여 마치 그림자가 형체를 본받는 것과 같고 메아리가 소리에 반응하는 것과 같다는 의미이다. 그러므로 사물이 이르면 그에 반응하고, 떠나가면 버린다. 버린다는 것은 비움으로 돌아간다는 의미이다.

其應은 **非所設也**요 **其動**은 **非所取也**라하니 **此言因也**라 **因也者 舍己而以物**① **爲法者也**니 **感而後應**은 **非所設也**요 **緣理而動**은 **非所取也**라 **過在自用**하고 **罪在變化**라하니 **自用則不虛**요 **不虛則仵**

36) 言虛素也 : 張佩綸(淸)은 '素'는 '潔'로 고쳐야 한다고 보았다. 앞서 "虛其欲 神將入舍 掃除不潔 神乃留處"라고 하였기 때문이라는 것이다.(≪管子學≫) 그러나 郭沫若(中)은 '素'에 '潔'의 의미가 들어 있기 때문에 굳이 고치지 않아도 된다고 보았다.(≪管子集校≫)

於物矣며 **變化則爲生**②이요 **爲生則亂矣**라 **故道貴因**이니 **因者**는 **因其能者**하여 **言所用也**③라 **君子之處也**에 **若無知**는 **言至虛也**라 **其應物也**에 **若偶之**는 **言時適也**하여 **若影之象形**하고 **響之應聲也**라 **故物至則應**하고 **過則舍矣**라 **舍(矣)〔也〕**[37)]**者**는 **言復(所)**[38)]**於虛也**라

① 因也者 舍己而以物 : 나를 버리고 사물을 따른다. 그러므로 '因'이라 말한다.
舍己而隨物이라 故曰 因이라

② 變化則爲生 : 삶을 영위하는 데 有爲한다는 의미이다.
謂有爲於營生이라

③ 因其能者 言所用也 : 재능 있는 자에게 나아가 사용한다. 그러므로 '因'이라 말한다.
就能而用이라 故曰 因也라

---

37) (矣)〔也〕 : 저본에는 '矣'로 되어 있으나, 何如璋(淸)의 ≪管子析疑≫에 의거하여 '也'로 바로잡았다.

38) (所) : 저본에는 '所'가 있으나, 李哲明(中)의 ≪管子校義≫에 의거하여 衍文으로 처리하였다.

제37편 마음 운용법 하 心術 下

단어 11 短語 十一

이 편은 앞의 〈심술 상〉과 편명만 같을 뿐 내용상 서로 아무런 연관성이 없다. 오히려 이 편은 뒤에 나오는 〈內業〉과 긴밀하게 연결된다. 何如璋(淸)은 이 편이 본래 〈내업〉의 해설편이었는데 錯簡으로 인해 〈심술 상〉 다음에 오게 되었고, 이 때문에 〈심술 하〉라는 편명을 달게 되었다고 본다.

이 편에서 주로 말하는 요지는 '뜻을 전일하게 함〔專意〕'·'마음을 한결같이 함〔一心〕'·'마음을 고요하게 함〔靜心〕' 등이다. 내면이 안정되고 고요하면 외면이 저절로 반듯해지듯이, 통치자가 이러한 마음가짐을 지니면 천하가 저절로 복종하고 다스려진다는 것이다.

외형이 바르지 않으면 덕이 와서 깃들지 않고, 내면에 정성이 지극하지 않으면 마음이 다스려지지 않는다. 외형을 바르게 하고 덕을 꾸미면, 만백성이 모두 〈바른 이치를〉 얻어 새가 날아들 듯이 스스로 찾아올 것이다. 〈그러면〉 정신의 작용은 그 끝을 알 수 없어, 천하를 환히 알고 사방에 통달하게 된다. 그러므로 말한다. "사물로 五官을 어지럽히지 말고, 오관으로 마음을 어지럽히지 말라. 이런 상태를 '안으로 얻음〔內得〕'이라 한다."

그러므로 뜻이 안정된 이후에 바름을 회복한다. 氣는 신체를 채우는 것이고, 행위는 바름의 마땅함이다. 채우는 것이 아름답지 않으면 마음이 만족하지 못하고, 행위가 바르지 않으면 백성이 복종하지 않는다. 그러므로 성인은 하늘처럼 행하여 사사로이 덮지 않고, 땅처럼 행하여 사사로이 싣지 않는다. 사사로움은 천하를 어지럽히는 것이다.

形不正者는 **德不來**①요 **中不精者**는 **心不治**②니 **正形飾德**이면 **萬物畢得**하여 **翼然自來**로니 **神莫知其極**③하여 **昭知天下**하고 **通於四極**④이라 **是故曰** ***毋以物亂官***⑤[1]하고 ***毋以官亂心***⑥이니 **此之**

---

1) 毋以物亂官 : 原注에서는 '官'을 '관리' 혹은 '관직'으로 해석하였다. 이에 대해 陶鴻慶(淸)은 '官'은 五官을 의미한다고 보았다. 앞의 〈심술 상〉에서 "耳目者 視聽之官也(귀와 눈은 보고

謂內(德)〔得〕⑦[2]이라 **是故意氣定然後反正**⑧이니 **氣者**는 **身之充也**⑨요 **行者**는 **正之義也**⑩라 **充不美則心不得**⑪하고 **行不正則民不服**⑫이라 **是故聖人**은 **若天然**하여 **無私覆**(부)**也**며 **若地然**하여 **無私載也**니 **私者**는 **亂天下者也**라

① 形不正者 德不來 : 어떤 것이 안에 있으면 반드시 밖으로 드러난다. 그러므로 내면에 덕이 들어와 머물면 외모가 저절로 바르게 된다. ≪詩經≫에서 "빈틈없는 위엄을 지닌 자는, 덕이 모나게 반듯하도다."[3]라고 하였다.

有諸內면 必形於外라 故德來居中이면 外形自正이니 詩云 抑抑威儀는 維德之隅라하니라

② 中不精者 心不治 : '精'은 정성이 지극함을 의미한다. 내면에 정성이 지극할 수 있으면 마음에서 생각하는 일이 저절로 다스려진다.

精은 誠至之謂也니 中能誠至면 心事自理라

③ 正形飾德……神莫知其極 : 외모를 바르게 하고 내면의 덕을 꾸미면, 아랫사람들이 보고 변화될 것이다. 그러므로 만백성이 모두 바른 이치를 얻게 된다.

正外形하고 飾內德하면 則下觀而化矣라 故萬物盡得其理也라

④ 昭知天下 通於四極 : 사물의 마땅함에 말미암아 거스르거나 따를 수 있다. 그러므로 천하를 환히 알 수 있으니, 가까운 곳으로부터 먼 곳까지 사방으로 통달한다.

因物之義하여 可以逆順이라 故能昭知天下니 自近以及遠通達於四極이라

⑤ 毋以物亂官 : 뇌물을 탐하면 관리들이 어지러워진다.

貪賄(회)則官亂也라

⑥ 毋以官亂心 : 부러워함이 너무 심하면 마음이 어지러워진다.

健羨太甚이면 則心亂也라

⑦ 此之謂內德 : 관직과 재화 둘 다 잊으면 덕이 들어온다.

官貨兩忘하면 則內德也라

⑧ 意氣定然後反正 : 욕심이 없으면 뜻이 안정된다. 그러므로 바름으로 돌아갈 수 있다.

無欲則意氣定이라 故能反正也

⑨ 氣者 身之充也 : 기로써 몸을 채운다. 그러므로 "몸을 채우는 것이다."라고 말한다.

氣以實身이라 故曰 身之充也라

⑩ 行者 正之義也 : 행동이 中正의 마땅함을 어기지 않는다.

行이 不違中正之宜者也라

듣는 기관이다.)"라고 한 점을 그 근거로 들었다.(≪讀管子札記≫)

2) (德)〔得〕: 저본에는 '德'으로 되어 있으나, 安井衡(日)의 ≪管子纂詁≫에 의거하여 '得'으로 바로잡았다. 朱本·劉本·古本 등에도 '得'으로 되어 있고, 〈內業〉에도 '得'으로 되어 있다는 것이다.

3) 빈틈없는……반듯하도다 : ≪詩經≫ 〈大雅 抑〉에 보인다.

⑪ 充不美則心不得 : 채움이 아름답지 않으면 기가 사특해진다. 그러므로 마음이 어지러워져 만족하지 못한다.
充不美則氣邪라 故心亂而不自得也라

⑫ 行不正則民不服 : 행동이 바르지 않으면 삿되고 왜곡된다. 그러므로 사람들이 복종하지 않는다.
行不正則邪枉이라 故人不服이라

무릇 사물은 名을 싣고 온다. 聖人은 名에 근거하여 재단을 하므로 천하가 다스려진다. 〈그러므로〉 천하에서 名과 實이 어긋나지 않고 어지럽혀지지 않으면 천하가 다스려진다.

凡物載名而來니 **聖人因而財**[4]**之**에 **而天下治**니 〔**名**〕**實不傷**①하고 **不亂於天下**면 **而天下治**②[5]라

① 因而財之……實不傷 : 名에 따라 재단하면 사물의 마땅함이 어그러지지 않는다. 그러므로 천하의 이치가 상하지 않는다.
因名而財면 則物宜之不爽이라 故天下之理不傷也라

② 不亂於天下 而天下治 : 천지와 만물은 모두 이치를 지니고 있으니, 단지 어지럽히지 않기만 하면 잘 다스려질 것이다.
天地以及萬物은 皆有理存焉이니 直莫之亂이면 則是理矣라

뜻을 오롯이 하고 마음을 한결같이 하면 귀와 눈이 단정해져 멀리 있는 일까지 잘 알게 된다. 오롯이 하고 한결같이 할 수 있으면 점치지 않고 길흉을 알 수 있고, 〈자신의 분수에〉 그칠 수 있고 멈출 수 있으면 남에게 묻지 않고 자기에게서 스스로 터득할 수 있다. 그러므로 "생각하고 또 생각하라. 생각해도 얻지 못하면 귀신이 가르쳐줄 것이다."라고 말한다. 이는 귀신의 힘이 아니라, 정성스러운 기운이 지극하기 때문이다.

專於意 一於心하면 **耳目端**하여 **知遠之證**①이라 **能專乎 能一乎**면 **能無卜筮而知凶吉乎**②인지

---

4) 財 : 劉績(明)의 견해에 의거하여 '財'를 '裁'의 의미로 보았다.(≪管子補注≫)

5) 凡物載名而來……而天下治 : 郭沫若(中)의 견해에 의거하여 "實不傷" 앞에 '名'을 보충하였다. 여기서 '傷'은 '爽'과 같은 의미로 보았다.(≪管子集校≫) 한편 原注에서는 "凡物……實不傷"에서 끊어 읽고 있다. 그러나 王念孫(淸)은 "凡物……而天下治"에서 끊어 읽어야 한다고 보았다. 문장 구성상 '名'과 '實'이 서로 대응되는 개념을 이루고 있다는 것이다.(≪讀書雜志≫) 본서에서는 왕염손의 견해를 따랐다.

能止乎 能已乎③면 **能無問於人而自得之於己乎**④인저 **故曰 思之思之**할지니 〔**思之**〕[6)] **不得**이면 **鬼神教之**⑤라하니라 **非鬼神之力也**요 **其精氣之極也**⑥라

① 專於意……知遠之證 : 단지 뜻을 오롯이 하고 마음을 한결같이 하면, 귀와 눈이 저절로 바르게 되어 멀리 있는 일까지 잘 알게 된다.
   但專意一心하면 則耳目自端하여 證知遠事也라

② 能無卜筮而知凶吉乎 : 도리를 따르면 길해지고 도리를 거스르면 흉해지는 것이니,[7)] 어찌 수고롭게 점을 쳐본 이후에야 〈길흉을〉 알겠는가.
   惠迪(적)吉이요 從逆凶이니 豈勞卜筮而後知乎아

③ 能止乎 能已乎 : 자신의 분수에서 그칠 수 있다는 의미이다.
   謂能止於己分이라

④ 能無問於人而自得之於己乎 : 자기 자신에게 성실하면 스스로 통달하고, 남에게 물으면 미혹에 이르게 된다. 그러므로 남에게 묻지 않고 스스로 터득한다.
   誠己自通이요 問人致惑이라 故不問而自得也라

⑤ 思之思之……鬼神教之 : 자신의 생각을 성실히 하였으나 답을 얻지 못하면, 반드시 귀신이 와서 가르쳐준다.
   誠己思而不得이면 必有鬼神來教라

⑥ 非鬼神之力也 其精氣之極也 : 귀신이 비록 정성이 지극하지 않은 자라도 가르쳐줄 수는 있지만, 이제 정성이 지극하고 생각이 극진한 자가 있으면 귀신이 가르쳐주지 않을 수 없다. 어찌 귀신이 그 힘을 다할 수 있겠는가
   鬼神雖能教不精極者나 今有精極唯思之極이면 則鬼神不得不教니 豈鬼神能致其力也오

기운을 專一하게 하여 변하게 할 수 있는 것을 '精'이라 하고, 일을 전일하게 하여 변하게 할 수 있는 것을 '智'라 한다. 사람들을 모으고 가려 뽑는 것은 일을 고르게 이루기 위해서이고, 변통의 이치를 극진히 하는 것은 사물에 응하기 위해서이다. 사람들을 모으고 가려 뽑으면 어지럽지 않고, 변통의 이치를 극진히 하면 번잡하지 않다. 오직 '하나'를 잡은 군자만이 이렇게 할 수 있을 것이다. '하나'를 잡고 놓치지 않으면 만백성을 다스릴 수 있으니, 해・달과 빛을 같이하고, 천지와 이치를 같이한다. 성인은 사물을 재단할 뿐, 사물에 의해 부림을 받지 않는다.

---

6) 〔思之〕: 저본에는 '思之'가 없으나, 丁士涵(淸)의 ≪管子校本≫에 의거하여 보충하였다. 그는 〈內業〉에 "思之思之 又重思之 思之而不通 鬼神將通之"로 되어 있다는 점을 그 근거로 들었다.
7) 도리를……것이니 : ≪尙書≫ 〈虞書 大禹謨〉에 보인다.

一氣能變曰精①이요 **一事能變曰智**②라 **(慕)〔募〕**[8]**選者 所以等事也**③요 **極變者 所以應物也**④니 **(慕)〔募〕選而不亂**⑤하고 **極變而不煩**⑥하니 **〔惟〕執一之君子 〔能爲此乎**라**〕**[9] **執一而不失**이면 **能君萬物**⑦이니 **日月之與同光**이요 **天地之與同理**⑧라 **聖人裁物**이요 **不爲物使**⑨니라

① 一氣能變曰精 : 그 기운을 전일하게 하여 귀신을 변화시켜 인간에게 와서 가르치게 할 수 있는 것을 '精'이라고 한다는 의미이다.
謂專一其氣하여 能變鬼神來教를 謂之精이라

② 一事能變曰智 : 그 일을 전일하게 하여 변하여 움직이게 할 수 있는 것을 '智'라고 한다.
能專一其事하여 能變而動之를 謂智也라

③ (慕)〔募〕選者 所以等事也 : 사람들이 도와주러 오면 혹 불러 모으고 혹 가려 선택하니, 이는 그 일이 고르게 이루어지게 하기 위해서이다.
人之來助에 或(占慕)〔召募〕[10]之하고 或選擇之하니 欲令其事齊等也라

④ 極變者 所以應物也 : 사물이 궁하면 변하고, 변하면 통하게 된다. 내가 말미암는 바는, 변통의 이치를 지극하게 하여 사물에 응하는 것이다.
物窮則變하고 變而通之라 我之所由는 令極於變通之理하여 應物者也라

⑤ (慕)〔募〕選而不亂 : 사람들을 불러 모으고 가려 뽑으면 齋戒를 하므로 어지럽지 않다.
(慕)〔募〕選則齊(재)潔이라 故不亂이라

⑥ 極變而不煩 : 지극한 변화에 의해 사물의 마땅함을 따르므로 번잡하지 않다.
極變以順物宜니 故不煩也라

⑦ 執一之君子 能君萬物 : '一'은 정성스럽고 전일하다는 의미이다. 이미 정성스럽고 또한 전일하므로 만백성을 다스릴 수 있다.
一은 謂精專也니 旣精且專故로 能君萬物也라

⑧ 日月之與同光 天地之與同理 : 이른바 "천지와 덕을 함께하고, 해와 달과 그 밝음을 같이한다."[11]이다.
所謂與天地合其德하고 與日月合其明이라

---

8) (慕)〔募〕 : 저본에는 '慕'로 되어 있으나, 郭沫若(中)의 ≪管子集校≫에 의거하여 '募'로 바로잡았다. 아래도 같다. 그는 原注에 "人之來助 或召募之 或選擇之 欲令其事齊等也"로 되어 있다는 점에 의거하여, 尹知章(唐)이 본 판본에는 본래 '募選'으로 되어 있었을 것으로 추정하였다.

9) 〔惟〕執一之君子 〔能爲此乎〕 : 저본에는 '惟'와 '能爲此乎'가 없으나, 劉績(明)의 ≪管子補注≫에 의거하여 보충하였다. 〈內業〉에 "惟執一之君子 能爲此乎"로 되어 있다는 것이다.

10) (占慕)〔召募〕 : 저본에는 '占慕'로 되어 있으나, 郭沫若(中)의 ≪管子集校≫에 의거하여 '召募'로 바로잡았다.

11) 천지와……한다 : ≪周易≫ 乾卦 〈文言傳〉에 보인다.

⑨ 聖人裁物 不爲物使 : 성인은 사물을 재단하지, 사물이 재단하여 나를 부리게 하지 않는다.
聖人者는 裁斷於物이로되 而使物不爲裁而使己也라

마음이 편안하면 이에 나라가 편안하고, 마음이 다스려지면 이에 나라도 다스려진다. 다스려지는 것도 마음에 달려 있고, 편안한 것도 마음에 달려 있다. 다스려진 마음이 내면에 들어 있으면, 다스려진 말이 입에서 나오고 다스려진 일이 백성에게 더해진다. 그러므로 공이 이루어지고 백성이 복종하면 백성이 다스려질 것이다.

백성을 장악하는 것은 형벌이 아니고, 〈백성에게〉 위엄을 보이는 것은 노여움이 아니다. 군주가 도를 잡으면 백성은 다스려지는 것이니, 도는 근본이고 지극한 것이다. 지극한 비움에 이르지 못하고 올바른 사람이 아니라면 천하가 어지러워진다.

心安이면 **是**[12]**國安也**①요 **心治**면 **是國治也**②니 **治也者**도 **心也**요 **安也者**도 **心也**③라 **治心在於中**④이면 **治言出於口**⑤요 **治事加於民**⑥이라 **故功作而民從**이면 **則百姓治矣**⑦[13]라 **所以操者**는 **非刑也**요 **所以危者**는 **非怒也**⑧[14]니 (民)〔君〕[15] **人操**면 **百姓治**니 **道其本至也**⑨라 **至不至無**⑩ **非所人而亂**⑪이라

① 心安 是國安也 : 성인의 마음이 편안하면, 이에 나라도 편안하다.
聖心安이면 是國安이라
② 心治 是國治也 : 성인의 마음이 다스려지면, 이에 나라도 다스려진다.
聖心治면 是國治라

---

12) 是 : 許維遹(中)은 '是'를 '於是'의 의미로 보았다. 〈內業〉에서 이 부분이 "我心治 官乃治 我心安 官乃安"으로 되어 있는데, 여기서 '乃' 또한 '於是'의 의미로 쓰였다고 보기 때문이다.(≪管子集校≫)
13) 治心在於中……則百姓治矣 : 이 구절의 의미에 대해 劉績(明)은 다음과 같이 말하였다. "단지 다스려진 마음이 내면에 들어 있으면, 다스리진 말이 입에서 나오고 다스려진 일이 백성에게 더해진다. 공이 있고 백성이 따르면 나라가 다스려질 것이다.〔但治心在內 則治言出口 治事加民 有功民從而國治矣〕"(≪管子補注≫) 原注에서는 '治心在於中'을 '理心在於適中也'로 풀이하고 있는데, 본서에서는 따르지 않았다.
14) 所以危者 非怒也 : 문맥상 '危'는 '威'의 의미로 풀이되어야 한다. 原注에서는 '危'를 '위태롭게 하다'는 의미로 풀이하였지만 본서에서는 따르지 않았다.
15) (民)〔君〕: 저본에는 '民'으로 되어 있으나, 문맥상으로 볼 때 '民人'은 '君人'이 되어야 하며, 이는 곧 '百姓'에 대응하는 말이 된다. 따라서 '民'을 '君'으로 바로잡았다. 原注에서 '民人'은 단지 '人'으로 표현되고 있는데, 여기서 '人'은 곧 군주의 의미로 쓰인 것으로 볼 수 있다.

③ 治也者……心也 : 다스려짐과 편안함은 한결같이 마음에 달려 있으니, 그런 이후에 나라 사람들도 따르게 된다.
理與安一在於心이니 然後國從也라

④ 治心在於中 : 마음을 다스리는 것은 중용에 이르느냐에 달려 있다.
理心在於適中也라

⑤ 治言出於口 : 그러면 말로 인한 허물이 없다.
則無口過라

⑥ 治事加於民 : 그러면 잘못되는 일이 없다.
則無枉事라

⑦ 功作而民從 則百姓治矣 : 공이 이루어지고 백성들이 복종하면, 어찌 다스려지지 않겠는가.
功成人服이면 非理而何리오

⑧ 所以操者……非怒也 : 형벌은 비록 백성을 장악할 수 있고 노여움은 비록 백성을 위태롭게 할 수 있지만, 도에 비교해보면 오히려 말단적인 방법이 된다. 사물은 도에서 벗어날 수 없고 도는 잡지 않는 것이 없다. 〈그러므로〉 도를 어기면 반드시 위태로우니, 그러면 위태롭지 않은 경우가 없다.
刑雖能操하고 怒雖能危나 比之於道면 猶爲末功이라 物不能離하고 道無不操라 違道必危니 是無不危也라

⑨ 民人操……道其本至也 : 반드시 군주마다 모두 도를 잡은 이후에 백성이 다스려진다. 이와 같으면 도는 군주의 근본이 되는 것이니 어찌 지극하지 않겠는가
必每人皆操道然後에 百姓理라 如此則道爲人本이니 豈不至哉오

⑩ 至不至無 : '無'는 '虛'이다. 이른바 지극한 것이란 虛의 道이다.
無는 虛也라 所謂至者 虛之道也라

⑪ 非所人而亂 : 지극한 비움에 이르러 천하의 주인이 된 것이 아니면 반드시 어지러워진다.
非至虛而爲天下主면 必亂이라

무릇 관리가 〈백성에 대한〉 통제권을 장악하는 것이 이롭다고 여기는 것은 바른 도가 아니다. 성인의 도는 있는 듯 없는 듯하지만 그것을 끌어다 사용하면 영원히 사라지지 않고, 때와 더불어 변화하지만 그 자신은 변하지 않고, 사물의 변화에 응하지만 그 자신은 바뀌지 않고, 날마다 사용하더라도 그 자신은 변하지 않는다.

凡在有司執制者之利는 **非道也**①니 **聖人之道**는 **若存若亡**②이나 **援而用之**에 **歿世不亡**③하고 **與時變而不化**하고 **應物而不移**하고 **日用之而不化**④[16]니라

① 凡在有司執制者之利 非道也 : 관리가 〈백성에 대한〉 통제권을 장악하면, 항상 근본을 버리고 말단을 좇아 형벌에 의한 다스림에 몰두한다. 이는 바른 도가 아니다.
有司執制면 常棄本逐末하여 滯於刑政하니 非道也라

② 聖人之道 若存若亡 : 앞에서 맞이하려 해도 그 머리를 볼 수 없고, 뒤에서 좇으려 해도 그 꽁무니를 볼 수 없다.[17] 그러므로 "있는 듯 없는 듯하다"[18]라고 말한다.
迎之不見其首하고 隨之不見其後라 故曰 若存若亡也라

③ 援而用之 歿世不亡 : 도는 형체가 없고, 형체가 없으면 소진되는 때가 없다. 그러므로 영원히 사라지지 않는다.
道無形也요 無形則無盡時라 故歿世不亡也라

④ 與時變而不化 日用之而不化 : 형체가 없으면 변화하고 바뀌는 때가 없다.
無形이면 則無變移之時라

사람 가운데 바르고 고요할 수 있는 사람은 근육이 단단하고 뼈가 강하고, 하늘을 일 수 있는 사람은 땅을 밟고, 큰 맑음을 비출 수 있는 사람은 큰 밝음을 본다. 바름과 고요함을 잃지 않으면 날마다 그 덕이 새로워져, 천하를 밝게 알고 사방에 통하게 된다. 온전한 마음이 내면에 있으면 숨길 수 없으니, 밖으로 모습에서 드러나고 안색에서 알 수 있다. 선한 기운으로 사람을 맞이하면 형제처럼 친하고, 악한 기운으로 사람을 맞이하면 兵器보다 해롭다. 말 없는 말은 우렛소리보다 크게 들리고, 온전한 마음이 드러남은 해와 달보다 밝고 부모보다 세밀하다.

옛날에 현명한 군주는 천하를 사랑하였기 때문에 천하 사람들이 모여들 만하였고, 포악한 군주는 천하를 미워하였으므로 천하 사람들이 떠날 만하였다. 그러므로 재화로는 〈천하에 대한 군주의〉 사랑을 표현하기에 부족하고, 형벌로는 〈천하에 대한 군주의〉 미움을 표현하기에 부족하다. 재화는 사랑을 표현하는 데 있어 말단이고, 형벌은 미움을 표현하는 데 있어 말단이다.

人能正靜者는 **筋肕**(인)**而骨強**①하고 **能戴大圓者**는 (**體**)〔**履**〕[19]**乎大方**②하고 **鏡大淸者**는 **視乎**

16) 日用之而不化 : 郭沫若(中)은 이 구절은 본래 "與時變而不化"에 대한 주였는데, 후대 사람들이 본문으로 잘못 집어넣었다고 보았다. 그는 그 근거로 〈內業〉에는 이 구절이 없다는 점을 들었다.(≪管子集校≫)
17) 앞에서……없다 : ≪老子≫ 14장에 보인다.
18) 있는……듯하다 : ≪老子≫ 41장에 보인다.
19) (體)〔履〕 : 저본에는 '體'로 되어 있으나, 劉績(明)의 ≪管子補注≫에 의거하여 '履'로 바로잡았다. 〈內業〉에 '履'로 되어 있다는 것이다. 原注에서는 '體' 그대로 따르고 있는데 의

大明③이라 **正靜不失**이면 **日新其德**④하여 **昭知天下**하고 **通於四極**⑤이라 (**金**)〔**全**〕**心**[20] **在中**이면 **不可匿**⑥하니 **外見**(현)**於形容**하고 **可知於顔色**⑦이라 **善氣迎人**이면 **親如弟兄**하고 **惡氣迎人**이면 **害於戈兵**이라 **不言之言**은 **聞於雷鼓**⑧하고 (**金**)〔**全**〕**心之形**은 **明於日月**하고 **察於父母**⑨라 **昔者明王之愛天下**니 **故天下可附**요 **暴王之惡**(오)**天下**니 **故天下可離**라 **故貨之不足以爲愛**요 **刑之不足以爲惡**(오)니 **貨者**는 **愛之末也**요 **刑者**는 **惡**(오)**之末也**⑩라

① 人能正靜者 筋肕(인)而骨强 : 고요할 수 있으면 和氣가 온전하다. 그러므로 근육이 단단하고 뼈가 강해진다.
能靜則和氣全이라 故筋骨肕强也라

② 能戴大圓者 體乎大方 : 반드시 땅의 이치를 체득한 이후에 하늘을 머리에 일 수 있다.
必體大方然後에 能戴大圓이라

③ 鏡大清者 視乎大明 : 반드시 '큰 밝음'을 본 이후에 '큰 맑음'을 비추어 볼 수 있다.
必視大明然後에 能鏡大清이라

④ 正靜不失 日新其德 : 바르고 고요한 사람은 다스림이 순조롭고 공이 세워진다. 그러므로 그 덕이 날마다 새롭다.
正靜者 則理順而功立이라 故其德日新이라

⑤ 昭知天下 通於四極 : 이미 천하를 알면 멀리 사방에 통하게 된다.
旣知天下면 則遠通四極이라

⑥ 金心在中 不可匿 : 金이라는 사물은 매우 정미하고, 마음의 쓰임은 매우 밝다. 그러므로 마음을 금에 비유하였다. 내면에 진실로 금과 같은 마음을 지니고 있으면 밖으로 징조가 드러나므로 감출 수 없다.
金之爲物彌精이요 心之爲用彌明이라 故比心於金이니 中苟有如金之心이면 則徵見(현)於外하여 不可隱匿之也라

⑦ 外見(현)於形容 可知於顔色 : 그것이 밖으로 드러나면 혹 몸에 나타나거나 혹 안색에서 나타난다.
其見於外면 或在形容하고 或在顔色이라

⑧ 不言之言 聞於雷鼓 : 지극한 도를 지닌 군주가 하는 참된 말은 사람들에게 들리지 않을 수 없다. 그러므로 우렛소리와 같다.
至道之君의 常言之言은 則人無不聞이라 故同於雷鼓라

미가 순조롭지 않다.

20) (金)〔全〕心 : 저본에는 '金'으로 되어 있으나, 劉績(明)의 견해에 의거하여 '金'을 '全'으로 바로잡았다. '金'은 곧 '全'의 誤字라는 것이다. 아래도 같다. 〈內業〉에도 '全'으로 되어 있다고 한다.(≪管子補注≫) 原注에서는 '金心'을 '金'과 '心' 두 가지를 비교하는 관점에서 풀이하고 있는데, 兪樾(淸)이 지적하듯이 왜곡이 심하다.(≪諸子平議≫)

⑨ 金心之形……察於父母 : 金心은 환히 빛나지 않는 경우가 없고 알지 못하는 것이 없다. 그러므로 해와 달보다 밝고 부모보다 자세히 안다. 자식을 아는 데 있어서는 부모만 한 사람이 없으므로 이렇게 말하는 것이다.
金心은 無不耀(요)요 無不知라 故明於日月하고 察於父母니 知子無若於父母故로 以言焉이라

⑩ 貨者……惡(오)之末也 : 사랑하고 미워하는 것은 마음을 근본으로 삼는다. 그러므로 재화와 형벌은 말단이 된다.
愛惡以爲心本也라 故貨刑爲末也라

무릇 사람들의 본성은 반드시 반듯함과 평온함을 바탕으로 삼는다. 반듯함과 평온함을 잃게 되는 이유는 반드시 기뻐함·즐거워함·슬퍼함·노여워함 때문이다. 노여움을 조절하는 데는 음악만 한 것이 없고, 즐거움을 조절하는 데는 禮만 한 것이 없다. 예를 지키는 데는 공경함보다 나은 것이 없고, 공경함을 지키는 데는 고요함보다 나은 것이 없다. 밖으로 공경하는 태도를 지니고 안으로 고요함을 유지하는 자는 반드시 그 본성을 회복한다.

凡民之生也는 **必以正平**①이니 **所以失之者**는 **必以喜樂哀怒**②라 **節怒**는 **莫若樂**(악)이요 **節樂**(락)은 **莫若禮**③요 **守禮**는 **莫若敬**④이요 〔**守敬**은 **莫若靜**이니〕[21] **外敬而內靜者**는 **必反其性**⑤이라

① 凡民之生也 必以正平 : 반듯하고 평온하면 그 본성을 온전히 보전할 수 있다.
正平則能保全其生이라

② 所以失之者 必以喜樂哀怒 : 기뻐함·즐거워함·슬퍼함·노여워함이 일정함을 지나치면 그 중심을 잃게 된다.
喜樂哀怒過常이면 則失其主라

③ 節怒……莫若禮 : 음악은 조화를 주관한다. 그러므로 노여움을 조절할 수 있다.
樂主和라 故能節怒라

④ 守禮 莫若敬 : 禮는 공경하는 것일 뿐이다. 그러므로 공경함은 예를 지킬 수 있다.
禮者 敬而已矣라 故敬能守禮也라

⑤ 外敬而內靜者 必反其性 : 밖으로 공경하면 禮에 합치되고, 안으로 고요하면 성찰하게 된다. 그러므로 자기 본성으로 돌아갈 수 있다.
外敬則合禮요 內靜則循察이라 故能反其性이라

---

21) 〔守敬 莫若靜〕 : 저본에는 '守敬 莫若靜'이 없으나, 丁士涵(淸)의 ≪管子校本≫에 의거하여 보충하였다. 〈內業〉에는 이 구절이 들어 있고, 아래에 이어지는 "外敬而內靜者"는 바로 "守禮莫若敬 守敬莫若靜"을 받는 말이 된다는 것이다.

어찌 이로운 일이 없겠는가? 그러나 나에게는 이로움을 탐하는 마음이 없다. 어찌 편안한 거처가 없겠는가? 그러나 나에게는 편안함을 구하는 마음이 없다. 마음속에 또 마음이 있다. 뜻이 앞선 이후에 말이 있고, 뜻이 있은 이후에 〈어떤 일에 대한 생각의〉 형태가 드러나고, 〈생각의〉 형태가 있은 이후에 그것에 대해 생각을 하게 되고, 생각을 한 이후에 앎을 얻게 된다.

豈無利事哉아 **我無利心**이요 **豈無安處哉**아 **我無安心**①이라 **心之中**에 **又有心**②이니 **意以先言**③하니 **意然後形**④하고 **形然後思**⑤하고 **思然後知**⑥니라

① 豈無利事哉……我無安心 : 또한 이미 본성을 회복하면 이로움과 편안함을 잊게 된다. 비록 이로운 일과 편안한 거처가 있다 할지라도, 하찮게 여기며 삶의 바탕으로 삼지 않는다.
亦旣反性이면 則忘其利安이니 雖有利事安處라도 蔑不足資也라

② 心之中 又有心 : 어지럽게 움직이는 마음속에, 고요하고 반듯한 마음도 들어 있다.
動亂之心中에 又有靜正之心也라

③ 意以先言 : 뜻이 느껴지고 나서 말을 얻는다.
意感而得言이라

④ 意然後形 : 뜻이 그 일을 느낀 이후에 〈일에 대한 생각의〉 형태가 드러난다.
意感其事然後에 呈形이라

⑤ 形然後思 : 형상이 있으면 이치를 찾을 수 있다. 그러므로 그것에 대해 생각하게 된다.
有形則理可尋이라 故思之也라

⑥ 思然後知 : 생각한 이후에 이치를 얻는다. 그러므로 알 수 있다.
思然後得理라 故能知也라

무릇 마음의 특징은 지나치게 많이 알면 본성을 잃게 된다. 그러므로 안으로 사려를 모아서 근원으로 삼는다. 샘물이 고갈되지 않으니 안과 밖이 원활하게 통하고, 샘물이 마르지 않으니 사지가 견고하다. 이러한 도를 사용하게 할 수 있으면 그 효능이 四海에까지 미치게 된다. 그러므로 성인은 한마디 말로 이 도를 이해하여, 위로 하늘을 살피고 아래로 땅을 살핀다.

凡心之形은 **過知失生**이라 **是故內聚以爲原**이니 **泉之不竭**①에 **表裏遂通**이요 **泉之不涸**에 **四支堅固**②[22]하니 **能令用之**면 **被**(服)〔**及**〕**四**(固)〔**圄**〕③[23]라 **是故聖人**은 **一言解之**하여 **上察**

於天하고 **下察於地**④라

① 內聚以爲原 泉之不竭 : 안으로 사려를 모으면 그 쓰임이 무궁하다. 이는 마치 샘물에 근원이 있는 것과 같으니, 고갈될 수 있겠는가.

內聚思慮면 則用之不窮이 猶泉之有源이니 其可竭哉아

② 表裏遂通……四支堅固 : 안이 평온하면 밖으로 통하여 겉과 속이 막힘이 없다. 그러므로 마치 샘물이 마르지 않아 사지가 견고한 것과 같다.

內和則外道하여 表裏無擁이라 故若泉之不涸而四支堅固也라

③ 能令用之 被服四固 : 단지 이 도를 사용할 수 있는 자는 사지가 견고해지고 그 효능이 몸에까지 미치게 된다.

但能用此道者는 則四支堅固하여 被及其身也라

④ 聖人……下察於地 : 이해되면 사물에 통하지 않는 게 없다. 그러므로 위아래로 다 궁구할 수 있다.

解則無不通物이라 故能窮於上下라

---

22) 是故內聚以爲原……四支堅固 : 原注에 근거할 때 "是故內聚以爲原 泉之不竭", "表裏遂通 泉之不涸 四支堅固"로 斷句된다. 그러나 전체 문장 형태로 볼 때, "是故內聚以爲原", "泉之不竭 表裏遂通 泉之不涸 四支堅固"로 斷句하는 것이 타당하다.

23) 被(服)〔及〕四(固)〔圄〕: 저본에는 '服'와 '固'로 되어 있으나, 王念孫(淸)의 ≪讀書雜志≫에 의거하여 '服'을 '及'으로, '固'를 '圄'로 바로잡았다. 여기서 '四圄'는 '四海'와 같은 의미라고 한다.

제38편 마음을 깨끗이 함 白心
단어 12 短語 十二

'白心'이란 '마음을 깨끗이 한다'는 의미이다. 주로 통치자가 지녀야 할 마음가짐에 대해 기술하고 있으며, 그 핵심은 '虛靜'에 있다는 점을 강조한다.

첫째 '虛靜'을 지키면 통치자는 공정무사한 정치를 행할 수 있다고 말한다. 가령 하늘이 특정한 사물을 위해 節氣를 변형시키지 않듯이, 현명한 군주 또한 특정한 사람을 위해 법을 왜곡하지 말아야 한다는 것이다.

둘째, 통치자는 허정한 상태를 유지하면서, 모종의 상황이 이르면 거기에 적절한 조치를 취해야 한다고 한다.

셋째, 허정을 지닌 통치자는 지나침을 경계한다. 가령 "善을 행하든 不善을 행하든 사람들의 신뢰를 받는 정도에서 그쳐라."라고 말한다.

넷째, 이러한 허정의 태도를 養生과 연결시킨다. 道에 따라 움직이면서 "함부로 옮기지 않고 넘치지 않게 하면 생명이 오래 유지된다."는 것이다.

이상과 같이 통치자의 허정을 강조하고 있는 본 편은, 앞서의 〈心術 上〉·〈心術 下〉와 마찬가지로 전국말기의 黃老學 계열의 작품으로 추정된다.

常法을 세우고 道를 세움에 있어 고요함을 근본으로 삼고, 적절한 시기를 보배로 삼고, 바름을 표로 삼는다. 화합하면 오래갈 수 있다. 나의 의표가 아니면 비록 이롭다 할지라도 행하지 않고, 나의 常法이 아니면 비록 이롭다 할지라도 행하지 않으며, 나의 도가 아니면 비록 이롭다 할지라도 취하지 않는다.

최상은 하늘을 따르는 것이고, 그다음은 사람을 따르는 것이다. 사람들이 먼저 提唱하지 않으면 화답하지 않고, 하늘이 먼저 시작하지 않으면 따르지 않는다. 그러므로 그 말이 폐해지지 않고 그 일이 망가지지 않는다.

建(當)〔**常**〕**立**①(有)〔**道**〕[1]에 **以靖爲宗**②하고 **以時爲寶**③하고 **以政爲儀**④[2]하니 **和則能久**⑤라

---

1) 建(當)〔常〕立(有)〔道〕: 저본에는 '當', '有'로 되어 있으나, 王念孫(淸)의 ≪讀書雜志≫에 의

非吾儀면 **雖利不爲**요 **非吾(當)〔常〕**[3)]이면 **雖利不行**이요 **非吾道**면 **雖利不取**⑥라 **上之隨天**이요 **其次隨人**⑦이라 **人不倡**이면 **不和**⑧하고 **天不始**면 **不隨**⑨라 **故其言也不廢**하고 **其事也不(隨)〔墮〕**[4)]라

① 建當立 : 무릇 세우는 것은 반드시 마땅히 세워야 할 것을 세운다.
凡所建에 必建其當立者也라

② 以靖爲宗 : 고요하면 사려가 세심해져, 일을 행하는 근본이 된다.
靜則思慮審하여 爲建事之宗이라

③ 以時爲寶 : 일을 행하는 것이 적당한 때가 아니면, 비록 최선을 다해도 이루어지지 않는다. 〈그러므로〉 적절한 때가 일의 보배가 된다.
建事非時면 雖盡善不成이니 時爲事寶也라

④ 以政爲儀 : 정치는 일을 조절하고 제어하는 것이다. 그러므로 儀表가 된다.
政者는 所以節制其事라 故爲儀라

⑤ 和則能久 : 또한 반드시 하나로 화합해야 하니, 그런 이후에 오래갈 수 있다.
又必當和同일지니 然後에 能久也라

⑥ 非吾儀……雖利不取 : 무릇 이들은 비록 이롭다 해도 나의 의표가 아니고 나의 합당함이 아니고 나의 도가 아니다. 그러므로 모두 행하지 않는다.
凡此雖曰有利라도 非吾儀也요 當也요 道也라 故皆不爲之也라

⑦ 上之隨天 其次隨人 : 이른바 '하늘에 응하고 사람을 따른다.'이다.
所謂應天順人也라

⑧ 人不倡 不和 : 사람들이 提唱할 때 화답하면 이루어지지 않는 일이 없다.
人倡而和면 事無不成也라

⑨ 天不始 不隨 : 하늘을 뒤따르고 天時를 받들면, 거행하는 일마다 순조롭게 진행된다.
後天而奉天時면 則擧無不隨也라

사물의 시원을 따지고 그 실질을 헤아려 그것이 생겨난 본원을 탐색한다. 그 형

거하여 '當'을 '常'으로, '有'를 '道'로 바로잡았다. 原注에서는 "建當立"으로 끊어 읽고 있는데, 그는 이 또한 옳지 않다고 보았다.

2) 以政爲儀 : 原注에서는 '政'을 '政事'의 의미로 풀이하고 있는데, 王念孫(淸)은 '政'은 '正'의 의미로 읽어야 한다고 보았다.(≪讀書雜志≫) 본서에서는 왕염손의 견해를 따랐다.

3) (當)〔常〕: 저본에는 '當'으로 되어 있으나, 王念孫(淸)의 ≪讀書雜志≫에 의거하여 '常'으로 바로잡았다.

4) (隨)〔墮〕: 저본에는 '隨'로 되어 있으나, 王念孫(淸)의 ≪讀書雜志≫에 의거하여 '墮'로 바로잡았다. 앞의 "天不始不隨"로 인해 '墮'가 '隨'로 잘못 쓰였다는 것이다. 여기서 '墮'는 '壞'의 의미를 지닌다고 한다.

상을 알면 그 형태를 찾고, 그 이치를 따르면 그 실정을 알며, 그 실마리를 찾으면 그 명칭을 안다.

原始計實하고 **本其所生**이라 **知其象**하면 **則索其形**①[5]이요 **緣其理**면 **則知其情**②이요 **索其端**하면 **則知其名**③이라

① 其言也不廢……則索其形 : 다음과 같은 의미이다. '군주가 政令을 내리면 사람들이 순종하여 그 정령을 폐하지는 않지만, 그 일을 행함에 있어서는 따르지 않음이 있다. 이럴 경우에는 그 시초를 따지고 그 이치의 실질을 헤아려 그것이 생겨난 본원을 찾아본다. 그러면 그렇게 된 대체적인 내용을 알 수 있고, 그 대체적인 내용을 알면 그 일의 형태를 찾아낼 수 있다.'
謂君之出言에 人乃順而不廢나 其行事則有不隨니 若此者는 當原其初始하고 計其理實하여 尋本其所生하면 則其象可知요 象旣可知면 則其形可索也라

② 緣其理 則知其情 : 이치를 따르면 실정이 저절로 드러난다.
順理則情自見(현)이라

③ 索其端 則知其名 : 실마리를 찾으면 명칭이 저절로 형성된다.
索端則名自形이라

그러므로 뭇 사물을 끌어안는 것으로는 천지보다 큰 것이 없고, 여러 사물을 변화시키는 것으로는 해와 달보다 더한 것이 없고, 백성이 절박하게 필요로 하는 것으로는 물과 불보다 더한 것이 없다. 그러나 하늘은 특정한 사물을 위해 節氣를 변형시키지 않고, 현명한 군주와 성인 또한 특정한 사람을 위해 법을 왜곡하지 않는다.

故苞物衆者莫大於天地①요 **化物多者莫多於日月**②이요 **民之所急莫急於水火**③라 **然而天不爲一物枉其時**④하고 **明君聖人亦不爲一人枉其法**⑤이라

① 苞物衆者莫大於天地 : 만물은 모두 천지 속에 들어 있다.
萬物共在天地之中이라

② 化物多者莫多於日月 : 해는 陽이고 달은 陰이다. 사물은 모두 陰陽의 기운을 부여받은

5) 原始計實……則索其形 : 原注에서는 이 구절을 앞의 "其言也不廢 其事也不隨"와 연결시켜 풀이하고 있다. 그러나 王念孫(淸)이 지적하였듯이, 이 두 구절을 연결시키는 것은 마땅하지 않다.(≪讀書雜志≫) "原始計實"부터는 새로운 내용을 기술하고 있는 것으로 보아야 하기 때문이다.

이후에 변화한다.

日은 陽也요 月은 陰也라 物皆稟陰陽之氣하고 然後化之也라

③ 民之所急莫急於水火 : 하루라도 물과 불이 없으면 생명을 유지하는 것이 혹 온전하지 않게 된다.

一日無水火면 則生理或有不全이라

④ 天不爲一物枉其時 : 겨울에는 소나무와 잣나무의 잎이 시들지 않도록 하기 위해 서리와 눈을 그치지는 않고, 여름에는 냉이와 보리가 말라 죽지 않도록 하기 위해 비와 이슬을 멈추지는 않는다.

冬不爲松栢不凋輟其霜雪하고 夏不爲薺麥枯死止其雨露也라

⑤ 明君聖人亦不爲一人枉其法 : 周公은 管叔과 蔡叔이 친형제라는 이유로, 그들을 죽이고 추방하는 형벌을 멈추지 않았다.

周公은 不以管蔡之親休其誅放也라

하늘은 그 행할 바를 행하여 만물이 그 이로움을 입고, 성인 또한 그 행할 바를 행하여 백성이 그 이로움을 입는다. 이 때문에 만물은 고르게 크고 많아진다. 그러므로 성인의 다스림은 자신을 고요히 한 채 기다리고, 사물이 이르면 그것에 대해 이름을 정해준다. 이름을 바르게 하면 스스로 다스려지고, 이름이 바르지 않으면 스스로 폐해진다. 이름이 바르게 되고 법이 갖추어지면 성인은 일삼는 바가 없게 된다. 〈이름과 법은〉 항상 고정되어서도 안 되고 완전히 없애도 안 되는 것이니, 변화에 따라 일을 판단하고 때에 맞추어 척도로 삼아야 한다. 큰 것은 여유가 있고 작은 것은 제한된다. 사물은 여유가 있는 것도 있고 부족한 것도 있다.

天行其所行而萬物被其利①하고 **聖人亦行其所行而百姓被其利**②라 **是故萬物均旣誇衆矣**③라 **是以聖人之治也**는 **靜身以待之**하고 **物至而名(自治)**[6]**之**④라 **正名自治(之)**요 **奇(身)名〔自〕廢**⑤[7]니 **名正法備**면 **則聖人無事**⑥라 **不可常居也**⑦요 **不可廢舍也**⑧니 **隨變斷事也**⑨요 **知時以爲度**⑩라 **大者寬**하고 **小者局**⑪하며 **物有所餘**하고 **有所不足**⑫이라

① 天行其所行而萬物被其利 : 겨울에는 서리와 눈을 내리고 여름에는 비와 이슬을 내린

---

6) (自治) : 저본에는 '自治'가 있으나, 陶鴻慶(淸)의 ≪讀管子札記≫에 의거하여 衍文으로 처리하였다. 뒤의 "正名自治之"로 인해 '自治'가 잘못 끼어들게 되었다는 것이다. 그리고 이어지는 "正名自治之"는 바로 이 구절을 이어받고 있다는 것이다.

7) 正名自治(之) 奇(身)名〔自〕廢 : 저본에는 '正名自治之 奇身名廢'로 되어 있으나, 王念孫(淸)의 ≪讀書雜志≫에 의거하여 '正名自治 奇名自廢'로 바로잡았다.

다. 그러므로 만물이 이롭다.

冬行霜雪하고 夏行雨露라 故萬物利也라

② 聖人亦行其所行而百姓被其利 : 선한 사람에게 상을 내리고 악한 사람에게 벌을 내린다. 그러므로 세상은 깨끗해지고 백성은 그 이익을 받는다.

行賞於善人하고 行罰於凶人이라 故天下淸而百姓蒙利也라

③ 萬物均旣誇衆矣 : '誇'는 '크다'는 의미이다. 하늘과 성인은 사사로움이 없다. 그러므로 만물은 균등하게 그 이익을 받으니, 만물이 크고도 많아진다.

誇는 大也라 天與聖人無私라 故萬物均蒙其利하니 旣大而且衆也라

④ 物至而名自治之 : 명목을 따라 실질을 따지면 아랫사람들이 실정을 감추지 못한다. 그러므로 다스려진다.

循名責實하면 則下無隱情이라 故理라

⑤ 奇身名廢 : '奇'는 '삿되고 바르지 않다'는 의미이다. 음은 '飢'이다.

奇는 謂邪不正이니 音은 飢라

⑥ 名正法備 則聖人無事 : 名이 바르고 法이 갖추어지면 政事에 빠지거나 막히는 일이 없다. 그러므로 성인은 일삼는 바가 없게 된다.

正名法備면 則事無闕滯라 故聖人無事也라

⑦ 不可常居也 : 〈이름과 법이〉 한곳에 머물러 있으면 반드시 때에 따라 옮겨진다.

居必有時而遷이라

⑧ 不可廢舍也 : 〈이름과 법을〉 없애버리면 온갖 제도가 느슨해지고 문란해진다.

廢舍則百度弛紊(문)也라

⑨ 隨變斷事也 : 변화에 머물면 막히지 않는다.

居變則不壅塞也라

⑩ 知時以爲度 : 일은 적절한 때가 아니면 이루어지지 않는다.

事非其時면 則不成也라

⑪ 大者寬 小者局 : 관대하면 여유가 있고 제한되면 부족하다.

寬則有餘하고 局則不足이라

⑫ 物有所餘 有所不足 : 남는 것으로 부족한 것을 보충하면 일이 고르게 되게 다스림이 균등해진다.

以有餘補不足하면 則事平理均也라

전쟁이 발생하는 것은 남에게 달려 있고, 사람들이 귀의하는 것은 나 자신에게 달려 있으며, 전쟁에서 승리하는 것은 적에게 달려 있고, 덕이 오는 것은 나 자신에게 달려 있다. 그러므로 "귀신에게서 복을 받는 자는 사람들에게 의롭기 때문이

다."라고 말하니, 전쟁은 의롭지 않으면 안 된다. 강하면서 교만한 자는 자신의 강함을 깎아 먹고, 약하면서 교만한 자는 죽음을 재촉한다. 강하면서 나를 낮추면 그 강함을 펼치게 되고, 약하면서 나를 낮추면 죄를 면한다. 그러므로 지나치게 교만하면 미천하게 되고, 지나치게 낮추면 교만해진다.

兵之出은 **出於人**①하고 **其人入**은 **入於身**②[8]이요 **兵之勝**은 **從於適**③[9]하고 **德之來**는 **從於身**④이라 **故曰 祥於鬼者**는 **義於人**⑤이니 **兵不義**는 **不可**⑥라 **强而驕者**는 **損其强**하고 **弱而驕者**는 **亟死亡**⑦이라 **强而卑**(義)〔**我**〕면 **信其强**⑧이요 **弱而卑**(義)〔**我**〕[10]면 **免於罪**라 **是故驕之餘卑**⑨요 **卑之餘驕**⑩라

① 兵之出 出於人 : 백성이 군대의 근본이 된다.
人爲兵本이라

② 其人入 入於身 : 전쟁에서 공이 있으면 그에게 상을 하사하니, 〈그 공은〉 반드시 자기 자신에게로 돌아간다.
兵而有功이면 入其賞賜니 必返於身이라

③ 兵之勝 從於適 : '適'은 '화합하다'는 의미이다. 이른바 "군대가 이기는 것은 화합에 달려 있다."[11]이다.
適은 和也니 所謂師克在和也라

④ 德之來 從於身 : 몸을 닦으면 덕이 세워진다.
修身則德立也라

⑤ 祥於鬼者 義於人 : 사람에게 의로운 사람은 귀신이 도와 복을 내린다.
義於人者 則鬼祐之以福祥也라

⑥ 兵不義 不可 : 전쟁이 의롭지 않으면 오히려 자기 자신을 해친다. 그러므로 〈의롭지 않은 전쟁은〉 안 된다.
兵不義而還自害라 故不可라

---

8) 兵之出……入於身 : 原注의 풀이는 그 의미가 분명하지 않다. 본서에서는 "兵之出 出於人"과 "其人入 入於身"을, 다음에 이어지는 "兵之勝 從於適 德之來 從於身"에 의거하여 對句관계로 보고 해석하였다.

9) 兵之勝 從於適 : 洪頤煊(淸)은 '適'을 '敵'으로 읽어야 한다고 보았다. 고대에 '適'과 '敵'은 서로 통용되었다는 것이다. 原注에서는 '適'을 '和'로 풀이하고 있는데 적절하지 않다고 보았다.(≪管子義證≫)

10) (義)〔我〕: 저본에는 '義'로 되어 있으나, 郭沫若(中)의 ≪管子集校≫에 의거하여 '我'로 바로잡았다. 아래도 같다.

11) 군대가……있다 : ≪春秋左氏傳≫ 桓公 11년에 "군대의 승리는 화합에 있지, 무리에 있지 않다.〔師克在和 不在衆〕"라는 말이 나온다.

⑦ 强而驕者……亟死亡 : 禮를 어기면서 교만한 자는 남에게 제대로 베푸는 것이 없다. 약하면서 교만한 자는 더욱이 사납기도 하니, 죽음에 빨리 이르는 것이 또한 마땅하지 않는가.
違禮而驕는 無施而可요 弱而驕者는 則又其戾焉하니 死之速이 不亦宜乎아

⑧ 强而卑 義信其强 : '信'은 음이 '申'이다.
信은 音申이라

⑨ 驕之餘卑 : 지나치게 교만하면 약해지고, 약해지면 미천해진다.
於驕有餘則弱이요 弱則卑也라

⑩ 卑之餘驕 : 지나치게 낮추면 강해지고, 강해지면 또한 교만해진다.
於卑有餘則强이요 强則又驕라

道라는 것은 한 사람이 써도 남는다는 말을 듣지 못하였고, 천하 사람들이 행하여도 부족하다는 말을 듣지 못하였다. 이러한 것을 도라고 한다. 〈도는〉 작게 취하면 작게 복을 얻고, 크게 취하면 크게 복을 얻으며, 모두 행하면 천하 사람들이 복종한다. 〈그러나〉 도를 조금도 취하지 않으면 백성들이 배반하여 군주 자신은 해를 면하지 못하게 된다.

道者는 **一人用之**에 **不聞有餘**①요 **天下行之**에 **不聞不足**②이니 **此謂道矣**③라 **小取焉則小得福**하고 **大取焉則大得福**하고 **盡行之而天下服**이요 **殊無取焉**이면 **則民反**하여 **其身不免於賊**④이라

① 道者……不聞有餘 : 도의 이치가 겨우 한 사람에게 쓰이는 경우이다.
理纔用於一人이라

② 天下行之 不聞不足 : 천하 사람들에게 부족함이 없다.
無不足於其人이라

③ 此謂道矣 : 많거나 적거나 모두에게 충분한 것이 도이다.
多少皆足者 道也라

④ 殊無取焉……其身不免於賊 : 도를 조금도 취하지 않으면, 움직일 때마다 도를 위반하게 된다. 그러므로 백성들이 배반하고 해치게 된다.
殊無取焉이면 則動皆違道라 故人反背之而賊害也라

왼쪽은 '삶'을 주관하고, 오른쪽은 '죽음'을 주관한다. 삶을 주관하는 자는 사람들을 상하게 하지 말아야 하니, 사람들을 상하게 하는 자는 자기 자신이 상하게 된다.

左者는 **出者也**①요 **右者**는 **入者也**②니 **出者**는 **而不傷人**이니 〔**傷**〕(入)〔**人**〕[12)]**者**는 **自傷也**③라

① 左者 出者也 : 왼쪽은 陽이 되고, 양은 생성을 주관한다. 그러므로 〈왼쪽은〉 '出'이 된다.
左爲陽하고 陽主生이라 故爲出也라

② 右者 入者也 : 오른쪽은 陰이 되고, 음은 죽음을 주관한다. 그러므로 〈오른쪽이〉 '入'이 된다.
右爲陰하고 陰主死라 故爲入也라

③ 出者……自傷也 : 出者는 이미 생성을 주관하니 사람을 상하게 하면 안 된다. 이를 어기고 사람들을 상하게 하면 도리어 자신이 상하게 된다.
出者는 旣主生이니 則不當傷人이라 違而傷人하면 是還自傷이라

〈도를 따르기만 하면〉 날짜를 계산하지 않아도 일은 이미 이루어지며, 거북점 · 蓍草占을 치지 않아도 삼가 길흉을 알 수 있다. 이런 것을 '몸을 느긋하게 하고 한가롭게 머물면서도 명성에 이름'이라고 한다.

不日不月而事以從〔成〕[①13)]하고 **不卜不筮而謹知吉凶**[②]이니 **是謂寬乎形**하고 **徒居而致名**[③]이라

① 不日不月而事以從 : 단지 도를 따라서 나아갈 뿐 날짜를 계산하지 않아도, 일은 어느새 진행되고 이루어진다.
但循道而往이요 不計日月이로되 事已從而成也라

② 不卜不筮而謹知吉凶 : 도를 따르면 길하고 거스르면 흉하니, 어찌 거북점 · 시초점을 쳐본

建立卜筮圖

12) 〔傷〕(入)〔人〕: 兪樾(淸)의 ≪諸子平議≫에 의거하여 '傷'을 보충하고, '入'을 '人'으로 바로잡았다. 原注에 근거할 때 "不傷人" 다음에 '傷'이 보충되어야 하고, '入'은 '人'의 誤字라는 것이다.

13) 事以從〔成〕: 저본에는 '成'이 없으나, 李哲明(中)의 ≪管子校義≫에 의거하여 보충하였다. 原注에서 "事已從而成也"로 풀이하고 있는 것으로 볼 때, 본래는 '成'이 있었을 것이라는 추정이다. 그리고 '以'는 '已'로 읽어야 한다고 보았다.

이후라야 〈길흉을〉 안단 말인가.

順道則吉하고 逆道則凶하니 豈須卜筮後知乎아

③ 寬乎形 徒居而致名 : 도를 지키는 자는 고요히 침묵할 뿐이다. 그러므로 그 몸은 느긋하고 한가롭게 머물면서 좋은 명성에 이를 수 있다.

守道者는 靜默而已라 故其身寬閑하고 徒然而居하여 能致令名이라

말만 잘하는 태도를 버리고 선한 일을 행하여, 일이 이루어져도 돌아보면 이름이 없다. 〈참으로〉 유능한 자는 이름을 드러내지 않고, 일에 종사함에 있어서는 아무런 일도 하지 않는 것처럼 보인다. 〈명령을 내릴 때는〉 그 실행 가능성 여부를 헤아리고 백성들이 감당할 수 있는지를 살핀다.

去善之言하고 **爲善之事**하여 **事成而顧反無名**①이라 **能者**는 **無名**하고 **從事**에 **無事**②니 **審量出入**하고 **而觀物所載**③라

① 去善之言……事成而顧反無名 : 말만 잘하는 태도를 버리고 바로 선한 일을 행할 수 있으면, 그 일이 이루어졌을 때 이것을 돌아보면 고요히 이름이 없을 것이다.

若能去言善하고 直能爲善事면 其事之成에 顧反之者면 默然無名也라

② 能者無名 從事無事 : 그 일에 아주 유능한 사람은 결코 명성을 구하지 않는다. 그러나 그가 일에 종사하는 것은 편안하고 한가하여, 마치 아무런 일도 하지 않는 것처럼 보인다.

深能其事者는 必不求名하나 然其從事安然閒暇하여 若無事然也라

③ 審量出入 而觀物所載 : 무릇 명령을 내릴 때는, 그것을 수행할 사람이 감당할 수 있는지를 살핀 이후에 그 역량을 살펴서 내려야 한다는 의미이다.

謂凡出命令에 當觀物載之所堪然後에 審量而出之也라

그 누가 행함 없음을 행하고, 시작 없음을 시작하고, 끝남 없음을 끝내고, 약함 없음을 약하게 할 수 있는가? 그러므로 말한다. "아름답도다, 무성하게 일어나는 모습이여! 마음속에 또 마음이 있구나." 그 누가 마음속의 마음을 얻을 수 있는가? 그러므로 말한다. "공이 이루어진 것은 무너지고, 명예가 이루어진 것은 훼손된다."[14] 그러므로 "누가 명예와 공을 버리고 세상 사람들과 하나가 될 수 있는가?[15] 누가 공과

14) 공이……훼손된다 : ≪莊子≫ 〈山木〉에 "스스로 뽐내는 자는 공이 없고, 공이 이루어진 것은 무너지고, 명예가 이루어진 것은 훼손된다.〔自伐者無功 功成者墮 名成者虧〕"라고 하였다.
15) 누가……있는가 : ≪莊子≫ 〈山木〉에 보인다.

명예를 버리고 이룸이 없음으로 돌아갈 수 있는가?"라고 말한다.

공을 이루지 못한 자는 공의 이룸을 중시하고, 공을 이룬 자는 공의 이룸을 중시하지 않는다. 해는 하늘 정상에 이르면 기울고, 달은 가득 차면 이지러진다. 정상에 이르면 단지 기울 뿐이고, 가득 차면 단지 이지러질 뿐이고, 이루면 단지 사라질 뿐이다. 누가 자기 자신을 잊을 수 있는가? 저 천지의 법칙을 본받아라.

孰能(法)〔爲〕[16]**無(法)〔爲〕乎**며 **始無始乎**며 **終無終乎**며 **弱無弱乎**①아 **故曰 美哉岪岪**(불불)②코 **(故曰)**[17] **(有中)〔中有〕**[18]**有中**③이로다하니라 **孰能得夫中之衷乎**④아 **故曰 功成者隳**(휴)요 **名成者虧**라 **故曰 孰能棄名與功**하고 **而還與衆人同**⑤하고 **孰能棄功與名 而還反無成**⑥가하니라 **無成(有)**은 **貴其〔有〕成也**⑦[19]요 **有成**은 **貴其無成也**⑧라 **日極則仄**하고 **月滿則虧**하니 **極之徒仄**하고 **滿之徒虧**⑨하고 **(巨)〔成〕**[20]**之徒滅**⑩이니 **孰能己無己乎**[21]아 **效夫天地之紀**⑪니라

① 孰能法無法乎……弱無弱乎 : 무릇 이들은 모두, 어떤 것을 행하되 그것을 잊는다는 것을 의미한다.

凡此皆謂爲而忘之者也라

② 美哉岪岪(불불) : '岪岪'은 흥하여 일어나는 모습이다. 할 수 있으나 하지 않고 도에 합

16) (法)〔爲〕 : 저본에는 '法'으로 되어 있으나, 張佩綸(淸)의 ≪管子學≫에 의거하여 '爲'로 바로잡았다. 아래도 같다.

17) (故曰) : 저본에는 '故曰'이 있으나, 郭沫若(中)의 ≪管子集校≫에 의거하여 衍文으로 처리하였다. 앞의 "美哉岪岪"은 아직 완성되지 않은 말로, 뒤의 말과 연결된다는 것이다.

18) (有中)〔中有〕 : 저본에는 '有中'으로 되어 있으나, 王念孫(淸)의 견해에 의거하여 '中有'로 바로잡았다. '中有'가 도치되어 '有中'으로 되었다는 것이며, 여기서 '有'는 '又'로 읽혀진다고 하였다. 그리고 이 구절의 의미는 劉績(明)의 ≪管子補注≫에서 말하듯이, "心之中又有心"으로 이해해야 한다는 것인데, 이는 곧 〈內業〉에 나오는 "心之中又有心焉"과 같은 의미라는 것이다. 그런데 原注에서는 "有中有中"으로 잘못 읽음으로써, 의미가 통하지 않는 풀이를 하게 되었다는 것이다.(≪讀書雜志≫)

19) 無成(有) 貴其〔有〕成也 : 저본에는 '無成有貴其成也'로 되어 있으나, 王念孫(淸)의 견해에 의거하여 '無成貴其有成也'로 바로잡았다. 이렇게 고쳐야 뒤의 '有成貴其無成也'와 대구를 이룰 수 있다는 것이다. '無成貴其有成也'는 '아직 공을 이루지 못한 사람은 공을 이룸을 중시한다'는 의미가 되지만, '有成貴其無成也'는 '이미 공을 이룬 사람은 공을 이룸에 마음을 두지 않는다'는 의미가 된다는 것이다. 따라서 原注의 풀이는 모두 잘못되었다고 보았다.(≪讀書雜志≫)

20) (巨)〔成〕 : 저본에는 '巨'로 되어 있으나, 丁士涵(淸)의 ≪管子校本≫에 의거하여 '成'으로 바로잡았다. 이 구절은 앞의 "有成"과 "無成"을 받는 말이 된다고 보기 때문이다.

21) 孰能己無己乎 : 兪樾(淸)은 "己無己"는 곧 장자가 말하는 "吾喪我"와 같은 의미로 보았다. 原注에 보이는 '忘己'는 곧 '無己'를 말한 것이고, 앞의 '己'는 곧 '吾'로 볼 수 있기 때문이다.(≪諸子平議≫)

치하니, 이와 같으면 아름다운 공이 날마다 일어난다는 의미이다. 그러므로 "아름답도다, 무성하게 일어남이여!"라고 말하는 것이다.

弗弗은 興起貌니 謂能而不爲하고 有契於道니 如此則功美日興이라 故曰 美哉弗弗이라

③ 有中有中 : 일을 행함에 있어 비록 그 中을 얻더라도 中을 자처하지 않으면, 그것이 곧 中을 지니는 것이다.

擧事에 雖得其中이나 而不爲中이면 乃是有中也라

④ 孰能得夫中之衷乎 : 中에서 덜어내어 절충한 것을 얻는 자는, 오직 中을 잊은 사람일 것이다!

得於中之損折中者는 其唯忘中乎인저

⑤ 孰能棄名與功 而還與衆人同 : 군주가 공과 명예를 버리면 대중과 다르지 않게 된다. 백성과 하나가 된 자를 그 누가 해칠 수 있겠는가.

君棄功名하면 則與衆不異니 同於物者를 誰能害之者也리오

⑥ 孰能棄功與名 而還反無成 : 공과 명예를 버리면, 명예를 이룰 바가 없다.

棄功名하면 則無所成名이라

⑦ 無成有貴其成也 : 이룸이 없음을 귀하게 여길 수 있으면, 그것이 곧 이룸이다.

能貴無成이면 乃是成也라

⑧ 有成貴其無成也 : 만약 이룸을 귀하게 여긴다면, 그것이 곧 이룸이 없음이다.

若其貴成이면 乃是無成이라

⑨ 滿之徒虧 : 달을 가리킨다.

謂月이라

⑩ 巨之徒滅 : 큰 공을 세울 수 있음을 말한다.

謂能立大功也라

⑪ 孰能已無己乎 效夫天地之紀 : 천지는 형체를 잊는다. 이러한 천지를 본받을 수 있는 자는, 오직 자기 자신을 잊는 사람일 것이다!

天地는 忘形者也니 能效天地者는 其唯忘己乎인저

사람들이 칭찬해도 듣지 말고 비난해도 듣지 말라. 무심히 기다리면서 마음을 비운 채 이렇다 저렇다 판단하지 않으면 〈善惡이〉 저절로 맑게 드러난다. 주변의 말로 일의 성공을 삼지 말고, 세밀히 살피고 검증하여 교묘한 언변을 듣지 말라. 만백성이 귀의해 오면 그들의 선악이 저절로 드러나게 된다.

人言善亦勿聽하고 **人言惡亦勿聽**①하고 **持而待之**에 **空然勿兩之**면 **淑然自淸**②이라 **無以旁言爲事成**하고 **察而徵之無聽〔其〕**[22] **辯**③할지니 **萬物歸之**에 **美惡乃自見**(현)④이라

① 人言善亦勿聽 人言惡亦勿聽 : 칭찬해도 우쭐거리지 않고 비난해도 낙담하지 않는다.
譽之不勸하고 非之不沮라

② 持而待之……淑然自淸 : 단지 무심하게 기다리고 있으면, 맑고 온화하게 선악이 저절로 드러난다.
但無心而待면 則淑然和美하여 善惡自淸也라

③無以旁言爲事成 察而徵之無聽辯 : 주변의 칭찬하는 말을 일의 성공으로 삼지 말고, 말 잘하는 언변을 듣고 기뻐하지 말라.
無以旁譽之言으로 以爲事成功하고 而無聽其利口之辯言悅之也라

④ 萬物歸之 美惡乃自見(현) : 만백성이 귀의하면 마땅히 순순히 받아들인다. 그러면 그들의 아름다움과 추함이 결국 스스로 드러난다.
萬物之歸에 當順而容之면 其美之與惡이 終自顯見也라

하늘은 무엇인가가 붙들어 매고 있고, 땅은 무엇인가가 싣고 있다. 하늘은 아무것도 그것을 붙들어 매고 있지 않았으면 떨어졌을 것이고, 땅은 아무것도 그것을 싣고 있지 않았으면 가라앉았을 것이다. 무릇 하늘이 떨어지지 않고 땅이 가라앉지 않은 것은, 무엇인가가 붙들어 매고 싣고 있기 때문이다. 하물며 사람에 있어서랴! 사람이 다스려지는 것은 비유하자면 우레가 울리는 것과 같다. 무릇 스스로 흔들릴 수 없는 것은 어떤 것이 흔들어주어야 한다. 무릇 '어떤 것'은 무엇인가? 다음과 같다. 보아도 보이지 않고 들어도 들리지 않으며, 흩뿌려지면 천하에 가득하지만 그 막히는 것을 보지 못한다. 안색에서 드러나고 피부에서 느껴지지만, 그것이 오고 가는 것을 알고자 해도 아무도 그것이 오가는 때를 알지 못한다. 네모난 것을 만나면 네모가 되고, 둥근 것을 만나면 둥글게 되니, 둥글둥글하여 아무도 그 문을 찾을 수 없다. 그러므로 입이 소리를 내고, 귀가 소리를 듣고, 눈이 사물을 보고, 손이 가리키고, 발이 밟고 다니는데, 〈이들이 그렇게 할 수 있는 것은〉 그들과 함께하는 것이 있기 때문이다. "살 것은 살고 죽을 것은 죽는다." 이는 동쪽에 살거나 서쪽에 살아도, 결국에는 각자 자기 고향에서 죽는다는 말이다.

天或維之하고 **地或載之**니 **天莫之維則天以墜矣**요 **地莫之載則地以沈矣**라 **夫天不墜**하고 **地不沈**은 **夫或維而載之也夫**①인저 **又況於人〔乎〕**[23]아 **人有治之**는 **辟**(비)**之若夫雷鼓之動也**②라

---

22) 〔其〕: 저본에는 '其'가 없으나, 李哲明(中)의 ≪管子校義≫에 의거하여 보충하였다. 그는 原注에서 "無聽其利口之辯"이라고 말하고 있다는 점을 그 근거로 들었다.

夫不能自搖者는 **夫或搖之**③니 **夫或者何**오 **若然者也**④라 **視則不見**하고 **聽則不聞**⑤이요 **灑**(쇄)**乎天下滿**⑥이로되 **不見其塞**⑦이요 **集於顔色**⑧하고 **知於肌膚**⑨로되 **責其往來**에 **莫知其時**⑩하고 **薄乎其方也**⑪요 **韕**(돈)**乎其圜也**⑫니 **韕韕乎莫得其門**⑬이라 **故口爲聲也**며 **耳爲聽也**며 **目有視也**며 **手有指也**며 **足有履也**에 **事物有所比也**⑭라 **當生者生**하고 **當死者死**⑮니 **言有西有東**이나 **各死其鄉**⑯이라

① 夫天不墜……夫或維而載之也夫 : 하늘은 위에 펼쳐져 있고 땅은 아래에 전개되어 있는데, 옛날부터 지금까지 땅이 꺼지거나 하늘이 떨어지지 않는 것은 반드시 어떤 신령한 것이 하늘을 붙들고 땅을 이고 있기 때문일 것이다.
天張於上하고 地設於下로되 自古及今而不沈墜者는 必有神靈維載之故니라

② 人有治之 辟(비)之若夫雷鼓之動也 : 반드시 움직이게 하는 어떤 것이 있다.
必有以而動也라

③ 夫不能自搖者 夫或搖之 : 의식이 없는 사물은 모두 스스로 흔들릴 수 없는데, 때때로 움직인다면 그것은 어떤 것이 그것을 흔들고 있기 때문이다.
無識之物은 皆不能自搖로되 有時而動이면 則物搖之也라

④ 夫或者何 若然者也 : 바람이 때때로 요동치는 것은 누가 그렇게 하는가.
風有時搖動은 誰使然也오

⑤ 視則不見 聽則不聞 : 바람을 가리킨다.
謂風이라

⑥ 灑(쇄)乎天下滿 : 바람이 흩뿌려지면 천하에 가득 찬다.
風之洒(쇄)散에 滿天下也라

⑦ 不見其塞 : 바람은 막히는 때가 없다.
風無擁塞時也라

⑧ 集於顔色 : 추운 사람이 바람을 만나면 안색이 참혹해지나, 더운 사람이 바람을 만나면 시원해진다.
寒者遇風則色慘이나 熱者遇之則淸也라

⑨ 知於肌膚 : 오직 피부만이 바람을 느낄 수 있다.
惟肌膚能覺風이라

⑩ 責其往來 莫知其時 : 그것이 오고 가는 것을 묻고자 하면 그 정확한 때를 알 수 없다.
責問其往來면 則不得正時라

⑪ 薄乎其方也 : 네모난 것을 만나면 네모지게 된다는 의미이다.

---

23) 〔乎〕 : 저본에는 '乎'가 없으나, 許維遹(中)의 ≪管子集校≫에 의거하여 보충하였다. ≪太平御覽≫의 인용문에는 "況於人乎"로 되어 있다는 것이다.

謂遇方則爲方이라

⑫ 諄(돈)乎其圜也 : '諄'은 반복하는 모습이다. 둥근 것을 만나면 둥글게 된다는 의미이다.
諄은 復貌니 謂遇圜則爲圓也라

⑬ 諄諄乎莫得其門 : 비록 반복하여 둥글게 돌지만 끝내 그 문을 찾을 수 없다.
雖復圓轉이나 終不見其門也라

⑭ 口爲聲也……事物有所比也 : 무릇 입·귀·눈·손·발이 각자의 역할을 유지하는 것은, 우연한 것이 아니라 반드시 정신이 그것들과 함께하기 때문이다. 무릇 사물이 흔들리는 것은 바람이 그렇게 만들지만, 바람을 찾아보면 찾을 수 없다. 神에 대해 말하지만 또한 볼 수는 없다.
今夫口耳目手足이 各有其在는 非徒然也니 必精神之比라 夫事物之動搖는 則風使之然이나 然求風則不得이니 語神亦不見之也라

⑮ 當生者生 當死者死 : 어떤 것은 죽고 어떤 것은 사는데, 이 또한 神이 주재한다.
或死或生은 亦神爲之主라

⑯ 言有西有東 各死其鄕 : 비록 그 머무는 곳은 동서로 서로 다르지만, 각자 자기 고향에서 죽는다는 점에서는 모두 같다.
雖其所居有東西之異나 至於各死其鄕則無不均也라

常法을 설치하고 儀則을 세우면 바름을 지킬 수 있을 것이고, 일상의 일들을 도에 어긋나지 않게 하면 백성을 다스릴 수 있을 것이다. 그러므로 악한 자를 문서에 적고 각박한 자를 입으로 지적한다. 최고의 성인은 공연히 입으로만 익히거나 손으로만 지시하지 않고, 구체적인 사물이 이르면 그것을 바르게 규정할 뿐이다. 이름과 소리로 표현되고 그것이 신체와 안색에 맺히는 사람은 일깨워줄 수 있다. 그러나 이름과 소리로 표현되지도 않고, 그것이 신체와 안색에 맺히지도 않는 사람은 일깨워줄 수 없다. 바름〔正〕에 도달한 사람은 가르침이 있어도 되고 없어도 된다. 그러므로 "배로 물을 건너는 자는 물과 조화해야 하고, 사람에게 마땅한 도리를 행하는 자는 귀신에게 복을 받아야 한다."라고 말한다.

置常立儀면 **能守貞乎**①며 **常事通道**면 **能官人乎**②인저 **故書其惡者**하고 **言其薄者**라 **上聖之人**③[24]은 **口無虛習也**며 **手無虛指也**요 **物至而命之**④**耳**[25]라 **發於名聲**하고 **凝於體色**은 **此其**

24) 上聖之人 : 原注에서는 이 구절을 앞 문장에 붙여 풀이한다. 그러나 王念孫(淸)은 이것을 뒷 문장을 이끄는 말로 보았다.(≪讀書雜志≫) 본서에서는 왕염손의 견해에 의거하여 번역하였다.

25) 物至而命之耳 : 原注에서는 '耳'를 뒷 문장과 연결시키고 있으나, 본서에서는 劉績(明)의

可諭者也⑤요 **不發於名聲**하고 **不凝於體色**은 **此其不可諭者也**⑥라 **及至於**(至)〔正〕[26]**者**는 **敎存可也**요 **敎亡可也**⑦라 **故曰 濟於舟者**는 **和於水矣**⑧[27]요 **義於人者**는 **祥**(其)〔於〕[28]**神矣**⑨라하니라

① 置常立儀 能守貞乎 : 사람들이 다스려지면 常法을 설치하고 儀則을 세워 그것의 운용을 놓치지 않으면 바르다고 할 수 있을 것이다.
人人理면 則置之常法하고 立之儀則(칙)하여 而勿失者를 可謂正乎라

② 常事通道 能官人乎 : 일상의 일을 관장하고 때에 맞추어 적절히 變通하여 도에 어긋나지 않을 수 있으면, 이와 같은 사람은 백성을 다스리는 관리가 될 수 있다.
有能守其常事하고 隨時變通하여 不違於道면 如此者는 可以官於人이라

③ 書其惡者……上聖之人 : '聖'은 '통하다'는 의미이다. 이미 법을 설치하여 가르치고 관리를 세워 주재한다. 그래도 악하고 각박하여 변화되지 않는 자가 있으면 이름을 적어 윗자리에 있는 사람에게 올린다. 이렇게 한 다음에 그를 변하게 하고 통하게 한다.
聖은 通也라 旣設法以敎之하고 立官以主之로되 猶有惡薄而不化者면 則書而陳之居上者니 然後化而通之也라

④ 口無虛習也……物至而命之 : 입으로 익히고 손으로 가리키는 것으로는 결코 그렇게 되지 않는다. 반드시 구체적인 일과 물건이 이르렀을 때 손으로 가리키거나 입으로 설명한다.
口之習也와 手之指也는 終不徒然이니 必以事物之至에 或以手指之하고 或以口命之니라

⑤ 耳發於名聲……此其可諭者也 : 이름과 소리가 이르면 귀로 들어서, 안으로는 마음속으로 흐르고 밖으로는 신체와 안색에 맺힌다면, 이와 같은 사람은 본성이 민첩하고 은혜롭다. 그러므로 德과 義를 일깨워줄 수 있다.
名聲之至에 耳聽之하여 內流於心하고 外凝結於體色이면 如此者는 性之敏惠라 故可以德義告諭也라

≪管子補注≫에 의거하여 앞 문장과 연결시켰다. 여기서 '命'은 '名'의 의미로 해석된다.

26) (至)〔正〕: 저본에는 '至'로 되어 있으나, 丁士涵(淸)의 견해에 의거하여 '正'으로 바로잡았다. 이 구절은 앞에서 언급된 '名正法備 則聖人無事(이름이 바르게 되고 법이 갖추어지면, 성인은 일삼는 바가 없다.)'라는 말을 받는 것으로 볼 수 있다는 것이다. 名이 바르게 되면 가르침은 있어도 되고 없어도 된다고 보기 때문이다.(≪管子校本≫)

27) 濟於舟者 和於水矣 : 原注에서는 '水和靜無有波浪 則能濟舟(물이 평온하고 고요하여 파도가 없으면 배로 건널 수 있다.)'로 풀이하고 있는데, 이렇게 풀이하면 그 의미가 뒤의 '義於人者 祥(其)〔於〕神矣(사람에게 마땅한 도리를 행하는 자는 귀신에게 복을 받아야 한다.)'와 순조롭게 연결되지 않는다. 따라서 본서에서는 '和'의 의미를 原注와 달리 '〈물과〉 조화를 유지하다'로 해석하였다.

28) (其)〔於〕: 저본에는 '其'로 되어 있으나, 安井衡(日)의 ≪管子纂詁≫에 의거하여 '於'로 바로잡았다. 이렇게 바로잡아야 앞 구절 '濟於舟者 和於水矣'와 대구를 이루게 된다.

⑥ 不發於名聲……此其不可諭者也 : 〈이름과 소리로〉 표현되지 않고 〈신체와 안색에〉 맺히지 않는 사람은 이른바 〈性情이〉 완악하고 미천한 자이다. 그러므로 가르쳐 일깨워 줄 수 없다.

不發不凝는 所謂頑鄙者也라 故不可告諭也라

⑦ 及至於至者……教亡可也 : 이르고자 하는 데 이르도록 이끌 수 있는 사람을 말한다. 이러한 사람은 가르침이 있기도 하고 없기도 하다. 그러므로 가르침이 있어도 되고 없어도 된다.

謂人可誘令至於所欲至니 如此者는 存亡教라 故教存亦可요 教亡亦可也라

⑧ 濟於舟者 和於水矣 : 물이 평온하고 고요하여 파도가 없으면 배로 건널 수 있다.

水和靜無有波浪이면 則能濟舟라

⑨ 義於人者 祥其神矣 : 사람과 사귐에 있어 그 이치가 서로 마땅하면 귀신이 복을 준다.

與人理相宜면 則神與之福祥也라

일에 적합함이 있는 것은, 적합함이 없는 이후에야 이에 적합함이 있게 된다. 뿔송곳으로 푸는 것은, 풀 수 없게 된 이후에 푼다. 그러므로 일을 잘 처리하는 사람은, 나라 사람들 중 아무도 그가 일을 해결하는 것을 알지 못한다.

善을 행하는가? 드러나지 않게 하라. 不善을 행하는가? 장차 형벌을 당하게 될 것이다. 선을 행하든 불선을 행하든 사람들의 신뢰를 받는 정도에서 그쳐라. 선을 행할까, 불선을 행할까? 중간에서 正道를 얻고 그쳐라. 그러면 이름이 해와 달처럼 무궁하게 높이 드러날 것이다.

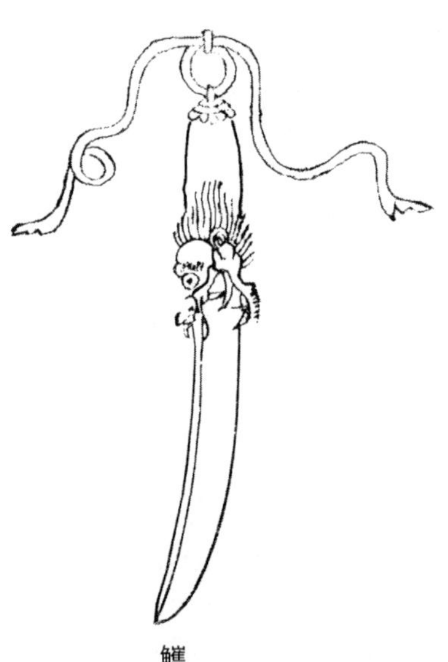

觿

거침없이 바른말 하는 자는 천하로 근심을 삼지 않으나, 재잘거리며 자신을 과시하는 자는 만물로 책략을 삼지 않는다. 누가 재잘거리며 자신을 과시하는 태도를 버리고, 거침없이 바른말 하는 사람의 태도를 행할 수 있는가?

事有適은 (而)**無適**①〔而後〕(若有)**適**이요 **觿**(휴)〔有〕**解**[29]는 **不可解而後解**②라 **故善舉事者**는

29) (而)無適〔而後〕(若有)適 觿〔有〕解 : 저본에는 '而無適若有適 觿解'로 되어 있으나, 王引之(淸)의 ≪讀書雜志≫에 의거하여 '無適而後適 觿有解'"로 바로잡았다. 현재의 저본은 여러 가지 착오가 발생하여 그 의미를 제대로 파악하기 어려운 지경에 이르렀다는 것이다.

國人莫知其解③라 **爲善乎**아 **毋提提**요 **爲不善乎**아 **將陷於刑**④이니 **善不善**은 **取信而止矣**⑤라 **若左若右**에 **正中而已矣**니 **縣乎日月**하여 **無已也**⑥니라 **愕愕者**는 **不以天下爲憂**⑦요 **剌剌者**는 **不以萬物爲筴**⑧이니 **孰能棄剌剌而爲愕愕乎**⑨아

① 事有適而無適 : 일은 모름지기 적합함이 있다. 그러나 어디에나 항상 통용될 수 있는 것은 마치 적합함이 없는 것처럼 보인다.
事雖有所適이나 可常者는 若無適然이라

② 若有適……不可解而後解 : 비록 때때로 적합하지만 아주 은밀하고 주도면밀하여 사람들은 아무도 그렇게 되는 이유를 알지 못한다. 매듭진 것은 반드시 '觿(뿔송곳)'를 기다린 이후에 풀린다. '觿'는 매듭진 것을 풀어내는 도구이다.
雖時有適이나 潛默周密하여 人莫知其由然이라 結은 必待觿而後解니 觿는 所以解結也라

③ 善擧事者 國人莫知其解 : 〈일을 행하는 것이〉 매듭진 것처럼 주도면밀하므로, 일을 해결하는 것을 알 수 없다.
周密若結이라 故不能知其解라

④ 爲善乎……將陷於刑 : '提提'는 드러내는 바가 있음을 의미한다. 선을 행하고자 하면 사람들이 나를 겸손하다고 여겨 추천하지 않을 것이고, 불선을 행하고자 하면 또한 형벌을 받게 될까 두렵다.
提提는 謂有所揚擧也라 欲爲善乎면 則人以我謙退無所擧요 欲爲不善이면 又恐陷於刑罰也라

⑤ 善不善 取信而止矣 : 선한 일이든 불선한 일이든 사람들의 신뢰를 받을 정도면 그쳐야 한다. 이것은 선을 행할지 불선을 행할지를 선택할 수 있다는 말이다.
善與不善은 足以爲物所信則止矣니 此言可以爲善不善之取也라

⑥ 若左若右……無已也 : '左'는 陽이니 선을 의미한다. '右'는 陰이니 불선을 의미한다. 음과 양의 중간에 머물면서 그 바름을 얻으면 멈추라는 의미이다. 만약 항상 中을 얻을 수 있으면, 그 명예가 해와 달처럼 높이 걸려 그칠 때가 없을 것이다.
左는 陽이니 謂善也요 右는 陰이니 謂不善也라 言處陰陽之中하고 得其正而止라 若能常得中이면 則名與日月俱懸而無已時也라

⑦ 愕愕者 不以天下爲憂 : 거리낌 없이 바른말 하면서 바름을 지키는 사람은 천하를 잊는다. 그러므로 근심하지 않는다.
愕愕守正者는 忘天下라 故不憂也라

⑧ 剌剌者 不以萬物爲筴 : 재잘거리며 추구하는 자는 자기 자신을 지략이 많은 선비라고 생각하게 된다. 지략을 잊을 수 있으면, 마땅히 만물의 이치를 추구하며 경영할 것이니 절실하게 계책을 만든다.
剌剌操求는 自謂智謀之士라 能忘智면 當操求物理而經營이니 切爲策也라

⑨ 孰能棄剌剌而爲愕愕乎 : 꾀 쓰는 자는 수고로우나, 은혜를 잃고 덕을 잊은 자[30)]는 편

안하고 사람들이 귀의한다.

智者는 勞나 而失惠忘德者는 佚而歸之也라

法術은 함부로 말하기 어려운 것이니, 〈백성들의 마음이〉 하나가 되길 기다린 이후에 세상에 내놓아야 하고, 〈함부로〉 더하거나 덜어내는 말이 없어야만 겨우 〈시행착오를〉 피할 수 있다. 그러므로 "알면서도 무엇을 아는가?"라고 묻고, "도모하면서도 무엇을 도모하는가?"라고 묻는다. 신중히 살펴 〈법령을〉 내면 백성이 스스로 찾아온다. 자기 자신을 알면 상대를 살필 수 있고, 남을 알면 그들을 구제할 수 있다. 앎이 진실로 적절하면 천하의 군주가 될 수 있고, 안으로 마음을 확고히 하면 오래갈 수 있으며, 법령을 의론하여 이를 잘 사용하면 천하의 왕이 될 수 있다.

難言憲術이니 **須同而出**①이요 **無益言**하고 **無損言**이라야 **近可以免**②이라 **故曰 知何知乎**며 **謀何謀乎**③아 **審而出者**면 **彼自來**④라 **自知曰稽**⑤요 **知人曰濟**⑥니 **知苟適**이면 **可爲天下(周)〔君〕**⑦[31]이요 **內固之(一)**[32]면 **可爲長久**⑧요 **論而用之**면 **可以爲天下王**⑨이라

① 難言憲術 須同而出 : 무릇 法術을 행하는 것은 반드시 중요하고 어려우니, 백성들의 마음이 하나가 되길 기다린 이후에 세상에 법술을 내놓는다.

凡爲法術必重難이니 須同衆心然後에 出之矣라

② 無益言……近可以免 : 덜어내고 더하는 일은 은밀히 행해야 한다. 또 말하길, "무엇을 도모할 것인가?"라고 하니, 이것은 신중함과 치밀함의 지극함이다.

損益之事는 當潛而爲之라 又曰 何謀하니 此愼密之至라

③ 知何知乎 謀何謀乎 : 비록 알고 있을지라도 항상 "무엇을 아는가?"라고 말하고, 비록 도모하고 있을지라도 항상 "무엇을 도모하는가?"라고 말한다. 이는 신중함과 치밀함의 지극함이다.

雖知之라도 常曰 何知하고 雖謀之라도 常曰 何謀하니 此愼密之至라

④ 審而出者 彼自來 : 신중히 살펴 내놓은 〈법령은〉 반드시 백성의 마음에 합치한다. 그러

30) 은혜를……자 : 이는 일종의 수사적 표현이다. 은혜를 베풀어야 하고 덕을 쌓아야 한다는 강박적 생각에서 벗어난 사람을 가리킨다.

31) (周)〔君〕: 저본에는 '周'로 되어 있으나, 兪樾(淸)의 ≪諸子平議≫에 의거하여 '君'으로 바로잡았다. "可爲天下君"은 다음에 나오는 "可以爲天下王"에 대응되며, 古文에서 '周'와 '君'의 글자 형태가 서로 유사함으로 인해 잘못 쓰였다고 보았다. 原注에서는 '周'를 '周愼'으로 풀이하고 있는데, 그 의미가 모호하다.

32) (一) : 저본에는 '一'이 있으나, 丁士涵(淸)의 ≪管子校本≫에 의거하여 衍文으로 처리하였다. 原注에서도 '一'에 대한 언급이 없다.

므로 백성이 스스로 찾아온다.

審而出者는 必同於彼라 故自來라

⑤ 自知曰稽 : 자기 자신을 알면 상대방을 살필 수 있을 것이다.

自知則能考彼矣라

⑥ 知人曰濟 : 남을 알면 유능하므로 사람들을 다 함께 구제할 수 있는 것이지, 조화로움으로 다 함께 구제하는 게 아니다.

知人則能하여 可以濟同이요 不以和濟同也라

⑦ 知苟適 可爲天下周 : 자기 자신을 알면 남을 살필 수 있고, 남을 알면 구제할 수 있으니, 이른바 '적절함'이다. 이와 같으면 천하를 두루 신중하게 다스릴 수 있다.

自知能稽요 知人能濟니 所謂適也라 若此면 可爲天下之周愼也라

⑧ 內固之一 可爲長久 : 적절하면 상대를 알 수 있고, 안으로 자기 마음을 견고히 하면 오래갈 수 있다.

適可以知요 內自固之則長久라

⑨ 論而用之 可以爲天下王 : 이미 마음이 확고하면 때를 헤아려 사물의 쓰임을 논한다. 이와 같으면 천하의 왕이 될 수 있다.

旣固於心이면 度(탁)時論用할지니 如此면 可以爲天下王이라

하늘을 보고 정밀하게 天道를 파악하고, 四璧으로 제사를 지내고 복을 구하면, 토지는 그와 더불어 곡식을 생산한다. 무릇 바람이 불면 파도가 일렁이는 것처럼 무심히 행위할 수 있는가? 파도들은 각자 원하는 대로 갈 뿐이다. 그러므로 자식이 아비를 대신하는 것을 '義'라 하고, 신하가 군주를 대신하는 것을 '簒'이라 한다. 찬탈하였는데 어떻게 백성들이 찬양할 수 있었는가? 武王의 경우가 그렇다. 그러므로 "누가 말재주와 기교를 버리고 돌아가 백성과 도를 같이할 수 있는가?"라고 말한다.

그러므로 말하길, "생각이 너무 깊은 자는 밝은 지혜가 날로 줄어들고, 덕행을 지나치게 닦는 자는 王道가 좁아지고, 명예와 이익을 추구하는 마음을 그치게 하는 자는 생명의 위태로움이 제거되고, 지식이 六合 안을 두루 미치는 자는 그의 삶에 장애가 있게 됨을 내가 안다."라고 한다. 지속적으로 가득 채우면 곧 위태로워지게 되니, 명예가 천하에 가득 차는 것보다 적당히 멈추는 게 낫다. 명예가 높아지면 물러나는 게 자연의 도이다. 지나치게 번성한 나라에서는 벼슬을 할 수 없고, 너무 번성한 집안에는 딸을 시집보낼 수 없으며, 교만하고 포악한 사람과는 사귈 수 없다.

天之視而精①하고 **四璧而知請**②이면 **壤土而與生**③이니 **能若夫風與波乎**아 **唯其所欲適**④이라 **故子而代其父曰義也**요 **臣而代其君曰簒也**⑤니 **簒何能歌**오 **武王是也**⑥라 **故曰 孰能去辯與巧**하여 **而還與衆人同道**⑦리오 **故曰 思索精者**는 **明益衰**하고 **德行修者**는 **王道狹**⑧하고 **臥名利者**는 **寫生危**⑨하고 **知周於六合之內者**는 **吾知生之有爲阻也**⑩라 **持而滿之**면 **乃其殆也**⑪니 **名滿於天下**는 **不若其已也**⑫라 **名進而身退**는 **天之道也**⑬니 **滿盛之國**에 **不可以仕任**⑭이요 **滿盛之家**에 **不可以嫁子**⑮요 **驕倨傲暴之人**은 **不可與交**⑯라

① 天之視而精 : 이미 천하에서 왕 노릇 할 수 있으면 天道를 본받는다. 그러므로 하늘을 보고 정밀하게 파악할 수 있다.
既可王天下면 則(칙)於天道라 故視天能精之也라

② 四璧而知請 : '四璧'은 ≪周禮≫에서 말하는 이른바 "四珪有邸"[33]로, 하늘에 제사 지낼 때 제사상에 진열하는 것이니, 璧의 사면에 똑같이 뿌리가 있으므로 '四璧'이라고 말한다. 이미 하늘을 알 수 있으면 사벽으로 제사를 지내고 복을 기원한다.
四璧은 周禮所謂四珪有邸者也니 祭天所奠也요 同邸於璧故曰 四璧이라 既能知天하면 則祭以四璧하고 而祈請其福祥也라

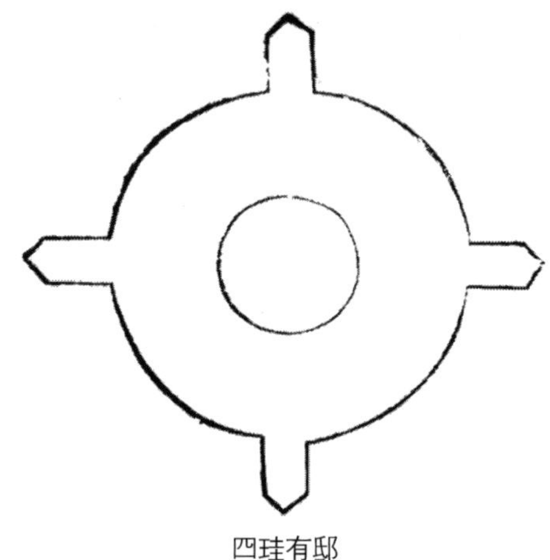
四珪有邸

③ 壤土而與生 : 하늘이 이미 복을 내리므로 땅은 그로 인해 온이 곡식을 생겨나게 한다.
天既降福이라 故壤土爲之生百穀也라

④ 能若夫風與波乎 唯其所欲適 : 바람이 움직이면 그에 따라 파도가 일렁이니, 크고 작은 파도들은 오직 각자 원하는 대로 갈 뿐이다. 천지가 성인에게 반응하는 것 또한 이와 같다.
風動波應에 大小唯所欲適이니 天地之應聖人이 亦猶是也라

⑤ 臣而代其君曰簒也 : 신하가 군주를 대신하는 것은 반드시 군주 자리를 빼앗아 취한 것이다.
臣代於君은 必是簒奪而取也라

⑥ 簒何能歌 武王是也 : 武王은 신하로서 군주를 대신하였으나 찬탈한 것이 아니다. 이를 찬탈한 것이라 한다면 어찌 紂의 백성들이 앞에서 노래를 부르고 뒤에서 춤을 추게 할

33) 四珪有邸 : ≪周禮≫ 〈春官 典瑞〉에 "四圭有邸 以祀天 旅上帝(四圭有邸로 하늘에 제사 지내고 上帝에게 제사 지낸다.)"라는 구절이 나온다.

수 있었겠는가? 따라서 무왕이 신하로서 군주를 대신한 것은 이치에 맞는 일이었다.

武王以臣代君則非簒也라 謂之簒之라면 豈能使紂之衆으로 前歌後舞乎아 則武王以臣代君은 於理에 是也라

⑦ 孰能去辯與巧 而還與衆人同道 : 武王이 紂를 친 것이 찬탈이 아닌 이유는, 紂가 그의 말재주와 기교를 믿고 스스로 백성과 다르게 행동하였고, 하늘을 거역하고 이치를 끊어 그 해독이 천하에 흘렀기 때문이다. 紂가 이전에 말재주와 기교를 버리고 백성과 같은 도를 행할 수 있었다면 어찌 무왕이 감히 엿볼 수 있었겠는가? 무왕이 紂를 대신하고자 하였더라도 그 때문에 찬탈하였다는 오명을 얻었을 것이다.

武王伐紂가 所以不爲簒者는 則以紂恃其辯巧하여 自異於物하고 逆天絶理하여 毒流四海故也라 向能去其辯巧하고 與衆同道면 何武王之敢窺哉아 雖欲代之라도 故得簒名也라

⑧ 思索精者……王道狹 : 생각하는 것이 너무 깊어지면 명예를 우선시하게 된다. 그러므로 王道가 좁아진다.

思索太精則矜名이라 故王道狹也라

⑨ 卧名利者 寫生危 : '卧'는 '息(그치다)'과 같고, '寫'는 '除(제거하다)'와 같다. 명예와 이익을 향하는 마음을 그치게 할 수 있으면, 자기 자신의 위험이 제거된다.

卧는 猶息也요 寫는 猶除也니 能息名利면 則除身之危라

⑩ 知周於六合之內者 吾知生之有爲阻也 : 그 지혜를 六合에 두루 통하게 하면, 정신이 상하고 힘이 고갈된다. 그러므로 그의 삶에 장애와 어려움이 있게 된다.

周其智於六合하면 則神傷力竭이라 故於其生에 有所阻難也라

⑪ 持而滿之 乃其殆也 : 가득 참을 유지하는 자는 잘 뒤집어진다. 그러므로 위태롭다.

持滿者는 善覆이라 故危也라

⑫ 名滿於天下 不若其已也 : 명예가 천하에 가득 차면 겉만 화려하고 실질은 잃게 된다.

名滿於天下면 則華揚而實喪이라

⑬ 名進而身退 天之道也 : 명예와 몸이 함께 나아갈 수 있는 사람은 지금까지 있은 적이 없다.

未有能名身俱進者라

⑭ 滿盛之國 不可以仕任 : 지나치게 번성하면 망하게 된다. 그러므로 〈그런 나라에서는〉 벼슬을 맡아서는 안 된다.

滿盛則敗亡이라 故不可仕其任也라

⑮ 滿盛之家 不可以嫁子 : 지나치게 번성한 집안에 딸을 시집보내면 그 집과 함께 망하게 된다.

嫁子於滿盛之家면 則與之俱亡이라

⑯ 驕倨傲暴之人 不可與交 : 교만하고 포악한 사람과 교제하면 자기 자신에게 위험이 미

치게 된다.
交於驕暴면 則危亡及己也라

道는 하늘처럼 크고 땅처럼 넓고 돌처럼 무겁고 깃털처럼 가벼우니, 백성들 중 도를 아는 자가 드물다. 그러므로 "도는 가까이 있는데 어째서 아무도 이를 실천할 줄 모르며, 가까이 있는 것을 버리고 멀리서 찾으니 어째서 힘을 소비하는가?"라고 말한다.

그러므로 "나의 몸을 아끼고자 하면 먼저 나의 실정을 알아야 한다."라고 말한다. 천지 사방을 두루 살피고 나서 내 몸을 살피고, 이로써 규칙을 파악하면 이에 실행할 실정을 알게 된다. 〈이렇게 하여〉 이미 실행할 실정을 알고 나면 이에 생명을 기를 줄 알게 된다. 〈도는〉 좌우로 전후로 두루 운행하다 결국 본래 자리로 돌아간다. 〈그러므로〉 일정한 儀式을 집행하고 일정한 규칙을 행하면서, 다가올 것을 공경하며 맞이한다.

道之大如天①하고 **其廣如地**②하고 **其重如石**③하고 **其輕如羽**④하니 **民之所以知者寡**라 **故曰 何道之近而莫之(與)**[34]**能服也**⑤며 **棄近而就遠**하니 **何以費力也**⑥오 **故曰 欲愛吾身**인댄 **先知吾情**⑦이라 (君親)〔周視〕[35]**六合**하여 **以考內身**⑧하고 **以此知象**이면 **乃知行情**⑨이요 **旣知行情**이면 **乃知養生**⑩이라 **左右前後**에 **周而復所**⑪하니 **執儀服象**하여 **敬迎來者**⑫라

① 道之大如天 : 덮지 못하는 것이 없다.
無不覆(부)也라
② 其廣如地 : 싣지 못하는 것이 없다.
無不載也라
③ 其重如石 : 만 사람의 힘으로도 들어 올릴 수 없다.
萬人之力不能擧也라
④ 其輕如羽 : 한 사람이 그것을 머리에 이어도 무겁지 않다.
一人載(대)之不爲重이라
⑤ 莫之與能服也 : '服'은 '실천하다'는 의미이다.
服은 行也라
⑥ 棄近而就遠 何以費力也 : 도는 내 몸 가까이 있는데, 나 자신에게서 구할 줄 모르고 남

34) (與) : 저본에는 '與'가 있으나, 安井衡(日)의 ≪管子纂詁≫에 의거하여 衍文으로 처리하였다. 古本에는 '與'가 없다고 한다.
35) (君親)〔周視〕: 저본에는 '君親'으로 되어 있으나, 兪樾(淸)의 ≪諸子平議≫에 의거하여 '周視'로 바로잡았다. '君'은 '周'의 誤字이고, '親'은 '視'의 오자라는 것이다.

에게서 찾고 있으니 끝내 얻는 때가 없다. 그러므로 "힘을 소비한다"고 말하는 것이다.
道近在身이로되 不能求之於己하고 而望之於人이니 終無得時라 故曰 費力也라

⑦ 欲愛吾身 先知吾情 : 나의 실정을 알면 스스로 자기 몸을 보존할 수 있다.
知己情이면 則能自保其身이라

⑧ 君親六合 以考內身 : 六合 안의 모든 종류를 자기 몸에서 하나하나 살펴보면 내 몸이 모두 갖추고 있다. 그러니 어째서 꼭 내 몸을 버리고 멀리서 찾는가?
遍六合之種을 一一考之於身하면 身皆備之니 則何須棄身而遠之也리오

⑨ 以此知象 乃知行情 : 내 몸에서 현상을 파악하면 곧 실행할 만한 실정을 알게 된다.
於身知象이면 乃知可行之情이라

⑩ 既知行情 乃知養生 : 행할 실정을 알면 이치를 어기지 않고, 이치를 어기지 않으면 생명을 온전히 한다. 그러므로 "이에 생명을 기르는 법을 알게 된다."라고 말하는 것이다.
知行情則不違理하고 不違理則生全이라 故曰 乃知養生이라

⑪ 左右前後 周而復所 : 몸을 행하는 도는 혹 좌우에서 따르기도 하고, 혹 앞뒤에서 따르기도 하며, 이미 두루 행하면 다시 그 본래의 곳으로 돌아간다.
行身之道는 或從左右하고 或從前後하며 行之既周면 還復本所也라

⑫ 執儀服象 敬迎來者 : 일정한 儀式을 집행하고 일정한 규칙을 행하면서, 앞으로 실행할 만한 이치를 공경하며 맞이한다.
執常儀하고 行常象하여 將來可行之理를 敬而迎之라

이제 저 오는 것은 반드시 그 도를 따른다. 이에 그것을 함부로 옮기지 않고 넘치지 않게 하면 생명이 오래 유지될 것이다. 생명이 조화로워져 中正으로 돌아가면 형체와 본성이 서로 보존한다. 〈이처럼 본성과 형체가〉 하나가 되어 둘로 나뉘지 않으면 이를 도를 알게 된다고 한다. 이 도를 실행하려고 하면 반드시 그 단초를 전일하게 하고 그 지키는 바를 굳게 해야 한다. 〈생명이〉 오고 가는 때를 물으면 아무도 그 때를 알지 못한다. 그러나 하늘에서 구하면 그 때를 알려주니, 그 때를 놓치지 않으면 얻을 수 있다. 그러므로 말한다. "내가 그대에게 말하노니, 하늘은 크나큰 밝은 빛이 아까워서 사람에게 주지 않는 게 아니다." 〈하늘과 뜻이〉 같으면 서로 따르고 상반되면 서로 멀어지는 것이니, 나는 '상반되면 서로 멀어진다.'는 이치를 살펴보고 나는 이로써 옛날부터 전해온 '같은 것을 따른다.'는 이치를 알아차렸다.

今夫來者는 **必道其道**①니 **無遷無衍**이면 **命乃長久**②라 **和以反中**하면 **形性相葆**③니 **一以無貳**면 **是謂知道**요 **將欲服之**면 **必一其端而固其所守**④라 **責其往來**면 **莫知其時**⑤나 **索之於天**하면 **與**

之爲期⑥니 **不失其期**면 **乃能得之**⑦라 **故曰 吾語若**호리다 **大明之極**⑧은 **大明之明**을 **非愛人不予也**⑨니라 **同則相從**하고 **反則相距也**⑩니 **吾察反相距**하여 **吾以故知古**(**從之**)〔**之從**〕[36]**同也**⑪니라

① 今夫來者 必道其道 : 앞의 '道'는 '따르다'는 의미이다. 앞으로 다가올 이치는 반드시 도를 따라서 온다.
上道는 從也니 將來之理는 必從道而來也라

② 無遷無衍 命乃長久 : 이치가 이미 도를 따라왔으니 단지 그것을 좇아서 행할 뿐이다. 그것을 함부로 옮기지 않고 넘치지 않게 하며, 부지런히 행하면 생명이 오래 유지된다.
理旣從道而來니 但遵而行之일지니 無遷移하고 無寬衍하며 勤而爲之면 則命久長也라

③ 和以反中 形性相葆 : 일이 이미 안정되고 조화로워 中正의 이치로 돌아간다. 이와 같으면 형체가 온전하고 본성이 순조롭다. 그러므로 서로 보존할 수 있는 것이다.
事旣安和하여 反歸中理니 如此則形全性順이라 故能相保也라

④ 固其所守 : 확고하게 지키면 도가 저절로 행해진다.
固守면 則道自行이라

⑤ 責其往來 莫知其時 : 생명이 오고 가는 시기를 물으면, 그 시기가 일정하지 않다.
若責生之往來면 則期不定이라

⑥ 索之於天 與之爲期 : 하늘에서 性命의 이치를 구하면 그 시기를 알 수 있다.
求性命之理於天이면 則期時可知也라

⑦ 不失其期 乃能得之 : 시기를 놓치지 않으면 性命의 이치를 얻는다.
不失期면 則性命之理得也라

⑧ 吾語若 大明之極 : '若'은 '너'다. '지극히 큰 밝음'은 하늘을 가리킨다.
若은 汝也니 大明之極은 謂天也라

⑨ 非愛人不予也 : '愛'는 '아까워하다'는 의미이다. 사람에게 주는 것이 은근히 아까워서 주지 않는 것이 아니다.
愛는 惜也니 非有所隱惜於人하여 而不予之也라

⑩ 同則相從 反則相距也 : 하늘과 뜻이 같으면 따르고 상반되면 멀어진다.
與天同則從하고 反則距也라

⑪ 吾察反相距 吾以故知古從之同也 : 지금의 "상반되면 멀어진다."는 이치를 관찰하였다. 그러므로 옛날의 "따르는 것은 서로 같기 때문이다."라는 것을 안다.
察今反則有距라 故知古之從者는 以其同也라

---

36) (從之)〔之從〕 : 저본에는 '從之'로 되어 있으나, 丁士涵(淸)의 ≪管子校本≫에 의거하여 '之從'으로 바로잡았다. 두 글자가 도치되었으며, 이는 原注를 통해서도 확인할 수 있다는 것이다.

管子 14卷

明 吳郡 趙氏本
唐 司空 房玄齡 註

제39편 물과 땅의 이치 水地
단어 13 短語 十三

이 편은 비록 '水地'라는 제목을 달고 있지만, 실질적으로는 주로 '물'에 관해 기술하고 있다. 우선 저자는 물이 지닌 여러 특성과 성질에 대해 말하면서, 만물의 생존에 있어 물이 핵심적 근원이라는 점을 역설한다. 이어서 물의 精氣에 의해 만들어지는 여러 사물에 대해 언급한다. 즉 玉과 사람, 거북과 용, 蟡와 慶忌 등이 형성되는 과정과 그 특징에 대해 묘사한다. 마지막으로 齊나라, 楚나라, 越나라 등 戰國時代의 여러 나라 각 지역에 흐르는 물의 특성에 대해 묘사하면서, 그것을 그 나라 백성의 성품과 연결시켜 기술하고 있다. 결국 이 편에서 말하고자 하는 요지는, '물에는 모든 이치가 갖추어져 있으므로, 聖人이 세상을 다스릴 때 그 핵심은 물을 살피는 데 있다'라는 것이다.

땅은 만물의 본원으로, 뭇 생명이 살아가는 영역이며, '아름답거나 추한 존재', '현명하거나 못난 존재', '어리석거나 뛰어난 존재'가 생겨나는 곳이다. 물은 땅의 血氣로, 마치 사람에게 힘줄과 혈맥이 흐르는 것과 같다. 그러므로 "물은 온갖 재질을 갖추고 있다."라고 말한다.

地者는 **萬物之本原**이니 **諸生之(根苑)〔苑囿〕**[1]**也**① 요 **美惡賢不肖愚俊之所生也**②라 **水者**는 **地之血氣**니 **如筋脈之通流者也**③라 **故曰 水具材也**④라

① 諸生之(根苑)〔苑囿〕也 : '苑囿'는 '영역'이라는 의미이다.

---

1) (根苑)〔苑囿〕 : 저본에는 '根苑'으로 되어 있으나, 吳汝綸(淸)의 ≪點勘管子讀法≫에 의거하여 '苑囿'로 바로잡았다. 그는 原注에 "苑囿 城"으로 되어 있다는 점을 그 근거로 들었다.

苑囿는 (城)〔域〕[2)]이라

② 美惡賢不肖愚俊之所生也 : 〈아름답거나 추한 존재', '현명하거나 못난 존재', '어리석거나 뛰어난 존재'가〉 땅에서 생겨난다는 의미이다.
謂生於地라

③ 水者……如筋脈之通流者也 : 물이 좋은 재질들을 갖추고 있으니, 물은 마치 氣처럼 윤택이 나고, 마치 힘줄처럼 땅을 지탱하며, 마치 血脈처럼 지상으로 나뉘어 흘러간다는 의미이다.
言水材美具備니 其潤澤若氣하고 以支持於地若筋하고 分流地上若脉也라

④ 水具材也 : 물은 좋은 재질을 갖추고 있다는 의미이다.
言水材美具備라

어떻게 그런 줄을 아는가? 다음과 같이 말한다. 무릇 물은 온화하고 부드러우면서 맑으니, 남의 더러움을 씻어주길 좋아한다. 이는 어짊〔仁〕이다. 보기에는 검은 색이지만 〈실상은〉 희니, 이는 순수함〔精〕이다. 양을 잴 때 평미레를 사용할 수 없으나, 가득 차면 멈춘다. 이는 반듯함〔正〕이다. 흘러가지 못하는 곳이 없으나 평평한 곳에 이르면 멈춘다. 이는 의로움〔義〕이다. 사람들은 모두 높은 곳으로 달려가는데 오직 물은 아래로 흘러간다. 이는 겸손함〔卑〕이다. 겸손함은 道의 집이고 왕이 사용하는 도구이며, 물은 그 낮은 곳으로 몰려가 머문다.

槪(평미레)

何以知然也오 **曰 夫水**는 **淖**(작)**弱以淸而好灑**(쇄)**人之惡**은 **仁也**①요 **視之黑而白**은 **精也**②요 **量之不可使槪**로되 **至滿而止**니 **正也**③요 **唯無不流**로되 **至平而止**니 **義也**④요 **人皆赴高**로되 **己獨赴下**니 **卑也**라 **卑也者**는 **道之室**이요 **王者之器也**⑤며 **而水以爲都居**⑥라

① 夫水……仁也 : '淖'은 '온화하다'는 의미이다. 惡은 더러운 것이다.
淖은 和也요 惡은 垢穢(구예)也라

② 視之黑而白精也 : 물은 보기에는 비록 검은색이나 그것을 휘저으면 희게 된다. 이와 같은 〈물의 성질은〉 '순수함'이다.

2) (城)〔域〕 : 저본에는 '城'으로 되어 있으나, 張佩綸(淸)의 ≪管子學≫에 의거하여 '域'으로 바로잡았다. '城'은 '域'의 誤字라는 것이다.

視其色雖黑이나 及揮揚之則白이니 如此者는 精也라

③ 量之不可使概……正也 : 물의 양을 헤아릴 때, 그 많고 적음을 재기 위해 평미래를 사용할 수 없으나, 그릇에 물을 부었을 때 가득 차면 그치니, 조금도 더 담을 수 없다. 이와 같은 물의 성질은 '반듯함'이다.

以意量之에 則多少不可以概로되 注於器에 滿則止니 不可加剩이니 如此者는 正也라

④ 唯無不流……義也 : 모난 곳이나 둥근 곳이나 기울어진 곳이나 굽이진 곳이나 물이 흐르지 않는 곳이 없다. 그러나 평평한 곳에 이르면 흐름이 멈추니, 더 높게 할 수 없다. 이와 같은 물의 성질은 '의로움'이다.

方圓邪曲을 無所不流나 平則止니 不可增高라 如此者는 義也라

⑤ 卑也者……王者之器也 : 道는 겸손함으로 집을 삼고, 왕은 겸손함으로 〈다스림의〉 도구를 삼는다.

道는 以卑爲室하고 王은 以卑爲器也라

⑥ 水以爲都居 : '都'는 '몰려들다'는 의미이다. 물이 낮은 곳으로 몰려가 머묾은 곧 '겸손함'이다.

都는 聚也니 水聚居於下는 卑也라

平準함은 다섯 가지 度量衡의 근본이고, 흰색은 다섯 가지 색깔의 바탕이며, 담백함은 다섯 가지 맛의 중심이다. 그러므로 물은 만물의 기준이고, 뭇 생명의 담백함이며, 是非・得失의 바탕이다. 그러므로 〈물은〉 가득 차지 않는 곳이 없고 머물지 않는 곳이 없으며, 천지에 모이고 만물에 저장되며, 쇠와 돌에서 생겨나고 여러 생명을 자라게 한다. 그러므로 "물은 신령스럽다."라고 말하는 것이다.

〈물이〉 초목에 모이면 뿌리는 생성의 度數를 얻고, 꽃은 그 피고 지는 도수를 얻으며, 열매는 그 생산량을 얻는다. 새와 짐승이 물을 얻으면 몸이 살찌고 커지며, 깃털과 털이 무성해지며, 무늬가 선명하게 드러난다. 만물이 모두 다 生機를 최대로 발휘하여 그들의 본래 바탕으로 돌아가는 것은, 그들 내부의 수분이 적당하기 때문이다.

準也者는 **五量**[3]**之宗也**①요 **素也者**는 **五色之質也**②요 **淡也者**는 **五味之中也**③라 **是以水者**는 **萬物之準也**④며 **諸生之淡也**⑤며 (違)〔**韙**(위)〕[4]**非得失之質也**⑥라 **是以無不滿**하고 **無不居也**요

---

3) 五量 : 여기서 '다섯 가지〔五〕'는 구체적인 숫자를 의미하기보다는, '여러 가지'라는 의미가 된다. 고대에는 五行의 '五'에 맞추어 표현하는 경향이 있었다.

4) (違)〔韙(위)〕 : 저본에는 '違'로 되어 있으나, 安井衡(日)의 ≪管子纂詁≫에 의거하여 '韙'로

集於天地⑦하고 **而藏於萬物**⑧하며 **産於金石**⑨하고 (集)〔長〕[5)]**於諸生**⑩이라 **故曰 水神**⑪이라 **集於草木**에 **根得其度**⑫하고 **華得其數**⑬하고 **實得其量**⑭이요 **鳥獸得之**에 **形體肥大**하고 **羽毛豐茂**하고 **文理明著**하니 **萬物莫不盡其幾**⑮하여 **反其常者**⑯[6)]는 **水之內度適也**⑰일새라

① 準也者 五量之宗也 : 물은 평평함을 유지할 수 있으니, 다섯 가지 도량형은 물에서 법칙을 얻는다. 그러므로 물은 다섯 가지 도량형의 근본이 된다.
水可爲平準이니 五量取則(칙)焉이라 故爲五量之宗也라

② 素也者 五色之質也 : 색이 없는 것을 '素'라 한다. 물은 비록 색깔이 없지만 五色은 〈물을〉 얻지 않으면 이루어지지 않는다. 그러므로 〈물은〉 오색의 바탕이 된다.
無色을 謂之素니 水雖無色이나 五色은 不得不成이라 故爲五色質也라

③ 淡也者 五味之中也 : 맛이 없는 것을 '淡'이라 한다. 물은 비록 맛이 없지만 五味는 〈물을〉 얻지 못하면 제맛을 내지 못한다. 그러므로 〈물은〉 五味의 중심이 된다.
無味를 謂之淡이니 水雖無味나 五味는 不得不平也라 故爲五味中也라

④ 萬物之準也 : 만물은 물에서 평평한 기준을 얻는다. 그러므로 '기준'이라고 말한다.
萬物取平焉이라 故曰 準也라

⑤ 諸生之淡也 : 뭇 생명을 조절하여 中道로 나아갈 수 있다. 그러므로 '담백함'이라 말한다.
能濟諸生以適中이라 故曰 淡也라

⑥ 得失之質也 : 얻음도 물로부터 생겨나고, 잃음도 물로부터 생겨난다. 그러므로 얻음과 잃음의 바탕이 된다.
得亦自水生焉하고 失亦自水生焉이라 故爲得失之質이라

⑦ 集於天地 : 비는 하늘로부터 내리고, 하늘에는 은하수도 있다. 그러므로 물은 천지에 모인다.
雨從天降하고 而亦有河漢이라 故水集於天地라

⑧ 藏於萬物 : 동물과 식물은 모두 액체를 머금고 있다.
動植之物은 皆含液也라

⑨ 産於金石 : 물에서 쇠를 가려내고, 산에 있는 돌의 구멍에서 간혹 샘물이 떨어지기도 한다.
揀金於水하고 山石之穴에 或有溜泉焉이라

바로잡았다. 글자 형태가 서로 유사함으로 인해 잘못 쓰였다는 것이다. 여기서 '韙'는 '是'와 같다고 한다.

5) (集)〔長〕: 저본에는 '集'으로 되어 있으나, 李哲明(中)의 ≪管子校義≫에 의거하여 '長'으로 바로잡았다. 뒤에 나오는 '集於草木根'의 '集'자가 잘못 끼어들었다는 것이며, 原注에서도 '諸合生類 皆得水而長之'라고 말하고 있다는 것이다.

6) 反其常者 : 張佩綸(淸)은 ≪廣雅≫ 〈釋詁〉에 의거하여 '常'을 '質'로 해석하였다.(≪管子學≫)

⑩ 集於諸生 : 여러 생명체는 모두 물을 얻어 성장한다.
諸合生類는 皆得水而長之라

⑪ 故曰 水神 : 〈그 어떤 것도〉 물을 지니고 있지 않은 게 없으나 물이 있는 곳을 알지 못한다. 그러므로 이런 것을 '신령스럽다'라고 말하는 것이다.
莫不有水焉이나 不知其所라 故謂之神也라

⑫ 根得其度 : 그 생성의 도수를 얻는다.
得其生之度라

⑬ 華得其數 : 꽃이 피고 지는 도수를 얻는다.
得其榮落之數라

⑭ 實得其量 : 〈열매는〉 나서 익는 수량을 얻는다.
得其生熟之量이라

⑮ 萬物莫不盡其幾 : '幾'는 無로부터 有로 나가는 것을 가리킨다.
幾는 謂從無以適有也라

⑯ 反其常者 : '常'은 성장하고 자라는 일정한 도수를 말한다.
常은 謂長育之常數也라

⑰ 水之內度適也 : '內度'는 수분으로 젖어 있는 정도를 의미한다.
內度는 謂滑潤之度也라

무릇 玉을 귀하게 여기는 것은 아홉 가지 덕을 찾을 수 있기 때문이다. 무릇 옥은 부드럽고 윤택이 나니 어짊〔仁〕이고, 나란히 결이 나 있으니 지혜로움〔知〕이고, 단단하여 움츠리지 않으니 의로움〔義〕이고, 모가 나지만 남을 다치게 하지 않으니 반듯한 행실〔行〕이고, 선명하여 때 묻지 않으니 청결함〔潔〕이고, 부러질지언정 휘지 않으니 용감함〔勇〕이고, 자신의 흠을 모두 드러내니 투명함〔精〕이고, 화려함과 빛남이 잘 어울려 서로 침범하지 않으니 너그러움〔容〕이고, 두드리면 그 소리가 청아하게 날아올라 멀리까지 들리면서도 그 순수함이 줄어들지 않으니 〈군자의〉 말〔辭〕이다. 이 때문에 군주는 옥을 귀하게 여겨 보배로 간직하고, 반으로 쪼개 상서로운 징표로 삼는다. 이는 옥에서 아홉 가지 덕을 찾을 수 있기 때문이다.

夫玉之所貴者는 **九德出焉**이니 **夫玉**이 **溫潤以澤**은 **仁也**요 **鄰以理者**는 **知也**①요 **堅而不蹙**(축)은 **義也**②요 **廉而不劌**(귀)는 **行也**요 **鮮而不垢**(구)는 **潔也**요 **折而不撓**는 **勇也**요 **瑕適皆見**(현)은 **精也**③요 **茂華光澤**이 **並通而不相陵**은 **容也**요 **叩之**에 **其音**이 **淸(搏)〔揚〕**[7]**徹遠**하고 **純而不殺**(쇄)는

7) (搏)〔揚〕 : 저본에는 '搏'으로 되어 있으나, 猪飼彦博(日)의 ≪管子補正≫에 의거하여 '揚'으

辭也④라 **是以人主貴之**하여 **藏以爲寶**하고 **剖以爲符瑞**는 **九德出焉**⑤이라

① 隣以理者 知也 : '隣'은 '가깝다'는 의미이다. 옥의 무늬는 서로 들어맞고 결에 가까우며 각자 스스로 통한다. 옥의 이와 같은 특성은 知에 해당한다.
隣은 近也니 玉文相適近理하고 各自通이니 如此는 知也라

② 堅而不蹙(축) 義也 : '蹙'은 '움츠리다'는 의미이다. 옥의 이와 같은 특성은 義에 해당한다.
蹙은 屈聚也니 如此는 義也라

③ 瑕適皆見(현) 精也 : '瑕適'은 옥의 흠이다. 옥은 투명하므로 그 흠을 감추지 않는다.
瑕適은 玉病也니 以其精純故로 不掩瑕適이라

④ 叩之……辭也 : 옛날 군자의 말을 닮았다.
象古君子之辭也라

⑤ 人主貴之……九德出焉 : 군주가 옥을 보배로 여겨 간직하고 상서로움의 징표로 삼는 것은 아홉 가지 덕 때문이다.
人主所以寶而藏之하고 爲符瑞는 九德之故라

사람은 물로 만들어진다. 남자와 여자의 정기가 합해지면 물이 흘러 〈태아의〉 형체가 형성된다. 〈태아는〉 3개월이면 맛을 음미한다. '맛을 음미한다'는 무슨 말인가? 五味를 〈느낀다는〉 의미이다. '오미'라는 것은 무슨 의미인가? 五臟에서 나오는 것을 말한다. 신맛은 脾臟을 주관하고, 짠맛은 肺를 주관하고, 매운맛은 腎臟을 주관하고, 쓴맛은 肝을 주관하고, 단맛은 心臟을 주관한다. 오장이 이미 갖추어진 이후에 五內[8]가 생성된다. 비장은 횡격막〔隔〕을 생성하고, 폐는 뼈〔骨〕를 생성하고, 신장은 腦를 생성하고, 간은 피부〔革〕를 생성하고, 심장은 살〔肉〕을 생성한다. 오내가 이미 갖추어진 이후에 九竅가 만들어진다. 비장은 코를 만들고, 간은 눈을 만들고, 신장은 귀를 만들고, 폐는 입을 만들고, 심장은 생식기와 항문 등의 구멍을 만든다.

5개월이 되면 몸체가 형성되고, 10개월이 되면 태어난다. 태어나면 눈으로 보고 귀로 듣고 마음으로 생각한다. 눈으로 보는 것은 단지 산이나 언덕 같은 큰 사물뿐만 아니라 미세한 것도 세밀히 살핀다. 귀로 듣는 것은 단지 우렛소리와 같은

로 바로잡았다.

8) 五內 : 일반적으로는 五臟과 같은 의미로 쓰이는데, 여기서는 다음에 나오는 隔·骨·腦·革·肉 5가지를 가리킨다.

큰 소리뿐만 아니라 미세한 소리도 잘 듣는다. 마음으로 생각하는 것은 크고 뚜렷한 것에 대해 파악할 뿐만 아니라 미묘한 것에 대해서도 생각한다. 그러므로 물이 玉에 응집되어 九德이 나왔듯이, 물의 기운이 응집되어 사람이 되어 九竅와 五慮가 생겨났다. 이들 옥과 사람은 곧 물의 정미함과 거침, 탁함과 강함이 만들어낸 것으로, 길이 존재하여 사라지지 않는 존재들이다.

人은 **水也**라 **男女精氣合而水流形**①하여 **三月(如)〔而〕咀**[9)]하니 **咀者 何**오 **曰 五味**니 **五味者何**②오 **曰五藏**③이니 **酸主脾**하고 **鹹主肺**하고 **辛主腎**하고 **苦主肝**하고 **甘主心**이라 **五藏已具而後生(肉)〔五內〕**[10)]니 **脾生膈**④하고 **肺生骨**하고 **腎生腦**하고 **肝生革**⑤하고 **心生肉**이라 **五(肉)〔內〕**[11)]**已具而後發爲九竅**니 **脾發爲鼻**하고 **肝發爲目**하고 **腎發爲耳**하고 **肺發爲〔口**하고 **心發爲下〕**[12)]**竅**라 **五月而成**하고 **十月而生**이니 **生而目視耳聽心慮**라 **目之所視**는 **非特山陵之見也**라 **察於荒忽**이요 **耳之所聽**은 **非特雷鼓之聞也**라 **察於淑湫**요 **心之所慮**는 **非特知於麤**(추)**粗也**라 **察於微眇**라 **(故修要之精)**⑥[13)] **是以水集於玉**에 **而九德出焉**하고 **凝蹇**(건)**而爲人**⑦에 **而九竅五慮出焉**⑧이니 **此乃其精(也精)**⑨[14)]**麤濁蹇**이니 **能存而不能亡者也**⑩라

---

9) (如)〔而〕咀 : 저본에는 '如'로 되어 있으나, 俞樾(淸)의 ≪諸子平議≫에 의거하여 '而'로 바로잡았다. 아래에서 '五月而成 十月而生'이라고 말하고 있으므로 여기서도 어법상 '三月而咀'로 되는 것이 맞다는 것이다. 그리고 ≪太平御覽≫의 인용문에도 '而'로 되어 있다고 한다. 한편, 張佩綸(淸)은 ≪說文解字≫에 의거하여, '咀'의 의미를 '含味'로 이해하였다. 따라서 '咀'를 '입으로 씹다'로 풀이하고 있는 原注는 잘못 되었다고 보았다.(≪管子學≫) 원주에서는 '咀咀'로 연결시켜 읽고 있는데, 본서에서는 이를 따르지 않았다.

10) (肉)〔五內〕 : 저본에는 '肉'으로 되어 있으나, 丁士涵(淸)의 ≪管子校本≫에 의거하여 '五內'로 바로잡았다. '五內'는 '膈'·'骨'·'腦'·'革'·'肉' 5가지를 말하는데, 이 '五內' 안에 '肉'이 들어 있으므로 "五藏已具 而後生肉(오장이 이미 갖추어진 이후에 肉을 생성한다.)"이라고 해서는 안 된다는 것이다.

11) (肉)〔內〕 : 저본에는 '肉'으로 되어 있으나, 丁士涵(淸)의 ≪管子校本≫에 의거하여 '內'로 바로잡았다.

12) 〔口心發爲下〕 : 저본에는 '口心發爲下'가 없으나, 王念孫(淸)의 ≪讀書雜志≫에 의거하여 보충하였다. ≪五行大義≫ 및 ≪太平御覽≫의 인용문에 이와 같이 쓰여 있다는 것이다. 여기서 '下竅'는 신체의 아랫부분에 나 있는 구멍들 즉 생식기 및 항문을 가리킨다.

13) (故修要之精) : 문맥상 이 구절은 그 의미가 불분명하다. 때문에 吳汝綸(淸)은 이 구절 아래에 脫文이 있다고 보았고(≪點勘管子讀法≫), 張佩綸(淸)은 衍文으로 보았다.(≪管子學≫) 본서에서는 장패륜의 견해에 의거하여 衍文으로 처리하였다.

14) (也精) : 저본에는 '也精'이 있으나, 王引之(淸)의 ≪讀書雜志≫에 의거하여 衍文으로 처리하였다. 原注에서는 '此乃其精也'와 '麤濁蹇能存而不能亡者也'를 분리시켜 따로 읽고 있는데, 왕인지는 하나로 연결시켜 읽어야 한다고 보았다. 본서에서는 왕인지의 견해를 따랐다.

① 男女精氣合而水流形 : 陰陽의 기운이 교감하면 물이 널리 퍼지면서 형체가 형성된다.
陰陽交感에 流布成形也라

② 三月如咀咀者……五味者何 : '咀咀'는 '입으로 골고루 씹다'는 의미이다. 3개월 된 태아는 뒤섞여 있다가 처음으로 형체를 갖추어 입으로 음식을 씹는다는 의미이다.
咀咀는 口和嚼之니 謂三月之胎는 渾初凝類하여 口所嚼食也라

③ 曰五藏 : 五味는 五藏에서 나온다.
五味出於五藏後也라

④ 脾生膈 : 흉격은 脾臟 위에 있다.
膈在脾上也라

⑤ 肝生革 : '革'은 피부이다.
革은 皮膚也라

⑥ 修要之精 : 이 이치를 정밀히 생각하여 요체가 되는 미묘한 정수를 닦는다.
言精思是理하여 修要妙之精也라

⑦ 凝蹇(건)而爲人 : '蹇'은 '머물다'는 의미이다. 정기의 액체가 응집되어 머물면 사람이 된다는 말이다.
蹇은 停也니 言精液凝停則爲人也라

⑧ 九竅五慮出焉 : '五慮'는 귀·눈·코·입·마음을 가리킨다.
五慮는 謂耳目鼻口心也라

⑨ 此乃其精也 : 九竅와 五慮는 몸의 정수라는 의미이다.
言九竅五慮는 是身之精也라

⑩ 麤濁蹇 能存而不能亡者也 : 사람이 부여받은 것 가운데 거칠고 탁하며 머무는 기운은 다만 길이 존재하여 사라지게 할 수 없다는 의미이다.
謂人之稟氣는 麤濁而蹇하니 但能存而不能亡也라

물속 깊은 곳에 엎드려 있다가 나타났다 사라졌다 할 수 있는 것이 있으니, 바로 거북과 용이다. 거북은 물에서 생겨나 불에서 조짐을 드러낸다. 이에 만물에 앞서고 禍와 福의 바른 기준이 된다. 용은 물에서 생겨나 오색구름을 입고 하늘을 오르내리므로 신령스럽다. 용은 작아지고자 하면 누에나 콩잎벌레처럼 변하고, 커지고자 하면 천하를 감쌀 수 있으며, 위로 오르고자 하면 구름을 뚫고 솟구치고, 아래로

蠋(콩잎벌레)

내려가고자 하면 깊은 연못 속으로 들어간다. 이처럼 수시로 변하고 시도 때도 없이 오르내리므로 '신령스럽다'라고 말한다. 거북과 용은 물속 깊은 곳에 엎드려 있다가 나타났다 사라졌다 할 수 있는 존재들이다.

伏闇能存而能亡者는 (蓍)[15] **龜與龍是也**①라 **龜生於水**하고 **發之於火**②하여 **於是爲萬物先**하고 **爲禍福正**③이요 **龍生於水**하고 **被五色而游**라 **故神**④이니 **欲小則化如蠶蠋**(촉)⑤하고 **欲大則藏於天下**⑥하고 **欲尙則凌於雲氣**⑦하고 **欲下則入於深泉**하여 **變化無日**⑧하고 **上下無時**하니 **謂之神**이라 **龜與龍**은 **伏闇能存而能亡者也**라

① 伏闇能存而能亡者 蓍龜與龍是也 : 거북과 용이 품은 기는 미묘하여 아득하고 그윽하므로, 존재했다 사라졌다 하면서 변화를 부릴 수 있다는 의미이다.
言龜龍禀氣는 微妙하여 悠遠而暗冥하니 故能存亡而爲變化也라

② 龜生於水 發之於火 : 점치는 사람이 불로 거북 껍질을 뚫고 지진다는 의미이다.[16]
謂卜者以火鑽灼之라

③ 於是爲萬物先 爲禍福正 : 거북은 물과 불의 靈氣를 얻었으므로, 만물을 미리 알고 禍福의 바름을 인식한다는 의미이다.
謂龜得水火之靈하니 故先知於萬物하고 識禍福之正也라

④ 龍生於水……故神 : 헤아릴 수 없는 물의 靈氣를 얻었으므로 신령스럽다.
得水不測之靈故로 神이라

⑤ 欲小則化如蠶蠋(촉) : '蠋'은 콩잎 속에 있는 벌레이다.
蠋은 藿(곽)中蟲이라

⑥ 欲大則藏於天下 : 천하를 감추고 덮을 수 있다는 의미이다.
言能隱覆天下라

⑦ 欲尙則凌於雲氣 : '尙'은 '위로 오르다'는 의미이다.
尙은 上也라

⑧ 下則入於深泉 變化無日 : 수시로 변하니 그 변하는 날짜를 예측할 수 없다.
隨時而變하니 不期於日이라

어떤 때는 〈세상에〉 드러났다가 어떤 때는 〈세상에서〉 사라지는 하천에서 蟡와

15) (蓍) : 저본에는 '蓍'가 있으나, 王念孫(淸)의 ≪讀書雜志≫에 의거하여 衍文으로 처리하였다. 아래도 같다. 이 구절의 의미는 '거북과 용은 나타났다 사라졌다 할 수 있는 존재다'라는 것이므로, '蓍(시초)'라는 단어가 타당하지 않다는 것이다. 原注에서 '蓍'에 대한 풀이가 없다는 점도 또 다른 근거로 제시되었다.

16) 점치는……의미이다 : 거북 껍질을 불로 구워, 금이 가는 형상을 보고 길흉을 점쳤다.

慶忌가 생겨난다. 수백 년 동안 마른 늪지로 있는 곳에 계곡이 옮겨가지 않고 물이 끊기지 않는 곳에서 慶忌가 생겨난다. 慶忌는 그 모습이 사람과 같고 키가 4寸이 되는데, 누런 옷을 입고 누런 冠을 쓰고 그 위에 누런 덮개를 얹고 작은 말을 타고 질주하기를 즐겨한다. 그 이름을 부르면 천 리 밖에 있다가도 하루 만에 돌아온다. 이것은 마른 늪지의 精靈이다. 마른 하천의 정령은 蟡를 생겨나게 한다. 蟡는 머리가 하나인데 몸이 둘이니, 그 형태는 뱀과 같고 그 길이가 8척이나 된다. 그 이름을 부르면 물고기와 자라를 잡을 수 있다. 이것은 마른 하천의 정령이다.

或世見(현)①하고 **或世不見者**②는 **生蟡**(위)**與慶忌**③라 **(故)涸澤數百歲**[17]에 **谷之不徙**와 **水之不絶者**는 **生慶忌**④니 **慶忌者**는 **其狀若人**이요 **其長四寸**이라 **衣黃衣, 冠黃冠, 戴黃蓋**하고 **乘小馬 好疾馳**니 **以其名呼之**에 **可使千里外**에 **一日反報**니 **此涸澤之精也**라 **涸川之精者**는 **生於蟡**하니 **蟡者**는 **一頭而兩身**이니 **其形若蛇**요 **其長八尺**이라 **以其名呼之**에 **可以取魚鼈**하니 **此涸川水之精也**라

① 或世見(현) : 아래 계곡이 옮겨가지 않고 물이 끊기지 않는 곳을 말한다.
謂下谷不徙하니 水不絶之地라

② 或世不見者 : 때때로 물이 끊어지는 마른 하천을 가리킨다.
謂涸川이니 水有時而絶이라

③ 生蟡(위)與慶忌 : 하천이 드러나면 慶忌가 생겨나고, 하천이 드러나지 않으면 蟡가 생겨난다.
世見生慶忌하고 世不見生蟡也라

④ 涸澤數百歲……生慶忌 : 마른 늪지 중 골짜기도 있고 물도 있는 곳이니, 골짜기가 옮겨가지 않고 물도 끊어지지 않는다.
謂涸澤之中에 有谷有水니 谷不徙而水不絶也라

그러므로 물 가운데 정미하고 거칠고 탁하고 엉기는 것으로, 길이 존재하여 사라지지 않는 것은 사람과 옥을 만들어낸다. 물속 깊은 곳에 엎드려 있다가 나타났다 사라졌다 할 수 있는 것은 거북과 용이고, 어떤 때는 〈세상에〉 드러났다가 어떤

17) (故)涸澤數百歲 : 저본에는 '故'가 있으나, 張佩綸(淸)의 ≪管子學≫에 의거하여 衍文으로 처리하였다. '故'는 본래 '涸'과 같은 의미로 쓰였다는 것이다. 어떤 판본에는 "涸澤數百歲"로 되어 있고 어떤 판본에는 "故澤數百歲"로 되어 있었는데, 후세의 편집자가 이 둘을 잘못 합친 결과로 '故'가 붙게 되었다는 것이다.

때는 〈세상에서〉 사라지는 것은 蟡와 慶忌다. 그러므로 사람들이 모두 물을 사용하지만 管子만이 물의 법칙을 본받고, 사람들이 모두 물을 지니고 있지만 관자만이 물을 이용할 줄 안다.

是以水之精麤濁蹇 能存而不能亡者는 **生人與玉**이요 **伏闇能存而能亡者**는 **(蓍)龜與龍**이요 **或世見**하고 **或不見者**는 **蟡與慶忌**라 **故人皆服之**①**而管子則**(칙)**之**②하고 **人皆有之**③**而管子以之**④라

① 人皆服之 : 물을 사용한다는 의미이다.
謂服用水라
② 管子則(칙)之 : 管子만이 물의 그 법칙을 알 수 있다는 의미이다.
言管子獨能知水法則也라
③ 人皆有之 : 물을 지니지 않은 사람이 없다.
莫不有水라
④ 管子以之 : '以'는 '이용하다'는 의미이다. 管子만이 물을 이용할 수 있다는 말이다.
以는 用也니 言管子獨能用水也라

그러므로 모든 이치를 갖추고 있는 것은 무엇인가? 바로 물이다. 만물은 모두 물을 통해 살아가니, 오직 물의 이치가 의지하고 있는 것을 아는 자만이 만물을 바르게 할 수 있다. 온갖 이치를 갖추고 있는 것은 바로 물이다. 그러므로 말한다. "물이란 무엇인가? 만물의 본원이고, 여러 생명체들의 근원이며, 아름답고 추하고 현명하고 모자라고 우둔하고 뛰어난 존재들이 생겨나는 곳이다."

是故具者 何也오 **水是也**①라 **萬物莫不以生**②이니 **唯知其託者**라야 **能爲之正**이라 **具者 水是也**③라 **故曰 水者何也**오 **萬物之本原也**며 **諸生之宗室也**며 **美惡賢不肖愚俊之所產也**라

① 具者……水是也 : 물은 갖추지 못한 이치가 없다는 의미이다.
言水無理不具也라
② 萬物莫不以生 : 물을 얻어서 살아간다.
得水以生이라
③ 唯知其託者……水是也 : '託'은 '의지하다'는 의미이다. 물의 이치가 의지하고 있는 것을 알 수 있는 자는 만물을 바르게 할 수 있다. 그러므로 온갖 이치를 갖추고 있는 것은 물이다.
託은 依也니 能知水理之所依者는 能正於萬物이라 故理之具者는 水也라

어째서 그런 줄 아는가? 무릇 齊나라의 물길은 빠르면서 휘돌아 간다. 그러므로 제나라 백성은 탐욕스럽고 거칠고 武勇을 좋아한다. 楚나라의 물은 부드러우면서 맑다. 그러므로 초나라 백성은 날래고 과감하다. 越나라의 물은 매우 탁하고 스며든다. 그러므로 월나라 백성은 어리석고 질투심이 많으며 지저분하다. 秦나라의 물은 매우 달고 그 맛이 오래 남으며, 진흙이 쌓여서 물과 뒤섞여 있다. 그러므로 秦나라 백성은 탐욕스럽고 사나우며, 남을 헐뜯고 일 벌이기를 좋아한다. 齊나라와 晉나라 사이의 물은 매우 떫고 빛이 없고 혼탁하며, 진흙이 쌓여서 물과 뒤섞여 있다. 그러므로 그 지역 백성은 알랑거리고 속을 감춘 채 속이며, 교묘한 말로 아첨하고 이익을 좋아한다. 燕나라의 물은 깊고 그 흐름이 미약하며, 진흙이 깊이 가라앉아 쌓여서 물과 뒤섞여 있다. 그러므로 연나라 백성은 어리석고 올곧음을 좋아하고, 경망스럽고 죽음을 쉽게 여긴다. 宋나라의 물은 빠르고 힘차며 맑다. 그러므로 송나라 백성은 간결하고 바름을 좋아한다.

이 때문에 성인이 세상을 敎化할 때 그 해법은 물에 있다. 그러므로 물이 순일하면 사람의 심성이 바르고, 물이 맑으면 백성의 마음이 단순하다. 심성이 순일하면 오염되길 원치 않고, 백성의 마음이 단순하면 행위에 사특함이 없다. 이 때문에 성인이 세상을 다스릴 때는 일일이 사람들을 일깨우지 않고 집집마다 찾아다니면서 설득하지 않는다. 다스림의 핵심은 〈그 지역의〉 물을 살피는 데 있다.

何以知其然也오 夫齊之水道躁而復이라 故其民貪鷗而好勇①이요 楚之水淖(작)弱而淸이라 故其民輕果而(賊)〔敢〕②[18]이요 越之水濁重而洎(계)라 故其民愚疾而垢③요 秦之水泔最而稽하고 淤(어)滯而雜④이라 故其民貪戾하고 罔而好事⑤요 齊晉之水枯旱而運하고 淤(어)墆而雜⑥이라 故其民諂諛葆詐하고 巧佞而好利⑦요 燕之水萃下而弱하고 沈滯而雜이라 故其民愚戇(당)而好貞하고 輕疾而易死⑧요 宋之水輕勁而淸이라 故其民簡易而好正⑨이라 是以聖人之化世也에 其解在水⑩라 故水一則人心正⑪하고 水淸則民心易하고 一則欲不污⑫요 民心易則行無邪⑬라 是以聖人之治於世也에 不人告也며 不戶說也니 其樞在水⑭라

① 夫齊之水道躁而復 故其民貪鷗而好勇 : 물길이 휘돌아 가므로 사람들을 탐욕스럽게 만들고, 물이 빠르게 흘러가므로 사람들을 과격하게 만든다.

18) (賊)〔敢〕 : 저본에는 '賊'으로 되어 있으나, 郭沫若(中)의 ≪管子集校≫에 의거하여 '敢'으로 바로잡았다. 原注에서 '果賊'이라는 표현이 보이는데, 이것은 '果敢'의 誤字라는 것이다.

以水道回復故令人貪하고 以其躁速故令人贏勇也라

② 楚之水淖(작)弱而淸 故其民輕果而賊 : 물이 부드럽게 흘러가므로 날렵하고, 물이 맑으면 명료하게 살핀다. 그러므로 사람들이 과감하다.

以其淖弱故輕佚하고 淸則明察이라 故人果(賊)〔敢〕也라

③ 越之水濁重而洎(계) 故其民愚疾而垢 : '洎'는 '스며들다'는 의미이다. 물이 매우 탁하므로 어리석다. 물이 스며들면 점차 들어가는 경우가 많다. 그러므로 사람들이 질투가 많고 지저분하다.

洎는 浸也라 濁重故愚하고 浸則多所漸入이라 故疾垢也라

④ 秦之水泔最而稽 淤滯而雜 : '最'는 '매우'라는 의미이고, '稽'는 '정체하여 머물다'는 의미이다. 秦나라의 물은 매우 달고 뒷맛이 오래 남으며, 또한 진흙탕이 가라앉아 쌓여서 물과 서로 뒤섞여 있다는 의미이다.

最는 絶也요 稽는 停留也니 謂秦水絶甘而味停留하고 又泥淤沈滯하여 與水相雜也라

⑤ 其民貪戾 罔而好事 : 물이 달고 그 뒷맛이 오래 남으므로 탐욕스럽고 사납다. 물이 진흙과 뒤섞여 가라앉아 있으므로 남을 헐뜯고 일 벌이기를 좋아한다.

以其甘而稽라 故貪戾요 以其滯雜이라 故誣而好事라

⑥ 齊晉之水枯旱而運하고 淤(어)壖而雜 : '齊晉'은 齊나라의 서쪽이면서 晉나라의 동쪽인 곳을 말한다. '枯旱'은 물이 매우 떫고 빛이 없는 것을 말한다.

齊晉은 謂齊之西而晉之東이요 枯旱은 謂其水慘澁(삽)而無光也라

⑦ 其民諂諛葆詐 巧佞而好利 : 물이 혼탁하므로 아첨하고 알랑거리고, 물이 매우 떫고 빛이 없으므로 속을 감춘 채 속이고, 진흙이 쌓여서 물과 뒤섞여 있으므로 교묘한 말로 아첨하고 이익을 좋아한다.

以其運故諂諛하고 以其枯旱故葆詐하고 以其淤雜故巧佞而好利라

⑧ 燕之水萃下而弱……輕疾而易死 : 물이 가라앉아 있으므로 어리석고 올곧음을 좋아하고, 물이 잡다하게 모여 있으므로 경망스럽고 죽음을 쉽게 여긴다.

沈故愚戇而好貞하고 萃雜故輕疾而易(이)死也라

⑨ 宋之水輕勁而淸 故其民簡易而好正 : 빠르므로 간결하고 맑고, 힘차므로 바름을 좋아한다.

輕故簡易淸하고 勁故好正也라

⑩ 聖人之化世也 其解在水 : 사람들의 삿됨과 바름을 해결하는 법을 물을 맛보고 안다는 의미이다.

言解人之邪正에 嘗水而知라

⑪ 水一則人心正 : '一'은 '섞이지 않는다'는 의미이다.

一은 謂不雜이라

⑫ 水淸則民心易 一則欲不汚 : 사람들의 마음이 이미 순일하므로 오염되지 않고자 한다.
人心旣一이라 故欲不汚穢라

⑬ 民心易則行無邪 : 단순하고 곧으면 사특함이 없다.
易直則無邪也라

⑭ 其樞在水 : '樞'는 사물의 움직임을 주관하는 것이다. 사람들을 움직이고 변화시키고자 하면 단지 물의 이치를 본받으면 된다. 그러므로 "다스림의 핵심은 〈그 지역의〉 물을 살피는 데 있다."라고 말하는 것이다.
樞는 主運轉者也라 言欲轉化於人이면 但則(칙)水之理라 故曰 其樞在水也라

제40편 사계절 四時

단어 14 短語 十四

이 편에서는 사계절의 변화를 살피고, 그에 합당한 政令을 시행해야 한다는 점을 역설하고 있다. 특히 통치자가 형벌과 덕을 시행할 때는 반드시 계절의 특성과 합당하도록 해야 한다는 점을 강조하며, 만약 그렇지 않을 경우 하늘로부터 감당할 수 없는 재앙을 받게 된다고 경고한다. 이처럼 군주의 통치 행위를 사계절의 흐름에 맞추어야 한다는 사고는 이후 時令論 혹은 月令論으로 발전하며, 이는 곧 戰國 말기에서 漢代 초기에 발전한 天人感應論, 나아가 董仲舒가 역설한 災異論과도 연결된다.

管子가 말하였다.

"政令을 내릴 때는 때에 적합해야 한다. 때에 적합함을 얻지 못하면, 반드시 관찰하여 天道가 이르는 쪽으로 따라야 한다. 정령이 무질시하여 어지럽게 시행된다면, 누가 이를 알 수 있겠는가? 오직 성인만이 사계절을 안다.[1] 사계절을 알지 못하면 곧 국가의 기틀을 상실하게 되고, 오곡이 자라는 이치를 알지 못하면 나라 사람들이 거리로 나서게 된다."

그러므로 하늘의 도를 믿고 실천하는 자는 '밝다〔明〕'라고 말하고, 땅의 도를 믿고 실천하는 자는 '지혜롭다〔聖〕'라고 말하며, 사계절에 따르는 자는 '바르다〔正〕'라고 말한다. 그 왕이 진실로 밝고 지혜로우면 그 신하가 곧 올바르다.

그 왕이 진실로 밝고 지혜로운지를 어떻게 아는가? 신중히 유능한 인재를 부리고, 그의 말을 잘 듣고 믿는다. 유능한 인재를 부리는 것을 '밝다'라고 말하고, 그런 인재의 말을 잘 듣고 신뢰하는 것을 '지혜롭다'라고 말한다. 밝고 지혜로운 자는 모두 하늘이 내리는 상을 받는다. 유능하지 못한 사람을 부리면 어리석게 되고, 〈현명한 인재의 말을 듣고〉 신뢰할 수 없으면 우매하게 된다. 어리석고 우매한 자는 모두 하늘의 재앙을 받는다.

---

1) 사계절을 안다 : 사계절의 흐름과 그에 따라 시행해야 할 합당한 政令을 안다는 의미이다.

그러므로 윗사람이 〈아래 백성들이〉 이룬 공적을 보고 그 공을 귀하게 여기면, 백성들은 일을 즐거워하여 수고로워도 〈자기네의 공로에〉 보답하라고 요구하지 않는다. 윗사람이 아래 백성들의 공을 보고도 무시하면, 아랫사람들은 뻣뻣하게 되고 윗사람은 교만하게 된다.

그러므로 陰陽은 천지의 근본 이치이고, 사계절은 음양의 근본 법칙이니, 형벌과 은덕은 사계절에 부합해야 한다. 형벌과 은덕이 사계절에 부합되면 福을 낳고 어기면 禍를 낳는다. 그렇다면 봄, 여름, 가을, 겨울에 무엇을 행해야 하는가?

管子曰 令有時①니 **無時則必視**하여 **順天之所以來**②라 **五漫漫**하고 **六惛惛**[2)]이면 **孰知之哉**③리오 **唯聖人知四時**니 **不知四時**면 **乃失國之基**하고 **不知五穀之故**면 **國家乃路**④라 **故〔信〕天曰(信)明**이요 **〔信〕地曰(信)聖**[3)]⑤이요 **四時曰正**⑥이라 **其王信明聖**이면 **其臣乃正**⑦이라 **何以知其王之信明信聖也**오 **曰 愼使能而善聽信之**⑧라 **使能之謂明**⑨이요 **聽信之謂聖**⑩이니 **(信)**[4)] **明聖者 皆受天賞**⑪이라 **使不能爲惛**⑫이요 **〔聽不信爲忘〕**[5)]이니 **惛而忘也者**는 **皆受天禍**⑬라 **是故上見成事而貴功**이면 **則民(事)接**[6)]하여 **勞而不謀**⑭요 **上見功而賤**이면 **則爲人下者 直**⑮하고

2) 五漫漫 六惛惛 : 이 구절의 의미에 대해서는 의견들이 다양하다. 李哲明(中)은 '五'를 政令이 사계절에 부합하는 것으로, '六'을 사계절에 부합해 형벌과 덕을 베푸는 것으로 보았다.(≪管子校義≫) 李勉(中)은 '五'를 '五官'으로, '六'을 '六府'로 보았다.(≪管子今註今譯≫) 반면에 郭沫若(中)은 이 구절을 '亂七八糟'와 같은 종류의 말로 보아, '지극히 무질서하여 어지럽기 짝이 없다'는 의미로 보았다.(≪管子集校≫) 原注에서는 '五'를 '每時之政'으로, '六'을 '陰陽四時'로 풀이하고 있는데 설득력이 부족하다. 본서에서는 곽말약의 견해에 의거하여 해석하였다.

3) 〔信〕天曰(信)明 〔信〕地曰(信)聖 : 저본에는 '天曰信明 地曰信聖'으로 되어 있으나, 陶鴻慶(淸)의 ≪讀管子札記≫에 의거하여 '信天曰明 信地曰聖'으로 바로잡았다. 도홍경은 原注에 의거하여 본래 문장은 이와 같았을 것으로 보았다.

4) (信) : 저본에는 '信'이 있으나, 王引之(淸)의 ≪讀書雜志≫에 의거하여 衍文으로 처리하였다. 原注에 '信明者 天福也'로 되어 있으나, 이것은 '明聖者 天福也'로 고쳐야 한다고 보았다. 원문에 '信'이 잘못 덧붙여졌고, 후대의 편집자가 이러한 원문에 의거하여 注文을 고쳤다는 것이다.

5) 〔聽不信爲忘〕 : 저본에는 '聽不信爲忘'이 없으나, 兪樾(淸)의 ≪諸子平議≫에 의거하여 보충하였다. 앞에서 "使能之謂明 聽信之謂聖(유능한 인재를 부리는 것을 '밝다'라고 말하고, 그런 인재의 말을 잘 듣고 신뢰하는 것을 '지혜롭다'라고 말한다.)"라고 말하였으므로, 여기서는 그것을 받아 "使不能爲惛 聽不信爲忘(유능하지 못한 사람을 부리면 어리석게 되고, 현명한 인재의 말을 듣고 신뢰할 수 없으면 어둡게 된다.)"이라고 말해야 한다는 것이다. 이때 '忘'은 '芒' 즉 '昧'의 의미로 읽어야 한다고 보았다.

6) 民(事)接 : 저본에는 '事'가 있으나, 丁士涵(淸)의 ≪管子校本≫에 의거하여 '事'를 衍文으로 처리하였다. 앞에 나오는 "上見成事"로 인해 '事'가 불필요하게 덧붙게 되었다는 것이

爲人上者 驕[16]라 **是故陰陽者**는 **天地之大理也**[17]요 **四時者**는 **陰陽之大經也**[18]니 **刑德者**는 **四時之合也**[19]라 **刑德合於時則生福**하고 **詭則生禍**라 **然則春夏秋冬**에 **將何行**고

① 令有時 : 왕이 명령을 내릴 때는 반드시 때에 적합하게 하다.
王者命令에 必有其時라

② 無時則……所以來 : '視'는 '살펴 세밀히 보다'는 의미이다. 만약 적당한 때를 얻지 못하면, 반드시 그렇게 된 까닭을 관찰하여, 그것을 고치고 바꾸어 천도가 이르는 쪽으로 따른다.
視는 謂觀而察之니 若不得時면 則必觀察其所致하고 改革하여 以順天道之來也라

③ 五漫漫……孰知之哉 : '漫漫'은 광대하고 아득한 모습이고, '惛惛'은 은미하고 어두운 모습이다. '五'는 각각의 때에 따른 정치를 의미하는데, 그 이치는 광대하고 아득하다. '六'은 음양과 사계절을 의미하는데, 그 이치는 은미하고 어둡다. 이미 광대하고 아득하고 또한 은미하고 어둑하니, 그것을 아는 자가 드물다.
漫漫은 曠遠貌요 惛惛은 微暗貌라 五는 謂每時之政이니 其理曠遠이요 六은 謂陰陽四時니 其理微暗라 旣漫且惛이라 故知之者少也라

④ 國家乃路 : '路'는 일정한 거처를 잃는다는 의미이다.
路는 謂失其常居라

⑤ 天曰信明 地曰信聖 : 천지의 도를 믿고 따르고 그것을 법칙으로 삼아 실천할 수 있는 자를 '밝다'고 하고 '지혜롭다'라고 한다는 의미이다.
言能信順天地之道하여 則而行之者는 曰明曰聖也라

⑥ 四時曰正 : 사계절의 政令을 계절에 맞추어 실행하는 것을 '바름'이라 한다.
順行四時之令曰正也

⑦ 其王信明聖 其臣乃正 : 군주가 밝고 지혜로우면 현명한 인재를 사용할 수 있다. 그러므로 〈신하가〉 올바르다.
君明聖則能用賢材라 故正也라

⑧ 愼使能而善聽信之 : 현명한 인재의 말을 경청하고 신뢰할 수 있음을 의미한다.
謂能聽信賢材之人이라

⑨ 使能之謂明 : 현명하고 능력 있는 사람을 임명하고 부리면 '밝은 사람'이 된다.
使任賢能則爲明也라

⑩ 聽信之謂聖 : 이미 그 말을 경청하고 또 그 일을 신뢰하는 것이 '지혜로운 사람'이 되는 이유이다.
旣聽其言하고 又信其事가 所以爲聖이라

다. 이때 '接'은 곧 '捷'으로 읽을 수 있고, 그 의미는 '일을 즐거워하다〔樂事〕'라고 한다.

⑪ (信)明聖者 皆受天賞 : 밝고 지혜로운 자는 하늘의 복이다.
(信)明〔聖〕[7]者는 天福也라

⑫ 使不能爲惛 : 이미 유능하지 못한 사람을 부리고 있는 것이 어리석게 되는 까닭이다.
旣使不能이 所以爲惛이라

⑬ 惛而忘也者 皆受天禍 : 어리석고 우매하면 움직임이 모두 이치를 어긋나게 된다. 그러므로 하늘이 내리는 재앙을 받게 된다.
惛忘則動皆違理라 故受天殃也라

⑭ 上見成事……勞而不謀 : 다음과 같은 의미이다. '군주가 아랫사람이 공적을 이루는 것을 보면, 그 공을 귀하게 여기고 상을 줄 수 있다. 이는 군주가 사람들의 일을 은혜로 대접할 수 있다는 것이다. 그러므로 비록 아랫사람들이 수고로워도, 군주가 그 일에 대해 보답하도록 모의하지 않는다.'
謂君見下有成이면 則能貴賞其功이니 是上能以恩接人事라 故雖下勞라도 不謀上報其事也라

⑮ 上見功 ……下者直 : 자신의 공과 수고를 믿으므로 방자하고 뻣뻣하다.
恃其功勞라 故肆直也라

⑯ 爲人上者 驕 : 아랫사람들의 공을 인정하지 않는 것은, 마음이 교만하고 빙퉁그러져 있기 때문이다.
不恤下功則以驕悖故也라

⑰ 陰陽者 天地之大理也 : 천지는 음양을 써서 만물을 생성한다.
天地는 用陰陽하여 爲生成이라

⑱ 四時者 陰陽之大經也 : 음양이 사계절 사이에서 번갈아 작용하는 것은 緯(날줄)가 된다.
陰陽更用於四時之間은 爲緯也라

⑲ 刑德者 四時之合也 : 덕은 봄과 여름에 부합되고, 형벌은 가을과 겨울에 부합된다.
德合於春夏하고 刑合於秋冬이라

동쪽을 상징하는 것은 별이니, 그 계절은 봄이고, 그 기운은 바람이다. 바람은 나무와 뼈를 생겨나게 한다.[8] 봄의 덕은 기쁨으로 가득하여 만물을 생성하는 계절이다. 그 일에 있어서는 다음과 같이 명령한다. '神位를 깨끗이 청소하고, 경건히

---

7) (信)明〔聖〕: 저본에는 '信明'으로 되어 있으나, 王引之(淸)의 ≪讀書雜志≫에 의거하여 '明聖'으로 바로잡았다.

8) 바람은……한다 : 許維遹(中)은 ≪周禮≫ 〈天官 瘍醫〉의 鄭玄 注를 인용하여, 나무의 뿌리는 그것이 땅속에 있는 것이 마치 뼈와 유사하므로 '나무'와 '뼈'를 함께 거론하였다고 하였다.(≪管子集校≫)

기도하여 낡고 막힌 것을 통하게 하고, 正陽을 근본으로 삼고, 제방을 수리하고, 밭을 갈고 곡식을 심으며, 교량을 바르게 하고, 도랑을 정리하고, 수로의 벽돌 덮개를 수리하여 물을 잘 흐르게 하고, 원한을 풀어주고 죄를 사면하고, 사방 이웃 나라들과 소통하라.' 이렇게 하면 온화한 바람과 단비가 이르게 되고, 이에 백성은 장수하고 온갖 동물은 번식하게 된다. 이러한 것을 '별의 덕'이라고 한다. 별은 만물의 생성을 주관하여 바람으로 드러낸다.

東方曰星①이니 **其時曰春**②이요 **其氣曰風**③이라 **風生木與骨**④이요 **其德**은 **喜嬴**(영)**而發出節**⑤**時**[9]라 **其事號令**은 **修除神位**하고 **謹禱弊梗**(경)⑥하고 **宗正陽**⑦[10]하고 **治隄防**⑧하고 **耕芸樹藝**하고 **正津梁**⑨하고 **修溝瀆**하고 **甃**(추)**屋行水**⑩하고 **解怨赦罪**하고 **通四方**⑪하라 **然則柔風甘雨乃至**⑫하여 **百姓乃壽**하고 **百蟲乃蕃**이니 **此謂星德**⑬이라 **星者 掌發爲風**⑭이라

① 東方曰星 : 동쪽은 陰陽의 기운이 조화롭게 섞이는 때이다. 그러므로 〈동쪽의 상징은〉 별이 된다. 별 또한 음양에 있어 일정하지 않다.
東方은 陰陽之氣和雜之時라 故爲星이라 星亦不定於陰陽也라

② 其時曰春 : '春'은 '꿈틀거리다'는 의미이다. 이때 만물이 꿈틀거리며 생겨난다.
春은 蠢(준)也니 時物蠢而生也라

③ 其氣口風 : 陽의 기운이 움직이고 陰의 기운이 차가워지면 바람이 된다.
陽動而陰寒爲風也라

④ 風生木與骨 : 나무는 '바람'이 되어[11] 위로 펼쳐진다. 뼈 또한 나무의 종류다.
木爲風而發暢하고 骨亦木之類也라

⑤ 其德 喜嬴(영)而發出節 : '出'은 '생겨나다'는 의미이다. 봄의 덕은 기쁨으로 가득 차, 만물을 생겨나게 하는 시절이 된다는 의미이다.
出은 生也라 言春德은 喜悅長嬴하여 爲發生之〔時〕[12]節也라

---

9) 其德 喜嬴(영)而發出節時 : 原注에서는 '節'에서 끊고 '時'는 뒤의 "其事號令"에 붙였다. 그러나 王念孫(淸)은 '時'에서 끊어 읽어야 한다고 보았다.(≪讀書雜志≫) 郭沫若(中) 또한 이에 동의하면서, 그 근거로 劉本, 朱本에는 "發出節時" 아래에 "出 生也 言春德 喜悅長嬴爲發生之時節也('出'은 '생성하다'는 의미이다. 봄의 덕은 기쁨과 즐거움이 가득하여, 만물을 생성하는 계절이 된다는 의미이다.)"라는 주가 달려 있다는 점을 들고 있다.(≪管子集校≫)

10) 正陽 : 陰氣가 전혀 없는 순수한 陽의 상태를 의미한다.

11) 나무는……되어 : 陰陽五行論에서 木은 '동쪽'을 상징하고, '동쪽'은 ≪周易≫에서 巽卦와 연결되고 巽은 '바람'을 상징한다.

12) 〔時〕 : 저본에는 '時'가 없으나, 郭沫若(中)의 ≪管子集校≫에 의거하여 보충하였다. 劉本과 朱本에는 '時節'로 되어 있다는 것이다.

⑥ 謹禱弊梗(경) : '梗'은 '막히다'는 의미이다. 이때는 바야흐로 열리고 통하는 시기이니, 낡고 막힌 것이 있으면 신령에게 기도하여 잘 통하게 한다.
梗은 塞也라 時方開通이니 而有弊敗梗塞者면 則禱神하여 以通道之라
⑦ 宗正陽 : 봄은 陽의 기운이 작용하는 시기이다. 그러므로 正陽을 근본으로 삼는다.
春은 陽事라 故以正陽爲宗이라
⑧ 治隄防 : 여름에는 큰 비가 자주 내린다. 그러므로 봄에 미리 제방을 수리한다.
夏多水潦라 故於春에 預修隄防이라
⑨ 正津梁 : 교량을 바르게 한다는 의미이다.
謂正橋梁也라
⑩ 修溝瀆 甃(추)屋行水 : 甃는 〈수리하여〉 물을 흘러가게 하는 것이다. 〈수로의〉 무너진 지붕을 수리하고 때맞추어 바야흐로 물을 흘려보내면 차례로 움직이면서 작용한다.
甃者 使之行水也라 修屋壞하여 時方漑灌에 依次行而用이라
⑪ 解怨赦罪 通四方 : 무릇 이들은 모두 생성의 기운을 돕는다.
凡此는 皆助發生之氣라
⑫ 柔風甘雨乃至 : '柔'는 '온화하다'는 의미이다.
柔는 和也라
⑬ 此謂星德 : 별은 온화함을 그 덕으로 삼는다.
星以和爲德也라
⑭ 星者掌發爲風 : '掌'은 '주재하다'는 의미이다. 바람으로 만물을 생성하게 하는 것을 주관한다.
掌은 主也니 主以風發生이라

그러므로 봄에 겨울의 政令을 시행하면 식물이 시들고, 가을의 정령을 시행하면 서리가 내리고, 여름의 정령을 시행하면 더워진다. 그러므로 봄철 세 시기의 甲日과 乙日[13]에 다음과 같은 다섯 가지 정령을 공포한다. 첫째, 어린 고아를 보살피고 죄인을 풀어주라. 둘째, 爵位를 부여하고 俸祿을 지급하라. 셋째, 언 땅이 풀리면 도랑을 수리하고 도망간 사람들을 돌아오게 하라. 넷째, 울퉁불퉁한 길을 평평하게 하고, 논밭의 경계를 정비하고 밭고랑을 바로잡아라. 다섯째, 사슴 새끼를 죽이지 말고 꽃을 뽑지 말고 토란의 줄기를 자르지 말라. 이 다섯 가지 정령이 때에 맞추어 시행되면 봄비가 내린다.

---

13) 甲日과 乙日 : 木의 기운이 왕성한 날들이다.

是故春行冬政則雕①하고 **行秋政則霜**②하고 **行夏政則(欲)〔煥〕**[14)]이라 **是故春三月**에 **以甲乙之日發五政**③하니 **一政曰 論幼孤舍有罪**요 **二政曰 賦爵列授祿位**④요 **三政曰 凍解修溝瀆復亡人**⑤이요 **四政曰 端險阻**⑥**修封疆正千伯**⑦이요 **五政曰 無殺麑夭**하고 **毋蹇**(건)**華絶芋**⑧니 **五政苟時**면 **春雨乃來**라

① 春行冬政則雕 : 만물을 죽이는 기운이 봄에 올라타므로 식물이 시들고 잎이 떨어진다.
肅殺之氣乘之라 故彫落也라

② 行秋政則霜 : 가을은 서리가 내리는 시기이다.
秋는 霜降時也라

③ 以甲乙之日 發五政 : 甲日과 乙日은 봄의 세 시기[15)]를 통괄한다.
甲乙은 統春之三時也라

④ 賦爵列授祿位 : '列'은 차례이다.
列은 次也라

⑤ 復亡人 : 도망간 사람들을 돌아오게 한다.
人之逃亡者를 還復之라

⑥ 端險阻 : 길에 울퉁불퉁한 곳이 있으면 다듬어 평평하게 한다.
路有險阻면 理之使端平也라

⑦ 正千伯 : '千伯'은 곧 밭고랑이다.
千伯은 卽阡陌也라

⑧ 毋蹇(건)華絶芋 : '蹇'은 '뽑다'는 의미이다. 토란 종류는 그 뿌리가 겨울을 지나도 죽지 않으니 그것을 자르지 않는다.
蹇은 拔也라 芋之屬은 其根이 經冬不死니 不絶之也라

芋

남쪽을 상징하는 것은 해이니, 그 계절은 여름이고 그 기운은 陽이다. 陽은 불과 氣를 생성한다. 그 덕은 은혜를 베풀고 죄인을 용서하고 음악을 짓는 것이다. 그

---

14) (欲)〔煥〕: 저본에는 '欲'으로 되어 있으나, 劉績(明)의 ≪管子補注≫에 의거하여 '煥'으로 바로잡았다. ≪禮記≫ 〈月令〉에 "行夏令煖氣早來(여름의 정령을 시행하면 더운 기운이 일찍 찾아온다.)"라고 하였는데, 그 의미와 유사하다는 것이다. 安井衡(日)도 이에 동의하면서, 고대에 '欲'과 '煥'은 그 발음이 서로 유사하였다고 하였다.(≪管子纂詁≫)

15) 봄의 세 시기 : 孟春·仲春·季春을 의미한다.

일에 있어서는 다음과 같이 명령한다. 상을 내리고 벼슬을 수여하고, 俸祿을 내리고 지역 풍속을 따르고, 사당을 공경히 수리하고 공을 헤아려 어진 이를 포상하라. 이렇게 하여 陽의 기운을 활성화시키면, 90일간의 여름 더위가 오고, 때맞춰 비가 내리고, 온갖 곡식과 과일이 익게 된다. 이런 것을 해의 덕이라고 말한다.

南方曰日①이니 **其時曰夏**②요 **其氣曰陽**③이니 **陽生火與氣**④하고 **其德施舍修樂**(악)⑤이요 **其事號令**은 **賞賜賦爵**하고 **受祿順鄉**⑥하고 **謹修神祀**하고 **量功賞賢**하여 **以動陽氣**⑦면 **九暑乃至**⑧하고 **時雨乃降**하고 **五穀百果乃登**이니 **此謂日德**⑨이라

① 南方曰日 : 남쪽은 太陽이다. 그러므로 〈그 상징은〉 해가 된다.
南方은 太陽이라 故爲日也라

② 其時曰夏 : '夏'는 '크다'는 의미이다. 이때의 사물은 모두 크다는 의미이다.
夏는 假也니 謂時物皆假大也라

③ 其氣曰陽 : 〈陽은〉 여름의 기운이다.
夏之氣也라

④ 陽生火與氣 : 陽은 열이 무성하고 수증기가 피어오른다. 그러므로 火氣가 된다.
陽爲鬱熱敲蒸이라 故爲火氣也라

⑤ 其德施舍修樂(악) : '施舍'는 작록을 베풀고 도망간 죄인을 용서한다는 의미이다. '修樂'은 음악을 지음으로써 군주를 돕는다는 의미이다.
施舍는 謂施爵祿하고 舍逋罪요 修樂은 謂作樂以修輔也라

⑥ 受祿順鄉 : '順鄉'은 그 지역의 마땅한 풍속을 어기지 않는다는 의미이다.
順鄉은 謂不違土俗之宜也라

⑦ 量功賞賢 以動陽氣 : 陽氣는 仁을 주관한다. 그러므로 은혜와 상을 시행함으로써 양기를 돕는다.
陽氣는 主仁이라 故行恩賞하여 以助之也라

⑧ 九暑乃至 : '九暑'는 여름철 90일 동안의 더위를 의미한다.
九暑는 謂九夏之暑也라

⑨ 此謂日德 : 해는 밝게 비추고 기르는 것으로 덕을 삼는다.
日以昭育爲德也라

중앙을 상징하는 것은 土이다. 土의 덕은 사계절의 출입을 충실하게 돕고, 바람과 비로 土의 덕을 조절하여 생식의 힘을 증진시킨다. 土는 〈나무를 키워냄으로써 땅의〉 거죽과 피부를 생성하고, 그 덕은 조화롭고 균형을 유지하며, 中正의 자리

에 있어 사사로움이 없고, 사계절을 충실히 도와 봄에는 생육하고 여름에는 성장시키고 가을에는 거둬들이고 겨울에는 갈무리한다. 큰 추위가 정점에 이르러 〈한 해가 완성되면,〉 나라가 번창하고 사방 백성들이 복종하게 된다. 이런 것을 歲의 덕이라고 말한다.

해는 賞을 주관하니, 상을 얻으면 더워진다. 歲는 조화를 주관하니, 조화를 이루면 비가 내린다.

여름에 봄의 政令을 행하면 바람이 불고, 가을의 정령을 행하면 비가 내리고, 겨울의 정령을 행하면 잎이 떨어진다. 그러므로 여름 3개월의 丙日과 丁日에 다음과 같은 다섯 가지 정령을 내린다. 첫째, 공을 세운 자를 찾고 힘쓴 자를 발굴하여 등용하라. 둘째, 오랫동안 쌓아놓은 물건을 꺼내고, 묵은 창고를 열고, 오래된 지하 저장고를 개방하여 사람들에게 재물을 빌려주라. 셋째, 부채의 사용을 금지하고 草笠을 쓰지 못하게 하며, 옷깃을 짧게 하거나 어깨를 드러내지 않도록 하며, 농막에 비가 새도록 하라. 넷째, 백성에게 은혜를 베푼 유덕한 자를 찾아 상을 주라. 다섯째, 그물을 설치하여 동물을 잡는 행위를 금지하고, 날아가는 새를 잡지 않게 하라. 이상의 다섯 가지 정령이 때맞추어 시행되면 여름비가 내릴 것이다.

中央曰土①니 **土德實輔四時入出**②하여 **以風雨節土益力**③하니 **土**는 **生皮肌膚**④하고 **其德和平用均**⑤하고 **中正無私**⑥하며 **實輔四時**하여 **春嬴育**하고 **夏養長**하고 **秋聚收**하고 **冬閉藏**⑦하니 **大寒乃極**이면 **國家乃昌**하고 **四方乃服**⑧이니 **此謂歲德**⑨이라 **日掌賞**하니 **賞爲暑**⑩요 **歲掌和**하니 **和爲雨**⑪라 **夏行春政則風**⑫하고 **行秋政則水**하고 **行冬政則落**⑬이라 **是故夏三月**에 **以丙丁之日發五政**하니 **一政曰 求有功發勞力者而擧之**요 **二政曰 開久(墳)〔積〕**⑭[16]**發故屋辟故窌**(교)**以假貸**⑮요 **三政曰 令禁扇去笠**⑯**毋扱免**(삽문)⑰**(除急)**[17]**漏田廬**⑱요 **四政曰 求有德賜布施於民者而賞之**요 **五政曰 令禁罝**(저)**設禽獸**⑲**毋殺飛鳥**니 **五政苟時**면 **夏雨乃至也**라

① 中央曰土 : 土의 위치는 중앙이니, 그 왕성한 시기는 6월에 의탁하고 있다. 〈土가〉 火의 뒤를 잇는 것은, 土가 火에서 생겨나기 때문이다. 여름에 통섭되므로 火와 같은 章에 있는 것이다.

16) (墳)〔積〕 : 저본에는 '墳'으로 되어 있으나, 劉師培(中)의 ≪管子斠補≫에 의거하여 '積'으로 바로잡았다. '墳'은 '積'의 誤字라는 것이다.

17) (除急) : 저본에는 '除急'이 있으나, 兪樾(淸)의 ≪諸子平議≫에 의거하여 衍文으로 처리하였다. 그는 原注에서 '除急'의 의미에 대해 언급하고 있지 않다는 점을 그 근거로 들었다.

土位在中央이니 而寄王於六月이라 承火之後는 以土火之子故也라 而統於夏니 所以與火同章也라

② 土德實輔四時入出 : 土의 덕이 왕성한 시기는 사계절의 말미에 있으니,[18] 사계절과 더불어 들고 난다.

王在四時之季니 與之入出이라

③ 節土益力 : 土의 덕이 내리면 그 생식의 힘을 두루 증진시킨다.

土德雨에 遍益其生植之力이라

④ 土 生皮肌膚 : 土가 생성하는 木은 사실상 땅의 거죽과 피부를 형성한다.

土所生木은 實成皮與肌膚라

⑤ 其德和平用均 : 土는 싣지 못하는 것이 없고 생성하지 않는 것이 없다. 그러므로 〈土의 덕은〉 조화롭고 균형을 유지한다.

土는 無不載하고 無不生이라 故和而用均也라

⑥ 中正無私 : 中正의 자리에 머물고 있어 치우침이 없다.

位居中正하여 無偏私라

⑦ 實輔四時 … 冬閉藏 : 위의 네 계절은 모두 土가 도와 이루는 것이라는 의미이다.

言上之四時는 皆土之所輔成也라

⑧ 大寒乃極……四方乃服 : 土가 사계절을 도와 고르게 이루게 한 이후에, 추위가 절정에 이르러 한 해가 완성되고, 나라가 번창하고 백성이 복종한다는 의미이다.

言土輔四時하여 使均成然後에 寒極而成歲하고 國昌而民服이라

⑨ 此謂歲德 : 土는 한 해의 덕을 완성할 수 있다는 의미이다.

言土能成歲之德也라

⑩ 日掌賞 賞爲暑 : 상을 얻으면 뜨거워지고, 뜨거우므로 더워지게 된다.

得賞則熱하고 熱故爲暑라

⑪ 歲掌和 和爲雨 : 조화를 이루면 陰陽이 교류한다. 그러므로 비가 내린다.

和則陰陽交라 故爲雨라

⑫ 夏行春政則風 : 바람은 봄을 주관하기 때문이다.

風主春故라

⑬ 行冬政則落 : 서리의 기운은 만물을 죽인다. 그러므로 잎이 시들고 떨어진다.

霜氣肅殺이라 故彫落也라

⑭ 開久墳 : 오래된 무덤의 터를 열어 소통시킨다.

久墳瘞(예)之處를 開通之也라

---

18) 土의……있으니 : 五行 사상에서 土의 위치는 중앙에 해당한다. 그러나 계절에는 '중앙'이 없으므로 각 계절의 말미 18일을 土에 각각 배당하였다.

⑮ 辟故帘(교)以假貸 : '辟'은 '열다'는 의미이다.
辟은 開也라

⑯ 令禁扇去笠 : 부채를 금지하고 草笠을 벗게 하는 것은 사람들이 왕성한 陽의 기운을 막지 않게 하기 위해서이다.
禁扇去笠者는 不欲令人禦盛陽之氣라

⑰ 毋扱免(삽문) : 옷깃을 허리띠에 넣거나 어깨를 드러내는 것을 금지하는 것은, 또한 사람들이 왕성한 양의 기운을 싫어하지 않게 하기 위해서이다.
禁扱衽免袒者는 亦不欲人惡(오)盛陽之氣也라

⑱ 除急漏田廬 : 밭 가운데의 오두막에 비가 새게 놔두는 것은, 사람들이 왕성한 陽의 기운을 싫어하지 않게 하기 위해서이다.
田中之廬欲漏之는 不欲人惡盛陽之氣也라

⑲ 罝(저)設禽獸 : 그물을 설치하여 짐승을 잡는다는 의미이다.
謂設罝以取禽獸也라

서쪽을 상징하는 것은 辰이니, 그 시기는 가을이고, 그 기운은 陰이다. 陰은 金과 껍질을 낳는다. 그 덕은 근심하고 슬퍼함, 고요함과 반듯함, 엄숙하고 순종함, 고요히 머물면서 감히 방탕하지 않음이다. 그 일에 있어서는 다음과 같이 명령한다. '백성을 방탕하고 포악하게 만들지 말고, 때에 맞게 군대를 다스리고 거두어들이며, 백성의 자산을 헤아려 재물을 비축하고, 무리 가운데 〈무예의〉 재간이 있는 자에게 상을 주고, 〈병기 제작에 필요한〉 재료들을 모아들이고, 각종 물건을 거두어 백성이 게으르지 않게 하라.' 미워하는 방향을 살피면 바라는 것을 반드시 얻고, 내가 믿음직하면 적을 이긴다. 이것을 辰의 덕이라고 한다. 辰은 거둬들이는 것을 주관하니, 거둬들이는 것은 陰이 된다.

西方曰辰①이니 **其時曰秋**②요 **其氣曰陰**③이니 **陰生金與甲**④하고 **其德憂哀靜正嚴順**⑤**居不敢淫佚**⑥이요 **其事號令**은 **毋使民淫暴**하고 **順旅聚收**⑦하고 **量民資以畜聚**하고 **賞彼群幹**⑧하고 **聚彼群材**⑨하고 **百物乃收**하여 **使民毋怠**⑩라 **所惡**(오)**其察**이면 **所欲必得**⑪하고 **我信則克**⑫이니 **此謂辰德**⑬이라 **辰掌收**하니 **收爲陰**⑭이라

① 西方曰辰 : '辰'은 해와 별이 교차하며 모이는 곳이다. 가을에는 陰氣와 陽氣가 적절히 균형을 유지한다. 그러므로 〈가을을 상징하는 것은〉 辰이 된다.
辰은 星日交會也라 秋에 陰陽適中이라 故爲辰이라

② 其時曰秋 : '秋'는 '거둬들이다'는 의미이다. 이때 만물이 성숙해져 거둬들이게 된다.
秋는 揫(추)也니 時物成熟하여 揫斂之라

③ 其氣曰陰 : 가을의 기운이다.
秋之氣也라

④ 陰生金與甲 : 陰氣가 응결하면 단단해진다. 그러므로 음기는 金을 낳아 발톱과 껍질이 된다.
陰氣凝結이면 堅實이라 故生金爲爪甲也라

⑤ 其德憂哀靜正嚴順 : 가을의 기운은 처량하고 측은하다. 그러므로 근심하고 슬퍼하는 것으로 덕을 삼는다. '靜正(고요함과 반듯함)'은 陰의 성질이다. '嚴順'은 그 덕이 비록 엄숙하더라도 때를 따라서 행한다는 의미이다.
秋氣는 悽惻이라 故以憂恤哀憐爲德이라 靜正은 陰之性也라 嚴順은 謂德雖嚴이나 然順時而爲之也라

⑥ 居不敢淫佚 : 가을 기운을 따라서 고요히 머물면서, 감히 방탕하게 놀거나 잘못을 저지르지 않는다.
順秋氣而靜居하고 不敢爲淫佚過失也라

⑦ 順旅聚收 : 때에 맞게 군대를 다스리고 모아서 거둬들인다는 의미이다.
謂順時理軍旅하고 聚而收之也라

⑧ 賞彼群幹 : 무리 가운데 무예의 재간이 있는 자는 상을 주어야 한다.
衆有武幹人은 當賞之라

⑨ 聚彼群材 : '材'는 병기에 동원될 수 있는 재료를 의미하니, 그런 것은 모아들여야 한다.
材는 謂可以充兵器之材니 當收聚之라

⑩ 百物乃收 使民毋怠 : 이때는 거둬들이는 시기다. 군대를 내보내므로 장비를 모으는 것이니, 사람들은 게으름이 없어야 한다.
時云收斂이라 出師故聚裝이니 人無懈怠라

⑪ 所惡(오)其察 所欲必得 : 미워하는 방향을 살펴 정벌하면 바라는 것을 얻는다.
察所惡之方而伐之면 則得其所欲也라

⑫ 我信則克 : 내가 이미 성실하고 믿음직하므로 적을 이길 수 있다.
我旣誠信이라 故能克敵이라

⑬ 此謂辰德 : '辰'은 간사한 자들을 모아 죽이는 것으로 덕을 삼는다.
辰은 以收斂殺姦邪爲德也라

⑭ 辰掌收 收爲陰 : '收'는 '거둬들이다'는 의미이다. 겨울에는 갈무리한다. 그러므로 陰이 된다.
收는 聚라 冬은 閉藏이라 故爲陰이라

가을에 봄의 政令을 시행하면 꽃이 피고, 여름의 정령을 시행하면 비가 내리고, 겨울의 정령을 시행하면 만물이 죽어 나간다. 그러므로 가을 3개월의 庚日과 辛日에 다음과 같은 다섯 가지 정령을 반포한다. 첫째, 도박을 금지하고, 사소한 언쟁을 제한하고, 시기심에 의한 싸움을 풀도록 하라. 둘째, 兵器의 날을 드러내지 말라. 셋째, 농사짓는 군사들을 신중히 대하고 곡식 수확을 독려하라. 넷째, 〈창고의〉 훼손된 곳을 보완하고 갈라진 곳을 메우라. 다섯째, 담장을 수리하고 마을의 출입문을 잘 단속하라. 이상의 다섯 가지 정령이 때맞추어 시행되면 오곡이 모두 수확된다.

秋行春政則榮①하고 **行夏政則水**②하고 **行冬政則耗**③라 **是故秋三月**에 **以庚辛之日發五政**이니 **一政曰 禁博塞**④**圉小辯**(鬪譯跽)〔**譯忌鬪**〕⑤[19]요 **二政曰 毋見**(현)**五兵之刃**⑥이요 **三政曰 愼旅農趣**(촉)**聚收**요 **四政曰 補缺塞坼**(탁)⑦이요 **五政曰 修牆垣周門閭**⑧니 **五政苟時**면 **五穀皆入**이라

① 行春政則榮 : 봄에는 꽃이 핀다.
春發榮也라
② 行夏政則水 : 여름에는 비가 많이 내린다.
夏多行水潦也라
③ 行冬政則耗 : 겨울에는 만물을 죽이고 덜어내고 없앤다.
冬肅殺損耗也라
④ 禁博塞 : 도박은 간교함과 삿됨을 기른다. 그러므로 이를 금지한다.
博塞長姦邪라 故禁之라
⑤ 圉小辯鬪譯跽 : 자잘한 언쟁을 벌이면 말 잘하는 자가 나라를 뒤엎는다. 이와 더불어 말을 바꾸어 달리 전하고 서로 시기하여 訟事를 벌여 다투는 것은 모두 금지해야 한다.
小辯則利口覆國하고 及譯傳言語相疾忌爲鬪訟者는 皆當禁圉之也라
⑥ 毋見(현)五兵之刃 : 이때는 혹 군대를 내어 적을 습격한다. 그러므로 병기들의 날을 감춘다.
時或出師掩襲이라 故藏五兵之刃也라
⑦ 補缺塞坼(탁) : 군대가 농사를 지으면 신중히 거둬들여 가을에 바야흐로 갈무리해야 한다. 그러므로 〈창고의〉 균열된 곳을 메꾸게 한다.

19) (鬪譯跽)〔譯忌鬪〕: 저본에는 '鬪譯跽'로 되어 있으나, 兪樾(淸)의 ≪諸子平議≫에 의거하여 '譯忌鬪'로 바로잡았다. 여기서 '譯'은 郭沫若(中)의 ≪管子集校≫에 의거하여 '釋'으로 읽는다.

師旅營農이면 當愼收之하여 秋方閉藏이라 故令補塞缺坼也라

⑧ 修牆垣周門閭 : 이 또한 갈무리하는 기운을 돕기 위한 것이다.
亦所以助閉藏之氣라

북쪽을 상징하는 것은 달이니, 그 계절은 겨울이고, 그 기운은 차가움이다. 차가움은 물과 피를 생성한다. 그 덕은 순박함·베풂·따뜻함·용서함·갈무리함이다. 그 일에 있어서는 다음과 같이 명령한다. '백성들이 옮겨 다니는 것을 금지하여 백성을 고요히 머물게 하여, 地氣가 새지 않도록 하라. 형벌을 단행하고 벌을 주어 죄 지은 자를 용서하지 않음으로써 陰氣에 부응하라.' 큰 추위가 이에 이르고 군대가 이에 강해지고, 오곡이 이에 잘 익고, 국가가 이에 번창하고, 사방 국경의 수비가 이에 갖추어진다. 이런 것을 '달의 덕〔月德〕'이라 한다. 달은 징벌을 주관하고, 징벌을 행하면 추위가 온다.

北方曰月①이니 **其時曰冬**②이요 **其氣曰寒**③이니 **寒生水與血**④이라 **其德淳越溫**(怒)〔恕〕[20] **周密**⑤이요 **其事號令**은 **修禁徙民**하여 **令靜止**⑥하여 **地乃不泄**(설)⑦하고 **斷刑致罰**하고 **無赦有罪**하여 **以符陰氣**⑧라 **大寒乃至**하고 **甲兵乃强**하고 **五穀乃熟**하고 **國家乃昌**하고 **四方乃備**니 **此謂月德**⑨이라 **月掌罰**하고 **罰爲寒**⑩이라

① 北方曰月 : 북쪽은 太陰이다. 그러므로 〈북쪽의 상징은〉 '달'이 된다.
北方太陰이라 故爲月也라

② 其時曰冬 : '冬'은 '안'이다. 만물을 안으로 갈무리한다는 의미이다.
冬은 中也니 言藏收萬物於中也라

③ 其氣曰寒 : 〈차가움은〉 겨울의 기운이다.
冬之氣也라

④ 寒生水與血 : 추위가 풀리면 물이 흐른다. 피 또한 물과 같은 종류다.
寒釋則水流라 血은 亦水之類라

⑤ 其德淳越溫怒周密 : 겨울철에는 꽃과 잎사귀가 시들어 떨어지고 오직 뿌리와 줄기만 남아 있다. 그러므로 순수함과 질박함이 겨울의 덕이 된다. '越'은 '흩뿌리다'는 의미이다. 겨울에 이미 갈무리되면 계절은 인색함으로 들어간다. 그러므로 널리 베풀게 하는

20) (怒)〔恕〕: 저본에는 '怒'로 되어 있으나, 安井衡(日)의 ≪管子纂詁≫에 의거하여 '恕'로 바로잡았다. 古本에는 '恕'로 되어 있다는 것이다. 의미상으로도 '溫'과 어울리는 것은 '怒'보다는 '恕'이다. 原注에서는 '화를 내더라도 다시 따뜻함으로 조절해야 한다'는 식으로 풀이하고 있으나, 본서에서는 따르지 않았다.

것으로 덕을 삼는다. 비록 다시 속으로 화가 날지라도 따뜻한 마음으로 이를 조절해야 한다. '周密'은 뭇 陰이 갈무리되는 것이다.

冬時엔 花葉凋落하고 唯根幹存焉이라 故以淳質爲德이라 越은 散也라 冬旣閉藏이면 時則入於慍(인)嗇이라 故令散施爲德이니 雖復陰怒라도 當節之以溫이라 周密者는 衆陰之閉藏也라

⑥ 修禁徙民 令靜止 : 겨울철은 바야흐로 휴식할 때다. 그러므로 사람들이 사적으로 옮겨가는 것을 금지하여 고요히 머물게 한다.

時方休息이라 故禁人私徙하여 令爲靜止也라

⑦ 地乃不洩(설) : 겨울의 정령을 행하므로 연못이 새지 않는다.

冬令行이라 故地不泄也라

⑧ 斷刑致罰……以符陰氣 : 陰의 기운은 죽임을 주관한다. 그러므로 형벌을 단행하고 벌을 주는 것으로 음의 기운에 부응한다.

陰氣主殺이라 故斷刑致罪하여 以符之라

⑨ 此謂月德 : 달은 갈무리하고 죄를 벌하는 것으로 덕을 삼는다.

月以閉藏罰罪爲德也라

⑩ 月掌罰 罰爲寒 : 징벌하면 사물을 죽인다. 그러므로 추위가 된다.

罰則殺物이라 故爲寒也라

겨울에 봄의 政令을 시행하면 〈陽氣가〉 새고, 여름의 정령을 시행하면 우레가 치고, 가을의 정령을 시행하면 겨울이 일찍 끝난다. 그러므로 겨울 3개월의 壬日과 癸日에 다음 다섯 가지 정령을 공포한다. 첫째, 고아와 외로운 사람을 살피고 가난한 노인을 구휼하라. 둘째, 陰의 기운을 잘 따르고, 사당을 수리하며, 爵位와 俸祿을 하사하고, 관직을 수여하라. 셋째, 회계를 살피고, 산과 물에 내장된 자원을 캐내지 말라. 넷째, 간사한 자와 달아난 자를 체포하고, 도적을 잡은 자에게 상을 주라. 다섯째, 이사를 금지하고, 떠도는 사람들을 제지하고, 거처를 떠나지 못하게 하라. 이상의 다섯 가지 정령이 때에 맞게 시행되면 겨울철의 政事에 과실이 없어서, 구하는 것은 반드시 얻고, 싫어하는 것은 반드시 제압된다.

冬行春政則洩①하고 **行夏政則雷**②하고 **行秋政則旱**③이라 **是故冬三月**에 **以壬癸之日發五政**이니 **一政曰 論孤獨恤長老**요 **二政曰 善順陰修神祀**하고 **賦爵祿授備位**요 **三政曰 效會計**[21)]하고 **毋發山川之藏**④이요 **四政曰 捕奸遁**하고 **得盜賊者有賞**이요 **五政曰 禁遷徙**하고 **止流民**하고 **圉分異**⑤니

21) 效會計 : 張佩綸(淸)의 ≪廣雅≫ 〈釋言〉에 의거하여 '效'를 '考'로 읽었다.(≪管子學≫)

五政苟時면 **冬事不過**하여 **所求必得**하고 **所惡**(오)**必伏**이라

① 冬行春政則洩 : 봄에는 陽氣가 발산한다.
春陽氣發泄也라

② 行夏政則雷 : 여름에는 우레와 우박이 나타난다.
夏雷雹(박)行이라

③ 行秋政則旱 : 겨울 기운이 일찍 사라진다는 의미이다.
謂冬氣早旱也라

④ 毋發山川之藏 : '山藏'은 산에 내장되어 있는 銅이나 銀과 같은 종류를 가리킨다. '川藏'은 냇물에 내장되어 있는 진주와 옥과 같은 종류를 가리킨다.
山藏은 謂銅銀之屬藏在山者요 川藏은 謂珠玉之屬藏在川者也라

⑤ 圉分異 : '分異'는 거처를 떠나는 자를 말한다.
分異는 謂離居者라

그러므로 봄에 잎이 시들고 가을에 꽃이 피고 겨울에 우레가 치고 여름에 서리와 눈이 내리는 것은, 모두 〈때에 어긋난〉 氣가 해치는 현상들이다. 형벌과 덕의 시행이 계절을 뒤바꾸어 순서를 잃으면 해치는 기운이 빠르게 이르게 되고, 해치는 기운이 빠르게 이르면 나라에 자주 재앙이 발생한다. 그러므로 聖王은 때에 맞게 政事를 펼치고, 敎令을 만들어 그것에 따라 군사 훈련을 하고, 제사를 지내 덕을 드러내었다. 이 세 가지는 성왕이 천지의 운행에 합치하기 위해 행하는 일들이다.

是故春凋・秋榮・冬雷하고 **夏有霜雪**은 **此皆氣之賊也**①라 **刑德易節失次**하면 **則賊氣遬至**하고 **賊氣遬至**면 **則國多災殃**이라 **是故聖王務時而寄政焉**②하고 **作教而寄武**③하고 **作祀而寄德焉**④이니 **此三者**는 **聖王所以合於天地之行也**⑤라

① 此皆氣之賊也 : 氣가 때에 어긋나면 해로움이 발생한다.
氣反時면 則爲賊害也라

② 聖王務時而寄政焉 : 때에 맞게 政事를 펼친다는 의미이다.
謂順時而立政이라

③ 作教而寄武 : 教令에 따라서 무예를 익힌다.
因教而習武也

④ 作祀而寄德焉 : 제사를 베풀어 덕을 드러내면 귀신이 받아들인다는 의미이다.
謂設祭以顯德하면 則神歆也라

⑤ 此三者 聖王所以合於天地之行也 : 천지의 운행은 오직 이 세 가지일 뿐이다.
天地之行은 唯此三者而已라

해는 陽을 주재하고, 달은 陰을 주재하고, 별은 和(조화)를 주재한다. 陽은 덕을 행하고, 陰은 형벌을 행하고, 和는 일을 행한다. 그러므로 日食이 일어나면 덕을 잃은 나라가 이를 흉조로 여기고, 月食이 일어나면 형벌을 멋대로 행한 나라가 이를 흉조로 여기고, 혜성이 나타나면 일의 조화를 잃은 나라가 이를 흉조로 여기고, 바람과 해가 우월함을 다투면 政事가 바르지 않은 나라가 이를 흉조로 여긴다. 그러므로 聖王은 일식이 일어나면 덕을 닦고, 월식이 일어나면 형벌을 정비하고, 혜성이 나타나면 조화에 힘쓰고, 바람과 해가 우월을 다투면 政事를 바르게 한다. 이 네 가지는 성왕이 천지로부터의 誅殺을 면하는 이유가 되니, 이를 진실되게 행하면 오곡이 잘 자라고 六畜이 번식하고 군대가 강해진다. 훌륭한 다스림이 쌓이면 나라가 창성하고, 폭정이 쌓이면 나라가 망한다.

日掌陽하고 **月掌陰**하고 **星掌和**니 **陽爲德**이요 **陰爲刑**이요 **和爲事**라 **是故日食則失德之國惡**(오)**之**하고 **月食則失刑之國惡之**하고 **彗星見**(현)**則失和之國惡之**①하고 **風與日爭明**[22]**則失**(生)〔正〕[23]**之國惡之**②라 **是故聖王日食則修德**하고 **月食則修刑**하고 **彗星見則修和**하고 **風與日爭明則修**(生)〔正〕이니 **此四者**는 **聖王所以免於天地之誅也**니 **信能行之**면 **五穀蕃息**하고 **六畜殖而甲兵强**이라 **治積則昌**하고 **暴虐積則亡**이라

① 日食則失德之國惡(오)之 : 〈덕, 형벌, 조화 등을〉 잃으면 벌을 받아야 한다. 그러므로 그 잃는 행위는 각자의 유형에 따라 나타나고, 〈그에 따라〉 싫어함이 나타난다.
失則當受罰이라 故其所失은 各以其所類하고 而興惡(오)也라

② 風與日爭明則失生之國惡之 : 해는 바람을 싫어하고, 또한 열기와 가뭄으로 재해가 형성되면 막 생겨난 식물이 모두 말라 죽게 된다. 이는 생성의 덕을 잃는 것이다. 그러므로 생성의 도를 잃은 나라는 이를 싫어한다.
日惡風하고 且熱旱災成矣면 方生之物皆枯悴矣니 此失生德也라 故失生之國惡也라

22) 風與日爭明 : 許維遹(中)은 '明'은 '尊'과 같은 의미로 쓰였고, 이때 '尊'은 '長'과 같다고 하였다. 따라서 '爭明'은 곧 '爭長'의 의미로 풀이될 수 있다고 보았다.(≪管子集校≫)

23) 失(生)〔正〕 : 저본에는 '生'으로 되어 있으나, 許維遹(中)의 ≪管子集校≫에 의거하여 '正'으로 바로잡았다. 아래도 같다. 여기서 '正'은 곧 '政'으로 읽혀질 수 있다고 하였고, '失政'은 앞의 '失德'·'失刑'·'失和'와 동일한 형태의 말이 된다고 보았다.

道는 천지를 생성하고, 德은 현인을 배출한다. 도는 덕을 낳고, 덕은 바름을 낳고, 바름은 일을 낳는다. 이 때문에 聖王이 천하를 다스릴 때는 궁극에 이르면 다시 돌아오고, 일이 끝나면 새롭게 시작한다. 덕은 봄에 시작하여 여름에 성장하고, 형벌은 가을에 시작하여 겨울에 멈춘다. 형벌과 덕이 때를 잃지 않으면 사계절이 한결같고, 형벌과 덕이 올바른 방향에서 벗어나면 계절이 역행한다. 〈그러면〉 일을 진행하여도 이루지 못하고 반드시 큰 재앙이 생긴다.

달마다 세 가지 政令[24)]을 시행하면 왕의 일이 반드시 잘 다스려지고 오래 유지된다. 〈이 세 가지 정령에〉 합치하지 못하는 자는 죽고, 그 이치를 놓치는 자는 망하게 된다. 나라에는 지켜야 할 사계절의 정령이 있으니, 이로써 왕의 일을 굳건히 한다. 사계절에 따른 정령을 잘 지켜 그 마땅함을 얻게 하고, 매달 세 가지 정령을 잡고 자신의 덕을 돕는다.

道生天地①하고 **德出賢人**②이니 **道生德**③하고 **德生正**④하고 **正生事**⑤라 **是以聖王治天下**에 **窮則反**하고 **終則始**라 **德始於春**하여 **長於夏**요 **刑始於秋**하여 (流)〔休〕[25)]**於冬**⑥이라 **刑德不失**이면 **四時如一**⑦이요 **刑德離鄕**이면 **時乃逆行**⑧이니 **作事不成**하고 **必有大殃**이라 **月有三政**⑨이면 **王事必理**하여 **以爲久長**⑩이요 **不中者 死**하고 **失理者 亡**⑪이라 **國有四時**니 **固執王事**⑫라 **四守有所**⑬하고 **三政執輔**⑭라

① 道生天地 : 도는 저절로 그러한 것으로, 천지를 생성할 수 있다.
道者는 自然이니 能生天地也라

② 德出賢人 : 덕은 현명한 사람이 닦으며 행하는 것이니, 그러므로 현명한 사람을 생겨나게 할 수 있다.
德者는 賢人所修爲라 故能生賢也라

③ 道生德 : 도를 본받으면 덕을 이룬다.
法道則成德也라

④ 德生正 : 덕을 닦으면 이치가 저절로 바르게 된다.
德修면 則理自正이라

24) 세 가지 政令 : 郭沫若(中)의 ≪管子集校≫에 의거하면 앞에서 언급된, "때에 맞게 政事를 펼치고, 敎令을 만들어 그것에 따라 군사 훈련을 하고, 제사를 지내 덕을 드러낸다."라고 한다.

25) (流)〔休〕 : 저본에는 '流'로 되어 있으나, 張佩綸(淸)의 ≪管子學≫에 의거하여 '休'로 바로잡았다. 原注에서 '刑於冬而休息也(겨울에는 형벌을 멈춘다.)'라고 풀이하고 있으므로, '休'가 타당하다는 것이다.

⑤ 正生事 : 바르고 곧으면 일이 처리된다.
正直則事幹이라

⑥ 流於冬 : 겨울에는 형벌을 멈춘다는 의미이다.
謂刑於冬而休息也라

⑦ 刑德不失 四時如一 : 모두 때를 따라서 이루어진다. 그러므로 마치 하나와 같다.
皆順時而成이라 故如一이라

⑧ 刑德離鄕 時乃逆行 : '鄕'은 방향이다.
鄕은 方也라

⑨ 月有三政 : 매달 열흘씩 政令이 다르다. 그러므로 '三政'이라 말한다.
月三旬政異라 故曰 三政也라

⑩ 王事必理 以爲久長 : 왕이 國事를 행할 때는 반드시 三政의 이치를 따른다. 그런 이후에 나라를 오래 유지할 수 있다.
王者行事에 必順三政之理라 然後可以長久라

⑪ 不中者死 失理者亡 : '中'은 '합치하다'와 같다. 三政에 합치하지 않는 자는 죽고, 그 이치를 어기면 반드시 망한다.
中은 猶合也라 不合三政者 則死요 違失其理면 必敗亡이라

⑫ 國有四時 固執王事 : 사계절의 政令을 굳게 잡음으로써 왕의 일을 도와 행한다.
固執四時之政하여 以輔行王事라

⑬ 四守有所 : 사계절을 지켜 그 마땅함을 얻게 한다는 의미이다.
謂守四時하여 令得其所라

⑭ 三政執輔 : 매월 세 가지 정령을 잡고 자신의 덕을 도와 행한다.
執月三之政하여 輔行己德也라

제41편 오행 五行

단어 15 短語 十五

이 편의 내용은 앞에 나온 〈幼官〉 및 〈四時〉와 관련이 있다. 木·火·土·金·水의 五行을 계절의 변화와 연계시키고, 통치자는 이러한 계절의 변화에 합당한 정책을 펴고 정령을 내려야 한다고 주장한다.

이 편은 크게 세 부분으로 구성되어 있다. 첫째, 자연계의 다양한 현상을 인간 사회의 정치 제도와 연결시키고 있다. 둘째, 1년을 72일씩 5등분하여 오행의 운행 및 사계절의 변화와 연결시키고, 이를 다시 통치자가 계절마다 행해야 할 정책과 연결시킨다. 셋째, 통치자가 오행의 변화에 따른 마땅한 정책을 행하지 않을 경우 나타날 수 있는 여러 형태의 재앙을 제시한다.

이처럼 오행을 사계절의 변화에 연계시키고, 통치자는 그에 합당한 정책을 펼 것을 주장하는 사상은, 이후 戰國 말에 이르러 이른바 '時令 사상'으로 발전된다. 그리고 그러한 발전의 결과물이 ≪呂氏春秋≫의 〈十二期〉, ≪禮記≫의 〈月令〉, ≪淮南子≫의 〈時則〉 등이다.

〈나라를 다스릴 때 중시해야 할 것은〉 첫째는 농업과 蠶業이고, 둘째는 도구이고, 셋째는 노동력의 충원이고, 넷째는 다스림이고, 다섯째는 가르침이고, 여섯째는 〈관직을 설치하여〉 백성을 지키는 것이고, 일곱째는 일을 기획하는 것이고, 여덟째는 백성의 삶을 고르게 하는 것이고, 아홉째는 王道政治의 완성이다. 열 번째는 이렇게 한 이후에 五官을 세워 六府를 分掌케 하고,[1] 五聲을 六律에 배분하는 것이다.

---

1) 五官을……하고 : 五官과 六府에 대해서는 ≪淮南子≫ 〈天文〉에서 다음과 같이 설명하고 있다. "五官이란 무엇인가? 동쪽을 주재하는 것은 田官이고, 남쪽을 주재하는 것은 司馬이며, 서쪽을 주재하는 것은 理官이고, 북쪽을 주재하는 것은 司空이며, 중앙을 주재하는 것은 都官이다. 六府란 무엇인가? 子午, 丑未, 寅申, 卯酉, 辰戌, 巳亥를 말한다.〔何謂五官 東方爲田 南方爲司馬 西方爲理 北方爲司空 中央爲都 何謂六府 子午 丑未 寅申 卯酉 辰戌 巳亥 是也〕"

一者本也①요 二者器也②요 三者充也③요 治者四也④요 敎者五也⑤요 守者六也⑥요 立者七也⑦요 前者八也⑧[2]요 終者九也⑨요 十者然後具五官於六府也⑩며 五聲於六律也⑪라

① 一者本也 : '本'은 農業과 蠶業이다.
本은 農桑也라

② 二者器也 : '器'는 농사를 짓고 누에를 치는 데 필요한 도구들이다.
器는 所以理農桑之具也라

③ 三者充也 : '充'은 노동력이 '근본(농업과 잠업)'과 '도구들'을 감당할 수 있다는 의미이다.
充은 謂人力能稱本與器也라

④ 治者四也 : 백성이 이미 근본에 힘쓰게 되면, 다스리는 제도(법)를 설치하여 백성을 다스린다.
人旣務本이면 設治以理之也라

⑤ 敎者五也 : 백성이 이미 법을 받들면 예의를 가르친다.
人旣奉法이면 則以禮義敎之라

⑥ 守者六也 : 백성이 이미 법을 받들고 가르침을 따르면, 관직을 설치하여 백성을 지킨다.
人旣奉法從敎면 則設官以守之라

⑦ 立者七也 : 이미 관직을 설치하여 백성을 지키면, 일을 도모할 수 있다
旣設官以守之면 則能立事라

⑧ 前者八也 : 이미 공을 세우고 일을 도모할 수 있으면, 이전 왕들과 그 융성함을 비교할 수 있다.
旣能立功立事면 可與前王比隆이라

⑨ 終者九也 : 이미 이전 왕들과 그 융성함을 비교할 수 있으면, 王道政治가 완성되었다고 할 수 있다.
旣能與前王比隆이면 可謂王道之終也라

⑩ 具五官於六府也 : 五行의 관직을 세워 六府의 政事를 分掌케 한다.
立五行之官하여 分掌六府也라

⑪ 五聲於六律也 : 五聲을 六律에 배분한다는 의미이다.
謂播五聲於六律也라

6개월마다 夏至와 冬至가 있다. 그러므로 인간 세상에는 六府가 있는데, 육부는

---

2) 前者八也 : 張佩綸(淸)은 '前'은 '翦'으로 읽어야 한다고 보았고, 이때 '翦'은 '齊'의 의미라고 하였다.(≪管子學≫) 原注에서는 '前'을 '이전 왕들과 그 융성함을 비교한다.'는 의미로 풀이하고 있는데, 문맥상 적절하지 않다.

천지와 소통하기 위한 것이다. 하늘의 도는 9로써 제어하고, 땅의 이치는 8로써 제어하고, 인간의 도는 6으로써 제어한다. 〈자연은〉 하늘을 아버지로 삼고 땅을 어머니로 삼고, 이로써 만물을 열어 일체 만물을 통일한다. 〈천자는〉 九制[3]와 六府와 三事[4]에 통달하여야 밝은 천자가 된다. 물과 흙을 잘 관리하여 흉년을 대비하고, 오곡을 저장하는 창고를 열어 가난한 사람들을 살피고, 제사를 지내면서 땅의 이로움을 관찰한다. 점차로 마음을 변화시켜 精氣에 합일하게 하니, 이미 정기와 합일하면 행위에 일정함이 있게 되고, 행위에 일정함이 있으면 법도를 지니게 된다. 그러면 〈다스려지는 세상의〉 소리를 살피고 검증하여 12鍾[5]의 音을 닦아 人情에 따르도록 한다. 인정을 이미 얻으면 사물의 이치가 극에 이르니, 그런 다음에야 덕이 있다고 할 수 있다.

六月에 **日至**①라 **是故人有**(六多)〔**六府**〕②[6]니 (六多)〔**六府**〕는 **所以街天地也**③라 **天道以九制**④하고 **地理以八制**⑤하고 **人道以六制**⑥니 **以天爲父**하고 **以地爲母**하여 **以開乎萬物**⑦하여 **以總一統**⑧이니 **通乎九制・六府・三**(充)〔**事**〕[7]라야 **而爲明天子**⑨라 **修槩水**(上)〔**土**〕하여 **以待乎天**(堇)〔**饉**〕⑩하고 (反)〔**發**〕**五藏**하여 **以視不**(親)〔**賑**〕⑪[8]하고 **治祀之下**하여 **以觀地**(位)〔**利**〕⑫[9]요

---

3) 九制 : 앞에서 '天道以九制'라 하였으므로 '九制'는 天道를 의미하는 것으로 볼 수 있다. 반면에 李哲明(中)은 '九制'는 곧 '九功'의 誤字로 보고, '九功'은 ≪尚書≫에 나오는 水・火・金・木・土・穀을 잘 다스리는 6가지 일과, 正德・利用・厚生 3가지를 합친 아홉 가지 일로 보았다.(≪管子校義≫)

4) 三事 : 李勉(中)은 農・工・商의 세 가지 일, 또는 天道・地理・人事의 세 가지로 보았다.(≪管子今註今譯≫)

5) 12鍾 : 12개월과 상응하는 12律로, 黃鍾・大呂・太蔟・夾鍾・姑洗・仲呂・蕤賓・林鍾・夷則・藍興・應鐘을 말한다.

6) (六多)〔六府〕: 저본에는 '六多'로 되어 있으나, 劉績(明)의 ≪管子補注≫에 의거하여 '六府'로 바로잡았다. '六多'는 '六府'이며, 아래의 문장에서도 '通乎九制・六府・三充而爲明天子'라고 말하면서 '六府'를 언급하고 있다는 것이다. 그리고 '街'는 '通'의 의미와 같다고 보았다. 原注에서 언급된 '六多'와 '街'에 대한 풀이는 여러 주석자가 지적하듯이 이해하기 어렵다.

7) (充)〔事〕: 저본에는 '充'으로 되어 있으나, 李哲明(中)의 ≪管子校義≫에 의거하여 '事'로 바로잡았다.

8) 修槩水(上)〔土〕……以視不(親)〔賑〕: 저본에는 '修槩水上以待乎天堇 反五藏以視不親'으로 되어 있으나, 郭沫若(中)의 ≪管子集校≫에 의거하여 '修槩水土以待乎天饉 發五藏以視不賑'으로 바로잡았다.

9) (位)〔利〕: 저본에는 '位'로 되어 있으나, 郭沫若(中)의 ≪管子集校≫에 의거하여 '利'로 바로잡았다. '位'는 '利'의 誤字라는 것이다. 그는 그 근거로 ≪禮記≫ 〈禮運〉에 '祀社于國 所以列地利也(나라에서 토지신에게 제사 지내는 것은 地利를 펼치기 위해서이다.)'라는 문장을 들고 있다.

貨曋神廬[10)]하여 **合於精氣**⑬하니 **已合而有常**⑭하고 **有常而有經**⑮이라 **審合其聲**하고 **修十二鍾**하여 **以律人情**⑯하고 **人情已得**이면 **萬物有極**이니 **然後有德**⑰이라

① 六月日至 : 陽氣가 생겨난 지 6개월이 되면 夏至가 되고, 陰氣가 생겨난 지 6개월이 되면 冬至가 된다.
陽生至六이면 爲夏至요 陰生至六이면 爲冬至라

② 人有六多 : 陽氣가 생겨난 후 6개월이 지나면 순수한 陽이 많아지고, 陰氣가 생겨난 후 6개월이 지나면 순수한 陰이 많아진다. 〈사람은〉 陰陽의 순수한 기운을 부여받아 생겨났다. 그러므로 "사람은 六이 많은 특징을 지녔다."고 말한다.
陽至六이면 爲純陽之多也요 陰至六이면 爲純陰之多也라 稟陰陽之純以生이라 故曰 人有六多라

③ 六多 所以街天地也 : '街'는 '陰陽이 많다'와 같다.
街는 猶陽陰多也라

④ 天道以九制 : '九'는 老陽의 숫자이다. 노양으로 하늘을 제어하므로 우두머리 노릇 하게 되는 것이다.
九는 老陽之數라 以老陽制天하니 所以君長之也라

⑤ 地理以八制 : '八'은 少陰의 숫자이다. 소음으로 땅을 제어하므로 사물을 생육하고자 한다.
八은 少陰之數라 以少陰制地하니 欲其生息也라

⑥ 人道以六制 : '六'은 三才를 겸하는 숫자이다. 사람은 천지의 陰陽 기운을 부여받아 생겨났다. 그러므로 〈六으로〉 사람을 제어한다.
六者는 兼三才之數라 人稟天地陰陽之氣以生이라 故以制人이라

⑦ 以天爲父……以開乎萬物 : 아비와 어미가 서로 소통하여 만물을 생성한다.
父母開通하여 以生萬物이라

⑧ 以總一統 : 그 근본을 총괄적으로 유지함으로써 만물을 통일한다.
總持其本하여 以統萬物也라

⑨ 通乎九制……而爲明天子 : 九制 이하를 총괄하고 통일할 수 있으면 현명한 천자라 할 수 있다는 의미이다.
言能總一統九制已下면 可謂明天子라

---

10) 貨曋神廬 : 郭沫若(中)은 '貨曋'은 '化潭'으로 읽어야 한다고 보았다. 그리고 그 의미는 ≪孟子≫ 〈盡心〉의 "有如時雨化之者(때맞추어 내리는 비가 초목을 변화시키는 것과 같다.)"에 대한 趙岐의 주 "敎之漸漬而浹洽也(가르쳐 그 교화가 점차 스며들게 하여 두루 미치게 한다.)"와 같다고 보았다. 그리고 '神廬'는 '정신이 머무는 집' 즉 '心'으로 보았다.(≪管子集校≫) 본서에서는 이에 의거하여 번역하였다.

⑩ 修槩水 上以待乎天堇 : '堇'은 '정성'이라는 의미이다. 천자가 中正의 태도로 자신을 닦아 자신을 평온하게 할 수 있으면, 위로 하늘의 정성을 기다릴 수 있다는 의미이다.
堇은 誠也라 言天子能以中正自修하여 以槩自平이면 上待天誠也라

⑪ 反五藏 以視不親 : 또한 친히 五藏을 돌이켜 관찰하여, 어떤 사람이 친하지 않은지를 살핀다.
又親反察於五藏하여 以視知何者不親也라

⑫ 治祀之下 以觀地位 : 제사를 지낼 때, 제사 지내는 곳 아래에서 땅의 위치의 높고 낮음을 관찰한다.
理於祭祀之時에 於其所祭之下에 觀知地位之尊卑也라

⑬ 貨曋(심)神廬 合於精氣 : '神廬'는 사당을 가리킨다. 해가 머무는 모퉁이를 '曋'이라 한다. 사당에 제사를 지낼 때 혹 진귀한 재화를 바치는데, 이미 땅에 제물을 바쳤더라도 다시 해가 머무는 곳에 제물을 올리니, 이는 정갈하고 상서롭게 만들기 위함이다. 이와 같이 하는 것은 귀신의 정기를 불러내어 합치하기 위한 방법이다.
神廬는 謂廟祠也요 日所次隅曰曋이니 言祭神廬之時에 或薦珍貨로되 雖已奠於地라도 復以日次隅之하니 所以爲精祥也라 如此者는 所以招合鬼神精氣之道也라

⑭ 已合而有常 : 신령이 이미 모여서 흠향하면, 정상적으로 바람이 불고 비가 내린다.
神旣合聚而饗祐면 則風雨得其常也라

⑮ 有常而有經 : 바람과 비가 정상적이면 온갖 재화가 이루어지고 일정한 법칙을 잃지 않는다.
風雨有常이면 百貨成而常經不失也라

⑯ 審合其聲……以律人情 : 일정한 법칙을 잃지 않으면 여러 공적이 모두 통하게 된다. 그러므로 다스려지는 세상의 소리를 심사하고 검증하여 편안하고 즐거운 음을 이룰 수 있다. 그렇게 한 다음 12鍾으로 그 음을 전파하는데, 음의 높낮이는 모두 人情을 본받는다. '律'은 '본받다'는 의미이다.
不失其經이면 則庶績咸通이라 故可審合理世之聲하여 以成安樂之音이니 然後에 十二鍾以播其音하니 音之高下는 皆法人情이라 律은 法也라

⑰ 人情已得……然後有德 : 人情을 얻으면 사물의 이치가 극에 이른다. 사물의 이치를 철저히 깨달으면 덕이 있다고 할 수 있다.
得人情則物理極이니 極於物理면 可謂有德也라

그러므로 陽氣에 통하면 하늘을 섬길 수 있으니, 해와 달의 운행을 파악하여 백성에게 사용한다. 陰氣에 통하면 땅을 섬길 수 있으니, 별자리의 운행을 파악하여 그것의 배열을 살핀다. 이와 같은 道에 통한 이후에 政事를 행하면, 신령스러운 蓍

草占도 영험하지 않고 신령스러운 거북도 점치지 못하니, 다스림의 지극함이다.

故通乎陽氣면 **所以事天也**니 **經緯日月**하여 **用之於民**①이요 **通乎陰氣**면 **所以事地也**니 **經緯星曆**하여 **以視其離**②라 **通若道然後有行**③이니 **然則神筮不靈**하고 **神龜不卜**④이니 (**黃帝澤參**)[11] **治之至也**⑤라

① 通乎陽氣……用之於民 : 하늘의 기운은 陽氣를 쌓아 그의 덕을 이룬다. 그러므로 양기에 통한 이후에 하늘을 섬길 수 있고, 또한 해와 달이 운행하는 때를 파악하여 사람들이 그것을 사용하게 할 수 있다.

天氣以積陽成德이라 故通陽氣然後에 能事天하고 又經緯日月之時候하여 使人用之也라

② 通乎陰氣……以視其離 : 땅은 陰氣를 쌓아 그 형체를 이룬다. 그러므로 음기에 통한 이후에 땅을 섬길 수 있고, 또한 별자리의 節氣를 파악하여 그것의 배열을 살필 수 있다.

地以積陰成體라 故通陰氣然後에 能事地하고 又經緯星曆之節氣하여 視知其離絶也라

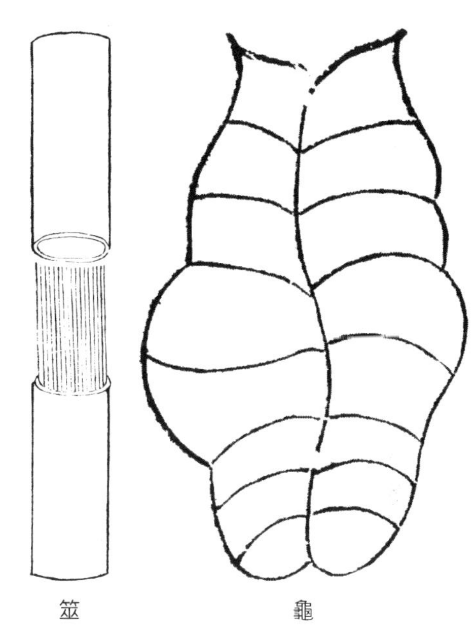

③ 通若道然後有行 : 위로 陰陽과 천지의 도에 통할 수 있는 이후에, 행하는 바가 잘못되지 않는다는 의미이다.

言能通上陰陽天地之道然後에 所行不失也라

④ 然則神筮不靈 神龜不卜 : 이미 천지의 도에 통하면 행하는 바가 합당하지 않는 것이 없다. 그러므로 거북점과 시초점이 그 점치는 기능을 할 수 없다.

旣通天地之道면 則所行無不當이라 故龜筮不能爲卜兆라

⑤ 黃帝澤參 治之至也 : 黃帝가 비록 천지의 도에 통달하였지만 주변 사람들에게 찾아가 묻지 않도록 하는 것을 은택으로 여겼다. 이로써 황제는 萬靈의 실정을 얻었으니, 다스림의 지극함이라 할 수 있다.

黃帝雖通天地之道나 不使參問曰澤하여 以得萬靈之情이니 可謂理之至也라

---

11) (黃帝澤參) : 저본에는 '黃帝澤參'이 있으나, 郭沫若(中)의 ≪管子集校≫에 의거하여 衍文으로 처리하였다. 일찍이 陳奐(淸)도 이 구절 및 이에 대한 原注에 오탈자가 많아 해독하기 힘들다는 점을 지적하였다.

옛날에 黃帝는 蚩尤를 얻어 天道를 밝혔고, 大常을 얻어 地利를 살폈고, 奢龍을 얻어 東方을 살폈고, 祝融을 얻어 南方을 살폈고, 大封을 얻어 西方을 살폈고, 后土를 얻어 北方을 살폈다. 황제가 이들 여섯 재상을 얻으니 천하가 다스려졌고 神明이 이르렀다.

치우는 천도에 밝았으므로 當時[12]로 삼았고, 대상은 지리에 밝았으므로 廩者[13]로 삼았고, 사룡은 동방에 밝았으므로 土師[14]로 삼았고, 축융은 남방에 밝았으므로 司徒[15]로 삼았고, 대봉은 서방에 밝았으므로 司馬[16]로 삼았고, 후토는 북방에 밝았으므로 李[17]로 삼았다. 이 때문에 봄은 토사가 주도하였고, 여름은 사도가 주도하였고, 가을은 사마가 주도하였고, 겨울은 李가 주도하였다.

黃帝

昔者에 **黃帝得蚩尤而明於天道**하고 **得大常而察於地利**하고 **得奢龍而辯於東方**하고 **得祝融而辯於南方**하고 **得大封而辯於西方**하고 **得后土而辯於北方**이니 **黃帝得六相而天(地)〔下〕治**하고 **神明〔之〕至〔也〕**[18]라 **蚩尤明乎天道**라 **故使爲當時**①하고 **大常察乎地利**라 **故使爲廩**(름)**者**②하고 **奢龍辯乎東方**이라 **故使爲土師**③하고 **祝融辨乎南方**이라 **故使爲司徒**④하고 **大封辨於西方**이라 **故使爲司馬**⑤하고 **后土辨乎北方**이라 **故使爲李**⑥라 **是故春者土師也**요 **夏者司徒也**요 **秋者司馬也**요 **冬者李也**라

① 當時 : 天時의 마땅함을 안다는 의미이다.
謂知天時之所當也라

② 廩(름)者 : '廩'은 '공급하다'는 의미이다. 창고를 열어 사람들에게 〈곡식을〉 공급한다는

---

12) 當時 : 天文을 관장하는 관직이다.
13) 廩者 : 국가 재정을 관장하는 관직이다.
14) 土師 : 司空과 같은 것으로, 토목 공사를 관장하는 관직이다.
15) 司徒 : 농사를 관장하는 관직이다.
16) 司馬 : 군사를 관장하는 관직이다.
17) 李 : 형벌을 관장하는 관직이다.
18) 天(地)〔下〕治 神明〔之〕至〔也〕: 저본에는 '天地治 神明至'로 되어 있으나, 孫星衍(淸)의 《管子集校》에 의거하여 '天下治 神明之至也'로 바로잡았다. 《北堂書鈔》 및 《太平御覽》의 인용문에 그렇게 되어 있다고 한다.

의미이다.

廩은 給也니 謂開廩以給人也라

③ 土師 : 土師는 곧 司空이다.

土師는 卽司空也라

④ 司徒 : 무리를 주관하여 농사에 힘쓰게 한다는 의미이다.

謂主徒衆使務農也라

⑤ 司馬 : 兵馬를 주관하여 전쟁에 나아간다.

主兵馬以出征이라

⑥ 李也 : '李'는 獄事를 맡은 관리이다. 〈관리를〉 선발하여 물의 평평함을 본받게 하였다.

李는 獄官也니 取使象水之平也라

옛날에 黃帝는 〈정치의〉 완급을 조절하여 五聲[19]을 만들어 五鍾[20]을 바로잡았다. 오종의 이름은 다음과 같다. 첫째 靑鍾 大音이고, 둘째 赤鍾 重心이고, 셋째 黃鍾 灑光이고, 넷째 景鍾 昧其明이고, 다섯째 黑鍾 隱其常이다.[21] 오성이 이미 조절된 이후에 五行을 세워 天時를 바로잡았고, 五官을 세워 사람의 지위를 바로잡았다. 사람과 하늘이 조화를 이룬 이후에 천지에 〈甘露나 醴泉[22]과 같은〉 좋은 것들이 생겨났다.

昔黃帝以其緩急作五聲①하여 **以政五鍾**하여 **令其五鍾**[23]하니 **一曰 靑鍾大音**②이요 **二曰 赤鍾重心**이요 **三曰 黃鍾灑光**이요 **四曰 景鍾昧其明**이요 **五曰 黑鍾隱其常**③이라 **五聲既調然後作立五行**하여 **以正天時**하고 **五官以正人位**니 **人與天調然後天地之美生**④이라

① 以其緩急作五聲 : 정치의 완급을 조정하여 五聲을 만들었다.

調政理之緩急하여 作五聲也라

② 大音 : 大音은 동쪽 종의 이름이다.

大音은 東方鍾名이라

③ 靑鍾大音……黑鍾隱其常 : 大音과 重心 이하는 모두 종의 이름이다. 그러나 그 의미에

19) 五聲 : 宮·商·角·徵(치)·羽의 다섯 음을 말한다.

20) 五鍾 : 東·西·南·北·中의 다섯 방위에 짝하는 鍾을 말한다.

21) 靑鍾……隱其常이다 : 原注에서 "大音은 동쪽 방향의 종 이름이다."라고 하였다. 이것으로 미루어볼 때, '重心'·'灑光'·'昧其明'·'隱其常'은 각각 남쪽·중앙·서쪽·북쪽의 종 이름이 된다.

22) 甘露와 醴泉 : 고대에 이들이 나타나면 상서롭고 길한 조짐으로 간주되었다.

23) 令其五鍾 : 丁士涵(淸)은 '令'은 '命'과 통하고, '命'은 곧 '名'의 의미라고 보았다.(≪管子校本≫)

대해서는 들어본 적이 없다.

自大音重心已下는 皆鍾名이나 其義則未聞이라

④ 天地之美生 : '美'는 甘露나 醴泉과 같은 종류를 가리킨다.

美는 謂甘露醴泉之類也라

봄날이 이르러 甲子日에 木行[24)]이 계절을 주도하는 것을 보면, 천자는 政令을 내려 좌우 士師와 內寺에게 명하여, 벼슬의 등급을 총괄적으로 구별하고, 관리들의 유능함과 무능함을 의론하고, 은밀히 간직한 물건을 꺼내 온 나라 백성들에게 상으로 내리고, 농토의 수에 따라 묵은 곡식을 풀고, 산림관을 보내 산림을 순시케 한다. 백성이 벌목하는 것을 금지하는 것은 초목을 아끼기 위한 것이다. 이렇게 하면 얼음이 녹고 언 땅이 풀려 초목의 새싹이 제각기 나뉘어 생겨난다. 〈이에〉 겨울잠을 자는 벌레와 卵·菱을 제거하고, 봄의 밭갈이는 제때를 놓치지 않도록 하고, 어린 모는 뿌리를 덮어주고, 어린 새끼 새를 죽이지 말고, 사슴 새끼를 상하게 하지 말고, 포대기를 꽉 졸라맴으로써 강보에 싸인 아기를 상하게 하지 않도록 한다. 〈이상과 같이〉 때에 맞게 일을 행하면 초목이 시들지 않는다. 〈갑자일로부터〉 72일이 지나면 〈봄의 일이〉 끝난다.

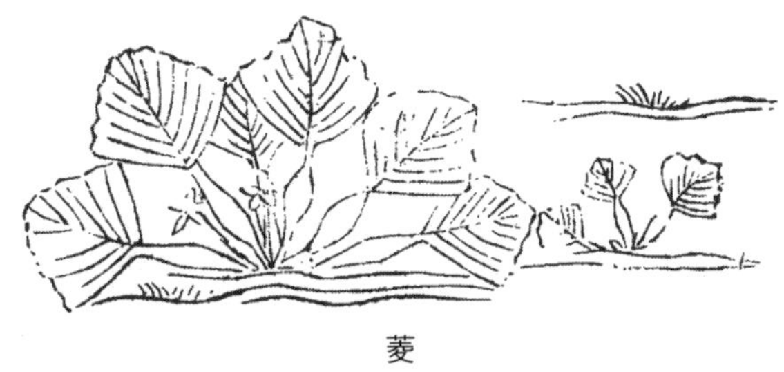

菱

日至에 **睹甲子木行御**①면 **天子出令命左右士師內御**②하여 **總別列爵**③하고 **論賢不肖士吏**④하고 **賦秘賜**⑤**賞於四境之內**[25)]하고 **發故粟以田數**⑥하고 **出國衡**하여 **順山林**[26)]하니 **禁民斬木**은 **所**

24) 木行 : 木의 기운이 운행함을 의미한다. 木德과 같은 의미로 볼 수 있다.

25) 賦秘賜賞於四境之內 : 王引之(淸)는 '賦秘'에서 끊고 '賜賞於四境之內'로 읽어야 한다고 보았다. 이때 '賦'는 '布'의 의미가 된다는 것이다. 이와 관련된 근거로 그는 다음에 나오는 '發臧 任君賜賞'을 제시하였다. 문장 구조상 '賦秘'는 '發臧'에, '賜賞於四境之內'는 '任君賜賞'에 해당한다는 것이다.(≪讀書雜志≫)

以愛草木也라 **然則氷解而凍釋**하고 **草木區萌**⑦이니 **贖蟄蟲卵菱**⑧하고 **春辟勿時**⑨하고 **苗足本**⑩하고 **不癘**(려)**雛鷇**(구)⑪하고 **不夭麑䴠**(예요)하고 **毋**(傅)〔縛〕[27]**速**⑫하여 **亡傷繈褓**⑬라 **時則不凋**⑭니 **七十二日而畢**⑮이라

① 日至 睹甲子木行御 : 봄날이 이미 이르면 甲子日에 木行이 작용하여 세설을 제어하는 것을 본다는 의미이다.
謂春日旣至면 睹甲子用木行御時也라

② 內御 : 內侍를 가리킨다.
謂內侍之官也라

③ 總別列爵 : 벼슬의 등급을 총괄적으로 구별한다는 의미이다.
謂總別等列之爵也라

④ 論賢不肖士吏 : 관리들의 유능함과 무능함을 논의하여, 퇴출시키거나 승진시킴이 있어야 한다.
論士吏之賢與不肖하여 當有所黜陟也라

⑤ 賦秘賜 : 은밀히 간직한 물건을 꺼내어서 하사한다.
秘藏之物을 出而賦賜之也라

⑥ 發故粟以田數 : '故粟'은 묵은 〈곡식이라는〉 의미이다. 농토의 수가 많고 적음에 따라 사람들에게 묵은 곡식을 지급하여 농사에 힘쓸 수 있게 한다.
故粟은 陳也라 以田數多少로 用陳粟給人하여 使得務農이라

⑦ 草木區萌 : 초목의 싹이 제각기 나뉘어 생겨난다.
萌牙區別而生也라

⑧ 贖蟄蟲卵菱 : '贖'은 '제거하다'는 의미이다. 卵은 㲉이고 菱은 芡(남가새)이니, 모두 이른 봄에 생겨난다.
贖은 猶去也라 卵은 㲉요 菱은 芡也니 皆早春而生也라

⑨ 春辟勿時 : 봄에는 밭갈이를 하여, 제때에 미치지 못하는 일이 없어야 한다.
春當耕闢하여 無得不及時也라

⑩ 苗足本 : '足'은 '감싸다'는 의미이다. 봄에 자라나는 어린싹은 흙으로 뿌리를 감싸주어야 한다.
足은 猶擁也라 春生之苗는 當以土擁其本이라

---

26) 順山林 : 陶鴻慶(淸)은 '順'은 '巡'의 의미로 읽어야 한다고 하였다. 고대에 '順'과 '巡'은 통용되었다는 것이다.(≪讀管子札記≫)

27) (傅)〔縛〕: 저본에는 '傅'로 되어 있으나, 郭沫若(中)의 ≪管子集校≫에 의거하여 '縛'으로 바로잡았다. '縛速'은 '꽉 졸라매다'는 의미인데, 봄에는 和氣가 퍼지는 시기이므로 꽉 졸라매서는 안 된다는 것이다.

⑪ 不癘(려)雛鷇(구) : '癘'는 '죽이다'는 의미이다. '雛'는 어미를 따라다니며 모이를 먹는 새끼다.
癘(려)는 殺也요 雛는 隨母食者라

⑫ 不夭麑麇(예요) 毋傅速 : '麑'는 사슴 새끼이다. 〈사슴 새끼를〉 어릴 때 죽이지 않는다는 의미이다.
麑는 鹿子也니 言〔不〕[28]夭傷之라

⑬ 亡傷繈褓 : 포대기에 싸인 갓난아기는 다치게 해서는 안 된다.
繈褓之嬰孩는 無得傷損也라

⑭ 時則不凋 : 만약 위의 일들을 행할 수 있으면 봄에 초목이 무성하여 말라 죽지 않는다.
若能行上事면 春則繁茂而不凋枯也라

⑮ 七十二日而畢 : 봄은 90일이어야 하는데, 지금 "72일에 끝난다."고 하는 것은 늦봄의 18일은 土의 자리에 배속되기 때문이다.
春當九十日이로되 而今七十二日而畢者는 則季月十八日이 屬土位故也라

丙子日에 火行이 계절을 주도하는 것을 보면, 천자는 政令을 내려 行人과 內寺에게 명하여, 〈농지 사이에〉 도랑을 파고, 물길이 흐르던 곳에 나루터를 설치하고, 저장중인 물건을 꺼내 군주가 상을 하사하는 데 사용하고, 군자는 말타기 놀이를 행하여 地氣를 발산하고, 가죽과 폐백을 내어 行人으로 하여금 봄가을에 천하 제후들을 聘問하는 예를 행하게 한다. 천하 제후들과 소통하고 화합하는 것은, 겸손하고 온화한 태도를 취하기 때문이다. 이렇게 하면 날씨에 거센 바람이 없고, 초목이 무성하게 자라고, 무더운 기운이 그치고, 백성은 질병이 없고 크게 번성한다. 〈병자일로부터〉 72일이 지나면 〈여름의 일이〉 끝난다.

睹丙子火行御면 **天子出令命行人內御**①하여 **令掘溝澮**하고 **津舊塗**②하고 **發臧任君賜賞**③하고 **君子修游馳**하여 **以發地氣**④하고 **出皮幣**하여 **命行人修春秋之禮於天下諸侯**니 **通天下遇者**는 **兼和**⑤[29]라 **然則天無疾風**하고 **草木發奮**하고 **鬱氣息**⑥하고 **民不疾而榮華蕃**이니 **七十二日而畢**이라

① 命行人內御 : '行人'은 사신의 임무를 수행하는 관리다.
行人은 行使之官也

28) 〔不〕: 저본에는 '不'이 없으나, 문맥에 의거하여 보충하였다.
29) 遇者 兼和 : 張佩綸(淸)은 '遇'는 '合'의 의미이고, '兼'은 '謙'으로 읽어야 한다고 보았다. (≪管子學≫)

② 津舊塗 : '舊塗'는 이전에 물을 건너던 곳을 가리키니, 나루터나 다리를 설치해야 한다.
舊塗는 謂先時濟水處니 當設其津梁也라

③ 發臧任君賜賞 : '任'은 '맡기다'는 의미이다. 창고에 놓아두어 쌓인 물건을 꺼내어 써서 군주가 상을 하사하는 데 충당해야 한다.
任은 委也니 藏中委積物을 當發用之하여 卽以充君之賞賜也라

④ 君子修游馳 以發地氣 : '遊馳'는 말을 달리면서 노는 것을 의미한다.
遊馳는 謂游戲馳馬也라

⑤ 出皮幣……兼和 : 봄・가을 두 계절에 禮를 갖추어 聘問한다.
春秋二時에 聘問之禮라

⑥ 鬱氣息 : 찌는 듯이 무더운 기운이 그쳐진다는 의미이다.
謂鬱蒸之氣止息也라

戊子日에 土行이 계절을 주도하는 것을 보면, 천자는 政令을 내려 좌우의 司徒와 內寺들에게 명하여, 誅伐을 행하지 않고 바름을 요구하지 않으며, 농사일을 중시하고, 은혜로운 일을 대대적으로 거행하고, 사형을 감형하고, 죄인을 너그럽게 처리하며, 도성 밖으로 나가 사도가 〈지방관들에게〉 백성들의 노동력을 순시하도록 명령하여 오곡을 잘 기르게 하고, 군사는 소용히 머물고, 농부들은 농사일에 최대로 노력하게 한다. 그러면 하늘은 기운이 매우 순조롭고 초목은 잘 자라며, 오곡은 번성하고 과실은 아름답고 크게 자라고, 여러 가축과 〈제사에 사용하는〉 犧牲이 갖추어지고, 백성은 재물이 풍족해지고, 나라는 부유해지고, 위아래가 서로 친하게 되고, 제후들은 화목하게 지내게 된다. 〈무자일로부터〉 72일이 지나면 〈여름과 가을 사이의 일이〉 끝난다.

睹戊子土行御면 **天子出令命左右司徒內御**①하여 **不誅不貞**②하고 **農事爲敬**③하고 **大揚惠(言)**④[30]하고 **寬刑死**하고 **緩罪人**⑤하며 **出國司徒令命**하되 **順民之功力**[31]**以養五穀**하고 **君子之靜居**⑥하고 **而農夫修其功力極**이라 **然則天爲粵**(월)**宛**⑦하고 **草木養長**하고 **五穀蕃**하고 **實秀大**하고 **六畜犧牲具**하고 **民足財**하고 **國富**하고 **上下親**하고 **諸侯和**니 **七十二日而畢**이라

30) (言) : 저본에는 '言'이 있으나, 陶鴻慶(淸)의 ≪讀管子札記≫에 의거하여 衍文으로 처리하였다. 原注에서 '言大擧仁惠之事也'라고 말하고 있으므로 '言'이 불필요하다는 것이다. 문장 구조상으로도 뒤에 이어지는 '寬刑死 緩罪人'이 세 글자씩으로 표현되고 있으므로, 여기서도 '大揚惠' 세 글자로 표현되는 것이 합당하다.

31) 順民之功力 : 許維遹(中)은 '順'은 '巡'으로 읽을 수 있다고 하였다.(≪管子集校≫)

① 命左右司徒內御 : 司徒에게 여름의 정치를 다스리라고 명령한다.
命司徒御理夏政也라

② 不誅不貞 : '貞'은 '바름'이다. 太陽이 작용하면 시절이 바야흐로 만물을 길러낸다. 그러므로 죽이는 일이 없고 바름을 요구하지 않는다. 이렇게 함으로써 생육의 기운을 돕는다.
貞은 正也라 太陽用事면 時方長育이라 故無所誅戮하고 無責正하여 以助養氣也라

③ 農事爲敬 : 여름철은 농사일이 매우 왕성한 때이다. 그에 따라 농사일을 중시한다.
夏時는 農事尤盛이니 順而敬之也라

④ 大揚惠言 : 은혜로운 일을 대대적으로 거행한다는 의미이다.
言大擧仁惠之事也라

⑤ 寬刑死 緩罪人 : 모두 생육의 기운을 돕기 위한 조치들이다.
皆所以助養氣也라

⑥ 君子之靜居 : 陰氣가 바야흐로 생겨나는 때이다. 그러므로 〈군자는〉 조용히 머물면서 〈음기를〉 따른다.
陰氣方生이라 故靜居以遵也라

⑦ 天爲粵(월)宛 : '粵'은 '두텁다'는 의미이고, '宛'은 '따르다'는 의미이다. 하늘이 두터이 따르니 계절의 기운을 거스르지 않는다.
粵은 厚也요 宛은 順也라 天爲厚順하니 不逆時氣也라

庚子日에 金行이 계절을 주도하는 것을 보면, 천자는 政令을 내려 祝宗[32)]에게 명하여, 우리 안의 가축을 가려내고 오곡 가운데 일찍 익은 것을 골라 宗廟와 五祀에 바쳐, 귀신이 그 기를 흠향하게 하고 군자가 그 맛을 보게 한다. 그러면 서늘한 바람이 불어오고 이슬이 내리게 된다. 이에 천자는 정령을 내려 좌우의 司馬에게 명하여 갑옷을 수선하고 兵器를 점검하게 하고, 군사 조직을 정비하여 전국 각지에서 훈련하게 하고, 백성들에게 머지않아 정벌 전쟁이 있을 것임을 온화한 어조로 알린다. 이는 만물을 죽이고 거둬들이는 천지의 기운에 부응하기 위한 것이다. 그러면 낮에는 뜨겁고 밤에는 이슬이 내려, 地氣가 경쟁적으로 열매를 익혀, 오곡은 단단하게 잘 익고, 초목은 무성하게 자라게 된다. 이에 한 해 농사가 풍년이 들어 크게 풍성하게 된다. 〈경자일로부터〉 72일이 지나면 〈가을의 일이〉 끝난다.

睹庚子金行御면 **天子出令命祝宗**하여 **選禽獸之禁**①하고 **五穀之先熟者**②를 **而薦之祖廟與五祀**③에 **鬼神饗其氣焉**하고 **君子食其味焉**이라 **然則涼風至**하고 **白露下**하니 **天子出令命左右司馬**

32) 祝宗 : 고대에 제사와 기도를 주관하던 관리이다.

(衍)[33]하여 組甲厲兵④하고 合什爲伍⑤하여 以修於四境之內하고 諛然告民有事니 所以待天地之殺斂也⑥라 然則晝炙陽夕下露하여 地競環⑦[34]에 五穀隣熟⑧하고 草木茂實하여 歲農豐年大茂니 七十二日而畢이라

① 禩禽獸之禁 : '禁'은 '우리'이다. 우리에서 기르던 가축들을 세사에 공급하려는 것이다.
禁은 謂牢니 囿圃所養을 擬供祭祀也라

② 五穀之先熟者 : 일찍 여무는 것은 보리와 기장이다.
先熟則黍稷也라

③ 薦之祖廟與五祀 : '五祀'는 대문, 길, 문, 부뚜막, 방 한가운데에 대한 제사를 말한다.
五祀는 謂門・行・戶・竈(조)・中霤(류)

④ 組甲厲兵 : '組甲'은 끈으로 갑옷을 꿰는 것을 말한다.
組甲은 謂以組貫甲也라

⑤ 合什爲伍 : 열 사람의 우두머리를 세워 '伍'를 만드는 것을 의미한다.
謂立什人之長爲伍라

⑥ 諛然告民有事 所以待天地之殺斂也 : '諛'는 즐겁게 따르는 모습이다. '有事'는, 마치 천지가 만물을 죽이고 거둬들이듯이, 군대를 내어 복종하지 않는 자를 정벌하는 것을 의미한다.
諛는 悅順貌요 有事는 謂出師以伐不服이니 象天地殺斂也라

⑦ 晝炙陽夕下露 地競環 : '環'은 열매를 익히는 모양이다. 바야흐로 가을이 되면 낮에는 뜨겁고 저녁에는 차가운 이슬이 내려 〈열매를〉 윤기 나게 한다. 음기와 양기가 번갈아 생겨나므로 地氣가 교대로 경쟁하면서 열매를 익힌다.
環은 炙實貌라 方秋之時에 晝則暴炙하고 夕則下寒露而潤之라 陰陽更生이니 故地氣交競而炙實이라

⑧ 五穀隣熟 : '隣'은 '굳다'는 의미이다. 음양의 기운이 충분하므로 오곡이 단단하게 익는다.
隣은 緊也라 陰陽氣足이니 故緊熟이라

壬子日에 水行이 계절을 주도하는 것을 보면, 천자는 政令을 내려 좌우의 李人과 內寺에게 명하여, 閉藏의 기운이 충분하면 휴식하라는 명령을 내리게 하고, 기운이 부족하면 도적을 막으라는 명령을 내리게 한다. 자주 대나무를 잘라 화살을 만들

33) (衍) : 저본에는 '衍'이 있으나, 張佩綸(淸)의 ≪管子學≫에 의거하여 衍文으로 처리하였다. 후세의 교정자가 잘못 더한 글자이거나, 또는 '內御'의 훼손된 글자라는 것이다.

34) 地競環 : 原注에서 "'環'은 열매를 익히는 모양이다.〔環 炙實貌〕"라고 풀이하고 있는데, '環'에서 '炙實貌'라는 의미가 나올 수 없다. 이에 郭沫若(中)은 '環'을 '燂(첨 : 데우다)'의 오자로 보았다.(≪管子集校≫)

고, 〈활을 만들기 위해〉 박달나무와 산뽕나무를 벌목하고, 백성들에게 명하여 사냥을 나가 짐승을 잡되 크고 작은 것을 가리지 말고 죽이게 한다. 이러한 행위는 천지의 폐장하는 기운을 중시하기 때문이다. 이렇게 하면 날짐승의 알이 부화를 못하는 일이 없고, 새끼 밴 짐승의 胎가 잘못되지 않고, 임신부가 유산하지 않고, 초목의 뿌리가 좋아진다. 〈임자일로부터〉 72일이 지나면 〈겨울의 일이〉 끝난다.

睹壬子水行御면 **天子出令命左右**(使)〔李〕[35] **人內御**하여 (**御**)[36] **其氣足則發而止**①하고 **其氣不足則發撊瀆盜賊**②하며 **數**(삭)**剸竹箭**③하고 **伐檀柘**(자)④하고 **令民出獵禽獸**호되 **不**(釋)〔擇〕[37]**巨少而殺之**라하니 **所以貴天地之**(所)[38]**閉藏也**⑤라 **然則羽卵者不段**⑥하고 **毛胎者不殰**(독)⑦하고 **腫**(잉)**婦不銷棄**⑧하고 **草木根本美**⑨니 **七十二日而畢**이라

① 命左右人內御 御其氣足則發而止 : 使人은 겨울의 政事를 다스린다. 閉藏의 기운이 충분하면 휴식하라는 명령을 내린다.
使人은 御理冬政이라 其閉藏之氣足이면 則發令休止也라

② 其氣不足則發撊瀆盜賊 : '撊'은 '막아 금지하다'는 의미이다. 閉藏의 기운이 부족하면 도적을 막아 그 폐장의 기운을 돕는다는 의미이다.
撊은 謂遮禁也라 (群聚之)[39]謂其閉藏之氣不足이면 則撊防盜賊하여 以助其閉藏之氣也라

③ 數(삭)剸竹箭 : 자주 대나무를 잘라서 화살을 만든다는 의미이다.
言數剸削竹箭하여 以爲矢也라

④ 伐檀柘(자) : 박달나무와 산뽕나무를 벌목하는 것은 활을 만들기 위한 것이다.
伐檀柘는 所以爲弓也라

⑤ 令民出獵禽獸……所以貴天地之所閉藏也 : 천지의 閉藏을 중시하므로 사냥을 나가 짐승을 잡음으로써 〈천지의 폐장을〉 돕는다.
貴天地閉藏이라 故收獵取禽하여 以助也라

35) (使)〔李〕 : 저본에는 '使'로 되어 있으나, 張佩綸(淸)의 ≪管子學≫에 의거하여 '李'로 바로잡았다. 앞에서 "冬者 李也(겨울은 李가 주관한다.)"라고 하였기 때문에 장패륜의 견해가 타당하다.

36) (御) : 저본에는 '御'가 있으나, 王念孫(淸)의 ≪讀書雜志≫에 의거하여 衍文으로 처리하였다. 原注에는 '御'가 없다는 것이다.

37) (釋)〔擇〕 : 저본에는 '釋'으로 되어 있으나, 兪樾(淸)의 ≪諸子平議≫에 의거하여 '擇'으로 바로잡았다. '釋'은 '擇'의 誤字라는 것이다.

38) (所) : 저본에는 '所'가 있으나, 陶鴻慶(淸)의 ≪讀管子札記≫에 의거하여 衍文으로 처리하였다. 앞서 나온 동일한 文型인 '所以待天地之殺斂也'에도 '所'가 없다는 점, 그리고 原注에서도 '所'가 언급되지 않고 있다는 점을 근거로 들었다.

39) (群聚之) : 저본에는 '群聚之'가 있으나, 전후 문맥상 무의미한 구절이므로 衍文으로 처리하였다. 일부 오탈자가 있거나, 잘못 끼어든 글자들로 보인다.

⑥ 羽卵者不段 : '段'은 흩어져서 완성되지 않음을 의미한다.
段은 謂離散不成이라

⑦ 毛胎者不殰(독) : '殰'은 잉태한 것이 잘못됨을 의미한다.
殰은 謂胎敗潰也라

⑧ 黽(잉)婦不銷棄 : '黽'은 '孕'의 古字이다. '銷棄'는 흩어져 망가짐을 의미한다.
黽은 古孕字라 銷棄는 謂散壞也라

⑨ 草木根本美 : 거두어 간직한 것이 내실 있고 견고하면 초목의 뿌리가 좋아진다. 무릇 이들은 모두 閉藏을 중시하는 겨울의 정치를 따른 결과이다.
閉藏實堅이면 則根本美라 凡此皆順冬閉藏之政所致也라

甲子日에 木行이 계절을 주도하는 것을 보고도, 천자가 은밀히 간직한 재물을 베풀어 상을 내리지 않고 크게 형벌을 내리고 남을 정벌하여 다치게 하면 군주가 위태로워진다. 〈만약 군주가〉 죽임을 당하지 않으면 태자가 위태롭게 되고, 집안사람이나 부인이 죽게 된다. 그렇지 않으면 長子가 죽는다. 〈이러한 재앙은〉 72일이 지나야 끝난다.

睹甲子木行御로되 **天子不賦(不)〔秘〕**[40]**賜賞而大斬伐傷**①이면 **君危**요 **不殺太子危**하고 **家人夫人死**②요 **不然則長子死**③니 **七十二日而畢**④이라

① 睹甲子木行御 天子不賦不賜賞而大斬伐傷 : 이 이하는 계절에 합당한 정치를 거스를 때 초래되는 재앙에 대해 말하고 있다.
此以下는 言逆時政所致災禍也라

② 君危……家人夫人死 : 만약 군주가 비록 위태롭더라도 죽임을 당하지 않으면, 또한 태자가 위태로워지고 집안사람이나 부인이 죽음을 당하는 재앙을 입게 된다.
若君雖危而不見殺이면 則又太子危而家人夫人有死禍也라

③ 不然則長子死 : 집안사람이나 부인이 죽는 일이 없다면 莊子가 죽게 된다.
如無家人夫人死면 則長子死라

④ 七十二日而畢 : 역행하는 기운 또한 72일이 지나면 끝난다.
逆氣는 亦畢於七十二日也라

40) (不)〔秘〕 : 저본에는 '不'로 되어 있으나, 許維遹(中)의 ≪管子集校≫에 의거하여 '秘'로 바로잡았다. 앞의 '不'로 인해 '秘'가 '不'로 잘못 쓰였다는 것이다. 그리고 앞에서 '賦秘賜賞於四境之內'라는 말이 나왔고, 여기서는 그것을 받는 말이 되므로 '不賦秘賜賞'으로 되어야 한다는 것이다. 이때 '賦'는 '布'의 의미로 쓰였다고 한다.

丙子日에 火行이 계절을 주도함을 보고도 천자가 가혹한 政事를 자주 행하면, 가뭄으로 모가 일찍 죽고 백성에게 전염병이 돌게 된다. 〈이러한 재앙은〉 72일이 지나야 끝난다.

睹丙子火行御로되 **天子(敬)〔亟(기)〕**[41] **行急政**이면 **旱札苗死民厲**①니 **七十二日而畢**③이라

① 旱札苗死民厲 : '札'은 '일찍 죽다'는 의미이다. '厲'는 '전염병으로 죽다'는 의미이다. 이 계절에는 政事를 관대하고 느슨하게 행해야 하는데 도리어 가혹하게 하므로, 가뭄이 들고 〈모가〉 일찍 죽고 전염병이 도는 재앙이 있게 되는 것이다.
札은 夭死也요 厲는 疫死라 時當寬緩而乃急이라 故有旱札疫之災也라

戊子日에 土行이 계절을 주도하는 것을 보고도, 천자가 궁궐을 수리하고 높고 큰 누각을 지으면 군주가 위태로워지고, 밖으로 성곽을 쌓으면 신하가 죽게 된다. 〈이러한 재앙은〉 72일이 지나야 끝난다.

睹戊子土行御로되 **天子修宮室築臺榭**면 **君危**①요 **外築城郭**하면 **臣死**②니 **七十二日而畢**③이라

① 土行御……君危 : 土의 기운이 바야흐로 작용하는데 궁궐을 수리하여 그 기운을 흔들고 어지럽히므로 군주에게 위험과 죽음의 재앙이 있게 되는 것이다.
土方用事로되 而修宮室하여 以動亂之라 故君有危亡之禍라

② 外築城郭 臣死 : 성곽을 쌓으면 땅을 흔들어 위태롭게 만든다. 그러므로 그 신하가 죽는다.
築城郭하면 動土하여 危라 故其臣死라

③ 七十二日而畢 : 土의 기운이 왕성한 때는 6월이다. 그런데 72일을 얻는 것은 매 계절마다 18일을 얻기 때문이다.[42]
土王在六月이나 而得七十二日者는 則每季得十八故也라

庚子日에 金行이 계절을 주도하는 것을 보고도, 천자가 산을 파고 돌을 깨뜨리게 하면, 전쟁이 일어나 전투에서 패하고 병사가 죽고 재상을 잃게 된다. 〈이러한 재앙은〉 72일이 지나야 끝난다.

---

41) (敬)〔亟(기)〕: 저본에는 '敬'으로 되어 있으나, 王念孫(淸)의 ≪讀書雜志≫에 의거하여 '亟'로 바로잡았다. '敬'은 '亟'의 誤字라는 것이다. 이때 '亟'는 '數(자주)'의 의미로 읽는다.

42) 土의…… 때문이다 : 사계절에 五行을 배당할 때 '土德'의 위치는 기본적으로 늦여름 18일에 해당한다. 그러나 그 일수가 다른 것들(火, 水, 木, 金)보다 적으므로, 다른 계절들에서 각각 18일씩을 빼내어 보태게 된다.

睹庚子金行御로되 **天子攻山擊石**하면 **有兵作戰而敗**하고 **士死喪執政**①이니 **七十二日而畢**이라

① 睹庚子金行御……士死喪執政 : 이 계절은 바야흐로 거둬들이는 시기이다. 그런데 산을 파고 돌을 깨뜨리므로 兵亂의 재난을 불러오게 되는 것이다.
時方收斂이로되 而乃攻山擊石이라 故致兵器之禍也라

壬子日에 水行이 계절을 주도하는 것을 보고도, 천자가 막힌 물길을 터서 큰물을 요동시키면, 왕후와 부인이 죽는다. 그렇지 않으면 날짐승의 알이 부화하지 못하고 새끼 밴 짐승이 낙태하고, 임신부가 유산하고, 초목의 뿌리가 부실하게 된다. 〈이러한 재앙은〉 72일이 지나야 끝난다.

睹壬子水行御로되 **天子決塞動大水**면 **王后夫人薨**이요 **不然則羽卵者段**하고 **毛胎者殰**하고 **腫婦銷棄**하고 **草木根本不美**니 **七十二日而畢也**라

明 吳郡 趙氏本
唐 司空 房玄齡 註

제42편 형세 勢
단어 16 短語 十六

'勢'는 '형세'라는 의미로, 주로 군사 작전상에 필요한 여러 가지 전략전술에 대해 언급하고 있다. 병사들에게 두려움을 떨칠 기개를 심어줄 것, 動과 靜을 적절히 활용할 것, 天時와 人事에 근거해 움직여야 한다는 점, 천지의 형세와 조짐을 잘 읽고 판단해야 한다는 점, 나아갈 때와 물러날 때를 알아야 한다는 점, 그리고 文과 武를 겸용하고 적절하게 운용해야 한다는 점 등에 대해 말하고 있다. 전체적으로 보면 '管子兵法'의 한 축을 구성한다.

전쟁에서 물을 두려워하는 것을 '膽滅(담력이 없음)'이라 하니, 작은 일은 이루어지지 않고 큰 일은 길하지 않게 된다. 전쟁에서 험난한 것을 두려워하는 것을 '迷中(미혹의 한가운데에 있음)'이라 하니, 군대가 흩어져 줄어들고 병사들은 이미 미혹되어 망연자실하면 반드시 망하게 된다. 〈이 膽滅과 迷中은〉 멸망으로 가는 길이다.

戰而懼水를 **此謂**(澹)〔**膽**〕[1]**滅**①이라하니 **小事不從**하고 **大事不吉**②이요 **戰而懼險**을 **此謂迷中**③이라하니 **分其師衆**하고 **人旣迷芒**하면 **必其將**〔**亡**〕이니 **亡之道**〔**也**〕④[2]라

① 戰而懼水 此謂澹滅 : 바야흐로 전쟁을 벌일 때 물의 禍를 입을까 두려워하면, 반드시 물에 빠져 죽게 된다.

---

1) (澹)〔膽〕: 저본에는 '澹'으로 되어 있으나, 張佩綸(淸)의 ≪管子學≫에 의거하여 '膽'으로 바로잡았다. '澹'은 '膽'의 誤字라는 것이다.
2) 必其將〔亡〕 亡之道〔也〕: 저본에는 '必其將亡之道'로 되어 있으나, 陶鴻慶(淸)의 ≪讀管子札記≫에 의거하여 '必其將亡 亡之道也'로 바로잡았다.

方戰之時에 懼致水禍면 此必爲水所澹而滅亡也라

② 小事不從 大事不吉 : 진실로 물의 禍를 두려워하면, 큰 일이든 작은 일이든 복을 받지 못하게 된다.

苟懼水禍면 則事無小大에 未見其福也라

③ 戰而懼險 此謂迷中 : 바야흐로 전쟁을 벌일 때 험난하고 장애가 있는 것을 두려워하면, 나아가고 물러남에 있어 어찌할 바를 알지 못한다. 그러므로 '迷中'이라 한 것이니 미혹의 한 가운데에 있다는 의미이다.

方戰之時에 懼有險礙면 進退莫知所從이라 故曰 迷中이니 言在迷惑之中이라

④ 分其師衆……必其將亡之道 : 군사들이 이미 미혹되어 어찌할 줄 모르면 군사들의 힘을 쓸 수가 없게 되니, 이로 인해 군대의 수가 줄어들게 된다. 또 하물며 미혹되어 망연자실한 경우이겠는가. 이같은 경우에는 반드시 무리를 잃게 된다. 무릇 이 두 가지 일은 모두 멸망에 이르는 길이다.

人旣迷惑하여 不知所從이면 則無所用其力이니 是以減其師衆矣요 又況迷惑芒然乎아 若是者 必亡其衆이니 凡此二事는 皆滅亡之道也라

〈전쟁에서〉 고요함을 너무 중시하면 죽음에 가깝게 되고, 움직임을 너무 중시하면 치욕에 가깝게 되며, 펼침을 너무 중시하면 패퇴에 가깝게 되고, 굽힘을 너무 중시하면 도피에 가깝게 된다. 무릇 고요함과 움직임은 때에 따라 '주인'이 되기도 하고 때에 따라 '客'이 되기도 하는 것이니, 적절한 度數를 얻는 게 중요하다. 고요함의 도리를 닦을 줄 알면 가만히 머물러 있어도 저절로 이롭게 되고, 움직임의 도리를 따를 줄 알면 움직일 때마다 공이 있게 된다. 그러므로 "無爲하는 자는 제왕이 된다."는 말은 바로 이런 것을 가리킨다.

(動)〔重〕[3]靜者比於死①하고 **(動)〔重〕作者比於醜②**하고 **(動)〔重〕信[4]者比於距③**하고 **(動)〔重〕詘者比於避④**니 **夫靜與作**이 **時以爲主人**하고 **時以爲客[5]**이니 **貴得度⑤**라 **知靜之修[6]**면 **居而自**

3) (動)〔重〕: 저본에는 '動'으로 되어 있으나 兪樾(淸)의 ≪諸子平議≫에 의거하여 '重'으로 바로잡았다. 아래도 같다. 여기서 '重'의 의미는 〈任法〉의 "重愛曰失德 重惡曰失威(지나치게 사랑하면 덕을 잃고, 지나치게 미워하면 위엄을 잃는다.)"의 '重'과 같은 의미로 쓰였다는 것이다. 즉 '靜', '作', '信', '詘'은 각각 마땅한 정도가 있는데, 지나치게 편중되면 잘못된다는 것이다. 따라서 原注의 풀이는 모두 왜곡되어 본문의 의미와 맞지 않다고 보았다.

4) 信 : '伸'으로 읽었다. 앞에 나온 '靜'과 '作'이 상반적인 관계를 형성하고 있으므로, 이어지는 '信'과 '詘'도 동일한 관계를 유지하는 게 타당하다.

5) 夫靜與作……時以爲客 : 原注에서는 靜과 作이 적절한 도수를 얻으면 '주인'이 되고 적절한 도수를 잃으면 '客'이 된다는 식으로 풀이하고 있는데, 원문에 부합하지 않으므로 따르지

利⑥요 **知作之從**이면 **每動有功**⑦[7]이니 **故曰 無爲者帝**라하니 **其此之謂矣**⑧라

① 動靜者比於死 : '比'는 '가깝다'는 의미이다. 군대를 부리는 방법에 있어, 아군은 움직이는데 적군은 움직이지 않으면 움직이지 않는 쪽이 승리하게 된다. 그러므로 아군은 죽음에 근접하게 되는 것이다.
比는 近也니 用師之道에 我動而敵靜者면 則靜者勝矣라 故我近於死亡也라

② 動作者比於醜 : 아군이 먼저 움직이고 적은 도리어 그에 대응하면, 아군은 반드시 공이 없게 된다. 그러므로 치욕에 가깝게 되는 것이다.
我先動하고 敵反作應者면 我必無功이라 故近於醜라

③ 動信者比於距 : 아군은 이미 움직였는데 적은 자유자재로 아군에 대적할 수 있으면, 이 경우 아군은 거의 패퇴당한다.
我旣動이나 彼能自申以敵我면 如此者는 近於見距也라

④ 動詘者比於避 : 아군은 이미 움직였는데 적군이 항복하면 〈적군은〉 거의 도피한 것이다.
我旣動이나 而彼屈服者면 近於見避라

⑤ 夫靜與作……時以爲客 : 고요함과 움직임이 적절한 도수를 얻으면 '주인'이 되고, 적절한 도수를 잃는 자는 '客'이 된다.
靜作得度면 則爲主人이요 其失度者는 則爲客也라

⑥ 知靜之修 居而自利 : 이미 智謀가 많고 또 고요하다. 이 두 가지를 닦을 수 있으면 편안히 머물면서 저절로 그 이익을 얻게 된다.
旣多智하고 而又安靜하니 二者能修면 則居然自獲其利也라

⑦ 知作之從 每動有功 : 움직일 때를 알아서 항상 그 이치를 따를 수 있으니, 이같이 하는 자는 움직이면 반드시 공을 세우게 된다.
知其所作하여 常能從理하니 如此者는 動必有功也라

⑧ 無爲者帝 其此之謂矣 : 행위에 있어 무심하고 자연스러운 이치에 맡긴다는 의미이다. 이와 같은 것이 제왕의 도이다.
言無心於爲하고 任理之自然이라 如此者는 帝王之道也라

반역의 싹이 생겨났으나 천지에서 아직 〈응징하라는 조짐을〉 드러내지 않았는데

않았다.

6) 知靜之修 : 原注에서는 '知와 靜 두 가지를 닦는다.'는 의미로 풀이하고 있다. 그러나 바로 뒤의 "知作之從"에서는 '知'를 '알다'라는 의미의 동사로 풀이하고 있다. 이러한 풀이 방식은 일관성이 없으므로 본서에서는 原注를 따르지 않았다.

7) 知靜之修……每動有功 : '知靜之修 居而自利'와 '知作之從 每動有功'은 동일한 구조의 문장이다. 그런데 原注에서는 앞의 '知'는 명사로 뒤의 '知'는 동사로 각기 다르게 풀이하고 있다. 이러한 풀이는 문법에 맞지 않으므로 본서에서는 따르지 않았다.

먼저 정벌하면, 정벌은 이루어지지 않고 오히려 죽임을 당하거나 형벌을 받게 된다. 하늘은 人事에 근거해 〈어떤 조짐을 보이고,〉 성인은 하늘의 조짐에 근거해 〈일을 행한다.〉 天時가 나타나지 않으면 '客'이 되지 말고,[8] 人事[9]가 발생하지 않으면 먼저 나서지 말아야 한다. 대중을 모으고 화합함으로써 천지의 운행을 따르고, 인사에서 어떤 일이 앞서 발생하고 천지가 어떤 조짐을 드러내면, 이에 성인은 움직여 공을 이룬다. 이같이 하면 하늘과 도를 같이하는 것이 된다. 〈성인은〉 단정하고 고요한 자세로 남과 다투지 않고, 행동에 실수가 없으며, 그 마음 바탕이 남을 죽이길 좋아하지 않는다. 그러므로 땅과 도를 함께한다. 아직 天道를 얻지 못하면 은둔하여 덕을 쌓고, 이미 천도를 얻었으면 온 힘을 다해 〈공을 이룬다.〉 이미 공을 이루었으면 순리에 따라 천도의 흐름을 지킨다. 〈이렇게 하면〉 다른 사람이 대신할 수 없다.

逆節萌生[10]이나 **天地未形**에 **先爲之政**[11]하면 **其事乃不成**하고 **繆受其刑**①이라 **天因人**하고 **聖人因天**②하니 **天時不作**에 **勿爲客**③[12]하고 **人事不起**에 **勿爲始**④하라 (慕)〔纂〕[13]**和其衆**하여 **以**(修)〔順〕[14]**天地之從**하고 **人先生之**에 **天地刑之**면 **聖人成之**[15]니 **則與天同極**⑤이라 **正靜不爭**하고 **動作不**(貳)〔貣(특)〕[16]하고 **素質不**(留)〔鏐〕⑥[17]하니 **與地同極**⑦이라 **未得天極**이면 **則隱於德**⑧하고

8) 天時가……말고 : 金廷桂(中)의 ≪管子參解≫에 의하면 '客'은 적국 혹은 상대방을 정벌하는 자를 말한다. 따라서 이 구절의 뜻은, 적국을 정벌하라는 하늘의 조짐이 드러나지 않으면 함부로 정벌 전쟁에 나서지 말라는 의미가 된다.

9) 人事 : 상대방을 공격해야 할 만한 모종의 구실을 의미한다.

10) 逆節萌生 : 安井衡(日)의 ≪管子纂詁≫에 의하면 '節'은 '事'와 같다고 한다.

11) 先爲之政 : 安井衡(日)은 '政'은 '征'으로 읽어야 한다고 보았다. 고대에 '正', '政', '征'은 서로 통용되었다고 한다.(≪管子纂詁≫)

12) 天時不作 勿爲客 : 金廷桂(中)에 의하면, ≪禮記≫ 〈月令〉의 "爲客不利"에 대한 疏에서 "起兵伐人者 謂之客(군대를 일으켜 남을 정벌하는 것을 客이라 한다.)"라고 하였다. 따라서 原注의 풀이는 분명하지 않다고 보았다.(≪管子參解≫)

13) (慕)〔纂〕 : 저본에는 '慕'로 되어 있으나, 許維遹(中)의 ≪管子集校≫에 의거하여 '纂'으로 바로잡았다. 아래도 같다. '慕'는 '纂'의 誤字라는 것이다. 아래도 같다.

14) (修)〔順〕 : 저본에는 '修'로 되어 있으나, 王念孫(淸)의 ≪讀書雜志≫에 의거하여 '順'으로 바로잡았다. 여기서 '從'은 '行'의 의미라고 한다.

15) 人先生之……聖人成之 : 이 구절은 앞서 언급된 "天因人 聖人因天(하늘은 人事에 근거해 〈어떤 조짐을 보이고,〉 성인은 하늘의 조짐에 근거해 〈일을 행한다.〉)"의 또 다른 표현이 된다. 따라서 본서에서는 原注의 풀이를 따르지 않았다.

16) (貳)〔貣(특)〕 : 저본에는 '貳'로 되어 있으나, 王念孫(淸)의 견해에 의거하여 '貣'으로 바로잡았다. 두 글자의 모양이 비슷함으로 인해 생긴 오류라는 것이다.(≪讀書雜志≫)

已得天極이면 **則致其力**⑨하니 **旣成其功**이면 **順守其從**일지니 **人不能代**⑩라

① 逆節萌生……繆受其刑 : 다음과 같은 의미이다. '장차 찬탈하고 시해하는 흉악한 반역의 일을 도모하려고 하여 비록 그러한 조짐이 생겨났으나, 천지는 고요하여 아무런 징조와 반응을 보이지 않고 나의 의도를 따를 형세가 없다. 이는 하늘의 뜻에 앞서 정벌하는 것이므로, 이에 하늘이 이를 거부하는 것이다. 그러므로 그 일이 이루어지지 않으니 죽임을 당하고 그 형벌을 받게 된다.'

言將爲簒殺凶逆之節하여 雖萌芽而生이로되 然天地寂泊하여 不見徵應하여 無從己之形이라 此則先天而政이니 天乃違之라 故其事不成이니 則被誅戮하고 受其刑罪也라

② 天因人 聖人因天 : 이른바 "하늘에 앞서도 하늘이 어기지 않고, 하늘에 뒤처져도 天時를 받든다."[18]는 것이다.

所謂先天而天不違하고 後天而奉天時라

③ 天時不作 勿爲客 : 天時에 말미암지 않고 움직이는 자는 곧 '客'이 될 것이다.

不因天時而動者는 乃爲客矣라

④ 人事不起 勿爲始 : 人事에 말미암지 않고 일어나면, 일에 앞서 시작한다고 할 수 있다.

不因人事而起면 可謂先事爲始라

⑤ (慕)〔纂〕和其衆……則與天同極 : 큰 일을 진행하려고 할 때는 반드시 대중을 모으고 화합시키고, 천지가 이미 따르면 단지 하늘의 뜻을 닦아야 한다. 사람이 먼저 이러한 마음을 내고 천지 또한 그가 하늘의 뜻을 닦음을 보고, 그러한 사람의 마음을 따른다는 조짐을 내보인다. 이에 성인은 움직여 공을 이루게 된다. 이같이 하면 하늘과 도를 같이 한다고 말할 수 있다.

將建大事에 必(慕)〔纂〕和其衆하고 天地旣已從이면 但當修天之意라 人先生是心하고 天地又見其修意하여 有從順之形이면 聖人則發動而成이니 如此者는 可謂與天同極也라

⑥ 素質不留 : 본바탕을 온전히 하면 머무르는 것이 없다.

全其素質이면 無所留者라

⑦ 與地同極 : '正靜' 이하를 실행할 수 있으면 땅과 도를 같이한다고 할 수 있다.

能行正靜已下면 可謂與地同極也라

⑧ 未得天極 則隱於德 : 아직 하늘과 도를 같이하지 못하면 숨어서 덕을 닦는다.

未得與天同極이면 則隱而修德也라

⑨ 已得天極 則致其力 : 이미 天道를 얻으면 힘을 다해 공을 이루어야 한다. 湯王이 陑山에 오른 일[19]과 武王이 牧野에서 전투를 벌인 일[20]이 바로 여기에 해당한다.

---

17) (留)〔鏐〕 : 저본에는 '留'로 되어 있으나, 郭沫若(中)의 견해에 의거하여 '鏐'로 바로잡았다. 아래도 같다. '留'는 '鏐'의 빌린 글자라는 것이다.(≪管子集校≫)

18) 하늘에……받든다 : ≪周易≫ 乾卦 〈文言傳〉에 보인다.

已得天極이면 則當致力而成之니 若湯之升陑(이)와 武王牧野가 是也라

⑩ 旣成其功……人不能代 : '從'은 '따르다'는 의미이다. 공이 이루어지면 이치에 따라서 그 공을 지킨다. 이른바 '逆取順守'[21]이니, 이렇게 하면 사람들이 어떻게 그를 대신할 수 있겠는가.

從은 順也라 功成矣면 則以順理守之니 所謂逆取順守者也니 則人何能代之乎아

牧野誓師圖

공을 이루는 도는 '때에 따라 적절히 움직이고 멈추는 것〔嬴縮〕'을 보배로 삼는다. 天道를 잊지 말고, 천도의 度數를 다했으면 멈춘다. 만약 일이 아직 완성되지 않았으면 평소의 모습을 바꾸지 말고 그 초심을 잃지 않으며, 백성을 조용히 안정시키고 때를 살피다가 천명을 기다린 이후에 일어난다. 그러므로 "陰陽의 흐름을 따르고, 천지의 常道를 따른다."고 말한다. 때에 따라 적절히 움직이고 멈추어, 그러한 이치에 근거할 때 일이 합당하게 된다. 세상에 숨거나 나타나는 것은 천지의 형세에 따른다. 천지가 어떤 형세를 드러내면, 성인은 그것에 근거하여 공을 이루었다. 〈이러한 천지의 법칙에 따르면〉 작게 취하는 자는 작은 이익을 얻고, 크게 취하는 자는 큰 이익을 얻게 된다. 이런 천지의 이치를 모두 행하는 자는 천하를 소유한다.

成功之道는 **嬴縮爲寶**①니 **毋亡天極**하여 **究數而止**②하고 **事若未成**이면 **毋改其形**하고 **毋失其始**③요 **靜民觀時**라가 **待令而起**④라 **故曰 (修)〔順〕**[22]**陰陽之從**하고 **而道天地之常**⑤이라 **嬴嬴縮縮**하여 **因而爲當**⑥이니 **死死生生**은 **因天地之形**⑦이라 **天地(之形)〔形之〕**[23]면 **聖人成之**⑧하니 **小取者小**

19) 湯王이……오른 일 : 湯王이 夏나라의 桀을 멸망시킬 때 陑山에 올라 桀을 습격하였다.
20) 武王이……벌인 일 : 武王이 商나라를 멸망시킬 때 牧野라는 들판에서 최후의 결전을 벌였다.
21) 逆取順守 : ≪漢書≫ 〈陸賈傳〉에서 "湯王과 武王은 도리에 어긋난 행위로 천하를 취하고, 이치에 따라서 이를 지켰다.(湯武逆而以取順守之)"라고 한 말에서 나온 말이다.
22) (修)〔順〕 : 저본에는 '修'로 되어 있으나, 王念孫(淸)의 ≪讀書雜志≫에 의거하여 '順'으로 바로잡았다.

利요 **大取者大利**⑨니 **盡行之者**는 **有天下**⑩라

① 贏縮爲寶 : '贏縮'은 '行藏'[24]과 같다. 이른바 때가 움직일 만하면 움직이고 때가 멈출 만하면 멈춘다는 것이니, 이에 도가 드러난다. 그러므로 '贏縮'을 보배로 여긴다.
贏縮은 猶行藏也니 所謂時行則行하고 時止則止하면 其道乃著라 故以爲寶라

② 毋亡天極 究數而止 : 단지 하늘의 度數를 다했으면 멈추고 행하지 말아야 한다.
但盡天之數면 則止而勿爲라

③ 毋改其形 毋失其始 : '形'은 평소의 모습 말한다. 평소의 모습을 지키고 초심을 닦으면, 일이 끝내 이루어짐이 있게 된다.
形은 謂常形也니 守常修始면 事終有成也라

④ 靜民觀時 待令而起 : 일이 아직 이루어지지 않았을 때는 단지 백성들을 조용히 안정시키면서, 조심스럽게 때를 살피고 天命을 기다린 이후에 일어나 응한다는 의미이다.
言事未成之時에 但安靜其人하여 謹候其時하고 待天命令然後에 起而應也라

⑤ 道天地之常 : '道'는 '따르다'는 의미이다.
道는 從也라

⑥ 贏贏縮縮 因而爲當 : 반드시 行藏하여 때를 따른 이후에 일이 합당하게 된다. 〈"贏贏縮縮"으로〉 중복하여 말하는 것은 그 일을 세심하게 권고함이다.
必行藏順時然後에 事當이라 重言之는 殷勤其事也라

⑦ 死死生生 因天地之形 : '死生'은 '숨음과 나타남'과 같다. 성인이 숨거나 나타나는 것은 반드시 천지의 형세에 따른다.
死生은 猶隱顯也니 聖人隱顯은 必因天地之形이라

⑧ 天地之形 聖人成之 : 천지의 형세에 말미암으면 이루어지지 않은 것이 없다.
因天地之形이면 則無不成也라

⑨ 小取者小利 大取者大利 : 단지 천지의 법칙에 따를 수 있으면 크든 작든 이롭지 않음이 없다.
但能法則(칙)이면 大小無不利라

⑩ 盡行之者 有天下 : 이른바 "오직 하늘이 위대한데, 오직 堯임금만이 하늘을 본받았네."[25]이다.
所謂 唯天爲大하니 唯堯則(칙)之라

---

23) (之形)〔形之〕 : 저본에는 '之形'으로 되어 있으나, 王念孫(淸)의 ≪讀書雜志≫에 의거하여 '形之'로 바로잡았다. 앞에서도 '天地形之'라고 하였으므로 여기서도 그에 따라야 한다는 것이다.

24) 行藏 : ≪論語≫ 〈述而〉에 "用之則行 舍之則藏(써주면 나아가 도를 행하고, 버려지면 물러나서 은둔한다.)"이라는 구절에서 나온 말이다.

25) 오직……본받았네 : ≪論語≫ 〈泰伯〉에 보인다.

그러므로 어진 군주는 백성을 성실함과 믿음으로 감싸고, 자애와 은혜로 사랑한다. 〈궁궐의 문 위에〉 政法의 조문을 공포함에 감히 자신을 앞세우지 않으며, 마음이 고요하여 남을 죽이길 좋아하지 않고, 덕이 넉넉하여 남에게 구함이 없으니 자신의 안색에서 드러난다. 은둔할 때는 부드럽고 편안하고 고요하고 즐거운 태도로 머물고, 〈정사에 참여할 때는〉 덕을 행하여 남과 다투지 않음으로써 천하가 어지러워지는 때를 대비한다. 그러므로 어진 군주는 편안하고 여유 있고 올곧고 고요하며, 부드러운 태도를 먼저 취한다. 〈이러한 태도로〉 '감히 하지 않음'을 실천하고 '할 수 없음'의 자세를 취하며, 유약한 태도를 지키면서 확고한 태도로 처신한다. 그러므로 天時를 범하지 않고 백성의 일을 어지럽히지 않으며, 계절에 합당한 정치를 행하여 사람들을 잘 기르며, 덕을 앞세우고 형벌은 나중에 행하며, 하늘의 이치에 따르고 사람의 일을 은밀히 헤아린다.

故賢者는 **誠信以仁之**하고 **慈惠以愛之**하고 **端政象**[26]에 **不敢以先人**①하고 **中靜不(留)〔鏥〕**②하고 **裕德無求**③하니 **形於女色**④[27]이요 **其所處者**는 **柔安靜樂**⑤하고 **行德而不爭**하여 **以待天下之潰作也**⑥라 **故賢者**는 **安徐正靜**하고 **柔節先定**⑦하니 **行於不敢**⑧**而立於不能**⑨하고 **守弱節而堅處之**⑩라 **故不犯天時**하고 **不亂民功**⑪하고 **秉時養人**⑫하고 **先德後刑**⑬하고 **順於天**하고 **微度**(탁)**人**⑭이라

① 端政象 不敢以先人 : 항상 겸손한 태도로 사람들에게 자신을 낮춘다.
常執謙以下物이라

② 中靜不留 : 마음이 중심을 잡고 안정되어 있어 겉으로 드러남이 없다.
中心安靜하여 無所留著라

③ 裕德無求 : 도와 덕이 넉넉하여 남에게 구함이 없다.
道德饒裕하여 無求於人이라

④ 形於女色 : 여인들의 용모와 태도는 고요하여 〈남자들에게〉 먼저 구하는 자가 없다.
女之容色은 靜而不先求者라

⑤ 其所處者 柔安靜樂 : 비록 다시 은둔하여 머물더라도 항상 부드럽고 편안하고 고요하고 즐거울 수 있다.
雖復隱處라도 常能柔安靜樂이라

---

26) 政象 : 법령의 조문을 의미하는 말로, ≪周禮≫ 〈夏官 大司馬〉의 다음과 같은 말에서 찾아볼 수 있다. "乃縣政象之法于象魏 使萬民觀政象(이에 政象의 법을 궁궐 문 위에 걸어놓고, 만백성들이 정상을 살펴보게 하였다.)"

27) 形於女色 : 兪樾(淸)은 '女'를 '爾女'로 읽고, "너의 안색에 드러나다."라는 의미로 보았다.(≪諸子平議≫) 본서에서는 이를 따랐다.

⑥ 行德而不爭 以待天下之潰作也 : 비록 다시 정사를 행하고 덕을 행하더라도 항상 겸양할 수 있으니 남과 다투지 않는다. '潰'은 '흔들리고 어지럽다'는 의미이다.
雖復爲政行德이라도 常能謙讓하니 不與物爭이라 潰은 動亂也라

⑦ 柔節先定 : 먼저 겸손하고 부드러운 태도를 취한 이후에 일을 행한다.
先定謙柔之節然後에 有所興爲也라

⑧ 行於不敢 : 〈감히 하지 않음을 행한다.〉 그러면 사람들이 나와 용맹함을 다투지 않을 수 있다.
則人不能與我爭勇

⑨ 立於不能 : 〈할 수 없음에 서 있다.〉 그러면 사람들이 아무도 나와 공을 다투지 않는다.
則人莫與我爭功

⑩ 守弱節而堅處之 : 유약한 태도를 지키면서, 확고하고 분명한 태도를 스스로 취한다.
守柔弱之節하고 而堅明以自處也라

⑪ 不亂民功 : 겸손하고 순종하므로 어지러움을 범하는 일이 없다.
謙順故로 無所犯亂也라

⑫ 秉時養人 : 사계절에 합당한 정치를 유지함으로써 사람들을 잘 기른다.
持四時之政하여 以順養其人이라

⑬ 先德後刑 : 상은 봄과 여름에 내리고, 형벌은 가을과 겨울에 행한다.
賞以春夏요 刑以秋冬이라

⑭ 順於天 微度(탁)人 : 이미 하늘에 따르고, 또한 백성들에게 마땅한 바를 은밀히 헤아려 천도에 합치한다.
旣順於天하고 又微度人之所宜以合之라

뛰어나게 周密한 자는 눈 밝은 자도 볼 수 없고, 뛰어나게 눈 밝은 자는 주밀한 자도 숨을 수 없다. 크게 눈 밝음이 크게 주밀한 것을 이기면 백성에게 크게 주밀한 자가 없고, 크게 주밀함이 크게 눈 밝음을 이기면 백성에게 크게 눈 밝은 자가 없게 된다. 크게 주밀한 덕을 지니고 앞에 서면 떨쳐 일어날 수 있고, 크게 눈 밝음을 지녀 사람들의 근본이 되면 천하를 대신할 수 있다. 〈천하는 억지로〉 구하고자 하면 얻지

招搖逐月推移圖

못하니, 招搖星 아래에서 〈때에 맞게〉 구해야 한다.

善周者는 **明不能見也**① 요 **善明者**는 **周不能蔽也**② 라 **大明勝大周**면 **則民無大周也**③ 요 **大周勝大明**이면 **則民無大明也**④ 니 **大周之先**이면 **可以奮信**⑤[28] 이요 **大明之祖**면 **可以代天下**⑥ 라 **索而不得**이니 **求之招搖之下**⑦ 라

① 善周者 明不能見也 : 周密함에 뛰어나다는 것은, 주밀함에서는 지극하다는 것이니 만물 중에서는 그에 이르는 자가 없다. 이와 같은 것은 비록 밝게 살피는 사람이 있다 할지라도 다 살필 수 없다.
善於周는 周則極也하여 萬物無所至라 如此者는 雖有明察之人이라도 不能盡矣라

② 善明者 周不能蔽也 : 눈 밝음에 뛰어나다는 것은, 눈 밝음에 있어 지극하다는 것이다. 이와 같으면 비록 주밀함에 뛰어난 사람이라도 자신을 감출 수 없으니, 반드시 눈 밝음에 뛰어난 사람에 의해 발각된다.
善於明은 明則極也라 如此者는 則雖善周之人이라도 不能自隱蔽니 必爲善明者所知也라

③ 大明勝大周 則民無大周也 : 눈 밝음이 크게 周密함을 이기면 사람들은 크게 주밀할 수 없다.
明勝大周면 則人無能爲大周也라

④ 大周勝大明 則民無大明也 : 周密함이 크게 눈 밝음을 이기면 사람들은 크게 눈 밝을 수 없다. 무릇 이들은 모두 '크게 周密함'과 '크게 눈 밝음'이 오로지 군주에게 있기를 바라는 것이다.
周勝大明이면 則人無能爲大明이라 凡此皆欲大周・大明이 獨在君也라

⑤ 大周之先 可以奮信 : '奮信'은 떨치고 일어나는 모습이다. 이미 크게 周密한 덕을 지니고 사람들 앞에 섰으면, 떨치고 일어나 일을 행할 수 있다는 의미이다.
奮信은 振起貌니 言旣有大周之德하여 在物之先이면 則可以振起而有事라

⑥ 大明之祖 可以代天下 : 크게 밝은 덕을 지니면 사람들의 근본이 될 수 있다. 이와 같으면 천하의 무도한 자를 대신하여 그 자리를 취하여 천하를 다스릴 수 있다.
有大明之德이면 可以爲物祖니 如此則可代天下無道하여 取其位而君之也라

⑦ 索而不得 求之招搖之下 : 招搖星은 북두칠성의 자루를 따라 계절에 따라 방향을 가리키는 별이다. 천하는 神器라서 곧바로 구하고자 하면 얻지 못하니, 초요성의 아래에서 구하여 때에 맞게 취하면 얻을 수 있다.
招搖之星은 隨斗杓(표)順時而建者也[29]라 天下者神器니 直欲索之면 則不得이니 若求之招

28) 奮信 : 丁士涵(淸)은 原注에서 "振起貌"라고 하였으므로, 본문은 '奮訊'으로 되어야 한다고 보았다.(≪管子校本≫)

29) 招搖之星 隨斗杓(표)順時而建者也 : '招搖'는 북두칠성의 일곱째 별인 '搖光'이다. '建'은 고대 천문학에서 북두칠성의 자루가 가리키는 방향이다. 1년 동안 북두칠성의 자루는

搖之下하여 順時而取면 則可也라

짐승들은 앞서 달리기를 싫어하고 〈자주〉 엎드린다. 따라서 그물은 땅바닥에 놓기도 하고 길옆에 놓기도 해야 한다. 그렇게 하지 않으면 짐승을 잡을 수 없다. 文을 크게 3회 증진시키면 義와 德을 이루게 되고, 武를 크게 3회 증진시키면 武와 力을 내려놓게 된다.

獸厭走而有伏이니 **網罟**①는 **一偃一側**이라 **不然**이면 **不得**②30)이라 **大文三曾而貴義與德**하고 **大武三曾而偃武與力**③이라

① 獸厭走而有伏網罟 : 짐승이 달리는 것을 싫어하는 것은, 앞에 그물이 숨어 있을 것을 두려워하기 때문이다. 그러므로 성인이 천하를 감히 곧바로 취하지 않는 것은, 커다란 禍가 있을까 두렵기 때문이다.

獸所以憎厭其走者는 恐前有伏網罟라 故聖人不敢以直道取天下者는 恐有大禍故也라

② 一偃一側 不然不得 : '偃側'은 '倚伏(의지하고 깃들다)'과 같다. 성인이 천하를 취할 때는 의지하고 깃드는 곳을 알아 공을 이루는 데 힘써서 권력을 이룩하며, 文治로 德을 베풀고 무력으로 굴복시킨다. 그렇지 않으면 하늘이 내린 자리를 얻을 수 없다.

偃側은 猶倚伏也라 聖人之取天下에 知(云云)〔所倚伏하여 力其功而致其權〕31)하고 文設武伏하니 如其不然이면 則天位不可得也라

③ 大文三曾而貴義與德 大武三曾而偃武與力 : 文을 크게 3회 증진시키면 文의 도가 실행된다. 그러므로 그 德과 義를 이룰 수 있다. 武를 크게 3회 증진시키면 武의 도가 실행된다. 그러므로 그 武와 力을 내려놓게 할 수 있다.

大文三曾하면 則文道行也라 故能成其德義라 大武三曾하면 則武道行也라 故能偃其武力이라

순차적으로 돌아 12辰을 가리키는데 이를 12月建이라 한다.

30) 獸厭走而有伏……不得 : 原注에서는 "獸厭走而有伏網罟"로 끊어 읽는다. 이에 대해 陶鴻慶(淸)은 原注처럼 끊어 읽으면 의미가 통하지 않게 되고, 그 결과 原注에서는 왜곡된 풀이를 하게 되었다고 비판하였다. 따라서 그는 "獸厭走而有伏"으로 끊어 읽고, '網罟'는 아래의 "一偃一側"에 붙여 읽어야 한다고 보았다. 이 문장은 짐승을 잡는 것에 비유하고 있다는 것이다.(≪讀管子札記≫)

31) (云云)〔所倚伏 力其功而致其權〕: 저본에는 '云云'으로 되어 있으나, 劉績(明)의 ≪管子補注≫에 의거하여 '所倚伏 力其功而致其權'으로 바로잡았다.

附錄

1. ≪管子 3≫ 參考書目

◇ 底本

• ≪管子≫, 房玄齡(唐) 注, 浙江書局 二十二子本

◇ 底本 관련자료

• ≪宋本管子≫, 房玄齡(唐) 注, 國學基本典籍叢刊, 國家圖書館出版社, 2018.
• ≪管子≫, 房玄齡(唐) 注, 線裝1函6冊, 中華再造善本(唐宋編・子部), 北京圖書館出版社, 2004.
• ≪管子補注 : 子海精華編≫, 劉績(明) 補注, 姜濤點校, 鳳凰出版社, 2016.
• ≪管子榷(全3冊)≫, 朱長春(明), 江蘇大學出版社, 2018.
• ≪管子房注釋解≫, 陳慶照 李障天, 齊魯書社, 2001.
• ≪管子新注≫, 姜濤, 齊魯書社, 2006.
• ≪管子集校 : 郭沫若全集・歷史編 第5冊~第8冊≫, 郭沫若, 人民出版社, 1984.
• ≪管子輕重篇新詮(上・下) : 新編諸子集成≫, 馬非百, 中華書局, 1979.
• ≪管子全譯 : 中國歷代名著全譯叢書≫, 謝浩范 朱迎平, 貴州人民出版社, 1996.
• ≪管子今詮≫, 石一參, 中國書店影印, 1988.
• ≪管子校注(上・中・下) : 新編諸子集成≫, 黎翔鳳, 中華書局, 2004.
• ≪管子今註今譯(上・下)≫, 李勉, 臺灣商務印書館, 1988.
• ≪管子(全2冊) : 中華經典名著全本全注全譯≫, 李山 軒新麗, 中華書局, 2019.
• ≪管子 : 中國古典名著譯注叢書≫, 李遠燕 李文娟, 廣州出版社, 2006.
• ≪管子解說(上・下) : 中華傳統文化經典解說≫, 張小木, 華夏出版社, 2010.
• ≪管子通解(上・下)≫, 趙守正, 北京經濟學院出版社, 1989.
• ≪管子直解≫, 周瀚光 朱幼文 戴洪才, 復旦大學出版社, 2000.
• ≪新譯管子讀本(上・下)≫, 湯孝純, 三民書局, 1995.
• ≪管子逐字索引 : 先秦兩漢古籍逐字索引叢刊≫, 劉殿爵 編輯, 商務印書館(香港), 2001.

◇ 經部

• ≪論語集註大全≫, 朱熹 集註, 胡廣 等 編, 朝鮮 內閣本, 影印本, 學民出版社
• ≪孟子集註大全≫, 朱熹 集註, 胡廣 等 編, 朝鮮 內閣本, 影印本, 學民出版社
• ≪書傳大全≫, 蔡忱 集傳, 胡廣 等 編, 朝鮮 內閣本, 影印本, 學民出版社
• ≪說文解字≫, 許愼 撰, 文淵閣四庫全書, 臺灣商務印書館, 1986.
• ≪周易傳義大全≫, 程頤 傳, 朱熹 本義, 胡廣 等 編, 朝鮮 內閣本, 影印本, 學民出版社

◇ 子部

• ≪老子≫, 王弼(魏) 註, 文淵閣四庫全書, 臺灣商務印書館, 1986.
• ≪呂氏春秋≫, 呂不韋(秦), 高誘(漢) 註, 文淵閣四庫全書, 臺灣商務印書館, 1986.
• ≪淮南子≫, 劉安(漢), 高誘(漢) 註, 文淵閣四庫全書, 臺灣商務印書館, 1986.
• ≪論衡≫, 王充(漢), 文淵閣四庫全書, 臺灣商務印書館, 1986.

◇ 研究著 및 번역서

〔한국〕

• 김필수 외, ≪관자 : 경세의 바이블 한국 최초 완역 관자≫, 소나무, 2006.
• 류웨이화 외, 곽신환 옮김, ≪직하철학 : 직하학사≫, 철학과현실사, 1995.
• 류쩌화, 장현근 옮김, ≪중국정치사상사1 : 선진≫, 글항아리, 2019.
• 바이시, 이임찬 옮김, ≪직하학 연구 : 중국 고대의 사상적 자유와 백가쟁명≫, 소나무, 2013.
• 신동준, ≪관자 : 사상 최초의 정치경제학서≫, 인간사랑, 2015.
• 신동준, ≪관자 평전 : 일생에 한번은 관자를 만나라≫, 리더북스, 2017.
• 신창호, ≪관자 : 최고의 국가건설을 위한 현실주의≫, 살림, 2013.
• 신창호, ≪사람 하나를 심어 백을 얻어야 : 교육과 배려의 시선으로 읽는 관자≫, 서현사, 2009.
• 이석명, ≪노자와 황로학≫, 소와당, 2010.
• 정원명, 최대우・이경환 옮김, ≪중국황로학≫, 부크크, 2018.

〔중국〕

• 耿振東, ≪管子學史≫, 商務印書館, 2018.
• 龔　武　主編, ≪管學新論　1≫, 安徽人民出版社, 2018.
• 鞏曰國, ≪管子版本硏究≫, 齊魯書社, 2016.
• 郭　麗, ≪管子文獻學硏究≫, 中國海洋大學出版社, 2007.
• 郭　麗, ≪簡帛文獻與管子硏究≫, 方志出版社, 2015.
• 郭　麗, ≪管子版本硏究通論/管子通論叢書≫, 齊魯書社, 2019.
• 國光紅, ≪齊長城與管子：齊長城經濟文化考察≫, 文物出版社, 2019.
• 樂愛國, ≪管子的科技思想/中國科技思想硏究文庫≫, 科學出版社, 2004.
• 鄧加榮　張靖, ≪管子思想鉤沉≫, 中國社會科學出版社, 2015.
• 戴東雄, ≪管子的法律思想≫,　臺北中央文物供應社, 1985.
• 巫寶三, ≪管子經濟思想硏究≫,　中國社會科學出版社, 1989.
• 徐漢昌, ≪管子思想硏究：中國哲學叢刊≫, 臺灣學生書局, 1990.
• 邵先鋒, ≪管子與晏子春秋治國思想比較硏究≫, 齊魯書社, 2008.
• 蘇　暢,　≪管子城市思想硏究：中國城市營建史硏究書系≫, 中國建築工業出版社, 2010.
• 楊紀榮・孫繼成,　≪管子境外硏究通論：以歐美・東亞爲中心/"管子通論"叢書≫,　齊魯書社, 2019.
• 王京龍　等, ≪論管子：管子通論叢書≫, 齊魯書社, 2019.
• 王叔岷, ≪諸子斠證≫, 中華書局, 1985.
• 任繼亮,　≪管子經濟思想硏究：輕重論史話≫, 中國社會科學出版社, 2005.
• 袁　闖, ≪管子與中國文化：元典文化叢書≫, 河南大學出版社, 1998.
• 張固也, ≪管子硏究：中國典籍與文化硏究叢書≫, 齊魯書社, 2006.
• 張　力, ≪管仲評傳≫, 四川大學出版社, 2005.
• 張連偉, ≪管子哲學思想硏究：儒道釋博士論文叢書≫, 巴蜀書社, 2008.
• 張豔麗, ≪管子思想硏究槪要：管子通論≫, 齊魯書社, 2019.
• 張友直, ≪管子貨幣思想考釋≫, 北京大學出版社, 2002.
• 戰化軍, ≪管子其人其書及管氏家族硏究：管子通論≫, 齊魯書社, 2019.
• 戰化軍, ≪管仲評傳≫, 齊魯書社, 2001.
• 周俊敏, ≪管子經濟倫理思想硏究≫, 岳麓書社, 2003.

- 池萬興, ≪先秦文化和管子研究≫, 人民出版社, 2015.
- 池萬興, ≪管子研究≫, 高等教育出版社, 2004.
- 陳鼓應, ≪管子四篇詮釋：稷下道家代表作解析≫, 商務印書館, 2006.
- 陳書儀, ≪管子大傳≫, 齊魯書社, 2008.
- 郝繼東, ≪清代管學文獻研究≫, 中國社會科學出版社, 2014.
- 胡家聰, ≪管子新探≫, 中國社會科學出版社, 1995.
- 胡家聰, ≪稷下爭鳴與黃老新學≫, 중國社會科學出版社, 1998.

〔일본〕

- 金谷治, ≪管子の研究：中國古代思想史の一面≫, 岩波書店, 1987.
- 遠藤哲夫, ≪管子(上中下)：新釋漢文大系≫, 明治書院, 1989~1992.
- 原宗子, ≪古代中國の開發と環境: 管子地員篇研究≫, 研文出版, 2001.
- 宣兆琦, ≪図說管子：生涯と功績≫, 國書刊行會, 2020.

〔서양〕

- Michael Loewe ed, *Early Chinese Texts: A Bibliographical Guide*, Institute of East Asian Studies, 1994.
- Allyn Rickett, *Guanzi: Political, Economic, and Philosophical Essays from Early China*, 2 vols, Princeton University Press, 1998.
- Dan G. Reid, *The Thread of Dao: Unraveling early Daoist oral traditions in GuanZi's Purifying the Heart-Mind(Bai Xin), Art of the Heart-Mind(Xin Shu), and Internal Cultivation (Nei Ye)*, Center Ring Publications, 2019.
- Harold D. Roth, *Original Tao: Inward Training (Nei-yeh) and the Foundations of Taoist Mysticism*, Columbia University Press, 2004.

2. ≪管子 3≫ 參考圖版 目錄

3. 春秋列國圖

※ QR코드를 스캔하면 ≪春秋列國圖≫를 볼 수 있습니다.

春秋列國圖

4. ≪管子≫ 總目次

※ QR코드를 스캔하면 ≪管子≫의 총목차를 볼 수 있습니다.

總目次

5. ≪管子≫ 解 題

※ QR코드를 스캔하면 ≪管子≫의 해제를 볼 수 있습니다.

解題

責任飜譯

李錫明

高麗大學校 哲學科 博士(東洋哲學專攻)
泰東古典硏究所 漢文硏修課程 修了
中國 北京大學校 博士後科程 修了
全北大學校 HK敎授 歷任
江原大學校 哲學科 出講(現)
고전&人 硏究所 所長(現)

論文 및 譯書

論文 〈淮南子의 無爲論 硏究〉(박사학위논문) 〈吳澄의 ≪道德眞經注≫에 나타난 '以儒解老'의 해석경향과 그 철학적 특징〉 〈蘇轍의 ≪老子解≫에 나타난 '以儒解老'의 해석과 그 정치철학적 의미〉 〈王安石의 ≪老子注≫ 및 「論老子」에 나타난 '以儒解老'의 해석경향과 그 정치철학적 의미에 관한 연구〉 〈杜光庭의 "心寂忘境"의 수양론〉 〈성현영 ≪道德經開題序決義疏≫의 道佛융합적 수양론과 一中無爲〉 〈≪여씨춘추≫의 양생론과 황로학〉 〈≪여씨춘추≫의 '帝者同氣'의 정치철학과 時令사상〉 〈≪노자지귀≫의 비판정신과 무위정치론〉 〈≪회남자≫의 時令사상과 음양오행론〉 〈≪老子想爾注≫를 통해 본 노자사상의 종교화 작업〉 〈≪老子道德經河上公章句≫의 長生不死사상과 그 도교적 맹아〉 〈解老·喩老〉의 황로학적 성격과 그 사상사적 의미〉 〈≪抱朴子外篇≫에 나타난 葛洪의 사회정치사상〉 등

著書 ≪노자와 황로학≫ ≪회남자-한대지식의 집대성≫ ≪노자, 비움과 낮춤의 철학≫ ≪장자, 나를 깨우다≫ 등

譯書 ≪文子≫ ≪노자도덕경사상공장구≫ ≪회남자≫ ≪노자≫ 등

共同飜譯

金帝蘭

高麗大學校 哲學科 博士(東洋哲學專攻)
泰東古典硏究所 漢文硏修課程 修了
高麗大學校 哲學硏究所, 東國大學校 佛敎文化硏究院 硏究敎授 歷任
高麗大學校 哲學科 講義敎授(現)

論文 및 譯書

論文 〈熊十力 哲學思想 硏究〉(박사학위 논문) 〈한·중·일 근대불교의 사회진화론에 대한 대응양식 비교〉 〈송대유학에 미친 불교의 영향〉 〈당군의 철학에 나타난 동서융합의 논리- 유학, 헤겔철학과 화엄불교의 융합〉 등

著書 ≪한마음, 두 개의 문, 원효의 대승기신론 소·별기≫ ≪쉽게 읽히는 동양철학 이야기≫

譯書 ≪신유식론(新唯識論)≫(上·下), ≪심체와 성체≫(共譯)

懸 吐

吳圭根

江原 平昌 大化 出生
南山 鄭鑽 先生, 祖父 鳳西 先生, 家親 研青 先生에게 受學
民族文化推進會 國譯硏修院 卒業
國譯硏修院 講師 歷任
傳統文化硏究會 古典硏修院 講師 歷任
理事(現)

譯書 및 校勘標點
譯書 ≪宣祖實錄≫, ≪光海君日記≫, ≪中宗實錄≫
≪白湖全書≫, ≪順庵集≫, ≪承政院日記≫(高宗祖) 등
校勘標點 ≪韓國文集叢刊≫

東洋古典譯註叢書 143

譯註 管子 3 32,000원

2022년 12월 20일 초판 발행
2023년 01월 31일 초판 2쇄

企劃編輯 東洋古典飜譯編輯委員會
飜譯硏究管理 南賢熙
責任飜譯 李錫明
共同飜譯 金帝蘭
懸　吐 吳圭根
潤　文 南賢熙
校　訂 李承俊 朴相水
出　版 白俊哲
裝　幀 김진디자인

發 行 人 朴洪植
發 行 處 社團法人 傳統文化硏究會
등록 : 1989. 7. 3. 제1-936호
서울시 종로구 삼일대로 428 낙원빌딩 411호
전화 : (02)762-8401 전송 : (02)747-0083
전자우편 : juntong@juntong.or.kr
홈페이지 : juntong.or.kr
사이버書堂 : cyberseodang.or.kr
온라인서점 : book.cyberseodang.or.kr

인쇄처 : 한국법령정보주식회사(02-462-3860)
총 판 : 한국출판협동조합(070-7119-1750)

ISBN 979-11-5794-553-5 94150
978-89-85395-71-7 (세트)

※ 이 책은 2022년도 교육부 고전문헌 국역지원사업 지원비에 의해 초판(비매품) 간행.

전통문화연구회 도서목록

新編 基礎漢文敎材

新編 四字小學·推句 고전교육연구실 編譯 11,000원
新編 啓蒙篇·童蒙先習 고전교육연구실 編譯 11,000원
新編 明心寶鑑 李祉坤·元周用 譯註 15,000원
新編 擊蒙要訣 咸賢贊 譯註 12,000원
新編 註解千字文 李忠九 譯註 13,000원
新編 原文으로 읽는 故事成語 元周用 編譯 15,000원
新編 唐音註解選 權卿相 譯註 22,000원

漢文讀解捷徑시리즈

漢文독해 기본패턴 고전교육연구실 著 15,000원
四書독해첩경 고전교육연구실 著 20,000원
한문독해첩경 文學篇 朴相水 李和春 李祉坤 元周用 著 15,000원
한문독해첩경 史學篇 朴相水 李和春 李祉坤 元周用 著 15,000원
한문독해첩경 哲學篇 朴相水 李和春 李祉坤 元周用 著 15,000원

東洋古典國譯叢書

大學·中庸集註 - 개정증보판 成百曉 譯註 10,000원
論語集註 - 개정증보판 成百曉 譯註 27,000원
孟子集註 - 개정증보판 成百曉 譯註 30,000원
詩經集傳 上·下 成百曉 譯註 各 35,000원
書經集傳 上·下 成百曉 譯註 各 35,000원
周易傳義 上·下 成百曉 譯註 各 40,000원
小學集註 成百曉 譯註 30,000원
古文眞寶 後集 成百曉 譯註 32,000원

五書五經讀本

論語集註 上·下 鄭太鉉 譯註 各 25,000원
孟子集註 上·下 田炳秀·金東柱 譯註 各 30,000원
大學·中庸集註 李光虎·田炳秀 譯註 15,000원
小學集註 上·下 李忠九 外 譯註 各 25,000원
詩經集傳 上·中·下 朴小東 譯註 各 30,000원
書經集傳 上·中·下 金東柱 譯註 各 30,000원
周易傳義 元·亨·利·貞 崔英辰 外 譯註 各 30,000원
詳說古文眞寶大全後集 上·下 李相夏 外 譯註 各 32,000원
春秋左氏傳 上·中·下 許鎬九 外 譯註 各 36,000원~38,000원
禮記 上·中·下 成百曉 外 譯註 各 30,000원

東洋古典譯註叢書

〈經部〉

十三經注疏
周易正義 1~4 成百曉·申相厚 譯註 各 30,000원~40,000원
尙書正義 1~7 金東柱 譯註 各 25,000원~36,000원
毛詩正義 1~7 朴小東 外 譯註 各 32,000원~37,000원
禮記正義 1~2, 中庸·大學 李光虎 外 譯註 各 20,000원~30,000원
論語注疏 1~3 鄭太鉉·李聖敏 譯註 各 25,000원~40,000원
孟子注疏 1~3 崔彩基·梁基正 譯註 各 30,000원
孝經注疏 鄭太鉉·姜珉廷 譯註 35,000원
周禮注疏 1~3 金容天·朴禮慶 譯註 各 29,000원~34,000원
春秋左傳正義 1 許鎬九 外 譯註 27,000원
春秋左氏傳 1~8 鄭太鉉 譯註 各 18,000원~35,000원
禮記集說大全 1~4 辛承云 外 譯註 各 25,000원~40,000원
東萊博議 1~5 鄭太鉉·金炳愛 譯註 各 25,000원~35,000원
韓詩外傳 1~2 許敬震 外 譯註 各 29,000원~33,000원
說文解字注 1~3 李忠九 外 譯註 各 32,000원~38,000원

〈史部〉

思政殿訓義 資治通鑑綱目 1~22 辛承云 外 譯註 各 18,000원~35,000원
通鑑節要 1~9 成百曉 譯註 各 18,000원~40,000원
唐陸宣公奏議 1~2 沈慶昊·金愚政 譯註 各 35,000원~45,000원
貞觀政要集論 1~4 李忠九 外 譯註 各 25,000원~32,000원
列女傳補注 1~2 崔秉準·孔勤植 譯註 各 30,000원~38,000원
歷代君鑑 1~4 洪起殷·全百燦 譯註 各 32,000원~35,000원

〈子部〉

孔子家語 1~2 許敬震 外 譯註 各 35,000원/36,000원
管子 1~3 李錫明·金帝蘭 譯註 各 30,000원~32,000원
近思錄集解 1~3 成百曉 譯註 各 25,000원/35,000원
老子道德經注 金是天 譯註 30,000원
大學衍義 1~5 辛承云 外 譯註 各 26,000원~30,000원
墨子閒詁 1~6 李相夏 外 譯註 各 32,000원~38,000원
說苑 1~2 許鎬九 譯註 各 25,000원
世說新語補 1~5 金鎭玉 外 譯註 各 29,000원~40,000원
荀子集解 1~7 宋基采 譯註 各 25,000원~38,000원
心經附註 成百曉 譯註 35,000원
顔氏家訓 1~2 鄭在書·盧京熙 譯註 各 22,000원/25,000원
揚子法言 1 朴勝珠 譯註 24,000원
列子鬳齋口義 崔秉準·孔勤植·權憲俊 共譯 34,000원
二程全書 1~5 崔錫起·姜導顯 譯註 各 30,000원~38,000원
莊子 1~4 安炳周·田好根 共譯 各 25,000원~30,000원
政經·牧民心鑑 洪起殷·全百燦 譯註 27,000원
韓非子集解 1~5 許鎬九 外 譯註 各 32,000원~38,000원
武經七書直解
孫武子直解·吳子直解 成百曉·李蘭洙 譯註 35,000원
六韜直解·三略直解 成百曉·李鍾德 譯註 26,000원
尉繚子直解·李衛公問對直解 成百曉·李蘭洙 譯註 26,000원
司馬法直解 成百曉·李蘭洙 譯註 26,000원

〈集部〉

古文眞寶 前集 成百曉 譯註 30,000원
唐詩三百首 1~3 宋載卲 外 譯註 各 25,000원~36,000원
唐宋八大家文抄 韓愈 1~3 鄭太鉉 譯註 各 22,000원/28,000원
〃 歐陽脩 1~7 李相夏 譯註 各 25,000원~35,000원
〃 王安石 1~2 申用浩·許鎬九 共譯 各 20,000원/25,000원
〃 蘇洵 李章佑 外 譯註 25,000원
〃 蘇軾 1~5 成百曉 譯註 各 22,000원
〃 蘇轍 1~3 金東柱 譯註 各 20,000원~22,000원
〃 曾鞏 宋基采 譯註 25,000원
〃 柳宗元 1~2 宋基采 譯註 各 22,000원
明淸八大家文鈔 1 歸有光·方苞 李相夏 外 譯註 35,000원
〃 2 劉大櫆·姚鼐 李相夏 外 譯註 35,000원
〃 3 梅曾亮·曾國藩 李相夏 外 譯註 38,000원

東洋古典新譯

당시선 송재소·최경렬·김영죽 편역 22,000원
손자병법 성백효 역주 14,000원
장자 안병주·전호근·김형석 역주 13,000원
고문진보 후집 신용호 번역 28,000원
노자도덕경 김시천 역주 15,000원
고문진보 전집 上·下 신용호 번역 각 22,000원
신식 비문척독 박상수 번역 25,000원

동양문화총서

동양사상 해설과 원전 정규훈 外 저 22,000원
화합의 길 《중용》 읽기 금장태 저 20,000원
호설과 시장 신용호 저 20,000원

문화문고

경전으로 본 세계종교 그리스도교 이정배 편저 10,000원
〃 도교 이강수 편역 10,000원
〃 천도교 윤석산·홍성엽 편저 10,000원
〃 힌두교 길희성 편역 10,000원
〃 유교 이기동 편저 10,000원
〃 불교 김용표 편저 10,000원
〃 이슬람 김영경 편역 10,000원
논어·대학·중용 / 맹자 조수익·박승주 공역 각 10,000원
소학 박승주·조수익 공역 10,000원
십구사략 1~2 정광호 저 각 12,000원
무경칠서 손자병법·오자병법 성백효 역 10,000원
〃 육도·삼략 성백효 역 10,000원
〃 사마법·울료자·이위공문대 성백효 역 10,000원
당시선 송재소·최경렬·김영죽 편역 10,000원
한문문법 이상진 저 10,000원
한자한문전통교재 조수익·이성민 공역 10,000원
士小節 선비 집안의 작은 예절 이동희 편역 12,000원
儒學이란 무엇인가 이동희 저 10,000원
동아시아의 유교와 전통문화 이동희 저 13,000원
현대인, 동양고전에서 길을 찾다 이동희 저 10,000원
100자에 담긴 한자문화 이야기 김경수 저 12,000원
우리 설화 1~2 김동주 편역 각 10,000원
대한민국 국무총리 이재원 저 10,000원
백운거사 이규보의 문학인생 신용호 저 14,000원